投稿地址：《法律史评论》期刊协同采编系统 https://falv.cbpt.cnki.net/

法律史評論

第22卷

里赞 刘昕杰 主编

2023 冬

巴蜀書社

目　录

主题研讨一：传统中国的国家治理

主题研讨二：明清时期的法律文献与法律实践

主题研讨三：转型时期的法律与社会

学术评论

学术访谈

法史书评

综述

主题研讨一：

传统中国的国家治理

无罪推定、情证兼用与传统中国的释冤*

蒋铁初**

摘　要　无罪推定是指在案件审理过程中，司法者凭借其掌握的信息，产生不能肯定被告有罪或认为被告可能无罪及犯罪可能未发生的心理。无罪推定可分为对被告的无罪推定与对犯罪事实的无罪推定两种情形。无罪推定的法文化基础是情证兼用的事实认定理念。司法者针对嫌疑人已被追诉的案件，如认为有不合情理之处或是证据不可靠，都可能形成无罪推定。无罪推定对于冤狱的发现及平反具有积极意义，但也存在着偶然性强等不足。

关键词　无罪推定；情证兼用；释冤

冤狱是司法实践中普遍存在的一种现象，传统中国很早就开始重视冤狱的发现与平反。西汉时朝廷常“遣谏大夫博士巡行天下，察风俗，举贤良，平冤狱”。① 笔者在考察传统中国的释冤实践时，发现能够释冤的案件大都有一个共同特征，即司法者对被告所控之罪产生无罪推定心理。② 在此心理支配下，司法者或者暂停案件的奏报与执行，或者调整案件

---

* 本文系国家社科基金重点项目“中国传统司法中的以情折狱及其现代意义研究”（项目号：23AFX008）的阶段性研究成果。当代无罪推定是指任何人未经依法确定有罪以前，应假定其无罪。在刑事审判中，若被告最终未被证明有罪，亦没有被证明无罪，法院应当做出无罪判决。本文所指的无罪推定与此不同，它指的是司法者认为嫌疑人可能无罪的心理状态。

** 蒋铁初，杭州师范大学沈钧儒法学院教授。

① （汉）班固：《汉书》，卷 74《魏相传》，武英殿本，第 1911 页。

② 因被告人不服而引起的释冤虽然也有，但远不如司法者主动发现疑点而释冤更为常见。

审理方向，或者改变案件审理方式。有的案件在等待期间可能会出现亡者归来及真凶现身的情形，有的案件则是在审理后查明真相从而为被告平反。研究中国古代司法者的无罪推定心理及其对释冤的影响，可以为当下的司法实践提供借鉴。

一、中国古代司法中的无罪推定

（一）古代冤狱的含义

无罪推定是释冤的前提，而冤狱的存在则是无罪推定的前提。欲理解无罪推定的含义，须先理解冤狱的含义。何为冤狱？汉代王充认为："无过而受罪，世谓之冤。"① 由此可见，冤狱是指无辜者受罪的案件。从案件进行的阶段来看，无辜者受罪有以下四种表现：一是在案件受理阶段，无辜者作为犯罪嫌疑人被追究；二是在案件审理阶段，无辜者被刑讯；三是在案件结案阶段，无辜者被认定有罪；四是在案件执行阶段，无辜者被错误执行刑罚。冤狱应当从哪一个阶段起算，我们先来看看古人的观点。著名案例集《折狱龟鉴》中第一卷的标题为"释冤上"，该卷第一则案例内容如下：

> 吴太子孙登，尝乘马出。有弹丸过，左右求之。适见一人，操弹佩丸。咸以为是，辞对不服。从者欲捶之，登不听。使求过丸，比之非类，乃见释。②

本案中无辜者并未被认定有罪，也没有实际受到刑讯，只是作为嫌疑人被追诉，即被《折狱龟鉴》的作者视为冤狱。古人将无辜者被追诉案件的受理视为冤狱，是因为无辜者在案件受理后很可能会受到伤害。古代司法者受理以特定人为被告的案件，一般要以该人看起来有犯罪可能为前提。既然有犯罪可能，在缺乏人权保障理念的古代社会，无辜者很快就会被收捕，而被收捕本身就是一种伤害。在后续的审讯中，如果被告不能自证无罪又不愿认罪，则很难摆脱被刑讯的命运。孙登比丸案中被告没有被刑讯有很大的偶然性，更常见的情况是被告被刑讯并自诬有罪。宋代一案中无辜者的命运即是如此：

> 杜衍丞相作河东提刑时，上党民有继母为人所杀，或告民杀之。不胜楚掠，遂自

① （汉）王充：《论衡·谰时篇》，载《诸子集成》，岳麓书社，1996，第九册，第 206 页。
② （宋）郑克：《折狱龟鉴》，卷一，清嘉庆《墨海金壶》本，第 3 页。

> 诬服。狱既具，衍疑非实，未论决间，果得真杀人者。①

本案中的上党民没有孙登比丸案中的无辜者幸运。在案件审理之初，被告也是不认罪的，但后因难以忍受刑讯之苦而自诬有罪，最终也被认定有罪。由于无辜者一旦作为被告进入诉讼程序，就有很大可能受到不法伤害，因此，将案件受理视为冤狱的开始是符合“无辜受罪谓之冤”本义的。由此，本文认为，冤狱应从无辜者被追诉起算。

（二）无罪推定的类型

所谓无罪推定，是指在案件受理后的任何阶段，司法者凭借已掌握的信息推定被告未必有罪、无罪以及犯罪可能没有发生的心理状态。无罪推定可分为两种类型，一是对被告的无罪推定，二是对犯罪事实的无罪推定。

1. 对被告的无罪推定

在犯罪事实确已发生的情况下，司法者对于已确定的被告产生不能肯定其有罪或相信其无罪的心理即为对被告的无罪推定。前者表现为司法者认为凭借现有证据，不能肯定被告就是犯罪者，但也不能肯定被告不是犯罪者，即对被告是否有罪无法形成倾向性认知。此种心理一般会在案件初审中出现。前述孙登审理的案件中，从者依据被告“操弹佩丸”而认定其为先前射丸之人，并且在其不认罪时欲施刑讯。孙登认为仅凭此不足以认定被告有罪，故而制止了刑讯；但从“比丸”的做法可以看出他也没有认为被告无罪。后者表现为司法者凭借已知信息，认为被告更可能无罪。《棠阴比事》载：

> 程戡宣徽知处州。民有积为仇者……乃杀其母，置于仇人之门，而诉之。仇弗能自明。戡疑之，或谓无足疑。戡曰：“杀人而自置于门，非可疑耶?”乃亲劾治，具得本谋。②

本案已经确认的事实是民母之尸置于被告之门。州民既欲以母报仇，其母被验出他杀当无疑问，争议事实是被告是否为真凶。先前的审理中被告不能自明，不少官员也认为其有罪。但程戡却因民母之尸置于被告自家之门这一反常现象而怀疑其并非真凶。本案中程戡对被告的心态与前案孙登对被告的心态不同。孙登的心理状态是被告有罪或无罪的可能

① （宋）郑克：《折狱龟鉴》，卷一，清嘉庆《墨海金壶》本，第 6 页。
② （宋）桂万荣：《棠阴比事》，卷上，清道光《学海类编》本，第 30 页。

性是均等的，而程戡的心理状态是被告无罪的可能性更大，因为本案的有罪事实明显不合理，而前案并无类似事实存在。

2. 对犯罪事实的无罪推定

对犯罪事实的无罪推定有两种情形，一是因犯罪事实不合情理或证据不足而推定犯罪可能未发生。宋代一案中司法者的心理状态即是如此：

> 钱若水为同州推官……有富民家小女奴逃亡，不知所之。奴父母讼于州，命录事参军鞫之。录事尝贷钱于富民，不获，乃劾富民父子数人共杀女奴，弃尸水中，遂失其尸。或为元谋，或从而加功，罪皆应死。富民不胜榜楚，自诬服。具上，州官审覆，无反异，皆以为得实。若水独疑之，留其狱，数日不决……知州屡趣之，不得，上下皆怪之。若水一日诣州，屏人言曰："若水所以留其狱者，密使人访求女奴，今得之矣。"知州惊曰："安在?"若水因密使人送女奴于知州所。知州乃垂帘引女奴父母问曰："汝今见汝女，识之乎?"对曰："安有不识也?"因从帘中推出示之，父母泣曰："是也。"乃引富民父子，悉破械纵之。①

本案先前审理认定富民家共杀女奴的事实具狱至州，因复审无反异故而"皆以为得实"，但钱若水独疑之。材料中虽未言其因何而疑，但从情理上看，一是杀人动机不明，二是父子数人共杀一小女奴违背情理。杀人本是重罪，应当秘密进行。数人共犯，既无必要，更不易逃避追查，且一旦事发则众人皆受重刑。从证据上看，命案中最关键的证据——被害人尸体不获是重要的证据缺陷。据此，司法者有充分理由推定犯罪没有发生。

二是司法者因对被告产生无罪推定心理进而对犯罪事实进行无罪推定。清代一则案件中司法者的思路即属于此种情形。《清稗类钞》载：

> 东湖有某妇，事姑孝。每晨起……适姑寝问安……一日清晨……见姑床下有男子履，大骇，为掩门而出。姑已觉之，羞见其妇，自缢而死。乡保以妇逼死其姑鸣于官，妇恐声姑之恶，不复置辩，遂自诬服，已按律定谳矣。新令张某莅任，过堂，见妇神气静雅，谓必非逼死其姑者，疑其有冤。再三诘讯，矢口不移……令终疑之，沉思累日。县有差役某甲者，其妻素以凶悍著……即发签拘其妻，鞭之五百，血流夹背，收入狱中，与获罪妇同系。某甲之妻终夜诅骂，谓县令如此昏暴，何以服人。妇闻其絮

---

① （宋）司马光：《涑水记闻》，卷二，清道光《学海类编》本，第14页。

聒不休，忽言曰："天下何事不冤！即如我任此死罪，尚且隐忍不言，鞭背小事，盍稍默乎！"张乃使人潜听于户外……明旦，提妇与某甲之妻于堂上，诘以昨夕所闻之言，妇不能隐。张悉心鞫问，尽得其情，平反此狱。①

本案被告被指控的罪名是逼姑致死，原审已经定罪。新县令见被告神气静雅，推定必非逼死其姑者。本案死者乃是自缢，被告被指控的罪名是逼死其姑。按这一指控，本案除被告外不可能有其他犯罪嫌疑人，因而对被告犯罪行为的否定也就是对犯罪事实本身的否定。

对被告的无罪推定与对犯罪事实的无罪推定对被告而言结果是一样的，都是推定被告没有犯罪，但两者亦有不同之处。司法者产生前种心理后，会努力寻找真犯以为被告洗冤；而产生后种心理后，司法者的立足点则是要查明确证犯罪行为没有发生。司法者在命案审理中通常会努力查明被害人没有死亡、系自杀（无外人逼迫）或死于意外。

二、情证兼用与无罪推定心理的产生

案件审理过程中，司法者形成无罪推定心理进而释冤并非特例，而是常见现象。司法者为何会对已被追诉的案件产生无罪推定心理？笔者认为，中国古代情证兼用的事实认定理念是司法者无罪推定心理形成的法文化基础。

（一）情证兼用的含义与模式

1. 情与证的含义

情证兼用中"证"的含义没有争议，除了包括言词证据外，也包括实物证据。其中言词证据又称为"辞"，实物证据又称为"迹"，后者还可以细分为"赃、杖、状、图"等。情证兼用中的"情"首先指人的外在表情。北魏《狱官令》要求："察狱先备五听之理，尽求情之意，又验诸证信。事多疑似，犹不首实者，然后加以拷掠。"② 情需要通过"五听"来求，可见情应当指行为人的表情。随着人们对案件审判规律认识的不断深入，情的含义也在变化。《隋书》记载：

---

① （清）徐珂编撰：《清稗类钞·狱讼》，中华书局，1984，第1108页。

② （北齐）魏收：《魏书》，卷111《刑罚志》，武英殿本，第1601页。

右庶子刘荣，性甚专固。时武职交番，通事舍人赵元恺作辞见帐，未及成。太子有旨，再三催促。荣语元恺云：“但尔口奏，不须造帐。”及奏，太子问曰：“名帐安在?”元恺曰：“禀承刘荣，不听造帐。”太子即以诘荣，荣便拒讳，云“无此语”。太子付政推问。未及奏状，有附荣者先言于太子曰：“政欲陷荣，推事不实。”太子召责之，政奏曰：“凡推事有两，一察情，一据证，审其曲直，以定是非。臣察刘荣，位高任重，纵令实语元恺，盖是纤介之愆。计理而论，不须隐讳。又察元恺受制于荣，岂敢以无端之言妄相点累。二人之情理正相似。元恺引左卫率崔蒨等为证，蒨等款状悉与元恺符同。察情既敌，须以证定。臣谓荣语元恺，事必非虚。”太子亦不罪荣，而称政平直。①

本案认定事实的过程中，裴政所援引的“情”是指行为人的身份及其相互间的关系，并非行为人的外在表情。② 再到后来，情的含义扩大为除证据外能够影响司法者对案件事实做出判断的一切相关信息。

2. 情证兼用的模式

情理与证据都能影响司法者对案件争议事实做出判断，不同之处在于依据情理得出的是争议事实存在可能性的判断，而依证据得出的则是争议事实存在与否这一确定性的判断。依据情理判断事实的可能性，有三种情形：一是情理可信，二是情理不可信，三是从情理上无法判断争议事实存在或不存在哪一个的可能性更大。依证据认定事实，同样有三种情形：一是有证据证明争议事实存在，二是有证据证明争议事实不存在，三是无证据证明或不同证据对争议事实做出相反的证明。

从字面意义来看，情证兼用是指认定案件事实既可以依据情理，又可以依据证据。具体说来，情证兼用又有两个层次。南宋郑克在《折狱龟鉴·证慝》为“韩亿引乳医为证”一篇所作按语中说：

尝云：“推事有两，一察情，一据证。”固当兼用之也。然证有难凭者，则不若察情，可以中其肺腑之隐；情有难见者，则不若据证，可以屈其口舌之争。两者迭用，各适所宜也。彼诬其子为他姓，所引之证，想亦非一，独未尝引乳医，则其情可见矣。故尽召其党，以乳医示之，既有以中其肺腑之隐，又有以屈其口舌之争，则众无以为

① （唐）魏征等：《隋书》，卷66《裴政传》，武英殿本，第878页。

② 因为裴政没有对情的范围做出阐释，因此他所指的情是否包括表情无从得知，但可以肯定不限于表情。

辞，而冤遂辨，不亦宜乎。①

本案韩亿对于李甲诬侄为他姓事实的认定，情理上可信，理由是他未引乳医为证，而在证据上则有乳医证明侄子确实为其嫂所生。争议事实情理上可信，又有可靠证据证明，情证判断事实具有一致性。这是情证兼用的理想状态。

情证兼用的第二个层次是依据情理和证据之一认定事实。郑克所言“证有难凭者，则不若察情”，即是依情理认定事实；而“情有难见者，则不若据证”，则是依证据认定事实。前文裴政所审案件就是依证据认定的事实，前提是“察情既敌”，与“情有难见”效果是一样的。总体而言，以情或证之一认定事实，条件是依另一种材料认定事实不会得出相反的结论，即情证不冲突。如果情证冲突，则不能简单选择一种认定事实。唐代陆贽说：

夫听讼辨谗，贵于明恕。明者，在验之以迹；恕者，在求之以情。迹可责而情可矜，圣王惧疑似之陷非辜，不之责也。情可责而迹可宥，圣王惧逆诈之滥无罪，不之责也。②

文中的“迹可责而情可矜”与“情可责而迹可宥”指的就是针对同一事实，依情与依证得出的结论是冲突的，因此陆贽认为不能认定有罪。无论是裴政还是郑克所述的案件，尽管情证兼用的标准不一，但针对的都是有罪认定。陆贽主张达不到情证兼用则不能认定有罪，是从反面表明有罪认定应当达到情证兼用的标准。

（二）不合情理与无罪推定

既然认定有罪事实必须符合情证一致或者至少情证不冲突，由此，当事实认定达不到这一标准时，司法者就有理由对已经认定的有罪事实产生怀疑。情达不到要求即有罪认定不合情理，这其中又可分为基于事实推定的不合情理和基于类比推理的不合情理。

---

① （宋）郑克：《折狱龟鉴》，卷六，清嘉庆《墨海金壶》本，第100页。“韩亿引乳医为证”案情如下：韩亿知洋州，有土豪李甲，兄死，迫嫁其嫂，因诬其子为他姓，以专其赀。嫂诉于官，李甲则赂吏使掠服之。积十余年，其诉不已，亿视旧牍，未尝引乳医为证。一日，尽招其党，以乳医示之，众无以为辞，冤遂辨。在按语中，郑克认为李甲未尝引乳医，则其情可见矣。作者认为李甲既然主张其嫂之子为他姓，就应当找当初的乳医为证，而李甲找了很多证人，唯独没有乳医，则可表明李甲主张的事实在情理上不可信，而最后乳医的证词又否定了李甲的主张，则从证据上证明了李甲的主张不真实。

② （唐）陆贽：《陆宣公文集》，卷一，清同治五年福州正谊书局左氏书本，第29页。

1. 基于事实推定的不合情理

事实推定是指司法者根据已知事实推定未知事实。在运用情理判断案件事实的过程中，已知事实即司法者所观察到的情，未知事实则是犯罪是否发生以及是否由被告人实施（下文称争议事实）。根据情推定的事实如与争议事实一致，则争议事实存在及由被告实施的可能性更大。如据情推定的事实与争议事实相反，则争议事实不存在或者非由被告实施的可能性更大。作为已知事实的情，既可以是与争议事实相关的事实，也可以是行为人的表情。汉代一案复审中，司法者对有罪事实做出无罪判断就是基于相关事实的推定：

> 于公为县狱史，郡决曹，决狱平……东海有孝妇，少寡，亡子，养姑甚谨。姑欲嫁之，终不肯……其后姑自经死。姑女告吏："妇杀我母。"吏捕孝妇，孝妇辞不杀姑。吏验治，孝妇自诬服。具狱上府，于公以为此妇养姑十余年，以孝闻，必不杀也。太守不听，于公争之，弗能得。乃抱其具狱，哭于府上，因辞疾去。太守竟论杀孝妇。①

本案中于公以孝妇"养姑十余年，以孝闻"为已知事实进行推定，结论是孝妇不会杀姑。争议事实与此不符，因而不可信。用于推定争议事实的已知事实一般是积极事实，但也可以是消极事实，即嫌疑人未实施某种行为。汉代一则案例的平反就与此有关：

> 文帝朝，太后以冒絮提文帝，曰："绛侯绾皇帝玺，将兵于北军，不以此时反。今居一小县，顾欲反邪！"②

周勃被控谋反，已被关押审理。窦太后提醒汉文帝，周勃在时机更好的情况下没有谋反，却于现在谋反，显然不可信。以消极事实推定犯罪行为不存在，逻辑性较弱。因为我们通常不能根据嫌疑人以前未犯某罪来推断其现在也不会犯某罪。因此欲以消极事实为已知事实推定嫌疑人无罪，必须是以嫌疑人在犯罪时机更好时却未犯罪推定其在时机不佳时更不会犯罪，如此才有说服力。事实上以消极事实推定被告无罪的事实推定都具有这一特征。《元史·王约传》记载了一则案例：

> 京民王氏，仕江南而殁。有遗腹子，其女育之。年十六，乃诉其姊匿赀若干，有

① （汉）班固：《汉书》，卷71《于定国传》，武英殿本，第1850页。

② （汉）司马迁《史记》，卷57《绛侯周勃世家》，武英殿本，第1337页。

司责之急。约视其牍曰："无父之子，育之成人，且不绝王氏祀，姊之恩居多。诚利其赀，宁育之至今日耶！"改前议而斥之。①

司法者认为王氏之女如果欲匿其弟资产，应当在其弟年幼时实施，不应在将其弟抚育成年后有此做法。

鉴于中国古代社会非常重视通过察言观色来审案的五听听讼，被告人的表情同样可以成为事实推定的已知事实。前引东湖妇逼姑致死案中，司法者就是以被告神气静雅的表情推定其无罪的。

2. 基于类比推理的不合情理

适用事实推定需要司法者掌握与争议事实相关的已知事实。如果没有相关已知事实，只有争议事实，事实推定无法运用。但司法者可以运用类比推理来判断争议事实的可能性。所谓类比推理，是指司法者面对争议事实时，先虚拟出一个正常人在相同或相似情形下会如何行为及会有何种结果的事实（此处的虚拟事实就是情），再通过虚拟事实与争议事实的类比来对争议事实的真伪做出判断。如果争议事实与虚拟事实相反，表明争议事实不可信。明代一案的司法者许进就是凭此发现并平反冤狱的：

单县有田作者，其妇饷之。食毕，死。翁姑曰："妇意也。"陈于官。不胜箠楚，遂诬服。自是天久不雨。许襄毅公时官山东……出狱囚遍审之。至饷妇，乃曰："夫妇相守，人之至愿；鸩毒杀人，计之至密者也。焉有自饷于田而鸩之者哉?"遂询其所馈饮食，所经道路。妇曰："鱼汤米饭，度自荆林，无他异也。"公乃买鱼作饭，投荆花于中，试之狗彘，无不死者。妇冤遂白，即日大雨如注。②

本案中许进虚拟的事实为妻子毒杀其夫应当在隐秘场合下进行，因为这样才更容易逃避制裁。争议事实与虚拟事实不一致，故而察情得出否定结论。运用类比推理思路的察情判断并非个案。前引程戡审理的案件中，民杀其母后置其尸于仇家之门。程戡虚拟一个正常杀人者是不会将被害人尸体置于自家门口的事实，通过类比推理，得出被告没有杀人的判断。

类比推理中的虚拟事实一般都是正常人的行为。但有些犯罪方式较为极端，司法者难

① （明）宋濂等撰：《元史》，卷178《王约传》，武英殿本，第2231页。
② （明）冯梦龙：《智囊补》，卷九，明积秀堂刻本，第323页。

以虚拟出与争议事实完全一致的事实，此时可以允许虚拟事实与犯罪事实有一定程度的不一致。在此情况下，虽然争议事实与虚拟事实有较大差距，依然可以得出争议事实不可信的判断。清代一案中司法者对争议事实的判断即是遵循这一思路。该案案情为：嘉庆十二年（1807年），有入赘岳家的霍邱县人范寿子失踪，其父报官。县审以范寿子于正月十三被其妻范顾氏与杨三凶殴致死并肢解煮成肉汁招解到府。府审无异，招解到司。复审者疑曰：

> 范寿子正月十三夜同妻母弟诸人出观灯，灯散回家。乡间虽无更鼓，应有二更时分矣。又他往斗牌返，已三更矣。返后范顾氏与杨三及母弟诸人商定，各持械将范寿子凶殴致死，已四更矣。又将尸支解，煮成肉汁，捞骨烧灰，然后弃埋漫地。人肉未经煮过，猪肉则所常食，每烹煮必须一二时方熟，若要熬成肉汁，非昼夜不能。四更至五更，为时几何？此不确之大端也。①

本案初审认定范寿子被杀。被告供称的杀害、肢解被害人并将其尸体熬成肉汁是争议事实的主要表现。该事实中有尸体被肢解并熬成肉汁用了两个时辰这一情节。司法者因为经历所限，无法虚拟出人肉煮成肉汁的时间，便虚拟了猪肉煮成肉汁的时间，发现虚拟事实与争议事实有很大的不一致，因此认定争议事实不可信。

应当指出的是，由于犯罪是异常行为，因而即使争议事实与虚拟事实相符，也不能认为争议事实就有更大的发生可能性。比如司法者虚拟谋杀秘密进行的事实，而嫌疑人被指控的谋杀行为确实是秘密进行的，但司法者并不能由此得出被控行为就是真实存在的。因此，基于类比推理的情理运用更易导致无罪推定。

（三）因证据问题推定无罪

1. 因证据不足推定无罪

以证据认定有罪事实，首先要求证据充分，特别是关键证据不可缺少。② 司法者如发

---

① 陈重业主编：《〈折狱龟鉴补〉译注》，卷三，北京大学出版社，2006，第411页。本案后来的结果是司法者提审犯证，范寿子姨父陈大凤供称范寿子十五来拜年。提审杨三讯问，则供未杀范寿子，因捕衙官要尸，熬刑不过，就供说尸体是煮了烧了。范顾氏与众人也都供熬刑不过，因此诬服。问血衣、残骨、凶器从何而来，吏役称因官员逼得紧，令杨三等人家属用猪血染衣，取家中刀锤及荒冢内枯骨送官作据。次年底，范寿子自河南回，杨三等人奇冤始雪。

② 中国古代历来有重视关键证据的传统。在长期的司法经验积累过程中，司法者认识到了各类案件应有的关键证据。周人已主张“凡民讼，以地比正之；地讼，以图正之”，将地比和图分别视为民讼与地讼的关键证据。到后来，人们认识到命案必有验，盗案必有赃。上述关键证据如果不具备，犯罪是否发生都会存疑，遑论被告是否有罪。实践中谨慎的司法者会因案件关键证据不足而做出无罪推定。

现已有的事实认定缺少关键证据，就可以推定无罪。宋代一案中司法者向敏中的心理状态即是如此：

向相在西京。有僧暮过村民家求寄止，主人不许。僧求寝于门外车箱中，许之。夜中，有盗入其家，自墙上扶一妇人并囊衣而出。僧适不寐，见之。自念不为主人所纳而强求宿，而主人亡其妇及财，明日必执我诣县矣。因夜亡去。不敢循故道，走荒草中，忽堕眢井。则妇人已为人所杀，先在其中矣。明日，主人搜访亡僧并子妇尸，得之井中。执以诣县，掠治，僧自诬云："与子妇奸，诱与俱亡，恐为人所得，因杀之投井中，暮夜不觉失足，亦坠其中。赃在井傍亡失，不知何人所取。"狱成，诣府，府皆不以为疑，独敏中以赃不获疑之，引僧诘问数四，僧服罪，但言："某前生当负此人死，无可言者。"敏中固问之，僧乃以实对，敏中因密使吏访其贼。吏食于村店，店妪闻其自府中来，不知其吏也，问之曰："僧某者，其狱如何？"吏绐之曰："昨日已笞死于市矣。"妪叹息曰："今若获贼，则何如？"吏曰："府已误决此狱矣，虽获贼，亦不敢问也。"妪曰："然则言之无伤矣。妇人者，乃此村少年某甲所杀也。"吏曰："其人安在？"妪指示其舍，吏就舍中掩捕，获之。案问具服，并得其赃。①

本案事实认定的证据有被害人之尸、被告在尸旁、被告血污之衣及其认罪口供。从常理看，被告有罪似无可疑。但复审者以赃不获而推定被告可能无罪。以关键证据不足推定被告无罪是优秀司法者的共同特质。前引钱若水审理女奴失踪案也是因为被害人尸体不获而推定被告可能无罪。孙登比丸案中孙登之所以在比丸之前不允许刑讯嫌疑人，原因就在于他认为嫌疑人操弹佩丸的事实不足以证明嫌疑人有罪。

2. 因证据不实推定无罪

以证据证明有罪事实，除了要求证据充分，还要求证据必须真实。而证据是否真实，首先可以通过证据之间是否有矛盾来判断。如主要证据相互矛盾，则证据必然有假。《宋史·余良肱传》载：

余良肱……调荆南司理参军。属县捕得杀人者，既自诬服，良肱视验尸与刃，疑之曰："岂有刃盈尺，而伤不及寸乎？"白府请自捕逮，未几，果获真杀人者。②

① （宋）司马光：《涑水记闻》，卷七，清道光《学海类编》本，第 72 页。
② （元）脱脱等撰：《宋史》，卷 333《余良肱传》，武英殿本，第 10196 页。

本案中余良肱通过仔细比对凶器与伤口，发现两者不一致，进而对被告无罪推定。除了通过证据之间的印证来判断证据真伪外，司法者还可以通过情理来判断证据真伪。若证据不合情理，有经验的司法者会质疑该证据的真实性，并进而推定被告可能无罪。清代名幕汪辉祖复核一案的过程即是如此：

> 馆平湖令刘君冰齐署。会孝丰事主，行舟被劫，通详缉捕……邑有回籍逃军曰盛大者，以纠匪抢夺被获，讯为劫案正盗……且已起有蓝布棉被经事主认确矣。当晚嘱冰齐覆勘，余从堂后听之，一一输供，无惧色。顾供出犯口，熟滑如背书。然且首伙八人，无一语参差者，心窃疑之。次晚复嘱冰齐故为增减案情，隔别再讯。则或认，或不认，八人者各各歧异。至有号呼诉枉者……令库书典税书依事主所认布被颜色新旧借购二十余条。余私为记别，亲以事主原认之被嘱冰齐当堂给认，竟懵无辨识。于是提犯研鞫，佥不承认。细问其故，盖盛大到官之初，自意逃军犯抢，更无生理，故讯及劫案，信口妄承。而其徒皆附和之。①

本案被告盛大及徒属的口供是证明其犯罪事实的重要证据。汪辉祖在听审中发现众人口供过于一致，显然不合情理，从而怀疑可能不实。司法者运用情理判断证据的思路与判断争议事实的思路是一样的。具体到本案，司法者运用的是类比推理思路。汪辉祖先虚拟出众证同证一事应当有出入的事实，② 本案的众人同证情形与此不符，因而推定其证言不可信。

不仅言词证据会因不合情理而致司法者推定被告无罪，即使是实物证据，若不合情理，司法者同样会质疑其证明事实的真实性。唐代刘崇龟审理一案时的无罪推定心理即是基于对实物证据与争议事实关系的怀疑：

> 唐刘崇龟镇南海之岁，有富商子，少年而貌皙，稍殊于负贩之伍，泊船于高岸。次有高门，中见一姬年二十余，艳态妖容，殊不避人，得以纵其目送。少年便言曰："某黄昏当诣宅矣。"亦无难色，微笑而已。既昏暝，果启扉伺之。比子未及赴约，有盗者径入行窃。见一房无烛，即突入。姬即趋而就之。盗以为人擒己，以刀刺之，

① （清）汪辉祖：《续佐治药言·草供未可全信》，清乾隆五十四年双节堂刻本，第7页。

② 众人同证一事实之所以应有出入，是因为众人的供词不仅受客观事实本身的影响，还要受到证人的观察力、记忆力与表述能力的影响。除了客观事实是相同的，其余的要素都是不同的，因而众供不可能完全相同，有差异是必然的。

遗刀而逸，其家亦未知觉。商家之子旋至，才入其户，即践其血，汰而仆地。初谓其水，以手扪之，闻逗血之声未已。又扪之有人卧，遂径走出，一夜解维。比明，已行百余里。其家迹其血至江岸，遂状讼于主者。穷诘岸上居人，云："近日有某客船一只，夜来径发。"官差人追及，械于圄室。掠拷备至，具实吐之，唯不招杀人。其家以刀纳于府主，乃屠刀也。府主乃下令曰："某日大设会，合境庖丁俱集于球场，以俟宰杀。"既集，乃传令曰："今日已晚，可翌日而至。"乃各留刀于厨而去。府主乃命取诸人刀，以杀人之刀，换下一口。来早，各令诣衙取刀。诸人皆认本刀而去。唯有一屠最在后，不肯持刀去。府主乃诘之。对曰："此非某刀。"又诘之："此何人刀邪?"曰："此某人之刀也。"乃问其所居处，命擒则窜矣。于是乃以他囚合处死者，以代商人之子，侵夜毙之于市。窜者之家，日日潜令人伺之。既毙其假囚，不两夕果归家，即擒之。具首杀人之咎，遂置于法。商人之子，夜入人家，以奸罪杖背而已。君子谓彭城公察狱明矣！①

本案在被害人之家属向官府提交凶器之前，刘崇龟并未对被告产生怀疑。但在看到凶器之后，刘崇龟开始相信被告可能并非真凶。因为被告作为富商之子，家中不应有屠刀。而被告与被害人先前无仇，因而不可能专门偷刀杀人。司法者正是认识到这一点，才推定富家子可能无罪。

三、无罪推定与释冤

（一）无罪推定的释冤价值

1. 防止冤狱越陷越深

考察冤狱最终酿成的过程，我们可以看出，冤狱一般都是沿着无辜者成为被告→被刑讯→被迫自诬有罪→具狱→被执行的轨道向下滑落。司法者的无罪推定心理可以在无辜者成为被告后的任一阶段产生。司法者在产生无罪推定心理后，如能采取适当措施，就有可能阻止冤狱滑向下一阶段。

首先，在案件受理后、刑讯发生前，如司法者产生无罪推定心理，就可能阻止刑讯实施。此阶段司法者产生无罪推定心理大都是认为现有证据不足以证明被告有罪。前引孙登

① （五代）和凝：《疑狱集》，卷三，《四库全书》本，第 35 页。

比丸案中，虽众人都认为操弹佩丸者有罪，但孙登没有轻信，制止了刑讯实施，并通过比对证据发现真相。也有可能是司法者获得了相关信息从而推定被告可能无罪。如宋代刘贺为修武县知县时，有民人因醉不能归家，其同伴得其衣交还其家。后民人毙于道，民家遂告其同伴。刘贺认为："以衣还者，非所以杀也。"其同伴因而得以免罪。① 刘贺之所以会推定被告无罪，是因为他发现了同伴以衣还民人之家的事实。不管司法者基于何种原因产生无罪推定心理，其结果都是司法者不会选择刑讯方式审理案件。

其次，在被告受到刑讯后、自诬之前，司法者如果对其被指控犯罪事实产生无罪推定心理，则会停止原先以刑讯迫使被告认罪的做法。前引唐代刘崇龟所审案件中，司法者在见到作为凶器的屠刀后，推定被告可能无罪，因而没有继续拷讯被告逼其认罪，案件也没有出现被告被迫自诬的结果。

再次，在被告认罪后司法者发现案件有疑点，从而产生无罪推定心理。此时如果司法者坚持为自诬者释冤，可以阻止冤狱结案。宋代一案的司法者即是于此阶段产生无罪推定心理：

> 唐肃为秦州司理。有人夜宿逆旅，而同宿者杀人亡去。旦起视之，血污其衣。为吏所执，不能明，遂自诬服。肃为白其冤，而知州事马知节趣具狱，肃固执不可。后数日，果得真杀人者。②

本案中无辜者虽已自诬有罪，但因复审司法者产生无罪推定心理，坚持为其释冤，故而没有具狱。

最后，在冤狱已结案后，如司法者产生无罪推定心理，则可以阻止冤狱被错误执行。前引于公、钱若水、向敏中、杜衍复核的案件都是在具狱以后产生无罪推定心理。上述人员中，除了于公未能说服主官从而致冤狱酿成外，其他司法者的无罪推定都避免了冤狱被错误执行，为冤狱的最终平反保留了机会。如杜衍复核上党民被控杀继母案中，面对已具之狱，因疑不实，故而未即时论决。在暂停之间，真凶现身。

2. 促使司法者为无辜者主动释冤

司法者的无罪推定心理除了防止冤狱越陷越深，在客观上为释冤创造条件外，还会促使司法者主动采取措施为被告释冤。在案件受理后的最初审理阶段，司法者做出无罪推定，

---

① （宋）郑克：《折狱龟鉴》，卷二，清嘉庆《墨海金壶》本，第26页。

② （宋）潜说友：《咸淳临安志》，卷六十五，宋刊本，第1234页。

就会放弃刑讯审理方式，而采取依证据或依情理判断案件事实的模式。依此种方式调查事实，比刑讯更容易查明案件真相。如孙登与刘贺分别运用证据和情理判断事实。在被告已被刑讯后，司法者若推定其无罪，则可能改变案件审理思路，不再一味追求被告认罪口供，而是寻求证据方面的突破，从而发现真实。如刘崇龟从追查凶器入手进而查明事实。在被告已经自诬乃至冤狱已结后，司法者若推定其无罪，则会启动重新审理，查明事实真相。这一方面的案例颇为多见。如钱若水秘密访女奴、向敏中遣吏访贼、余良肱请捕真凶等都是通过重新审理或重新捕亡而为无辜者释冤。还有的司法者在无辜者始终自诬的情况下依然坚持查明真相。如东湖某妇逼死其姑案中，司法者通过观察被告表情认为被告必非逼死其姑者，决定重新审理，并运用传统的谲审查明真相。

（二）无罪推定对释冤影响的局限性

1. 无罪推定的偶然性

从理论上讲，只要是冤狱，一定都会有情理与证据上的疑点，但司法者能否发现疑点却具有偶然性。此种偶然性体现在三个方面：

一是无罪推定的主体总是少数人。从无罪推定的实践看，每当司法者对案件表达怀疑时，经常有他人“皆言理无足疑”“咸以为是”“皆以为然”的记载，而无罪推定的司法者往往是“独疑之”，这表明能够发现案件疑点的总是个别司法者，大多数司法者并无发现案件疑点的能力。因此就司法者而言，冤狱疑点被发现具有偶然性。从前文分析可以看出，司法者产生无罪推定心理需要其具备发现情理与证据上疑点的能力。清代一案则从反面表明司法者若不善于以情折狱，则难以发现案件疑点：

> 泰州有一妪，夫死，有女招婿于家。妪有弟无赖，常向女借钱，老妇一家皆白眼遇之。一日，妪为人杀死，妪弟遂指女及婿杀妪。知州王公审理，严讯二人，皆诬服，女、婿皆死。后邻县获盗，认泰州狱系其所为，因行劫时为妪所执，遂杀之。①

本案中被告与被害人之间的亲属关系是争议事实的重要表现。如此亲近的身份关系与被告杀害被害人是典型的负相关关系。② 但司法者未能发现案件疑点，反而滥用刑讯，最

---

① （清）陆长春：《香饮楼宾谈》，卷二，载《笔记小说大观》，江苏广陵古籍刻印社，1983，第18册，第390页。

② 此处所谓负相关关系，是针对基础事实与争议事实关系而言的。如基础事实的存在，导致争议事实存在的概率变小，就是负相关关系；如基础事实的存在，导致争议事实存在的概率变大，则是正相关关系。本案中的被告人是被害人至亲，因而杀害被害人的概率极小。

终酿成冤狱。

能够做出无罪推定的司法者之所以总是少数，除了因司法者的能力不足外，还与情证兼用理念没有成为大多数司法者的共识有关。从前文研究可以看出，情证兼用仅仅是部分司法者的理念，并非立法上的强制性规范。北魏《狱官令》强调情应与证信相验，但并未要求情证必须相符，而是综合考虑情证关系，只要被告人之罪达到疑似的程度，就可以对其加以刑讯。《唐律断狱》规定“赃状露验，理不可疑，虽不承引，即据状断之”，虽强调认定有罪必须达到情理可信与证据确实充分这两个条件，但这是在被告人不承引时的有罪认定标准。换言之，如被告人认罪，则认定有罪未必要达到情证一致的程度。事实上本文所引的有罪认定案件大都没有达到这一标准。前述泰州案情理明显可疑，而宋代钱若水所审案件中先前的有罪认定则是既不符合“赃状露验”的要求（被害人死不见尸），也不符合“理不可疑”的要求（父子多人共杀一女奴）。但上述案件一审都被认定有罪，且二审官员也大都认为有罪。在中国古代司法证据中，被告人认罪口供是有罪认定最重要的证据，这是绝大多数官员的共识，而情证兼用却不是。正因如此，无辜的被告一旦自诬有罪，司法者就很难通过发现情理与证据的疑点而推定其无罪。

二是从冤狱种类来看，史料记载的无罪推定案件绝大多数都是死罪案件。其他冤狱被发现的概率非常低，可以低到忽略不计的程度。《折狱龟鉴》卷一、卷二所载的75起释冤案件中，只有一起是流罪案件，而且其平反并非是司法者在审理过程中产生无罪推定心理所致。该案事实如下：

景德中，梁颢内翰知开封府时，开封县尉张易捕盗八人，狱成，坐流。既决，乃获真盗。御史台劾问得实，官吏皆坐贬责。①

本案平反不是司法者发现原案证据或情理上的疑点而推定无罪，而是由真盗落网导致的。值得我们思考的是，同样都是通过证据或情理存在的问题发现疑点，为何非死刑案件的疑点难于被发现。笔者认为这与司法者对待不同案件的态度有关。中国古代人受“上天有好生之德”理念的影响，极重死罪案件的平反。在他们心目中，冤狱平反与救活人命就是一回事。② 司法者亦是如此，他们对死罪案件平反的重视远超其他案件，因而死罪案件疑点发现的概率比其他案件疑点发现的概率要高得多。

① （宋）郑克：《折狱龟鉴》，卷二，清嘉庆《墨海金壶》本，第19页。

② 《汉书·隽不疑传》记载：“（不疑）每行县录囚徒还，其母辄问不疑：‘有所平反？活几何人？’即不疑多有所平反，母喜笑，为饮食，言语异于他时；或亡所出，母怒，为之不食。故不疑为吏，严而不残。”

三是从案件审理的阶段来看，刑讯发生之前和冤狱被执行后司法者很少产生无罪推定心理。前者仅有孙登和刘贺两案，而在冤狱执行后的无罪推定却一案难求。从前引案件可以看出，无罪推定产生在第一阶段的意义最大，不仅可以防止冤狱酿成，还可以避免无辜者被刑讯及被迫自诬。但事实上这一阶段的无罪推定案例相当稀少。虽然中国古代有狱贵初情的司法传统，① 但实践表明初审阶段很多司法者未能把握住冤狱的过滤关，致使大量的冤狱进入后来的审理阶段。后续阶段司法者面对被告已经认罪乃至被定罪的冤狱，产生无罪推定心理也很不易。虽然在史册中能够看到一定数量的无罪推定案例，但我们有理由相信更多的冤狱通过了层层复审，最终酿成大错。究其原因，初审时未能及时无罪推定难辞其咎。②

如果在案件执行之前疑点被发现还有很大偶然性的话，那么案件执行后其疑点几乎不可能被发现。特别是被告被执行死刑后，冤狱平反的可能性极低。即使最终获得平反，也不是因为司法者复核过程中发现疑点从而查明真相，而是因为两种特殊情况出现：一种是真凶现身，如前引泰州狱的平反；另一种是亡者归来。宋代一起冤狱的发现过程即是如此：

> 太平州有一妇人，与小郎偕出。遇雨，入古庙避之，见数人先在其中。小郎被酒困睡，至晚始醒。人皆去矣，嫂已被杀，而尸无首。惊骇号呼，被执送官。不胜考掠，诬服强奸嫂，不从而杀之，弃其首与刀于江中，遂坐死。后其夫至庐陵，于优戏场认得其妻。诸伶悉窜，捕获伏法。盖向者无首之尸，乃先在庙中之人也。伶人断其首，易此妇人衣，而携以去。小郎之冤如此，以无善疑从事故也。然则赃证未明，狱可遽决乎？③

本案从情理上看，小郎在发现其嫂被杀后惊骇号呼的表现与其杀嫂之事为负相关关系。④ 从证据上看，被害人首级与凶器未获是证据上的重大缺陷。情、证两个方面存在如此大的问题，司法者都未能发现，致使冤狱酿成。郑克认为冤狱形成是因为没有善疑的司法者，这一观点相当中肯。本案虽获平反，但并非法定程序内的自纠机制所致。可见对于

---

① 宋慈认为“狱事莫重于大辟，大辟莫重于初情，初情莫重于检验”。载（宋）宋慈：《洗冤集录译注》，高随捷、祝林森译注，上海古籍出版社，2008，第1页。

② 初审中司法者之所以很难形成无罪推定心理，是因为相对于后来的复审者而言，初审司法者有更大的破案压力，因而没有对无罪证据的搜集投入必要的精力。

③ （宋）郑克：《折狱龟鉴》，卷二，清嘉庆《墨海金壶》本，第17页。

④ 如果小郎真是凶手，其嫂被杀是其意料中之事，不应惊骇号呼，而应埋尸隐迹，才能避免自己被他人发现是凶手。

已执行冤狱，已经没有正常途径来发现案件疑点并予以平反。我们考察古代的司法制度，确实未发现对于已执行案件特别是死罪案件有复核平反的制度性规定。① 既然没有制度要求，而平反已执行冤狱在司法者看来又没有挽救无辜者生命的意义，因而司法者认为对此类案件投入精力去再审的必要性不强，故而冤狱很难通过主动的复查程序得以平反。

2. 释冤同样具有偶然性

无罪推定心理的产生已属偶然，问题还不止于此。有时司法者即使产生了无罪推定心理，也可能无法为被告释冤。其原因主要有以下三个方面：

一是产生无罪推定心理的司法者对案件处理没有决定权。司法者若没有决定权，就必须说服有决定权的主官。如果主官性格固执强横，不接受下属的观点，冤狱就会最终酿成。宋代一案中的主官即属此类：

> 雍熙中，邵晔谏议，为蓬州录事参军。知州杨全性率而悍，部民十三人被诬为劫盗，悉置于大辟。晔察其枉，白请再劾，不听。乃取二人弃市，余械送阙下。翌日，果获正盗。全坐削籍为民。晔赐绯鱼，授光禄寺丞。②

本案邵晔作为录事参军，没有停止执行已具之狱和再审的决定权，只能请示知州。但知州性率而悍，拒纳下属正确意见，最终导致两人冤死。前引西汉于公复审案件时，虽然相信嫌疑人必不杀姑，但因太守不听，冤狱最终还是酿成。

二是产生无罪推定心理的司法者虽有决定权，但没有认真将其落实到释冤行动上。《兰苕馆外史》所载清代一则案件最终铸成大错，就反映了司法者对疑罪的重视不足：

> 某氏子，频年出外贸易。家惟一母一妻，母老而且盲，赖妇贤孝……他日，某氏子归，母喜，命妇烹鸡食之。中夜，某氏子暴亡。邻里以为异，鸣之官。验之，果是中毒。邑令疑妇有私，倍加榜掠，妇不胜其苦，遂诬服。问："奸夫为谁?"妇本无事，况所识素无多人，仓卒间遽以十郎对。十郎者，某氏子在服之弟也。初，某氏子出门时，嘱十郎时为省母，藉代支理家政……今妇迫于严刑，不得已以十郎塞责，令签拘十郎至……不容置辩，横加鞭楚，死而复苏者数次。十郎无奈，亦遂诬服。狱具，论辟。巡抚某公……虑囚至此，心甚疑之。以问幕宾……乃漫应曰："此狱已具，属吏不

---

① 历史上已执行冤狱主动平反的事例也有发生。如汉武帝为卫太子平反、宋孝宗为岳飞平反，但都是政治因素所致，而非正常的法律程序所致。

② （宋）郑克：《折狱龟鉴》，卷二，清嘉庆《墨海金壶》本，第19页。

知费几许推敲，料亦无所冤曲。公何必故意驳诘，致滋多事耶？”某公乃不复平反，妇与十郎遂均坐大辟矣。①

巡抚既已产生无罪推定心理，面对两条人命之案，却轻信幕宾之言，不复平反。冤狱最终酿成，巡抚有很大责任。本案司法者具备一定的情证折狱能力，故而能够发现案件疑点，但缺少对情证折狱原则的坚守，轻易放过了案件中不合情理之处，② 因而失去了平反机会。

三是客观上难以释冤。如果说能否发现冤狱的疑点，主要考验司法者的主观素养与能力，那么在发现疑点之后能否释冤，则在很大程度上受制于客观条件。由于中国古代没有疑罪从无的制度性要求，虽被告被怀疑可能无罪，但只要没有充分证据证明犯罪没有发生或者真凶落网，被告都很难获释。无罪推定只是为释冤提供了一种可能，而完全查明真相才能使释冤成为现实。从前述因无罪推定而释冤的案件可以看出，有不少案件的真凶落网都具有偶然性。官府主动再审而发现真相，同样具有偶然性。只要凶犯在当初犯罪时没有落下重要证据，案件就很难平反。古人对此有清醒的认识。北魏时一则案件的复审就能够看出冤狱平反具有偶然性特征：

后魏司马悦，为豫州刺史。有上蔡董毛奴，赍钱五千，死于道路。或疑张堤行劫，又于堤家得钱五千。堤惧楚掠，自诬言杀。悦疑不实，引毛奴兄灵之问曰：“杀人取钱，当时狼狈，应有所遗，曾得何物？”答曰：“得一刀鞘。”悦取刀鞘视之，曰：“此非里巷所为也。”乃召州内刀匠示之。有郭门者，言此刀鞘其手所作，去岁卖与邻人董及祖。悦收及祖，诘之，具服。灵之又于及祖身上认得毛奴所服皂襦，遂释张堤。③

本案中张堤被控有罪，恰巧其家钱数又与失物相符，自度难以自明，又惧刑讯之苦，遂自诬有罪。司马悦复审时，通过追踪凶手遗留在现场的刀鞘找到真凶董及祖。郑克对此

① （清）许奉恩：《兰苕馆外史》，黄山书社，1996，第274—275页。本案后来的结果是：某公终不能释怀，遂诣某氏子家。见妪，既诘得食鸡一事，便托腹饥，出钱命代市一鸡。倩人烹好，即置于向日子所具食之处，乃一葡萄架下。公留心黠察，见热气上熏。少选，架上一丝下缒，直入碗中，非竭目力不见。公知有异，取一脔饲犬，犬毙。乃檄邑令及承讯在事各官至，以实告之。随命呼一犬至，饲以鸡一脔，果立毙，众始服罪。命人往搜架上，得一蝎，长四寸许，盖所缒之丝即是物也。邑令以诬拟罪论抵，余各议罚有差。

② 本案的不合情理之处可以通过类比推理发现。其虚拟的事实是有奸情的妻子纵然欲杀丈夫，也不可能在其夫长期外出后偶一返家即将其毒杀。一是缺乏准备，二是没有必要如此急迫。

③ （宋）郑克：《折狱龟鉴》，卷二，清嘉庆《墨海金壶》本，第8—9页。

评论说："悦所以能使及祖服罪者，虽有智算，亦偶然耳。向若贼不遗刀鞘，或鞘非州内刀匠所作，何从知及祖为贼耶?"其实非独本案如此，前引刘崇龟所审案件中，假若真凶没有遗刀在现场，司法者同样难以凭借凶器追踪到真凶，也就无法为被告人释冤。鉴于案件事实存在偶然性，再审也不能发现真相的案件并不罕见。《宋史》载：

> （德彝）代兄德隆判沂州……儒生乙恕者，郊居肄业。一日有尸横舍下，所司捕恕抵狱，将置于法。德彝疑其冤，命他司按之，无异。因令缓刑以俟，未几果获杀人者，恕遂得释。①

赵德彝怀疑乙恕有冤，先让其他衙门再审，同样未能发现真相；又令停止案件执行，最终释冤还是依靠真凶落网。

四、余论

司法者的无罪推定心理是其启动释冤的前提之一。尽管无罪推定及后来的释冤都有很大的偶然性，但其中的许多问题在当代已经得到制度上的解决。当代法律制度与古代法律相比，一个重要变化是确立了疑罪从无原则。因此当司法者在案件审理过程中发现被告之罪存在疑点，只要疑点不能排除，即使不能证明被告无罪，依然可以做出被告无罪的判决，从而为被告释冤。再如司法者因案件主要证据矛盾和关键证据不足而做出无罪推定，在古代虽有偶然性，但在今天已有制度保障。当代证据法强调证据充分及应当查证属实，如案件关键证据不足或主要证据存在矛盾，则司法者不能做出有罪认定。尽管如此，我们研究无罪推定、情证兼用与释冤的关系依然有其现实意义。在笔者看来，这一研究的意义主要表现为司法者应借鉴情证折狱理念。除了继续强调认定有罪的前提在于证据必须充分可信外，还要运用情理来判断有罪事实及相关证据，尽最大可能发现案件疑点，从而避免冤狱发生。特别是在死刑执行前的复核程序中，更应慎重审核案件事实，以期最大限度发挥这一程序防止死罪冤案的价值。

---

①（元）脱脱等撰：《宋史》，卷244《赵德彝传》，武英殿本，第7801页。

《管子》的实质法治思想研究*

孟葆玥**

摘　要　实质论以形式法治观为基础丰富了法治的内涵。从实质论视角看，《管子》有关法治的论述实际上表达了一种实质法治观。《管子》与韩商法家对法治形式规范性的思考有相通之处，首先在“以法而治”的意义上将法治做工具性表达。受黄老和谐思想的影响，为追求国家治理的合理正义性，《管子》认为法治形式规范性应当与其他实质价值相结合，共同发挥治国功能。“国富民富”的经济目标指向实质结果公平，打破了法治在国家治理中的单一价值；制度化的道德成为对法治的规范性补充；而民众意志实质限制了法治的内容。

关键词　实质法治；以法而治；合理正义；实质价值

《管子》作为管仲学派的代表作，学界对其法治思想的研究已颇为丰富。但在法治理论不断发展的背景下，从法治形式论与实质论语境出发对《管子》法治思想的探讨仍在少数。韩商法家坚定地支持法治的形式论，而《管子》作为法家著作，其中必定与韩商法家思想产生某种联系。那么这是否意味着《管子》像韩商一样持一种严格的形式法治观？如若不然，《管子》中的法治思想是何种性质？基于此，本文将探讨以下几个问题：第一，形式法

---

* 本文系教育部人文社会科学重点研究基地重大项目“以中国实践为基础的法律体系研究”（项目号：17JJD820003）、吉林大学廉政建设专项研究课题“法官腐败的心理分析及其防治研究”（项目号：2014LZY016）的研究成果。

** 孟葆玥，山东警察学院讲师。

治与实质法治的关系为何？第二，《管子》的法治观是否走向了形式法治或者说在何种程度上吸收了形式法治？第三，若《管子》并没有完全走向形式法治，其背后的哲学基础是什么？其又吸收了哪些典型的实质价值？

一、法治的形式论与实质论

形式理论是现代法治的基础，也是西方资产阶级反抗封建人治的成果。形式论以形式逻辑为基础，以严格的形式性和封闭性排除了外部因素对法治的影响，因而被视为法治所应具有的基本要素。① 形式论认为其他社会价值或者美德不应成为对法的形式价值进行限制的正当依据，即法治与法的外部价值无关联。而对于法治本身，形式论认为："法治仅仅包括一套形式化或程序化的法律原则，而不包括实体化的法律原则。这套原则仅仅设定了所有法律在形式或程序上应达到的标准，而不干涉各项法律处理问题的实体价值取向。"② 由于对法的形式价值是否应受到其他社会价值制约的回答不同，在形式论之后，法治的实质论得以产生。实质论认为，法律的封闭性和形式性在法治初建时固然发挥了巨大的建设性作用，但形式性并非法治的最终价值。在社会发展的过程中，形式论也逐渐显露出机械性的缺陷，法治应当与其外部价值相结合来对形式法治的机械性进行修正。争议就此产生，形式论认为实质法治并不是法治的范畴，原因在于法与外部价值的结合和对外部价值的着重强调都将贬损法治的重要性。而且实质法治与反法治的立场一样，都想要破坏法治在反对人治中好不容易建立起来的形式性。③

有学者认为，基于对西方法治普适主义的理解，其更多时候以一种形式法治的面目出现，即强调法治的形式主义面相，而主张祛除法治的价值维度。实际上，形式法治的主张背后，一直隐含或者预设着关于法治的价值表述。只不过，一方面，现代性的价值、理念已经融入关于现代法治的理解及其前提当中，不需要特别申明；另一方面，强调形式法治能够凸显法律的客观性、中立性，给法治以理性的外观，从而进一步强化西方法治的普适主义形象。④ 即使在两种法治观背后的指导逻辑关系上，即针对形式逻辑和辩证逻辑的关系问题，中国逻辑学界也产生了肯定辩证逻辑形式价值的观点："辩证逻辑是形式逻辑的高

---

① 法治的形式理论和实质理论也被称为法治的形式概念和实质概念，本文采用前者进行指称。参见［美］布雷恩·Z·塔玛纳哈：《论法治——历史、政治和理论》，李桂林译，武汉大学出版社，2010，第 118 页。

② 黄文艺：《为形式法治理论辩护——兼评〈法治：理念与制度〉》，《政法论坛》2008 年第 1 期。

③ 陈景辉：《法治必然承诺特定价值吗?》，《清华法学》2017 年第 1 期。

④ 刘小平：《法治中国的"理想图景"：走向一个实质法治概念》，《社会科学战线》2020 年第 5 期。

级发展阶段，辩证逻辑与形式逻辑的关系如同高等数学与初等数学的关系。”① 二者并非对立而是一种包含的进化关系。在两种法治观中，实质论在形式论的基础上发展革新，其在一定程度上破除了传统法治观中法的形式和实质非此即彼的对立性。实质论既肯定法的形式价值在法治建设中不可替代的作用，同时也看到在之后的法治秩序中，平等、正义、道德和善等实质目标对于法治不断向前发展的重要性，从发展演化的纵向维度重新诠释了法治形式论和实质论的关系。正如姚建宗教授所言：“现行法治理论对法治内容及其现象的种种详尽描述，对实现法治所作的种种制度安排和设计，都是法治的重要方面，没有它们便绝无任何法治可言，因而这些方面是法治的起码条件。然而我同时认为，即使这些作为起码条件的‘硬件’系统在一个社会中百分之百地达到了，也不一定就真的实现了‘法治’。恰恰是法治的精神条件即法治的‘软件’系统才非常深刻地反映了法治的内在意蕴、精神气质与性格。”②

借助法治的实质论，我们可以在探讨《管子》法治思想时找到一个新的分析工具，为研究中国古代法家经典思想著述提供一个新的视角。现代法治的实质论与《管子》的法治思想之间跨越了一个相当长的历史维度，在具体内容上二者必然存在差异，甚至可能出现完全相反的价值选择。但是在法治形式价值和实质价值的关系上，实质论和《管子》的法治思想却展现出演进逻辑上的通性。“尽管实质理论与形式理论是现代学者的概括，但其哲学思想则来自于亚里士多德的形式与质料，中国的‘名’与‘实’思想。其次，管子以道德目的论为依归的‘以法治国’（《管子・明法》）法学范式和商鞅以‘一断于法’（《史记・太史公自序》）为依归的法学范式本身就明证了他们在范式构造时对法律的实质与形式在理解上存在价值选择上的差异，而价值选择上的差异是本体论多样性承诺的内容，并非超出了本体论多样性承诺的范围，仍然属于内在视角的思考。再次，从研究方法角度讲，‘以今释古’是中国传统学术的一种基本治学方法，‘以外释中’也是梁启超先生研究中国传统法学和冯友兰先生研究中国传统哲学使用过的方法，至于社群主义法学和施特劳斯学派则将这两种方法作为基本研究方法，他们公认的学术成就表明这两种方法不会产生知识的不确定性和结论的荒谬性。”③ 在对于法治的逻辑认知上，无论是形式论还是实质论，二者均以法的形式价值为基础，首先承认形式性对于法治的必要性，否则实质论便很难称之为法治

---

① 杨红玉：《关于形式逻辑的几点思考——从新中国成立 70 余年来三次逻辑学大讨论的视角看》，《中州学刊》2021 年第 1 期。

② 姚建宗：《信仰：法治的精神意蕴》，《吉林大学社会科学学报》1997 年第 2 期。

③ 程关松：《礼法合治传统的两种法学范式——以管商为例证的现代解释》，《法律科学（西北政法大学学报）》2017 年第 5 期。

理论。因此，对《管子》实质法治思想的分析，必然由两部分构成，即形式基础和实质价值。

二、《管子》实质法治思想的形式基础

《管子》虽杂糅法、儒、道等多家思想，但仍被学界视为法家著作，学界甚至将管子归为法家代表人物。这是因为《管子》中关于法治的论述既与其他治国思想发生联系而又自成体系，形成了《管子》的实质法治思想。法治在最初意义上指的是“法律的统治”或者说“以法而治”，其在一种工具意义上强调法律是政府的工具，以区别人治、德治等其他治理方式。①《管子》法治思想的形成首先意味着其在诸多治理工具中选择以法而治，也即《管子》认为法作为一种治国工具要优于其他方式。韩商法治思想中着重强调法相较于其他治理方式的优越地位，如《商君书·定分》的“法令者，民之命也，为治之本也”，《韩非子·饰邪》的“以法为本”，均认为法是百姓命脉和国家治理的根本。《管子》同样赋予法在国家治理中的重要地位。其首先明确应当以法治国，法构成治理主体所必须依靠的工具。尤其对于疆域广阔的主权国家来说，君主依靠法才能够统御整个国家，预防和消除国家中可能发生的奸诈邪恶之事，从而保证君主对整个国家政治权力的掌控。而在规范民众行为和惩罚、威慑犯罪方面，法更是发挥了不可替代的重要功效。

《管子·明法解》言“法度者，主之所以制天下而禁奸邪也，所以牧领海内而奉宗庙也”，“治国使众莫如法，禁淫止暴莫如刑”，“凡民者，莫不恶罚而畏罪”，“立刑罚以威其下”，“无刑罚则主无以威众”。《管子·任法》中也提到“法者，天下之至道也，圣君之实用也”，“圣君任法而不任智”，表明法是国家治理的最高准则，是君主治国理政中所必需的有效工具，圣明的君主依靠法治理国家而非依赖君主自身的才智。《管子·重令》中的“凡君国之重器，莫重于令。令重则君尊，君尊则国安”亦与此同义。可见，《管子》虽不同于韩商法家的“唯法论”，但在《管子》实质法治思想的形成逻辑中，其首先强调了法治最基本的工具性价值。

“以法而治”作为《管子》在工具意义上的选择结果，所需要回答的一个问题便是《管子》为何选择“以法而治”。《管子》认为，“以法而治”较于其他思想流派所推崇的治理方式，其优越性集中体现在法治本身的形式功能中。换言之，在治国方式的选择阶段，《管子》看重的是法的工具性特征而非实质内容，法治以其形式功能区别于其他治理方式。无

---

① ［美］布雷恩·Z·塔玛纳哈：《论法治——历史、政治和理论》，李桂林译，武汉大学出版社，2010，第117页。

论法治的实质内容为何，并不会影响法治形式功能的发挥。法治的形式功能主要表现在将所要调整的社会关系制度化、规范化，使国家意志或者说统治意志能够以制度为载体迅速在一个广阔的空间内展开，从而在全国范围内实现国家政令的统一。《管子·禁藏》说："法者，天下之仪也，所以决疑而明是非也，百姓所悬命也。"《管子·明法解》说："法者，天下之程式也，万事之仪表也。"《管子》将法视为"仪"，而"仪"在《说文解字》中的释义是："仪、度也。从人义声。"① 仪作仪范、仪象、仪形、仪型解，均有典范模式之义。可见，《管子》用"仪表"一词来表述法治的规范性，于宏观来说，整个国家需要按照法这个仪度所展示的典范来运作；于微观来说，个人需要以法为仪范来形成自身的节操和举止，并不断进行修正。同时，"仪"又有量器之义，这意味着在国家与个人两种层面的社会关系出现模糊与纠葛时，需要通过法这种量器进行度量，定分止争。如其所言，"法者，所以兴功惧暴也；律者，所以定分止争也；令者，所以令人知事也；法律政令者，吏民规矩绳墨也"（《管子·七臣七主》）。在《管子》的思想中，法成为整个国家从宏观到微观正当行为模式的集中展现和范本，也宣告了法作为一种社会规范所具有的评价作用：在非官方的个人层面，百姓可以根据法所展示的行为模式来判断和预测自身的行为后果并且对已发生的行为进行制度评价；在上层权力管理中，政治权力可以根据法来对政治活动进行安排。

与之形成对比的"以德而治""贤人治国"以及黄老思想中的休养生息政策，虽然也在特定历史时期和地域内承担着调整社会关系的功能，但受制于自身特性，均难以发挥出"以法而治"对社会关系所展现出的整体规范性效果。相较之下，"以法而治"则要求作为承载统治意志的法本身具备公开、稳定和至上性，能够统一地、面向未来地、足够权威地指引民众的行为，以满足"以法而治"对横向、纵向和可重复操作的规范性要求。否则，即使"以法而治"，也很难在不同地域和时间形成国家治理的一致性和统一性。

首先，法的公开性意味着律、制、诏、令、科、比、廷行事等法的形式必须公之于众，为民众所知晓，并且法的实施过程也要公开。对同一行为的处理结果在法令公布前后会产生截然不同的效果。《管子》将法令公布前对民众行为的奖惩视为权力的恣意，认为这会给国家带来治理的混乱，甚至会威胁君主的地位；而在法令公布之后，对民众行为的奖惩则转化为依法进行的赏功罚恶，这便会激励百姓，震慑奸邪。所谓"令未布，而民或为之，而赏从之，则是上妄予也。上妄予，则功臣怨，功臣怨而愚民操事于妄作……令未布，而罚及之，则是上妄诛也。上妄诛，则民轻生，民轻生，则暴人兴，曹党起而乱贼作矣"（《管子·法法》）。其次，法的稳定性意味着已经颁布的法令在当前社会政治、经济、文化

① （汉）许慎：《说文解字》，中华书局，1963年影印本，第165页。

的发展中维持相对静止的状态，这是法治得以有效发挥规范性功能的重要条件。国家法令应当像自然界中的四季和星辰一样长行不变，所谓“当故不改曰法”，“如四时之不忒，如星辰之不变，如宵如昼，如阴如阳，如日月之明”（《管子·正世》）。如果朝令夕改，破坏了国家法令的稳定性，其实效性将受到极大的负面影响。“号令已出，又易之……度量已制，又迁之；刑法已错，又移之。如是，则庆赏虽重，民不劝也；杀戮虽繁，民不畏也”（《管子·法法》）。但《管子》所言法的稳定性并不是机械的，静止状态不是指绝对不变。法的稳定性是在“适时之法”前提下形成的。在社会发生重大变化时，法便应打破静止状态去适应本国国情和社会发展，做到“其立禁有轻有重，迹行不必同，非故相反也，皆随时而变，因俗而动”，防止出现“陈法出令而民不从”（《管子·正世》）的现象。最后，《管子》对法至上性的阐述并不同于韩商法家所持有的法仅仅及于臣民而君在法之上的观点。在君主与法的关系上，韩商法家大力宣扬君尊于法，认为“君尊则令行”（《商君书·君臣》）；而君尊令行的条件是“君之所独制”“权制断于君”（《商君书·修权》）。韩非更是指出，无论君主好坏，臣民都必须服从之，正如帽子再坏都要戴于头上，鞋子再好也要踩于脚下。所谓“明王贤臣而弗易也，则人主虽不肖，臣不敢侵”（《韩非子·忠孝》）。《管子》的尊君秉承“不为君欲变其令，令尊于君”（《管子·法法》）及“令重则君尊”（《管子·重令》）的主旨，认为君主不应拥有超越法的绝对权威和不受法律制约的超然地位。法虽然为君主所设，但法律制度一旦颁布，便具有绝对尊严，即使君主自己也必须接受法的制约，不可以任意用权。① 同时，法也不再是君主对臣民施展法、术、势的工具。要求君主必须以身作则，禁止其因其他外部因素破坏法令，务求“天不为一物枉其时，明君圣人亦不为一人枉其法”（《管子·白心》）的目标。《管子》认为君主守法对于法令在国家中的施行起到了显著的表率作用，是“禁胜于身，则令行于民”（《管子·法法》）。当法具备了基本形式要素并且能够区别于韩商法家主张的君尊于法以实现令重于君，便可以初步达到《管子》期望的理想秩序：“有生法，有守法，有法于法。夫生法者君也，守法者臣也，法于法者民也。君臣上下贵贱皆从法，此之谓大治。”（《管子·任法》）

在法本身的形式特性外，法的严格执行则成为对法治规范性最重要的保障。如果民众按照法的规范性指引行事却无法达成预期的行为效果，则“以法而治”明晰、确定的优势将难以显现在实际的治理过程中。

首先，《管子·重令》中阐明了颁布法令的目的是为了让民众遵守法令。法令制定固然重要，但关键还在于法令对于臣民的实效。“且夫令出虽自上，而论可与不可者在下，是威

---

① 夏忠龙：《论〈管子〉并非纯法家》，《求是学刊》2010年第3期。

下系于民也。威下系于民，而求上之毋危，不可得也。”尤其重要的是，《管子·重令》着重指出了在法令施行中要防止外部因素对法令权威的损害，做到“亲也，贵也，货也，色也，巧佞也，玩好也……不为六者变更于号令，不为六者疑错于斧钺，不为六者益损于禄赏”。其次，《管子》提出了三个维护法令权威的措施，包括禁止对已颁布的法令加以非议、禁止对刑罚的宽宥和严格控制君主封赏权等。《管子·法禁》言：“法制不议，则民不相私；刑杀毋赦，则民不偷于为善；爵禄毋假，则下不乱其上。三者藏于官则为法，施于国则成俗，其余不强而治矣。”最后，《管子·任法》从君主、官员和民众三个层面对法令不严的后果进行了阐述：“凡为主而不得用其法，不适其意，顾臣而行，离法而听贵臣，此所谓贵而威之也；富人用金玉事主而来焉，主离法而听之，此所谓富而禄之也；贱人以服约卑敬悲色告诉其主，主因离法而听之，所谓贱而事之也；近者以逼近亲爱有求其主，主因离法而听之，此谓近而亲之也；美者以巧言令色请其主，主因离法而听之，此所谓美而淫之也……夫私者，壅蔽失位之道也。上舍公法而听私说，故群臣百姓皆设私立方以教于国，群党比周以立其私，请谒任举以乱公法，人用其心以幸于上。上无度量以禁之，是以私说日益，而公法日损，国之不治，从此产矣。”值得注意的是，在《管子》看来，严刑峻法本身并不是目的，其只是国家富强和社会发展需要的工具，否则法的严格性便失去了意义。故《管子·正世》曰：“故圣人设厚赏，非侈也；立重禁，非戾也。”当法的形式权威得到保证时，便能够形成“其当赏者，群臣不得辞也；其当罚者，群臣不敢避也”（《管子·明法解》）的理想状态。

在《管子》法治思想中，其首要解决的问题便是如何形成一种以规范性调整为目标的治理方式，以消除道德治理、贤人政治和休养生息政策等非规范性治理方式的弊端。而这种规范性调整方式的形成又要求作为其承载工具的法本身具备公开、稳定和至上性，并且需要严格执法来完成对法治规范性的保障。在这一阶段，《管子》的法治思想主要指“以法而治”，也即强调法治的形式规范性功能，并不涉及法治的实质内容。因此，在《管子》法治思想的形成中，工具意义上的“以法而治”也即法治的形式规范性成为其法治思想的形式基础。缺乏“以法而治”的形式基础，无论其实质内容为何，“法治”也很难再称之为法治。

三、《管子》追求实质目标的哲学观

完成“以法而治”的选择后，《管子》继续阐述了法治的形式规范性与其他实质价值的关系。在此问题上，《管子》并没有像韩商一样将其他实质价值严格排除在法治之外，把法治的含义仅仅限制在“以法而治”的工具性阶段。《管子》认为，“以法而治”虽然取得了形式规范性，却无法涵盖法治的全部内容，这种做法并不能将法治的作用最大化。《管子》的这一法治观点受到了黄老道家的深刻影响。① 《管子》对黄老思想的核心阐述是对和谐状态的追求。黄一洲教授也将这种和谐思想称为“中正”，认为“‘中正’通过身心以言‘道’‘法’，发展出平正和谐的含义”。② 从静态来说，《管子》认为“中正”是万物的根本性质和最理想的状态，万物本身越趋向于“中正”，越符合《管子》的价值判断；从动态来看，《管子》认为在自身性质外，万物之间的关系也应当处于一种中正和谐的状态。③ 所谓“夫正人无求之也，故能虚无，虚无无形谓之道。”（《管子·心术上》）“是故意气定然后反正。气者，身之充也。行者，正之义也。”（《管子·心术下》）“天主正，地主平，人主安静。”（《管子·内业》）

《周易·系辞》说：“形而上者谓之道，形而下者谓之器。”《管子》将“中正”作为“道”，在形而上的层面赋予了其作为《管子》基础哲学的指导地位。如果说“中正”作为《管子》中的“道”，那么政治国家以及作为国家治理方式的法便成为《管子》中的“器”。“凡在有司执制者之利，非道也。”（《管子·心术下》）当形而上的“道”向形而下的“器”逐步下沉时，《管子》对政治国家和法治的认知便受到了“中正”的影响。所以《管子》说道：“法者所以同出，不得不然者也，故杀戮禁诛以一之也。故事督乎法，法出乎权，权出乎道。”（《管子·心术》）

具体来说，首先，“中正”思想在追求万物和谐的理想状态时，其自身同时包含了目的论和方法论两种表达。就目的论而言，万物的和谐状态成为《管子》中“道”的最高价值追求，本身趋向于一种“极致”。但就方法论而言，《管子》却进行了相反的表达。《管子》认为“中正”的方法论构成应当具有非单一性，而且所有构成方法应有各自对应的功能。各功能之间应当处于一种相互配合的融洽状态，反对将某一种或某几种功能极致化，否则便不能达成整体上的最高价值。《管子·心术》开篇明义：“心之在体，君之位也；九窍之有职，官之分也。心处其道，九窍循理；嗜欲充益，目不见色，耳不闻声。故曰上离其道，下失其事。毋代马走，使尽其力；毋代鸟飞，使弊其羽翼；毋先物动，以观其则。动则失位，静乃自得。”其以人身作喻，认为人体的脏腑九窍各有其职、有主次，需要相互配合，

---

① 以精气理论著称的《心术》上下、《内业》《白心》四篇，和《幼官》《四时》《五行》《轻重己》四篇，集中展现了《管子》丰富的阴阳五行思想。参见白奚：《中国古代阴阳与五行说的合流——〈管子〉阴阳五行思想新探》，《中国社会科学》1997年第5期。

② 黄一洲：《〈管子〉的“中正”之道》，《中国哲学史》2019年第3期。

③ 黄一洲：《〈管子〉的“中正”之道》，《中国哲学史》2019年第3期。

就像不能代替马去跑、鸟去飞。否则，即使某一方面的功能特别突出，也必会偏离“道”，所谓“强不能遍立，智不能尽谋”。

其次，在“道”之下，政治国家便成为“器”范畴中首先与“道”发生联系的实体，“中正”思想的目的论和方法论逐渐向政治伦理渗透。从目的论来看，治国目的是形成对所辖领域、臣民合理正义的统治，否则便无法维持政治国家的稳定和追求价值的最高性。相应地，在实现合理正义的方法也即治国方式上，《管子》同样认为单一的治理方式并不能满足合理正义统治的需要。所谓“凡物载名而来，圣人因而财之，而天下治”（《管子·心术下》），各种事物本身有特定的功能，圣人或政治语境中的君主应根据需要对其进行裁量调配，以达到治国的目的。就法治来说，《管子》一方面从法与其他价值的关系上思考法治的实质合理性问题。韩商推崇“奉法者强”，将不断强化法治的形式价值作为国家治理的方式。《管子》虽然肯定法治的规范性，强调法的重要性、规范性、公开性、稳定性、严格性和至上性等形式价值，但并不认为仅仅依靠法治的形式价值便可以实现一个政治国家所追求的最高目的。法治形式价值的极致化虽然极大地提升了国家治理的合法化程度，但是国家治理的合法化并不等同于《管子》对政治国家的最终设计，因为其所追求的乃是合法之上的合理正义。因而，《管子》对韩商法家话语中的形式法治进行了降格处理。它否认了法治是国家治理的唯一方式这一观点，并阐述了以经济发展、民众意志、儒家王道思想和道德规范等为代表的其他价值作为国家实现合理正义的必需路径。当国家政令无法使民众摆脱贫苦，甚至违背民众意志、独行霸道，民众重法而失德时，法治的形式价值对于治国来说就失去了意义。因此，为实现《管子》的治国目标，法治的形式价值必须要打破自身的封闭性，与其他价值发生联系，完成合法性向公正合理性的实质法治的转换。《管子·版法解》说：“凡法事者，操持不可以不正。操持不正则听治不公；听治不公则治不尽理，事不尽应。治不尽理，则疏远微贱者无所告；事不尽应，则功利不尽举。功利不尽举则国贫，疏远微贱者无所告则下饶。”足可见《管子》对法“正”的强调。如学者所言：“《管子》的理论特色就在于赋予了‘中正’独特的、更多与‘法’的精神相关的意义。在传统平正不偏倚的含义基础上，‘正’进一步阐释为‘公’——公开、公平、公正。这些含义的‘公’与‘私’是对立的。也就是说，不偏不倚的合理性标准不再依附于建立在亲亲之道的‘礼’，而被‘法’公平而无私的精神所取代了。‘中’仍然保留了适宜、合理、正义的意思，是一种理想的治道，但其解释的内容已经不再是‘礼’而是‘法’。”① 从功能发挥的角度来看，《管子》认为法在国家治理中发挥着广泛的工具性作用，多种价值的功能发挥需

① 黄一洲：《〈管子〉的“中正”之道》，《中国哲学史》2019年第3期。

要依托法来进行，例如劝农桑、工商流通等经济发展手段需要以国家政令的形式展开。因而在具体做法上，《管子》遵循前述脏腑九窍的功能原则，将法治放在君位，将其他价值放在九窍之位，促使法在保障多种价值实现的同时，也受其制约，从而打破韩商价值体系中的“唯法论”。另一方面，《管子》也从法本身的应然性质出发，认为无论是道德规范还是国家法令，其所展现的工具性价值并不在于人为的建构，而是制定者对天道法则的具体阐述。天道包含万物，法既然是天道在政治国家中的具象，其本身便应当包含多种价值。所谓“天有常象，地有常形，人有常礼”（《管子·君臣上》），“欲王天下而失天之道，天下不可得而王也。得天之道，其事若自然；失天之道，虽立不安”（《管子·形势》），“以法制行之，如天地之无私也”（《管子·任法》）。也有学者将《管子》思想中的天道称作“理”，认为《管子》的法律与道德都出自“理”，“理”是天下万物发生的根据和发展的必然规律，万物以“理”字作为出发点，“根天地之气，寒暑之和，水土之性，人民鸟兽草木之生，物虽不甚多，皆均有焉，而未尝变也，谓之则”（《管子·七法》），“然后从不同的角度、不同的侧面、用不同的方法和形式进行誉毁、扬弃、褒贬、取舍，最后达到使万物百事能够各得其所宜的目的”。① 因而，较之韩商所言之法，《管子》之法的内在价值性在于其与天道法则相连并受其制约。受天道思想影响，《管子》提出“法者，民之父母也”（《管子·法法》），“奉法听从，臣之分也”（《管子·明法解》），将法比作百姓父母，将守法视为臣民本分。这表明，《管子》开始初步思考法律信仰的问题，不再将守法视为暴力和强制的推动，而是将其在道德义务上加以内化和提升。《管子·牧民》言：“守国之度，在饬四维”，“四维张，则君立行”，“何谓四维？一曰礼，二曰义，三曰廉，四曰耻。礼不逾节，义不自进，廉不蔽恶，耻不从枉。故不逾节，则上位安；不自进，则民无巧诈；不蔽恶，则行自全；不从枉，则邪事不生”，否则“四维不张，国乃灭亡”。“《管子》打破了道家强调天道自然、儒家突出人道有为的局限，讲道是天、地、人三道的和合，又是无始终、大小、内外、形为的和合，道的核心特性是‘虚无无形谓之道’。道虚无无形有其可能世界的理想价值，也有其生存世界的效用价值。”②

四、《管子》法治思想的实质价值

突破法治的工具主义定位后，针对法治与其他实质价值关系的具体内容为何这一问题，

① 邓加荣：《〈管子〉法学思想初探》，《法学杂志》2003年第6期。

② 张立文：《管子道德和合新释》，《社会科学战线》2010年第2期。

《管子》着重阐述了法治与经济发展、法治与道德以及法治与民众意志三组价值的关系，借助这三组价值关系，《管子》实际上做出了这样三个回答：第一，法治并非国家治理中的唯一价值；第二，法治的内容应受到实质价值的制约；第三，实质价值可以对法治进行规范性补充。

（一）经济目标对单一治理价值的打破

虽然《管子》将法视为国家治理的原则和主要实现路径，但综合现存《管子》七十六篇而言，集中展现法治思想的《版法解》《法禁》《重令》《法法》等只是《管子》的部分内容，法在《管子》价值体系中并不居于首位。与春秋战国的其他思想家一样，《管子》的整体思想仍然是如何使诸侯国迅速强大和守成。有学者言："如何实现富国富民，亦即富国富民的途径问题，是《管子》着重谈论的问题。"① 《管子·治国》开宗明义："凡治国之道，必先富民，民富则易治也，民贫则难治也……故治国常富，而乱国常贫。是以善为国者，必先富民，然后治之。"《管子》认为经济发展与法治呈现正相关的关系，而且《管子》将经济发展视为整个国家治理的先决条件和关键所在，是"王之本事也，人主之大务"（《管子·治国》）。尤其对法治的实现来说，经济发展更是构建良好法治秩序的不二法门。从这种意义上来讲，在《管子》国家治理的价值体系中，一国之根本在于经济，法整体上服务于经济发展这一更高价值。因此，在《管子》的法治思想中，法治并不完全等同于国家治理，其只是完成目标的重要环节。当把法治纳入更宏观的国家治理体系时，国家的经济发展便成为法治必须保障的实质目标。具体来说，《管子》法治对经济发展的保障指向经济发展的结果公平问题。

首先，《管子》认识到结果意义上的巨大贫富差距会造成国家政令不通。"贫者重贫，富者重富，失准之数也"（《管子·揆度》），"民富则不可以禄使也，贫则不可以罚威也"（《管子·国蓄》）。"揆度"本意就是平衡，"富能夺，贫能予，乃可以为天下"（《管子·揆度》）。如学者所言："'贫者重贫，富者重富'是一个结果公平问题，《管子》对结果公平的重要性的认识是相当深刻的，尤其是提出了通过价格和税收政策来实施调控。"② 其次，在"夺富予贫"之外，《管子》为促进结果公平还发展出了社会救助思想，主张针对老、幼、病、残、贫等群体设立专门负责的国家官员和相关救助制度：在官职上如设置掌疾官、掌病官、通穷官；在制度上则见于《管子·揆度》中的救助性丧葬制度"父母为独，上必葬

① 曹旭华：《〈管子〉论富国富民的途径》，《河南师范大学学报（哲学社会科学版）》1991年第2期。
② 郝云：《论管子的公正观》，《上海财经大学学报》2003年第1期。

之，衣衾三领，木必三寸，乡吏视事，葬于公壤”，《管子·轻重乙》中的扶养制度“民生而无父母，谓之孤子。无妻无子，谓之老鳏。无夫无子，谓之老寡。此三人者，皆就官而食，可事者，不可事者，食如言而勿遗。多者为功，寡者为罪，是以路无行乞者也。路有行乞者，则相之罪也”，以及《管子·小匡》中的宗族互助制度“卒伍之人，人与人相保，家与家相爱，少相居，长相游，祭祀相福，死丧相恤，祸福相忧，居处相乐，行作相和，哭泣相哀”。有学者对《管子》的这一思想给予了高度评价：“《管子》所提出的社会救助思想是系统的、多方面的，不仅是对先秦时期中国社会救助思想的完整表述和历史性总结，且对后世中国传统社会救助思想和制度的形成与发展都产生了重要的影响。虽然在某些方面还有理想化的色彩，但仍可视为中国古代社会救助思想的萌芽和起始阶段，初步构建了中国古代传统社会救助制度的基本框架。”① 再次，《管子》发展“人本”思想对更宏观的结果问题进行平衡，平衡对象不仅包括物质结果，还包括制度结果。《管子·霸言》说：“霸王之所始也，以人为本。本治则国固，本乱则国危。”《管子》的“人本”思想既可以在社会救助制度出现障碍时发挥“权”的作用，也可以对其他制度本身及运行结果进行实质平衡、填补制度空白，其功能类似于今日的法律原则。虽然在中国古代法律中也有体现以人为本思想的条文，最典型的如西汉律受“独尊儒术”影响所实行的“亲亲得首匿”制度，作为礼法合治代表的《唐律》为“存留养亲”实行的缓刑制度，② 但其均是在西汉法家吸收儒家思想基础上形成的，韩商法家思想中并没有以人为本的思想。可以说，“虽然管仲一直被视作早期法家的代表人物，但他对刑罚作用的看法却与后世法家截然不同，甚至是针锋相对。同时管仲轻视刑罚的威慑作用，又与儒家一味偏重礼义教化不同，他重视的是‘顺民心’，是在考虑如何切切实实地解救百姓的困顿，满足百姓的物质欲望，以此实现社会的安定”。③

围绕着经济目的，《管子》通过综合法、德、农、工等手段对如何富国做了大量的论证。《管子·山至数》言：“彼诸侯之谷十，使吾国谷二十，则诸侯谷归吾国矣。诸侯谷二十，吾国谷十，则吾国归于诸侯矣。”《管子·轻重甲》言：“天子籍于币，诸侯籍于食。”《管子·牧民》言：“务五谷则食足，养桑麻、育六畜则民富。”《管子·八观》言：“行其山泽，观其桑麻，计其六畜之产，而贫富之国可知也。”《管子·五辅》言：“庶人耕农树艺，

① 参见甄尽忠：《〈管子〉社会救助思想论析》，《中州学刊》2005年第2期。

② 《唐律疏议·名例》二十六“犯死罪应侍，家无期亲成丁”条规定：“诸犯死罪非十恶，而祖父母、父母老、疾应侍，家无期亲成丁者，上请。犯流罪者，权留养亲；不在赦例，课调依旧。若家有进丁及亲终期年者，则从流。”《唐律》人本思想还可见于征兵制度中对弱势群体的保护，《擅兴四》“检点卫士征人”条规定：“诸检点卫士（征人亦同），取舍不平者，一人杖七十，三人加一等，罪止徒三年。”

③ 马作武：《管仲法律思想述评》，《山东社会科学》2004年第8期。

则财用足……实圹虚，垦田畴，修墙屋，则国家富。”《管子·立政》言：“山泽救于火，草木植成，国之富也；沟渎遂于隘，鄣水安其藏，国之富也；桑麻植于野，五谷宜其地，国之富也；六畜育于家，瓜瓠荤菜百果备具，国之富也。”此外，《管子》首次系统性地提出了农商关系论，认为流通领域不创造财富，生产劳动才是财富的源泉。不同于传统对农商关系的简单区分，其进一步将农商区分为生产创造物质的活动与非生产开避流通渠道的活动。虽然《管子》也主张“禁末生”，但不像韩商法家一样“一刀切”地抑制工商业。《管子》认为工商业虽然并不创造财富，但是却可以辅助农业的发展和增强国力。《管子·小匡》言：“举财长工，以足民用”，强调了手工业对于百姓生活的必需性。《管子·七法》“为兵之数，存乎聚财，而财无敌；存乎论工，而工无敌；存乎制器，而器无敌”，“是以欲正天下，财不盖天下，不能正天下；财盖天下，而工不盖天下，不能正天下”，以及《管子·幼官》“求天下之精材，论百工之锐器”，都强调了手工业对于军事器械的重要性。①由此可见《管子》对国家经济发展的重视程度。

（二）道德对法治的规范性补充

《管子》对德法关系的阐述既不同于韩商法家，也不同于原初儒家。韩商讲求“一断于法”，排斥道德对国家治理的干预，甚至将道德本身视为国家发展的阻碍因素。《商君书·说民》言：“礼乐，淫佚之征也；慈仁，过之母也。”《韩非子·五蠹》言：“明主之国，无书简之文，以法为教；无先王之语，以吏为师。”儒家虽然并不排斥法令，但也将其视为治国下策，认为“道之以政，齐之以刑，民免而无耻；道之以德，齐之以礼，有耻且格”（《论语·为政》）。《管子》强调德法并行，在论法之外也注重道德规范的独特作用。《管子·权修》说：“凡牧民者，使士无邪行，女无淫事。士无邪行，教也；女无淫事，训也。教训成俗，而刑罚省，数也。”更为重要的是，在德法并行外，《管子》强调对道德的制度化，使其真正具备“治”的能力，发展了传统“德法论”。

《管子》所强调的道德主要指将道德制度化的行为规范。这种规范使得民众遵守道德不再是仅仅依赖教化与自律，而是通过国家赏罚进行外在的保障。如见于《管子·立政》，对于家族中出现不重仪表之人，由当地官员里尉对其所属游宗、基层吏、什伍直至宗族家长的层层训斥制度“凡出入不时，衣服不中，圈属群徒不顺于常者，闾有司见之，复无时。若在长家子弟、臣妾、属役、宾客，则里尉以谯于游宗，游宗以谯于什伍，什伍以谯于长家。谯敬而勿复。一再则宥，三则不赦”；对于宗族中符合儒家道德标准的贤良的层层上报

---

① 在《国蓄》《揆度》《轻重乙》中也有关于经济发展的相关论述。

制度“凡孝悌忠信、贤良俊材，若在长家子弟、臣妾、属役、宾客，则什伍以复于游宗，游宗以复于里尉，里尉以复于州长，州长以计于乡师，乡师以著于士师”，等等。

《管子》对道德进行制度化，将德与法放在了同等重要的位置，这便区别于传统“德主刑辅”和“德附于刑”的做法。作为结果，道德规范在法治无法覆盖的社会关系中对其进行了规范化补充，甚至在二者冲突时对法治加以内容上的制约。虽然在后世法儒思想家的理论中也提到了德治，但并不认为其能够对法进行修正。如尹清忠言：“与儒家相比较而言，《管子》中的德治不但有治国之道的哲学或理论思想，更有落实在齐国百姓及各诸侯国家的德治措施。这就有效避免了后人批评儒家只重理论不务其实，即所谓的‘博而寡要，劳而少功，是以其事难尽从’（《史记·太史公自序》），‘博学不可以仪世，劳思不可以补民，兼寿不能殚其教，当年不能究其礼’（《晏子春秋·外篇第八》）等弊端。”①

（三）法治内容对民众意志的吸纳

韩商认为法体现并保障君主意志，因而严刑峻法本身就是法的价值。所谓“夫利天下之民者，莫大于治，而治莫康于立君。立君之道，莫广于胜法。胜法之务，莫争于去奸。去奸之本，莫深然于严刑”（《商君书·开塞》）。无论法的制定是否合理，民众都必须无条件地遵守国家法令，这是一种自上而下的接受状态。同时，《商君书·去强》和《商君书·说民》言“王者刑九赏一，强国刑七赏三，削国刑五赏五”，“刑于九则六淫止，赏出一则四难行。六淫止则国无奸，四难行则兵无敌”，认为刑罚运用得越多，国力便会越强，国家中的奸邪之事也会越少。

《管子》则认为国家法令不应仅仅满足于形式要件，民众意志也应当被纳入国家法令制定的考量因素。原因在于，《管子》吸收了儒家“君君臣臣”思想，使其法治理论发展出契约性质。《管子·形势解》说：“为人君而不明君臣之义以正其臣，则臣不知于为臣之理以事其主矣。故曰：‘君不君，则臣不臣。’”在这种契约关系中，君主负有对臣民施行仁政的义务。国家法令的制定与执行要秉承仁政爱民的宗旨，而不能成为君主奴役臣民的工具，必须具有正当性。否则，臣民便可不必遵守：“人主能安其民，则事其主如事其父母。故主有忧则忧之，有难则死之。主视民如土，则民不为用，主有忧则不忧，有难则不死。故曰：‘莫乐之则莫哀之，莫生之则莫死之。’”（《管子·形势解》）这体现在两个方面：

一方面，《管子》注重法被遵守的可能性。国家法令如果成为民众的沉重负担，甚至根

---

① 尹清忠、张杰：《〈管子〉的德法并重思想：一个比较的视角》，《山东大学学报（哲学社会科学版）》2009年第6期。

本难以遵循，则势必会激起他们对法治的反抗。其导致的后果是国家法令形同虚设，君主难以通过法令的形式实现国家所需要的各种价值。《管子·形势解》说“明主度量人力之所以能为而后使焉，故令于人之所能为则令行，使于人之所能为则事成”，认为圣明的君主应当衡量人的能力以分配适当的任务，同样应当根据民众的能力和社会客观条件来制定能够使其遵守的法令。法令不能强人所难，否则便会“令出而废，举事而败”。有学者言：“‘故刑罚不足以畏其意，杀戮不足以服其心。故刑罚繁而意不恐，则令不行矣；杀戮众而心不服，则上位危矣。’（《管子·牧民》）彰显了《管子》讲求用法适度的重要观点，法作为一种规范人们社会行为的工具，强制性是其突出的特征，但强制规范必须要控制在一个适度的范围之内，如果超出了适当的限度，法也将不法。”①

另一方面，《管子》强调法要顺应民意。《管子·牧民》言：“政之所兴，在顺民心；政之所废，在逆民心。民恶忧劳，我佚乐之；民恶贫贱，我富贵之；民恶危坠，我存安之；民恶灭绝，我生育之。能佚乐之，则民为之忧劳；能富贵之，则民为之贫贱；能存安之，则民为之危坠；能生育之，则民为之灭绝。”其认为，国家法令得以顺利推行的重要原因在于法令顺应民心，违背民心则法令废弛。法令满足百姓安乐富贵、繁衍生息的愿望则四方来归，法令受到百姓厌恶则众叛亲离。当一个国家真正做到法令顺应民意并且具有被百姓遵守的可能性时，君主自然能够建立自身的权威性：“人主出言，顺于理，合于民情，则民受其辞。民受其辞则名声章。故曰：‘受辞者名之运也。’”（《管子·形势解》）

五、结语

《管子》作为管仲及其后来者的思想著述，整体上代表了管仲学派的思想。从《管子》的整体内容看，“《管子》认为法是‘兴功惧暴’的工具，立‘法禁’是为了禁‘奸邪’，刑罚本身并不是目的”。② 法应“必诛而不赦，必赏而不迁者，非喜予而乐其杀也，所以为人致利除害也”（《管子·禁藏》）。韩商法家将贯彻法的规范性作为其追求的价值和目的，但《管子》对于富国强兵的设想并不像前者完全寄托于法，法只是其实现国家目的和社会目的诸多环节中的一个，就像《管子》认为法应服务于经济这一高阶价值一样。《管子》的法治思想包含了韩商对法的基本思考，首先强调了法作为国家治理原则应当具备的基本形式要素。同时，受追求和谐的“道”的影响，主张法在目的上和性质上都需要与其他价值相联

---

① 王京龙：《〈管子〉之法与中国古代国家管理思想》，《东岳论丛》2003 年第 3 期。

② 焦传生：《〈管子〉法律思想初探》，《山东法学》1987 年第 1 期。

系，向一种实现合理正义的实质法治演进。以经济发展、道德规范和民众意志为代表的治国价值既与法共同实现了《管子》的治国目标，又丰富了法本身的价值阐述。与韩商法家的“唯法论”、原初儒家的“唯德论”和后来的传统“德法论”不同，《管子》的法治观发展出一种综合治理观念和价值体系。

《唐律》造畜蛊毒罪研究

彭炳金[*]

摘　要　《唐律》中的造畜蛊毒罪属于“十恶”中“不道”的一个具体罪名，包括造合成蛊和传畜猫鬼两种犯罪行为。学术界一般认为蛊毒与猫鬼是巫术的一种，《唐律》将造畜蛊毒罪列入“十恶”之罪是因为造畜蛊毒是用巫术手段杀人。本文认为实际上造畜蛊毒入罪不仅与巫术有关，也与古代医学有密切关系。中国古代医学认为蛊毒与猫鬼是致病之源，蛊毒和猫鬼侵入人体内，会损害人的内脏器官，使人失血而死。古代医学关于蛊毒与猫鬼疾病的记载为古人确信蛊毒、猫鬼会致人死亡提供了学理上的依据。

关键词　《唐律》；造畜蛊毒；古代医学

自 20 世纪 80 年代以来，蛊毒逐渐引起学术界的重视，学者们从民俗学、历史学及文化学等多个角度展开对蛊毒的研究，相继发表了许多有价值的论文，如连立昌《畜蛊杀人辨析》(《社会科学战线》1983 年第 2 期)、黄世杰《“蛊毒”考述》(《广西民族研究》1993 年第 2 期)、容志毅《南方巫蛊习俗述略》(《广西社会科学》2003 年第 1 期)、冯丽荣《论古代文献中的蛊毒及治蛊之术——以西南地区云南省为例》(《西安社会科学》2009 年第 3 期）等。另外黄世杰还出版了研究蛊毒的专著《蛊毒：财富和权力的幻觉》(广西民族出版社，2004 年 6 月第 1 版)。以上研究主要侧重于蛊毒存在的真实性以及蛊毒与巫术之间的

* 彭炳金，天津师范大学法学院教授。

关系。

有关蛊毒与法律的研究成果主要有武乾《中国古代对巫术邪教的法律惩禁》（《法学》1999年第9期），作者将造畜蛊毒罪列入巫术邪教之内，指出汉魏时有巫蛊、祝诅等罪，统于执左道罪之下。隋唐时固定为造畜蛊毒罪与造厌魅及造符书咒诅罪，属十恶中之不道，两项罪刑直至明清均基本相同。王卫江《论"蛊"与法》[《贵州民族学院学报（哲学社会科学版）》2006年第5期]一文首先介绍了蛊的含义及性质，指出蛊是黑巫术的一种，随后介绍了从汉代到明清时期对巫蛊犯罪的惩罚。陈玺在《隋唐时期巫蛊犯罪之法律惩禁》（《求索》2012年第7期）一文中指出隋唐时期巫蛊犯罪包括厌魅与蛊毒两种，并详细介绍了隋唐对于蛊毒犯罪的惩禁。

到目前为止，还未见有学者对于《唐律》中的造畜蛊毒罪进行专门研究。本文就《唐律》造畜蛊毒罪渊源、造畜蛊毒入罪的医学依据及影响做全面系统的探讨。

一、《唐律》中蛊毒、猫鬼考释

造畜蛊毒罪属于《唐律》十恶中的不道，《唐律》"十恶"条："五曰不道。《注》：谓杀一家非死罪三人，支解人，造畜蛊毒，厌魅。《疏》议曰：安忍残贼，背违正道，故曰'不道。'……《疏》议曰：谓造合成蛊；虽非造合，乃传畜，堪以害人者：皆是。即未成者，不入十恶。厌魅者，其事多端，不可具述，皆谓邪俗阴行不轨，欲令前人疾苦及死者。"①

钱大群认为"忍心残酷地杀人，背违正道，故称为'不道'"，"唐律中的'不道'是指用残忍而特殊的方式损害人身安全的犯罪"。②

不道中的杀一家非死罪三人和肢解人属于以残忍的方式杀人的犯罪，造畜蛊毒与厌魅属于用特殊的方式杀人、害人的犯罪。

《唐律》第262条具体规定了造畜蛊毒罪的刑罚："诸造畜蛊毒（谓造合成蛊，堪以害人者）及教令者，绞；造畜者同居家口虽不知情，若里正、坊正、村正，亦同。知而不纠者，皆流三千里。《疏》议曰：蛊有多种，罕能究悉，事关左道，不可备知。或集合诸蛊，置于一器之内，久而相食，诸虫皆尽，若蛇在，即为'蛇蛊'之类。造谓自造，畜谓传畜，可以毒害于人，故注云'谓造合成蛊，堪以害人者'。若自造，若传畜猫鬼之类，及教令

① （唐）长孙无忌等撰：《唐律疏议》，卷1《十恶》，刘俊文点校，中华书局，1983，第9页。

② 钱大群：《唐律疏义新注》，南京师范大学出版社，2007，第27—28页。

人，并合绞罪。”①

根据《唐律》，造畜蛊毒罪包括制造、合成蛊毒和畜养猫鬼之类蛊物两种行为。《唐律》对于造畜蛊毒的处罚极为严厉，不仅造畜蛊毒者与教唆者被处以绞刑，而且造畜蛊毒者的同居家口虽不知情也要流三千里，里正知情而不举告也流三千里。

（一）蛊毒与巫术

学术界一般认为造畜蛊毒之所以被列入十恶“不道”罪中，是因为蛊毒与巫术或邪术有关。黄世杰认为：“蛊毒，是古代传承下来的一种既神秘而又令人恐怖的黑色巫术或称邪术，属破坏型巫术。……蛊毒是流行于初民社会的一种黑色巫术，它直接施放于人或动物，使之引起心理或者生理上的变化，轻则患病，危害健康，但可治愈，重者会导致死亡。”②刘俊文认为：“案造畜蛊毒罪，指制造或‘传畜’蛊毒，用以‘毒害于人’之行为。此类行为带有神秘之特点，属于邪术之性质。其之成罪，不仅因为律从迷信观念出发，认为其有‘害人’之功能，更重要者，是因为律从儒家学说出发，确认其为‘乱政’之‘旁门左道’，对这个社会构成危害。”③

蛊在先秦时期有多种含义：1. 蛊指谷物中蛀虫所羽化的飞蛾。《左传·昭公六年》：“于文，皿虫为蛊。谷之飞亦为蛊。”④ 王充《论衡·商虫篇》：“谷虫曰蛊，蛊若蛾矣。粟米饐热生蛊。”⑤ 2. 蛊指人腹中的寄生虫。许慎《说文解字》：“蛊，腹中虫也。《春秋传》曰：‘皿虫为蛊。’晦淫之所生也。”⑥ 3. 蛊泛指各种昆虫。《周礼》：“庶氏掌除毒蛊，以攻说禬之，嘉草攻之。”东汉郑玄注：“毒蛊，虫物而病害人者。《贼律》曰：‘敢蛊人及教令者，弃市。’攻说，祈名，祈其神求去之也。嘉草，药物，其状未闻。攻之，谓熏之毒蛊，虫物而病害人者。”⑦ 毒蛊即有毒之虫。4. “蛊”指可以致病的热毒恶气。《史记·秦本纪》：“（秦德公）二年初伏，以狗御蛊。”张守节《史记正义》：“蛊者，热毒恶气为伤害人。”⑧ 5. 蛊也指厉鬼。《史记·封禅书》：秦德公“作伏祠。磔狗邑四门，以御蛊灾”。司马贞《史记索隐》：“案：《左传》云‘皿虫为蛊’，枭磔之鬼亦为蛊。故《月令》云‘大傩

---

① （唐）长孙无忌等撰：《唐律疏议》，卷18《贼盗》，刘俊文点校，中华书局，1983，第338页。

② 黄世杰：《蛊毒考述》，《广西民族研究》1993年第2期。

③ 刘俊文：《唐律疏议笺解》，中华书局，1996，第1302页。

④ 李学勤主编：《春秋左传正义》，卷43“昭公六年”，北京大学出版社，1999，第1168页。

⑤ （汉）王充撰：《论衡校释》，卷16《商虫篇》，黄晖校释，中华书局，1990，第717—718页。

⑥ （汉）许慎：《说文解字校订本》，班吉庆、王剑、王华宝点校，凤凰出版社，2004，第397页。

⑦ （汉）郑玄注，（唐）贾公彦疏：《周礼注疏》，卷37《庶氏》，北京大学出版社，1999，第982页。

⑧ （汉）司马迁：《史记》，卷5《秦本纪》，中华书局，1982，第184页。

旁磔’。注云‘磔，禳也。厉鬼为蛊，将出害人，旁磔于四方之门’。故此亦磔狗邑四门也。《风俗通》云‘杀犬磔禳也’。”①

将蛊毒与巫术联系起来是在汉代巫蛊术出现以后。巫蛊为汉代盛行的一种巫术，《后汉书·和帝阴皇后纪》记载：“十四年夏，有言后与朱共挟巫蛊道。”唐李贤注：“巫师为蛊，故曰巫蛊。《左传》注曰：‘蛊，惑也。’”② 所谓巫蛊术就是巫师祠祭或以桐木偶人埋于地下，诅咒所怨者，被诅咒者即有灾难。

汉武帝时期发生了两起巫蛊大案。第一次发生在元光五年（前130年）秋七月，“孝武陈皇后，长公主嫖女也。……初，武帝得立为太子，长主有力，取主女为妃。及帝即位，立为皇后，擅宠骄贵，十余年而无子，闻卫子夫得幸，几死者数焉。上愈怒。后又挟妇人媚道，颇觉。元光五年，上遂穷治之，女子楚服等坐为皇后巫蛊祠祭祝诅，大逆无道，相连及诛者三百余人，楚服枭首于市。”③

第二次发生在征和二年（前91年），由公孙贺之子公孙敬声案引起。“敬声以皇后姊子，骄奢不奉法，征和中擅用北军钱千九百万，发觉，下狱。是时，诏捕阳陵朱安世不能得，上求之急，贺自请逐捕安世以赎敬声罪。上许之。后果得安世。……安世遂从狱中上书，告敬声与阳石公主私通，及使人巫祭祠诅上，且上甘泉当驰道埋偶人，祝诅有恶言。下有司案验贺，穷治所犯，遂父子死狱中。”④ 公孙敬声诅咒案被江充所利用，兴起巫蛊大狱：“武帝末，卫后宠衰，江充用事，充与太子及卫氏有隙，恐上晏驾后为太子所诛，会巫蛊事起，充因此为奸。是时，上春秋高，意多所恶，以为左右皆为蛊道祝诅，穷治其事。丞相公孙贺父子，阳石、诸邑公主，及皇后弟子长平侯卫伉皆坐诛。”⑤ “后上幸甘泉，疾病，充见上年老，恐晏驾后为太子所诛，因是为奸，奏言上疾祟在巫蛊。于是上以充为使者治巫蛊。充将胡巫掘地求偶人，捕蛊及夜祠，视鬼，染污令有处，辄收捕验治，烧铁钳灼，强服之。民转相诬以巫蛊，吏辄劾以大逆亡道，坐而死者前后数万人。”⑥

学界对巫蛊术中蛊的含义有不同解释。一种观点认为蛊指桐木偶人。例如胡新生指出：“‘巫蛊’一语有广狭二义，广义上可统称一切巫术，狭义上是指偶像诅咒术。汉代人一般使用狭义的‘巫蛊’概念，他们说的‘蛊’多指咒人的偶像，并不用其毒虫的本义。……巫蛊术包括埋偶人、祝诅和祭祀三个相互关联的活动：埋偶人等于为攻击对象下

---

① （汉）司马迁：《史记》，卷28《封禅书》，中华书局，1982，第1360页。
② （南朝宋）范晔：《后汉书》，卷10《和帝阴皇后纪》，中华书局，1965，第417—418页。
③ （汉）班固：《汉书》，卷97《外戚·孝武陈皇后传》，中华书局，1962，第3948页。
④ （汉）班固：《汉书》，卷66《公孙贺传》，中华书局，1962，第2878页。
⑤ （汉）班固：《汉书》，卷63《武五子传》，中华书局，1962，第2742页。
⑥ （汉）班固：《汉书》，卷45《江充传》，中华书局，1962，第2178页。

葬，意在促其速死；祝诅是朝偶人念咒或表达某种愿望；祭祀是祈求鬼神佑助其法术的成功。”① 周凤霞在《汉代巫蛊术溯源》中也认为“巫蛊之蛊实际上是指为加害于他人而模仿制作的偶人……汉代的巫蛊术正是通过制作、埋置偶人，并加以祭祀、诅咒的一种害人术。”②

另外一种观点认为蛊即蛊术。例如陈志在《论巫蛊之祸》中说：“蛊义为惑，凡是以邪魔妖术惑乱人心，贼害无辜者都称为蛊。”③ 邓启耀在《中国巫蛊考察》中认为：“蛊术，一般指各种假托鬼神迷信以害人的邪祟行为，例如厌魅、毒咒之类。”④

笔者认为后一种关于蛊的解释比较恰当。蛊在先秦时期就有蛊惑之意。《左传·庄公二十八年》：“楚令尹子元欲蛊文夫人。”郑玄注：“蛊，惑以淫事。蛊音古，惑也。”孔颖达正义曰：“昭元年传称《周易》‘女惑男谓之蛊’，知蛊谓惑以淫事。”⑤

另外，从史料看，汉代巫蛊案中的蛊也并非是指偶人。《汉书·江充传》记载：“后上幸甘泉，疾病，充见上年老，恐晏驾后为太子所诛，因是为奸，奏言上疾祟在巫蛊。于是上以充为使者治巫蛊。充将胡巫掘地求偶人，捕蛊及夜祠，视鬼，染污令有处，辄收捕验治，烧铁钳灼，强服之。民转相诬以巫蛊，吏辄劾以大逆亡道，坐而死者前后数万人。”⑥“捕蛊”中的蛊应该是为蛊之人而非偶人。

魏晋时期文献中有许多南方地区蓄蛊以害人求财的记载，例如嵇含在《南方草木状》中就记载了交广地区民间盛行畜蛊习俗：“吉利草，其茎如金钗股，形类石斛，根类芍药，交广俚俗多畜蛊毒，唯此草能解之极验。吴黄武中，江夏李侯以罪徒合浦，始入境，遇毒，其奴吉利者，偶得是草，与侯服，遂解。”⑦ 梁、陈时期史学家顾野王《舆地志》记载：“江南数郡有畜蛊者，主人行之以杀人，行食饮中，人不觉也。其家绝灭者，则飞游妄走，中之则毙。”⑧《隋书·地理志》记载了蛊毒的制作方法：“新安、永嘉、建安、遂安、鄱阳、九江、临川、庐陵、南康、宜春，其俗又颇同豫章，而庐陵人厖淳，率多寿考。然此数郡，往往畜蛊，而宜春偏甚。其法以五月五日聚百种虫，大者至蛇，小者至虱，合置器中，令自相啖，余一种存者留之，蛇则曰蛇蛊，虱则曰虱蛊，行以杀人。因食入人腹内，

① 胡新生：《中国古代巫术》，山东人民出版社，1998，第415—416页。

② 周凤霞：《汉代巫蛊术溯源》，载《人文教育 文明·价值·传统——上海市社会科学界第五届学术年会文集（2007年度）哲学·历史·人文学科卷》，上海人民出版社，2007，第287页。

③ 陈志：《论巫蛊之祸》，《福建论坛（文史哲版）》1988年第3期。

④ 邓启耀：《中国巫蛊考察》，上海文艺出版社，1999，第70页。

⑤ 李学勤主编：《春秋左传正义》，卷10“庄公二十八年”，北京大学出版社，1999，第289—290页。

⑥ （汉）班固：《汉书》，卷45《江充传》，中华书局，1962，第2178页。

⑦ （晋）嵇含：《南方草木状》，商务印书馆，1939，第4—5页。

⑧ （梁）萧统编，（唐）李善注：《文选》，卷28《乐府下》，中华书局，1977，第404页。

食其五藏，死则其产移入蛊主之家。”①

南方畜蛊习俗也逐渐传到北方地区。东晋干宝《搜神记》中有两则畜蛊故事，其一就是北方的荥阳郡，“荥阳郡有一家，姓廖，累世为蛊，以此致富。后取新妇，不以此语之。遇家人咸出，唯此妇守舍，忽见屋中有大缸，妇试发之，见有大蛇，妇乃作汤灌杀之。及家人归，妇具白其事，举家惊惋。未几，其家疾疫，死亡略尽。”②《魏书》卷一《帝系》：“帝（注：即桓帝拓跋猗㐌）曾中蛊，呕吐之地仍生榆木。参合陂土无榆树，故世人异之，至今传记。”③

由于志怪小说等各类文献对蛊毒杀人的渲染，人们对蛊毒的恐惧日增，于是造畜蛊毒被视为犯罪行为加以惩罚。北魏世祖太武帝拓跋焘即位，“诏司徒浩定律令。……为蛊毒者，男女皆斩，而焚其家”。④ 这是造蛊毒罪入刑律最早的文献记录。

隋朝医学家巢元方在《诸病源候论》中记载了蛊毒杀人的原理：“蛊是合聚虫蛇之类，以器皿盛之，任其自相啖食，余留一存者，名为蛊。能害人，食人腑脏，其状，心切痛，如被物啮，或鞭。面目青黄，病变无常，是先伤于膈上，则吐血也。不即治之，食脏腑尽则死。”⑤

（二）猫鬼与鬼神信仰

何谓猫鬼？目前国内学术界一般根据《太平广记》的记载将猫鬼解释为巫术的一种。例如曹漫之主编《唐律疏议译注》：“猫鬼——巫蛊、诅咒人的巫术。”⑥ 钱大群《唐律疏义新注》：“畜猫鬼——传说中能咒人死而谋其财的一种巫术。曹漫之等《唐律疏议译注》引《隋书·独孤陀传》曾记载独孤家婢，言其家‘常事猫鬼。每以子日夜祀之。言子者鼠也。其猫鬼每杀人者，所死家财物潜移于畜猫鬼家’云云。”⑦ 卢向前《武则天“畏猫说”与隋室“猫鬼之狱”》一文认为猫鬼属于巫蛊术，“武则天所畏之猫并非生物学意义上的猫，她‘祷以巫祝’的鬼也并非一般的普通冤鬼，用当时的概念来说，它应该是两者的结合，即是‘猫鬼’，属于巫蛊的一种。”“猫鬼本是一种捣鬼之术，它欲以超自然的力量达到某种目

① （唐）魏征等：《隋书》，卷31《地理志下》，中华书局，1973，第887页。

② （东晋）干宝撰：《搜神记》，卷12《犬蛊》，汪绍楹校注，中华书局，1979，第157—158页。

③ （北齐）魏收：《魏书》，卷1《帝系》，中华书局，1974，第7页。

④ （北齐）魏收：《魏书》，卷111《刑罚志》，中华书局，1974，第2874页。

⑤ （隋）巢元方撰：《诸病源候论校释》，卷25《蛊毒病诸候》，南京中医学院校释，人民卫生出版社，1980，第714页。

⑥ 曹漫之主编：《唐律疏议译注》，吉林人民出版社，1989，第640页。

⑦ 钱大群：《唐律疏义新注》，南京师范大学出版社，2007，第581—582页。

的。”①《汉语大词典》对“猫鬼”的解释：“古代行巫术者畜养的猫。谓有鬼物附着其身，可以咒语驱使害人，因称。”②

以上对于猫鬼的解释并不准确，《隋书·独孤陀传》记载了发生在隋文帝开皇时期的猫鬼害人案：“陀好左道，其妻母先事猫鬼，因转入其家。上微闻而不之信也。会献皇后及杨素妻郑氏俱有疾，召医者视之，皆曰：‘此猫鬼疾也。’上以陀后之异母弟，陀妻杨素之异母妹，由是意陀所为，阴令其兄穆以情喻之。上又避左右讽陀，陀言无有。上不悦，左转迁州刺史。出怨言。上令左仆射高颎、纳言苏威、大理正皇甫孝绪、大理丞杨远等杂治之。陀婢徐阿尼言，本从陀母家来，常事猫鬼。每以子日夜祀之。言子者鼠也。其猫鬼每杀人者，所死家财物潜移于畜猫鬼家。陀尝从家中素酒，其妻曰：‘无钱可酤。’陀因谓阿尼曰：‘可令猫鬼向越公家，使我足钱也。’阿尼便咒之归。数日，猫鬼向素家。十一年，上初从并州还，陀于园中谓阿尼曰：‘可令猫鬼向皇后所，使多赐吾物。’阿尼复咒之，遂入宫中。杨远乃于门下外省遣阿尼呼猫鬼。阿尼于是夜中置香粥一盆，以匙扣而呼之曰：‘猫女可来，无住宫中。’久之，阿尼色正青，若被牵曳者，云猫鬼已至。上以其事下公卿，奇章公牛弘曰：‘妖由人兴，杀其人可以绝矣。’上令以犊车载陀夫妻，将赐死于其家。陀弟司勋侍中整诣阙求哀，于是免陀死，除名为民，以其妻杨氏为尼。”③ 在这个案例中，大理丞杨远令独孤陀家婢女演示了用咒语呼唤猫鬼的过程，婢女被猫鬼附身，作为猫鬼载体的猫并没有出现。

笔者认为巢元方《诸病源候论》对猫鬼的解释是准确的，猫鬼是古代鬼神的一种，所谓畜猫鬼是人们通过供奉猫鬼神，利用它来达到杀人谋财的目的。

中国古代先民认为人死后灵魂离开肉体变成鬼。《礼记·祭法》：“大凡生于天地之间者皆曰命，其万物死皆曰折，人死曰鬼，此五代之所不变也。”④ 后来动物所变精怪也称为鬼，《论衡·订鬼》：“一曰：鬼者，老物之精也。”⑤《礼记·表记》记载：“殷人尊神，率民以事神，先鬼而后礼。”⑥ 殷商重鬼神的观念为周人所继承，“西周时鬼神观念发展得更为具体，一谓死为鬼，可图报在生时的思想，二谓鬼神能祸祟于人，三谓求神可得福佑。”⑦

清代民间仍有信奉猫鬼的习俗：“甘肃凉州界，民间崇祀猫鬼神，即《北史》所载高氏

① 卢向前：《武则天“畏猫说”与隋室“猫鬼之狱”》，《中国史研究》2006 年第 1 期。
② 罗竹风主编：《汉语大词典》第十卷，汉语大词典出版社，1992，第 1340 页。
③ （唐）魏征等：《隋书》，卷 79《独孤陀传》，中华书局，1973，第 1790—1791 页。
④ 李学勤主编：《礼记正义》，卷 46《祭法》，北京大学出版社，1999，第 1298—1299 页。
⑤ （汉）王充撰：《论衡校释》，卷 22《订鬼篇》，黄晖校释，中华书局，1990，第 934 页。
⑥ 李学勤主编：《礼记正义》，卷 54《表记》，北京大学出版社，1999，第 1485 页。
⑦ 冯天瑜：《中华元典精神》，上海人民出版社，1994，第 180 页。

祀猫鬼之类也。其怪用猫缢死，斋醮七七，即能通灵。后易木牌，立于门后，猫主敬祀之。旁以布袋，约五寸长，备待猫用。每窃人物，至四更许，鸡未鸣时，袋忽不见，少倾，悬于屋角。用梯取下，释袋口，倾注柜中，或米或豆，可获二石。盖妖邪所致，少可容多，祀者往往富可立致。有郡守某生辰，同僚馈干面十余石，贮于大桶。数日后，守遣人分贮，见桶上面悬结如竹纸隔，下视则空空然。惊白诸守，命役访治。时府廨后，有祀此猫者，役搜得其像。当堂重责木牌四十，并笞其民，笑而遣之。后闻牌责之后，神不验矣。”①

猫鬼神信仰至今仍在青海河湟地区汉、藏、土族之中流行，青海地区的猫鬼神信仰与南北朝隋唐时期的猫鬼崇拜有直接渊源关系。“我们知道在隋唐时期‘猫鬼’信仰就曾盛行于长安、洛阳等地，它似乎还成为王室政治斗争的一种工具。而养猫鬼的群体也是由一些边缘化、失去政治地位和经济利益的群体构成。清代以后，‘猫鬼’信仰在甘青河湟地区民众信仰生活中较为盛行。……可见，猫鬼神信仰与西南蛊文化一样是与一定时期宗教、政治巨变，主流文化圈的边缘不断向西扩张、传播，以及不同文化间的冲突交融等社会历史环境有密切的联系。”“‘猫鬼神’属于民间精怪崇拜中的动物崇拜行为，兼有南方巫蛊的一些特征。”② 刘永清在《河湟地区猫鬼神信仰习俗述略》一文中介绍了河湟地区猫鬼生成的方法，有利用猫头生成、利用猫尸体生成、利用活猫生成、在特定的地方设祭上供以求生成以及猫成精而成五种，猫鬼神信仰是动物崇拜和鬼灵精怪信仰的混合，具有浓厚的巫术色彩。猫鬼神的功能与南北朝隋唐时期基本相同：“猫鬼神的功能很多，简言之即揽财、守财、护主、化人、咬人等几个方面，而前三项为其基本功能。猫鬼神就是充分运用这些功能，帮助供奉者致富，助其实现趋利避害的最终目的。”③

在开皇十一年（591 年）独孤陀妻利用猫鬼谋害皇后案发之前，就有猫鬼杀人的指控：“先是，有人讼其母为人猫鬼所杀者，上以为妖妄，怒而遣之。”及至独孤陀妻猫鬼案发，隋文帝才下令诛杀利用猫鬼谋财害命的人犯。“上令以犊车载陀夫妻，将赐死于其家。陀弟司勋侍中整诣阙求哀，于是免陀死，除名为民，以其妻杨氏为尼……及此，诏诛被讼行猫鬼家。”④ 隋朝医学家巢元方认为猫鬼是老狸（野猫）死后变的鬼蜮，“猫鬼者，云是老狸野物之精，变为鬼蜮，而依附于人。人畜事之，犹如事蛊，以毒害人。其病状，心腹刺痛。食人腑脏，吐血利血而死”。⑤ 郭颖在《“猫鬼”非猫，“野道”非道——〈汉语大词

① （清）慵讷居士：《咫闻录》，卷1《猫鬼神》，清道光己丑年序刊本。

② 鄂崇荣：《猫鬼神信仰的文化解读》，《青海民族大学学报（社会科学版）》2010 年第 1 期。

③ 刘永清：《河湟地区猫鬼神信仰习俗述略》，《青海师范大学民族师范学院学报》2004 年第 2 期。

④ （唐）魏征等：《隋书》，卷 79《独孤陀传》，中华书局，1973，第 1790—1791 页。

⑤ （隋）巢元方撰：《诸病源候论校释》，卷 25《蛊毒病诸候》，南京中医学院校释，人民卫生出版社，1980，第 714 页。

典〉误释订正两则》一文中根据巢元方《诸病源候论》关于猫鬼的记载指出“猫鬼应该是能附于人身的鬼蜮之物，而不是鬼物附身的猫。……之所以名之‘猫鬼’，乃是因为它是‘老狸野物之精’幻化而成的鬼蜮，简言之，‘猫鬼’是鬼不是猫”。[①]

从以上可以看出，《唐律》造畜蛊毒罪中的造蛊毒与传畜猫鬼两种行为有很大区别。造蛊毒是以神秘的方式利用自然界存在的毒虫、毒蛇等制造出剧毒的蛊，蛊毒通过饮食等方式进入人体内毒害于人，是古代利用巫术害人的一种行为。传畜猫鬼则是利用鬼神害人的一种形式，猫鬼是古代鬼神信的一种，人们通过奉猫鬼神以求达到谋财害命的目的。猫鬼比蛊毒更为神秘，在古人看来蛊毒是可以看得见的，蛊需要与人直接接触才造成伤害；而猫鬼是无形的，无需直接接触就可以致命。

二、蛊毒、猫鬼与古代医学

造畜蛊毒罪不仅与巫术、鬼神信仰有关，而且与古代医学也有密切的关系。蛊毒与猫鬼杀人有医学上的依据，中古时期医学著作中即有蛊毒与猫鬼疾病的记载。古代医学认为蛊毒与猫鬼通过饮食等方式进入人体，侵害人的内脏器官，导致人出血而死亡。医学著作中详细记载了蛊毒与猫鬼疾病的诊断与治疗方法。古代医学著作中关于蛊毒与猫鬼致病的记载更使蛊毒与猫鬼杀害人的神秘传说变得真实可信。

（一）古代医学中的蛊毒

古代医学认为蛊毒既是一种致病之源，也是一种疾病名称。最早记载蛊毒的医学著作是成书于东汉的《神农本草经》。《神农本草经》将蛊毒作为疾病的一种，并记载了治疗蛊毒病的药物：“凡欲治病，先察其源，先候病机。……治寒以热药，治热以寒药。饮食不消，以吐下药。鬼注蛊毒，以毒药。痈肿疮瘤，以疮药。风湿，以风湿药。各随其所宜。”“夫大病之主，有中风、伤寒、温疟、中恶、霍乱……虫蛇蛊毒所伤，此皆大略宗兆。其间变动枝节，各宜依端绪以取之。”[②]《神农本草经》中记载的杀灭蛊毒的药物包括赤箭、龙胆、兰草、云实、徐长卿、蜂子、长石、钩吻、狼毒、鬼臼等 41 种，这些药物既有植物类、动物类，也有矿石类。此后魏晋隋唐宋代各种医学著作中记载的治疗蛊毒的药方根据

① 郭颖：《“猫鬼”非猫，“野道”非道——〈汉语大词典〉误释订正两则》，《南京中医药大学学报（社会科学版）》2009 年第 4 期。

② 尚志钧校注：《神农本草经校注》，卷 1《序录》，学苑出版社，2008，第 7—9 页。

症状不同而各有不同，既有单方也有复方，所用药物基本以《神农本草经》中记载的杀除蛊毒的药材为主，总的原则是辨证施治，用药物消除蛊毒的症状而不是杀灭蛊毒本身。《神农本草经》提到蛊毒是一种致病之源，但是没有解释何为蛊毒。

东晋葛洪在其所撰《肘后备急方》首次记载了蛊毒病的诊断方法：“人有养畜蛊以病人，凡诊法：中蛊状，令人心腹切痛，如有物啮，或吐下血，不即疗之，食人五藏尽即死矣。欲知是蛊与非，当令病人唾水，沉者是，浮者非也。”① 《肘后备急方》所提出的诊断中蛊毒的方法被晋宋时期名医陈延之所撰《小品方》与北周医学家姚僧垣所著《集验方》所采用。

《肘后备急方》记载的治疗蛊毒的单方有甘草：“凡畏已中蛊，欲服甘草汁。宜生煮服之，当吐痰出。若平生预服防蛊毒者，宜熟炙煮服。即内消不令吐痰，神验。又方：甘草炙，每合咽汁。若因食中蛊反毒，即自吐出，极良。常含咽之，永不虑药及蛊毒也。”甘草具有清热解毒、祛痰止咳功效，所以对“内消不令吐痰，神验”。方剂有“如疗蛊毒下血方”：“羚羊皮方三寸，得败鼓亦好；蘘荷叶二两，苦参二两，黄连二两，当归二两。右五味，水七升，煮二升，分三服。一方加犀角，升麻各三两，无蘘荷根，用茜根四两代之，佳。”②

除了药物治疗蛊毒外，《肘后备急方》还记载了用法术治疗蛊毒的方法，即呼蛊主姓名：“欲知蛊毒主姓名方。取鼓皮一片，烧灰末以饮服，病人须臾自当呼蛊主姓名，可语令知，便即去，病愈矣。……又方，以蘘荷叶密著病人卧席下，亦能令呼蛊主姓名也。”③ 这一方法被后世医家所沿用，齐梁时期医学家陶弘景《本草经集注》：“败鼓皮：平。主治中蛊毒。此用穿败者，烧作屑水和服之。病患即唤蛊主姓名，仍往令其呼取蛊便瘥。白荷亦然。”④ 孙思邈《千金方》：“凡人中蛊，有人行蛊毒以病人者。若服药知蛊主姓名，当使呼唤将去。若欲知蛊主姓名者，以败鼓皮烧作末，以饮服方寸匕，须臾自呼蛊主姓名，可语令去则愈。”⑤

隋朝医学家巢元方在《诸病源候论》中详细记载了蛊毒的制作方法以及蛊毒致人疾病

---

① （东晋）葛洪原著，（南朝梁）陶弘景增补：《补辑肘后方》，下卷，尚志钧辑校，安徽科学技术出版社，1983，第316页。

② （东晋）葛洪原著，（南朝梁）陶弘景增补：《补辑肘后方》，下卷，尚志钧辑校，安徽科学技术出版社，1983，第317—318页。

③ （东晋）葛洪原著，（南朝梁）陶弘景增补：《补辑肘后方》，下卷，尚志钧辑校，安徽科学技术出版社，1983，第317页。

④ （南朝梁）陶弘景编：《本草经集注》（辑校本），卷6《虫兽三品》，尚志钧、尚元胜辑校，人民卫生出版社，1994，第437页。

⑤ （唐）孙思邈撰：《千金方》，卷24《解毒并杂治》，刘更生等点校，华夏出版社，1993，第344页。

的方式："凡蛊毒有数种，皆是变惑之气。人有故造作之，多取虫蛇之类，以器皿盛贮，任其自相啖食，唯有一物独在者，即谓之为蛊，便能变惑，随逐酒食，为人患祸。患祸于佗，则蛊主吉利，所以不羁之徒而畜事之。又有飞蛊，去来无由，渐状如鬼气者，得之卒重。凡中蛊病，多趋于死。以其毒害势甚，故云蛊毒。"① 巢元方在《诸病源候论》中将蛊毒分为蛇蛊、蜥蜴蛊、虾蟆蛊、蜣螂蛊。"著蛊毒面色青黄者，是蛇蛊。其脉洪壮。病发之时，腹内热闷，胸胁支满，舌本胀强，不喜言语，身体恒痛。又心腹似如虫行，颜色多赤，唇口干燥。经年不治，肝鬲烂而死。其面色赤黄者，是蜥蜴蛊。其脉浮滑而短。病发之时，腰背微满，手脚唇口，悉皆习习，而喉脉急，舌上生疮。二百日不治，啖人心肝尽烂，下脓血，羸瘦，颜色枯黑而死。其面色青白，又云其脉沉濡。病发时咽喉寒，不欲闻人语，腹内鸣唤，或下或上，天阴雨转剧，皮内如虫行，手脚烦热，嗜醋食，咳唾脓血，颜色乍白乍青，腹内胀满，状如虾蟆。若成虫，吐出成科斗形，是虾蟆蛊。经年不治，啖人脾胃尽，唇口裂而死。蜣螂蛊者，其脉缓而散者。病发之时，身体乍冷乍热，手脚烦疼无时节，吐逆，小便黄赤，腹内闷，胸痛，颜色多青，毒或吐出，似蜣螂有足翅，是蜣螂蛊。经年不治，啖人血脉，枯尽而死。"②

《诸病源候论》记载的辨别中蛊毒的方法更加多样："欲知是蛊与非，当令病人唾水内，沉者是蛊，浮者非蛊。又云：旦起取井花水，未食前，当令病人唾于水内，唾如柱脚，直下沉者，是蛊毒。沉散不至下者，草毒。又云：含大豆，若是蛊，豆胀皮脱；若非蛊，豆不烂脱。又云：以鹄皮置病人卧下，勿令病人知，若病剧者，是蛊也。又云：取新生鸡子煮熟，去皮，留黄白，令完全，日晚口含，以齿微微啮之，勿令破，作两炊时，夜吐一瓦上，著霜露内，旦看大青，是蛊毒也。"③

根据《肘后备急方》和《诸病源候论》可知，蛊是人们以巫术、邪术利用自然界存在的有毒蛇虫等制造出的可以毒害于人的剧毒之物，蛊通过饮食进入人体，侵害人的内脏器官，重者死亡。

唐代孙思邈《千金方》描述中蛊毒的症状除了心腹痛、吐下血外，还有喜怒无常、喜黑暗、怕见光等："蛊毒千品，种种不同。或下鲜血；或好卧暗室，不欲光明；或心性反常，乍嗔乍喜；或四肢沉重，百节酸疼……凡中蛊毒，令人心腹绞切痛，如有物啮，或吐

---

① （隋）巢元方撰：《诸病源候论校释》，卷25《蛊毒病诸候》，南京中医学院校释，人民卫生出版社，1980，第714页。

② （隋）巢元方撰：《诸病源候论校释》，卷25《蛊毒病诸候》，南京中医学院校释，人民卫生出版社，1980，第715页。

③ （隋）巢元方撰：《诸病源候论校释》，卷25《蛊毒病诸候》，南京中医学院校释，人民卫生出版社，1980，第715—716页。

下血皆如烂肉。若不即治，蚀人五脏尽乃死矣。"《千金方》记载的辨别蛊毒方法："欲验之法，当令病人唾水，沉者是蛊，不沉者非蛊也。凡人患积年，时复大，便黑如漆，或坚或薄，或微赤者，皆是蛊也。凡人忽患下血，以断下方治更增剧者，此是中蛊也。凡卒患血痢或赤或黑，无有多少，此皆是蛊毒，粗医以断痢药处之，此大非也。"①

孙思邈《千金方》还记载了用针灸治疗蛊毒病的方法："俗亦有灸法，初中蛊，于心下捺便大炷灸一百壮，并主猫鬼，亦灸得愈。又当足小趾尖上灸三壮，当有物出。酒上得者有酒出，饭上得者有饭出，肉菜上得者有肉菜出，即愈，神验，皆于灸疮上出。"②

唐代药学家陈藏器所著《本草拾遗》还记载了以毒攻毒治疗蛊毒病的方法："按：古人愚质，造蛊图富，皆取百虫瓮中盛，经年间开之，必有一虫尽食诸虫，此即名为蛊。能隐形，似鬼神，与人作祸，然终是虫鬼，咬人至死者。或从人诸窍中出，信候取之，曝干。有患蛊人，烧为黑灰，服少许立愈。亦是其类，自相伏耳。新注云：凡蛊虫疗蛊，是知蛊名，即可治之。如蛇蛊用蜈蚣蛊虫，蜈蚣蛊用虾蟆蛊虫，虾蟆蛊病复用蛇蛊虫。是相互能伏者，可取治之。"③

从现代医学角度看，古代医学著作中关于蛊毒病的记载基本上荒诞不经。古代医学著作中记载的蛊毒病并非由蛊毒所致，从所描述的症状看，蛊毒病包括各种病因复杂的疾病。李经纬等主编的《中医大辞典》（第二版）指出："蛊毒，病名，出《肘后方》……多因感染变惑之气，或中蛊毒所致。症状复杂，变化不一，病情较重。蛊毒可见于一些危急病症、恙虫病、急慢性血吸虫病、重症肝炎、肝硬化、重症菌痢、阿米巴痢疾等病。"④ 虽然中国古代医学著作中关于蛊毒疾病的记载缺乏科学依据，但是为蛊毒杀人、害人这一巫术迷信提供了医学上的依据，强化了古代人们对蛊毒的恐惧，使蛊毒成为中国古代最为神秘和恐怖的杀人毒物。

（二）古代医学中的猫鬼

利用供奉的猫鬼来杀人在今天听起来荒诞无稽，但古人们却深信不疑，这与古代医学中鬼神致病的理论有关。古代医学将一些疑难杂症归咎于鬼怪作祟，"鬼神致病观是从远古至殷周以来形成的一种强大的传统"。⑤ 有学者将鬼神所致之病统称邪祟病或祟病："近代

① （唐）孙思邈撰：《千金方》，卷24《解毒并杂治》，刘更生等点校，华夏出版社，1993，第344页。

② （唐）孙思邈撰：《千金方》，卷24《解毒并杂治》，刘更生等点校，华夏出版社，1993，第344页。

③ （唐）陈藏器撰：《〈本草拾遗〉辑释》，尚志钧辑释，安徽科学技术出版社，2003，第242—243页。

④ 李经纬等主编：《中医大辞典》（第二版），人民卫生出版社，2004，第1385页。

⑤ 姚春鹏：《鬼神、气与中医学——鬼神观衰落、气论观兴起与中医理论形成》，《太原师范学院学报（社会科学版）》2007年第3期。

中医的病因、病机学说发展成热，认为疾病的产生，不外是由人体内部和外界环境两方面的因素所致，但在中国历史文献和中医历代文献中，发现史学和医学将无法解释病因的疾病，大都会归因到是鬼神作祟引起的，统称为邪祟病或祟病。”①

《神农本草经》中记载了多种鬼怪侵入身体导致的疾病，其中就有名为鬼疰与鬼魅的疾病，“凡欲治病，先察其源，先候病机。……鬼注蛊毒，以毒药”。②《神农本草经》记载了多种杀灭除鬼怪精物的药物，如丹砂，“味甘，微寒。主身体五藏百病，养精神，安魂魄，益气，明目，杀精魅邪恶鬼”。赤箭，“味辛，温。主杀鬼精物、蛊毒、恶气”。③ 雄黄，“味苦，平，寒。主寒热、鼠瘘、恶创、疽痔、死肌、杀精物、恶鬼、邪气、百虫毒，胜五兵”。麝香，“味辛，温，主辟恶气，杀鬼精物、温疟、蛊毒、痫痓，去三虫”。④ 代赭，“味苦，寒。主鬼疰、贼风、蛊毒，杀精物恶鬼、腹中毒邪气，女子赤沃漏下”。黄环，“味苦，平，有毒。治蛊毒、鬼疰、鬼魅、邪气在臧中，除咳逆、寒热”。⑤

南北朝隋唐时期的医学家将猫鬼所导致的疾病称为猫鬼疾，巢元方在《诸病源候论》中揭示了猫鬼害人的原理：“猫鬼者，云是老狸野物之精，变为鬼蜮，而依附于人。人畜事之，犹如事蛊，以毒害人。其病状，心腹刺痛。食人腑脏，吐血利血而死。”⑥ 即猫鬼侵入人体内，损害人内脏器官致人失血而死。

唐代医学家王焘《外台秘要方》引《古今录验》“疗妖魅猫鬼，病患不肯言鬼，鹿角散方”：“鹿角屑，捣散，以水服方寸匕，病者即言实也。”⑦ 孙思邈《千金方》中记载雄黄、麝香、神丹可以预防蛊毒猫鬼侵害：“出门常须带雄黄、麝香、神丹诸大辟恶药，则百蛊、猫鬼、狐狸、老物精魅永不敢著人。养生之家，大须虑此。俗亦有灸法，初中蛊，于心下捺，便大炷灸一百壮，并主猫鬼亦灸得愈。”⑧《千金方》还记载了多种治疗猫鬼病的药方，如“耆婆万病丸”包括牛黄、麝香、犀角、朱砂、雄黄、黄连、禹余粮、大戟、芫花、芫青、人参、石蜥蜴、茯苓、干姜、桂心、当归、芎劳、芍药、甘遂、黄芩、桑白皮、蜀椒、细辛、桔梗、巴豆、前胡、紫菀、蒲黄、葶苈、防风、蜈蚣三十一味，“猫鬼病，服三丸如

---

① 林伟文：《邪祟病及其命名的心理初探》，《北京中医药》2010 年第 5 期。

② 尚志钧校注：《神农本草经校注》，卷 1《序录》，学苑出版社，2008，第 3 页。

③ 尚志钧校注：《神农本草经校注》，卷 2《上品药》，学苑出版社，2008，第 16、31 页。

④ 尚志钧校注：《神农本草经校注》，卷 3《中品药》，学苑出版社，2008，第 100、155 页。

⑤ 尚志钧校注：《神农本草经校注》，卷 4《下品药》，学苑出版社，2008，第 184、218 页。

⑥ （隋）巢元方撰：《诸病源候论校释》，卷 25《蛊毒病诸候》，南京中医学院校释，人民卫生出版社，1980，第 714 页。

⑦ （唐）王焘撰：《外台秘要方校注》，卷 28《猫鬼野道方三首》，高文柱校注，学苑出版社，2011，第 987 页。

⑧ （唐）孙思邈撰：《千金方》，卷 24《解毒并杂治》，刘更生等点校，华夏出版社，1993，第 344 页。

小豆，未瘥更服”。① “治猫鬼野道病，歌哭不自由方”：“五月五日自死赤蛇烧作灰，以井花水服方寸匕，日一。又方：腊月死猫头烧灰，水服一钱匕，日二。”“治猫鬼，眼见猫狸及耳杂有所闻方”：“相思子、蓖麻子、巴豆（各一枚），朱砂末、蜡各四铢。上五味，合捣为丸。先取麻子许大含之；即以灰围患人，前头著一斗灰火，吐药火中沸，即画火上作十字，其猫鬼并皆除矣。”② 另外，孙思邈《千金翼方》记载：“（鹿）角主猫鬼中恶，心腹疰痛。”③ “真珠附著散”：“主诸风，鬼注毒气，猫鬼所著方。真珠、雄黄、丹砂各半两，干姜一两，蜈蚣一枚，炙。桂心一两，天雄半两，炮。莽草半两，细辛一两，蜀椒半两，汗。去目闭口者。右一拾味为散，酒服方寸匕，日再。”④

孙思邈治疗猫鬼的药方基本被后世医学著作《太平圣惠方》和《普济方》所收录。

三、《唐律》造畜蛊毒罪的影响

北魏世祖太武帝拓跋焘即位，“诏司徒浩定律令。……为蛊毒者，男女皆斩，而焚其家”。⑤《北魏律》首次规定了造畜蛊毒罪，造蛊毒者不仅本人处斩，而且株连家人。这是中国古代造蛊毒罪入刑律的最早记载。

开皇十一年（591年）之前，“有人讼其母为人猫鬼所杀者，上以为妖妄，怒而遣之。”独孤陀妻利用猫鬼谋害皇后案发之后，隋文帝始“诏诛被讼行猫鬼家”。⑥ 开皇十八年（598年）五月辛亥，“诏畜猫鬼、蛊毒、厌魅、野道之家，投于四裔”。⑦ 至此，隋朝正式将畜猫鬼作为犯罪行为加以惩罚，畜猫鬼、蛊毒、厌魅及野道之人被处以流刑。《唐律》将畜蛊毒、猫鬼行为由流刑加重至绞刑，并将造畜蛊毒罪列入十恶之中。

《唐律》造畜蛊毒罪影响深远，《宋刑统》完全沿用《唐律》“造畜蛊毒”条的内容。另外，宋太祖乾德二年（964年）四月还曾下诏：“徙永州诸县民之畜蛊者三百二十六家于县之僻处，不得复齿于乡。”⑧ “庆历七年，蔡正言襄为闽漕日，禁绝甚严，凡破数百家，自后稍息。……绍兴二年秋，连江、古田民有查佐等蓄蛊杀人。其家来诉。张参政守为帅，

---

① （唐）孙思邈撰：《千金方》，卷12《胆腹》，刘更生等点校，华夏出版社，1993，第180页。
② （唐）孙思邈撰：《千金方》，卷25《备急》，刘更生等点校，华夏出版社，1993，第358页。
③ （唐）孙思邈著：《千金翼方校释》，卷19《杂病中》，李景荣等校释，人民卫生出版社，1998，第300页。
④ （唐）孙思邈著：《千金翼方校释》，卷21《万病》，李景荣等校释，人民卫生出版社，1998，第358页。
⑤ （北齐）魏收：《魏书》，卷111《刑罚志》，中华书局，1974，第2874页。
⑥ （唐）魏征等：《隋书》，卷79《独孤陀传》，中华书局，1973，第1790—1791页。
⑦ （唐）魏征等：《隋书》，卷1《文帝本纪》，中华书局，1973，第43页。
⑧ （元）脱脱等撰：《宋史》，卷1《太祖本纪》，中华书局，1977，第17页。

依条断遣。仍榜十二县，委保正、副，结五家为保，互相觉察，知而不纠，其罪与均。仍颁敕令、赏格，散榜要处。”①

元朝法律加重了对造畜蛊毒犯罪的处罚，一是规定没收家产，二是奖励捕捉造畜蛊毒者。《元典章》：“造畜蛊毒：前件。议论：得造合成毒，堪以害人杀人，若行用而杀人，用谋教令者，拟合处死，籍没家产。同居家口虽不知情，迁徙边远。诸人捉获，犯人家产，全行给付。”②

明清法律沿用了元代的做法，不仅没收造畜蛊毒者的家产，而且奖励告发及捕捉造畜蛊毒者。《大明律》：“凡造畜蛊毒，堪以杀人及传畜，教令者，斩。造畜者，财产入官。妻子及同居家口，虽不知情，并流二千里安置。若以蛊毒毒同居人，被毒之人，父母、妻妾、子孙，不知造蛊情者，不在流远之限。若里长知而不举者，各杖一百；不知者，不坐；告获者，官给赏银二十两。”③

《大清律例》：“凡置造、藏畜蛊毒堪以杀人，及教令人造畜者，并坐斩。不必用以杀人。造畜者不问已未杀人，财产入官。教令者之财产妻子等不在此限。妻子及同居家口，虽不知情，并流二千里安置。若以蛊毒毒同居人，被毒之人，父母、妻妾、子孙，不知造蛊情者，不在流远之限。若系知情虽被毒仍缘坐。若里长知而不举者，各杖一百。不知者，不坐。告获者，官给赏银二十两。”④

四、结语

钱大群认为“唐律中的‘不道’是指用残忍而特殊的方式损害人身安全的犯罪”。⑤《唐律》将造畜蛊毒罪列入十恶中的不道，是因为造畜蛊毒属于利用巫术和鬼神这种特殊手段来杀人的犯罪行为。

古人之所以相信蛊毒和猫鬼能够杀人并将其列入刑律之中，是因为古代医学认为蛊毒和猫鬼能够侵入人体、损害脏器致人死亡，魏晋南北朝及隋唐医学著作中有许多关于蛊毒疾病和猫鬼疾病的记载。中国古代医学中关于蛊毒疾病的记载充满了巫术内容，反映了中

---

① （宋）梁克家修纂：《三山志》，卷 39《土俗类》，福州市地方志编纂委员会整理，海风出版社，2000，第 634—635 页。

② 陈高华、张帆、刘晓、党宝海点校：《元典章》，卷 41《刑部三·诸恶》，中华书局、天津古籍出版社，2011，第 1425 页。

③ 怀效锋点校：《大明律》，卷 19《刑律二·人命》，法律出版社，1999，第 153 页。

④ 田涛、郑秦点校：《大清律例》，卷 26《刑律·人命》，法律出版社，1999，第 429 页。

⑤ 钱大群：《唐律疏义新注》，南京师范大学出版社，2007，第 27—28 页。

国古代医学的特点。中国古代医出于巫，在医学发展的早期，往往巫、医不分，虽然战国以后医学与巫术脱离，但是医学中的巫术因素并没有被完全剔除。古代医学著作中关于蛊毒和猫鬼疾病的记载为造畜蛊毒这种利用巫术和鬼神杀人的荒诞迷信提供了医学上的依据。

省记在南宋典章制度重建中的应用研究*

王　鹤**

摘　要　省记是通过专业人员临时对前朝典章制度的记忆、记录进行制度构建的形式。宋室仓皇南渡，图籍不存，典制待兴，行事阙失文本依据。省记因具备便捷性和高效性，成为南宋朝廷用以重修国史和重构礼制、法律的重要手段。省记在内容上主要包含时政记、日历等国史的编录，先王礼制仪式的编汇，以及法律规范的复原等。省记在南宋典章制度重建中的应用，对内让北宋积累起来的礼法制度获得了承继，同时让南宋很快建立起完善的法律制度体系，快速获得了国家治理能力；对外为南宋与金朝的对抗提供了制度保障。南宋孝宗淳熙之后，伴随着南宋典章制度建设的日益完善，加之省记规范性的欠缺，省记作为复兴手段逐渐退出历史舞台。

关键词　省记；国史；礼制；法律

典章制度是中华传统制度文明的精华和主要载体，是国家治理与社会运行应当遵行的一切行为规范和参照的统称。其内容涵盖法律、礼乐、文书、职官、选举、经济、兵制等诸多方面。① 宋廷南渡，图籍不存，各类章制皆不复见，这成为南宋朝廷复兴国制时面临

---

* 本文系云南省教育厅科学研究基金项目“‘守经’与‘行权’：宋元司法实践的两面”（项目号：2022Y065）的研究成果。

** 王鹤，云南大学法学院博士研究生。

① 参见唐嘉弘主编：《中国古代典章制度大辞典》，中州古籍出版社，1998，“总目录”，第1—2页。

的难题。为守祖宗之法，必须对原始内容进行最大限度的复原，因而省记成为宋室渡江以后复兴典章制度的必要手段和来源，在国家制度构建活动中承担着关键功能。但是目前学界对宋代省记性质的考察主要集中于立法领域，① 仅仅将其视作宋代法律形式的一种。宋朝省记的内容丰富繁杂，大致可分为国史、礼制、法律三部分，其目的是为了快速实现南宋王朝章制的重建，以应对急务。本文主要讨论省记在学界未曾考察的国史和礼制领域的应用及意义。

一、省记与前朝国史的修撰

时政记、日历、实录等前朝国史资料的编录是典章制度重建的重要一环。欧阳修《论史馆日历奏》中曾论及编修时政记、起居注、日历的重要性："臣伏以史者，国家之典法也。自君臣善恶功过，与其百事之废置，可以垂劝戒、示后世者。"② 即国史的功能为存圣朝典法，修以镜鉴。国史往往涉及法律、礼仪、官制等的创制、沿革、内容等具体情况，所以前朝国史的修订于南宋初期意义重大。通过国史记载，相关礼法制度的内容与沿革有了可以确定的依据，这成为南宋国家典章制度重构的渊源。

修史以复章建制，故而省记的重要内容之一就是国史。现有记载多以宰执省记时政记为主。"时政记，是按年月日记载皇帝与大臣商讨军国政要的记录汇编。"③ 时政记的编录是国史修撰的形式之一，也是国史修撰的史料来源。日历也是在"左右史起居注"和"宰执时政记"基础之上汇集修撰而成的一代之典。④ 省记国史以时政记居多则可能与时政记内容和性质上的重要性相关。据《挥麈录》载："凡史官记事，所因者有四，一曰时政记，则宰执朝夕议政，君臣之间奏对之语也……四者惟时政，执政之所日录，于一时政事最为详备。"⑤ 可见时政记因其"详备"的特征而为史官青睐。南宋初年，因时局混乱，时政记编录停滞。龙图阁直学士湖州知州汪藻因"本朝实录，自艰难以来，金匮石室之藏，无复存者"，⑥ 故进言当修日历并辅时政记以作国史。在其奏言中也指出省记在实录重修中的作

---

① 林煌达、祖慧、张正印、张本顺等学者都对吏员省记立法有过简要论述，肯定了省记在南宋立法中的作用，同时也指出了省记存在的弊端。

② （元）马端临：《文献通考》，卷51《职官考五·史官》，上海师范大学古籍研究所、华东师范大学古籍研究所点校，中华书局，2011，第1468页。

③ 张健、王玲：《宋代时政记的纂修》，《兰台世界》2009年第21期。

④ （元）脱脱等撰：《宋史》，卷164《职官四·秘书省》，中华书局，1977，第3877页。

⑤ （宋）王明清：《挥麈录》，上海书店，2009，第53—54页。

⑥ （明）陈邦瞻：《宋史纪事本末》，卷75《建炎绍兴诸政》，中华书局，2018，第783页。

用："自乘舆南渡以来，史官无一字之传，当时大臣时政记既不可复得，而诸司所谓案牍者尽委于兵火，朝廷每举一事率幽冥而莫知，其原往往临时取决于胥吏之口，谓之省记。"①

鉴于建炎元年（1127 年）五月以后《时政记》"缘渡江及经遗火，例皆不存"，② 且未曾委官省记、编类，高宗于"绍兴四年三月十八日，诏建炎元年五月一日以后至建炎四年四月一日已前《时政记》，各令原任宰执省记，编类闻奏"。③《清波杂志》中针对这一诏令也有记载："高宗由康邸使虏庭，开大元帅府于相州，继登宝位，再造王室。一时霸府攀附，自汪丞相伯彦而次，建炎初诏省记事迹，成书来上，付之史馆。"④ 缘于高宗编类时政记的诏令，绍兴四年（1134 年）五月十一日，"资政殿大学士、左中奉大夫、提举亳州明道宫颜岐，龙图阁直学士、朝请大夫致仕路允迪，各以省记《建炎时政记》史稿上之，诏送修国史日历所。先降诏自建炎元年五月十一日以前《时政记》，令见在宰执省记，编类闻奏。岐、允迪各以省记已进史稿上焉"。⑤ 现有南宋李纲《建炎时政记》传世，该书通过李纲省记完成编录，是省记时政记的典型，也是在高宗诏令下由各原任宰执省记时政记的产物。在《建炎时政记》的序，也就是李纲所上奏议中，有对该书编录起因、过程所做的简单介绍："臣纲伏被尚书省札子，三省同奉圣旨，令臣省记编录建炎元年五月一日以后《时政记》，缮写成册，进御以待制诏颁降史馆。"⑥ 在其编录过程中省记成为重要途径，"谨以省记到昨任宰相日所得圣语、所行政事、赏罚黜陟之大略，著于篇。至于日辰有不能省记，则阙之，庶几信以传信，疑以传疑之意。谨缮写成上下两册，冒昧投进以尘乙夜之览，宣付史馆，备采择焉"。⑦ 另外，在《遂初堂书目》国史类目中有《张参政省记建炎时政（并元帅府事迹）》《张浚、王绹等省记时政》二书目，从名称上也能看出这一时期时政记的编录以省记作为主要手段。

除却时政记这一形式的国史记载，日历也会以省记为基础，参酌内容实现复原。建炎三年（1129 年）"右己酉岁二月……按伯言进枢密直学士及钱粮顿递之命，日历皆不书，后数年因丐叙复乃见，殆抢攘中文书散逸，后来省记疏略。尔新除秘书少监，臣孙逢吉顷为实录院检讨官，访求逸事偶得此本，今既召还必将参订而一之"。⑧ 而为何花费大把的精力

① （明）黄淮、杨士奇编：《历代名臣奏议》，卷 277《国史》，台湾学生书局，1985，第 3629 页。
② （清）徐松辑：《宋会要辑稿·职官六·时政记》，刘琳等点校，上海古籍出版社，2014，第 3170 页。
③ （清）徐松辑：《宋会要辑稿·职官六·时政记》，刘琳等点校，上海古籍出版社，2014，第 3170 页。
④ （宋）周辉：《清波杂志校注》，卷 1《潜邸瑞应》，刘永翔校注，中华书局，1994，第 1 页。
⑤ （清）徐松辑：《宋会要辑稿·运历一·修日历·日历所》，刘琳等点校，上海古籍出版社，2014，第 2696 页。
⑥ （宋）李纲：《梁溪先生文集》，卷 178《〈建炎时政记〉序》，凤凰出版社，2011，第 497 页。
⑦ （宋）李纲：《梁溪先生文集》，卷 178《〈建炎时政记〉序》，凤凰出版社，2011，第 497 页。
⑧ （宋）周必大：《周必大全集》，卷 19《高宗御批钱伯言奏跋》，王蓉贵、［日］白井顺点校，四川大学出版社，2017，第 182 页。

来恢复时政记、日历之类国史，除却修撰国史本身能够作为政权正统与国家威严的代表，其更加重要的目的就是方便南宋效仿北宋治理经验，为恢复典章制度而摭拾素材。

二、省记与礼制的重建

礼制的构建是帝制国家实现觉民化俗、规范君臣行为的必要方式。南渡初期，宋室历经兵火，图籍散佚，对于礼制的内容记载也大多不存，故而“国朝典故，自南渡后多有司省记”。① 礼从广义上来说不只是一种单纯的道德性规范，其中也包含了法律规范。② 礼制并不局限于单一的礼仪教化制度内涵，它与法度相互渗透，同时也是法律制度和法律文化的核心要素。所以从国朝典故、故事、③ 旧法故例中省记的礼制内容成为是时构建礼制的正当性来源，省记也因此加速推进了南宋之初恢复礼制的进程。省记礼制的内容十分丰富，涵盖丧葬、舆服、典礼等诸多方面。

（一）丧葬礼仪故事

丧葬内容是礼制中的重要部分，丧葬仪式、陵寝规格、丧服制式都是丧葬礼的重要内容。省记园陵故事是丧葬制度构建的规范来源，章谊在上奏削减宋哲宗皇后孟氏园陵总护使、顿递使的劳赉时，曾援引省记到的园陵故事加以论证：

> 臣近曾奏禀，乞明诏大臣议定大行隆祐皇太后攒宫应于礼典，悉从崇厚，自余给赐浮费，悉行减罢，庶遵先后慈俭之训。仰称陛下追奉之诚，未蒙施行。今来忽奉圣旨，总护顿递使受敕并了毕，各支赐银绢四百匹两，诏音初降，中外骇闻，不知二使所受何名而得此也。若谓省记园陵故事耶，则今太母攒宫未可以比昔时之园陵，盖亦明矣。园陵乃在京师数百里之外，其山川之险，则有过关越涧之虞；其日月之赊，则有风雨泥淖之阻；其道路之遥，则有次舍暴露之劳；其徒役之众，则有周防弹压之虑。至于宫嫔从卫之多，服饰赍送之厚，朝昏献享之仪，启攒复土之节，皆祗勤夙夜，殚

① （宋）李心传：《建炎以来系年要录》，卷183，绍兴二十九年九月庚子，胡坤点校，中华书局，2013，第3532页。

② 唐嘉弘：《中国古代典章制度大辞典》，中州古籍出版社，1998，第1页。

③ 故事，在此特指宋代法律体系中一种特殊的法律渊源，即已行之事、旧制，是论述、施行某些行为的合法性依据。霍存福指出，故事即过往之事，或是旧日的成例、典章制度，或是旧日的事例，均被日后援以为例，具有惯例性特征；张德美指出，宋代故事通常是由史官编撰记录的某些过去的事实或某些过去的制度安排，每遇大事用以检讨；陈玺指出，故事是中国古代法律形式之一，更是古代诉讼惯例最为重要的代表；喻平认为，两宋故事是本朝祖宗之法或正朝远祖佳言美行的重要载体，成为君臣间议政、行政的重要依据。

极思虑，然后仅以集事。当是之时，朝廷闵劳大臣，劝诱群隶，随其等级，劳赉匪颁，则庸或有之，然亦未闻如此之厚也。①

梁邦彦也曾以省记故事作为山园陵按行使设置的合法化来源。梁邦彦被差充山园陵按行使后，其通过省记故事，认为山园陵按行使应当差充近上臣僚，以内侍为副。而此举“事干典礼，付委至重”，② 因其所言，于是诏令礼部、太常寺讨论。太常寺察太祖庙（朝）昭宪皇后园陵与神宗朝慈圣光献皇后山陵按行使设置，认为“参用文臣，于体为重，所有按行使欲差侍从或前执政”。③ 故绍兴九年（1139 年）十一月十五日，“诏吏部侍郎周纲充按行使，梁邦彦副之”。④ 即使到了宁宗时期，陵寝体例有时也需要参照省记故事来确定。庆元三年（1197 年）十一月六日，寿圣隆慈备福光佑太皇太后崩于慈福宫之慈福殿，其遗诰要求一切陵寝制度仍依宋徽宗赵佶的显仁皇后韦氏故事施行。同年十二月八日，修奉使司在修奉攒宫时便依照显仁皇后体例施行。经过省记陵寝规格，明确“显仁皇后石藏里明长一丈四尺八寸八分，阔一丈三寸，深九尺”。⑤ 但后因“空分窄狭”⑥ 而作罢，最终不再依显仁皇后陵寝体例修建。

（二）舆服仪仗礼制

1. 车仗舆马

《宋史》中记载：“高宗渡江，卤簿、仪仗悉毁于兵。”⑦ “国家靖康之祸，乃二晋之所未有。中国衣冠礼乐之地，宗庙、陵寝、郊社之所，尽弃之虏；礼器、乐器、牺尊、彝鼎、马辂、册冕、卤簿仪仗之物，尽入于虏。渡江以来，庶事草创，皆至桧而后定。”⑧ 兵火之后，礼乐器物遭到毁灭性破坏。重树皇家威仪，恢复往日皇室荣光成为要务，省记在恢复皇室衣冠、卤簿仪仗中起到了关键作用。

南渡之后，皇帝出行的车驾仪仗实物与相关记载皆不复存，《卤簿图》也几乎尽数毁于

---

① （明）黄淮、杨士奇编：《历代名臣奏议》，卷 124《礼乐》，台湾学生书局，1985，第 1653 页。
② （清）徐松辑：《宋会要辑稿·礼三七·帝陵·徽宗永祐陵》，刘琳等点校，上海古籍出版社，2014，第 1566 页。
③ （清）徐松辑：《宋会要辑稿·礼三七·帝陵·徽宗永祐陵》，刘琳等点校，上海古籍出版社，2014，第 1566 页。
④ （清）徐松辑：《宋会要辑稿·礼三七·帝陵·徽宗永祐陵》，刘琳等点校，上海古籍出版社，2014，第 1566 页。
⑤ （清）徐松辑：《宋会要辑稿·礼三七·后陵·宪圣慈烈皇后陵》，刘琳等点校，上海古籍出版社，2014，第 1600 页。
⑥ （清）徐松辑：《宋会要辑稿·礼三七·后陵·宪圣慈烈皇后陵》，刘琳等点校，上海古籍出版社，2014，第 1600 页。
⑦ （元）脱脱等撰：《宋史》，卷 149《舆服一·五辂》，中华书局，1977，第 3484 页。
⑧ （宋）李心传：《建炎以来系年要录》，卷 148，绍兴十三年二月乙酉，胡坤点校，中华书局，2013，第 2800 页。

战乱，唯留天禧、宣和年间两例《卤簿图》，只能依靠仅存的这两例《卤簿图》所示来重立仪制。但《卤簿图》并无过多文字记载，而是以图画形式为主体，因而制度复原起来并非易事。故而需要同时参酌内侍工匠省记仪制，互为补充，以便更为精确地实现相关内容的复原。玉辂制式是卤簿的重要内容，"绍兴十二年，始命工部尚书莫将、户部侍郎张澄等以天禧、宣和《卤簿图》考究制度，及故内侍工匠省记指说，参酌制度，是年九月玉辂成。明年遂作金、象、革、木四辂，副辂不设"。① 《文献通考》也记载了卤簿玉辂的制作参用工匠省记："绍兴十二年，命工部尚书莫将等制造玉辂，以天禧、宣和《卤簿》及工匠省记制度参酌，取文质适中之制。"② 孝宗年间也曾针对皇帝车仗乘舆下诏省记宋徽宗时期七宝辇的制式，借以重制。隆兴二年（1164年）正月，"诏御辇院令京师旧辇官省记昨进道君皇帝七宝辇之制，下有司制造，更为美名以进德寿宫"。③

在复兴重建仪仗规范时，不止皇帝仪仗受到关注，皇室成员的仪制由于同样代表皇家的威严，也是省记的重要对象。在孝宗皇太子册立时，相关仪仗就援用省记。孝宗乾道元年（1165年）八月二十一日，礼部与太常寺言及皇太子受封后拜谢后殿与德寿宫乘舆，检照皇太子册立礼仪典故后，对皇太子乘舆伞、扇、围子事宜依然难下定论。故而寻据武功大夫张孝杰省记钦宗册封时的伞扇制式，"省记钦宗为定王日出合过东宫，受皇太子册，伞用三檐青罗，掌扇四柄，系紫花罗，一行从物系依亲王，即不曾用围子"。④ 最终诏依张孝杰所言。同年九月二十四日，皇太子妃受封后，相关的乘具檐子并伞扇等制式也有不明，依旧诏工部依张孝杰所省记政和六年（1116年）皇太子妃册封的各式仪卫安排："今据张孝杰状，省记政和六年皇太子妃每过出入，系乘檐子，竿梁系黑漆。角兽白藤，织花面掌扇四柄，系茜红罗。檐子前系小殿侍二人抱镀金银香球，人从系皇太子府亲事官、辇官，前抱从物，又近前系教骏兵士呵止。伞用三檐青罗。"⑤

2. 冠冕服章

各色官服的袍制配绶有着不同的应用场景。南渡以后，服章文字难觅。进士及第授官赐服程序需要依凭省记旧法予以明确。"国家自南渡以来，应文武臣初除正谢并及第出身人，依格赐袭衣、章服等，并遵用省记《崇宁看详祗候库格》。"⑥ 公服遇亲丧也会有所变

① （元）脱脱等撰：《宋史》，卷149《舆服一·五辂》，中华书局，1977，第3484页。
② （元）马端临：《文献通考》，卷117《王礼考十二·乘舆车旗卤簿》，上海师范大学古籍研究所、华东师范大学古籍研究所点校，中华书局，2011，第3595页。
③ （元）马端临：《文献通考》，卷117《王礼考十二·乘舆车旗卤簿》，上海师范大学古籍研究所、华东师范大学古籍研究所点校，中华书局，2011，第3607页。
④ （清）徐松辑：《宋会要辑稿·舆服六·伞盖》，刘琳等点校，上海古籍出版社，2014，第2294页。
⑤ （清）徐松辑：《宋会要辑稿·舆服六·伞盖》，刘琳等点校，上海古籍出版社，2014，第2294页。
⑥ （清）徐松辑：《宋会要辑稿·礼六二·赉赐二》，刘琳等点校，上海古籍出版社，2014，第2144页。

化，但因南宋初期制度阙失，故而对此并无确定的规范可以遵行，这同样需要通过省记予以确认。绍兴三年（1133 年）夏四月丁亥，尚书左仆射朱胜非丁母忧离官。朱胜非丁忧三月，被高宗下诏夺情起复，被重启任命右仆射兼知枢密院事，其就朝见服制产生疑问。同年八月十八日，朱胜非上奏："奉诏起复，已行起发。若到国门，或有被受拜赐诏命及入城朝见，并赴堂治事、聚堂见客、私第接见宾客，未审各合着是何衣服，乞下有司检照典故，明降指挥，庶有以遵守。"① 太常寺于是通过省记得宣和年间曾降指挥，"起复臣僚趋朝治事并服吉服。常时郑居中、李邦彦系起复，并服吉服"，故而审定公门与私第所着不同服饰，"所有今来朱胜非若到国门拜受诏命，并赴堂治事、聚堂见客、私第接见宾客，并合服吉服。如于私第接见宾客，许服缪公服，皂带，不佩鱼，幞头不用光漆。"② 最终，太常寺省记所载的宣和年间指挥成为当着服制的合法依据。

（三）各类典礼仪式规范

各类典礼是等级秩序的外化，是统治权威的表达，因而典礼仪式对理解当时政治法律生态颇为重要。兵火之下，宋室屡遭坎坷。为恢复国之正统、君之权威，各类典礼的内容成为偏安后省记的重要对象。依笔者所辑，包括但不限于几下几种：

1. 亲耕礼

在订立礼制内容时，参用省记是重要手段，这极大地保证了礼制的延续性。绍兴十五年（1145 年）十一月二十三日礼部、太常寺进言亲耕礼应当"参酌国朝礼例，并省记宣和礼制"，③ 司农寺也当"省记在京耕耤例制造"④ 以明确庶人衣饰，御耒耜、御耕牛的制式和措置；二十四日，礼部、太常寺又奏称，通过省记参酌宣和亲耕礼制，应当制造御耕立牌一面、皇帝位位版一面、公卿从耕立牌两面、从耕并侍耕群官位版五十片。⑤ 绍兴十五年（1145 年）闰十一月八日，礼部、太常寺又以宣和礼制为基础，省记宣和亲耕行礼之事，确定了从耕官、侍耕陪位官、执事县令、应奉官着朝服，执事人各服法衣的服饰安排；九日，礼部、太常寺又依国朝亲耕礼例，并省记在京亲耕合差官数，确定了"内耕耤使一员，系降敕差三公、宰臣充"；⑥ 同月十日，礼部、太常寺参照省记的宣和间亲耕礼事，排设亲耕日乐曲演奏与节次事宜。在确定亲耕礼赐耆老衣帛人数时，依旧命祗候库优先省记本部

---

① （清）徐松辑：《宋会要辑稿・职官七七・起复》，刘琳等点校，上海古籍出版社，2014，第 5149 页。
② （清）徐松辑：《宋会要辑稿・职官七七・起复》，刘琳等点校，上海古籍出版社，2014，第 5149 页。
③ （清）徐松辑：《宋会要辑稿・礼六・亲飨先农耕耤》，刘琳等点校，上海古籍出版社，2014，第 581 页。
④ （清）徐松辑：《宋会要辑稿・礼六・亲飨先农耕耤》，刘琳等点校，上海古籍出版社，2014，第 581 页。
⑤ （清）徐松辑：《宋会要辑稿・礼六・亲飨先农耕耤》，刘琳等点校，上海古籍出版社，2014，第 582 页。
⑥ （清）徐松辑：《宋会要辑稿・礼六・亲飨先农耕耤》，刘琳等点校，上海古籍出版社，2014，第 583 页。

门旧例以寻求合法性依据。绍兴十五年（1145年）十二月八日，礼部、太常寺申："将来亲耕，俟奏礼毕，宣陪位耆老诣坛宣劳，旧例赐衣帛。今检照《国朝会要》，止该载端拱元年，赐京城耆老八十已上九十八人衣帛有差，即不言所赐衣帛若干数目，及是何官司主管给赐。今相度，欲乞令临安府具已差定陪位耆老一百人，内若干人数系八十以上者，申户部，行下祗候库省记旧例。如本库无旧人省记，乞令本库拟定每人各赐绢若干，申户部，取朝廷指挥。"① 可见，绍兴十五年（1145年）间通过省记一系列旧礼的举措进而明确了亲耕礼的用具规格、仪仗制式、节次乐曲、礼毕赐耆老等内容。

2. 乡饮酒礼

乡饮酒礼发展到宋代，依然是宣扬教化、礼贤举能的重要途径，受到统治者的高度重视。靖康之难后，百制毁弃，南宋的乡饮酒礼却未间断。绍兴十三年（1143年），重新修订了乡饮酒礼的礼仪，并"遍下郡国""镂版颁行"。② 即使绍兴二十六年（1156年）夏四月戊戌"罢乡饮酒举士法"，③ 下诏不再由官司统一组织乡饮酒，但民间依旧可以自行组织。南宋人虞载在其所辑《古今合璧事类备要·外集》中指出，宋室南渡中兴之后，虽庶事经兵火不存，但乡饮之仪却未敢废弃。唯有以乡饮酒尊老尚齿的礼俗，才能实现入孝出悌的教化作用。宋代乡饮酒的一大功能就是明长幼秩序，尊贤宾贤，成为地方"上贡人才"④ 的一种礼仪活动。绍兴十九年（1149年）十一月甲辰，曾诏令诸郡行乡饮酒之礼以用于取士。洪适《盘洲集》中记载了绍兴二十六年（1156年）乡饮酒礼解额体例不明一事：

> 绍兴二十六年，乡饮酒除疾患不赴人外，有八十八人成礼，并见今系籍学生共一百六人，并会问到邻近州府体例。江陵府以省记到靖康元年数系十人，七分取一人，绍兴七年终场五十二人解发三人，绍兴十七年终场一百六十六人解发十一人，已复旧额；峡州靖康元年系八人取一人，绍兴七年终场二十人解发三人，绍兴十四年终场七十三人解发五人，已复旧额；归州靖康元年系七人五分取一人，绍兴四年终场二十人解发三人，绍兴十年终场二十九人解发四人，已复旧额；复州靖康元年系十二人取一人，绍兴十年终场五人解发一人，绍兴二十六年终场三十人解发三人。某检照本军公案，有绍兴二十一年内取责到靖康元年解发人，高扬主簿供称当年终场系是六十五人，

① （清）徐松撰：《宋会要辑稿·礼六·亲飨先农耕耤》，刘琳等点校，上海古籍出版社，2014，第588页。

② （清）徐松辑：《宋会要辑稿·礼四六·乡饮酒礼》，刘琳等点校，上海古籍出版社，2014，第1759页。

③ （元）脱脱等撰：《宋史》，卷31《高宗八》，中华书局，1977，第585页。

④ 杨华：《朱熹与宋代的乡饮酒礼变革——兼论礼典设计对地方官僚政治的回应》，《武汉大学学报（哲学社会科学版）》2019年第3期。

并见存乡贡进士丁庭瑞亦系靖康取应之人，所供符同。①

绍兴二十六年（1156 年），因乡饮酒礼解额有疑，便对江陵府、峡州、归州、复州等邻近州府进行查问，参酌各地省记的往年解发人数予以明确。

3. 大朝会

南宋政局稳定以后，宋廷十分重视典礼的复兴，试图通过举行相关典礼以证天威，而相关典礼制度的具体内容依然要参照省记。大朝会是文武百官朝见天子的盛典，《宋史》有载："宋承前代之制，以元日、五月朔、冬至行大朝会之礼。"② 皇帝接受百官、宗室、客使朝贺，其重在展示皇权的威严与神圣。南宋之初，由于历经战乱，众多礼制不存，同时朝廷也没有余力举行各类大型礼典，仅举行过一次大朝会且仪仗简缩甚多。绍兴十二年（1142 年）十月，臣僚奏请恢复朝贺典礼"欲望自今元正、冬至举行朝贺之礼，以明天子之尊，庶几旧典不至废坠"。③ 礼部、太常寺考定相关朝会之礼与国朝故事后，高宗下诏宣布来年举行。但直至绍兴十五年（1145 年）大朝会才正式举办，"中兴大朝会，四朝惟一讲，绍兴十五年正月朔旦是也"。④ 但在此期间，有关大朝会举行规范、制式的讨论从未停滞。绍兴十四年（1144 年）九月十九日，入殿文武百僚等的朝服、法衣及约度等都已确定，唯有礼部奏陈："所有入殿应奉禁卫诸班直、皇城司亲从、快行八厢诸色祗应人法衣等名件样制，本寺难以见得。"于是诏令"祗候库会问主管禁卫所及应奉官司，具合用人数，本库省记逐色人合服名件，申工部制造"。⑤ 虽以当时南宋的体量与实力，对大朝会的完全复刻已经难以实现，但宋廷依然通过省记服色制式，在最大限度上还原旧时威仪。

4. 祭享礼

祭祀天地祖先的典礼，无论是其具体仪式还是所用器物都可通过省记加以复原。但省记有时并不会成为直接援用的内容，而是会被参酌并加以修订，以符合当下的现实需要。"国家举行典礼，岁中祀上帝者四：春祈、夏雩、秋享、冬报，其二在南郊圆坛，其二在城西惠照院望祭斋宫。"⑥ 礼部、太常寺曾多次省记祭天礼制，绍兴十三年（1143 年）九月二十九日，礼部、太常寺省记在京时圆坛并望祭斋宫的差官、坛户的数额以及执掌与役钱，"礼部、太常寺状：'勘会昨在京日，圆坛并望祭斋宫，省记得依条例合差宫、坛户各六人，

---

① （宋）洪适：《盘洲文集》，卷 51《复解额申省状》，商务印书馆，1929，第 8 册，第 4 页。
② （元）脱脱等撰：《宋史》，卷 116《礼十九・宾礼一・大朝会仪》，中华书局，1977，第 2743 页。
③ （元）脱脱等撰：《宋史》，卷 116《礼十九・宾礼一・大朝会仪》，中华书局，1977，第 2750 页。
④ （元）脱脱等撰：《宋史》，卷 143《仪卫志一・殿庭立仗》，中华书局，1977，第 3378 页。
⑤ （清）徐松辑：《宋会要辑稿・礼八・朝会》，刘琳等点校，上海古籍出版社，2014，第 641—642 页。
⑥ （元）佚名：《宋史全文》，卷 25 上《宋孝宗三》，汪圣铎点校，中华书局，2016，第 2075 页。

岁终打并，扫洒照管，除治草莽。系下开封县差取，更不支破请给，止与免户下科配差使，专一在坛祗应。'"① 但因时局有易，对比之下不再依照在京例，乞令临安府负责相关事宜，"'今相度，不敢依在京条例差破坛户，止乞令临安府责委钱塘县巡检司差人兵一十人，专一在坛照管打并，除治草莽，每季一替。如坛壝有不测倒塌去处，即令临安府差人并手修筑泥饰施行。'札下临安府依所申。"② 绍兴十九年（1149年）七月十二日，太社令韩彦直"乞每月遍诣诸坛壝、斋宫检视，遇有修整去处，本局申太常寺，报临安府修整施行"。③ 礼部、太常寺故而省记在京时，太社令每月检视诣诸坛壝、斋宫，如有修整之处，须申太常寺，报将作监行下所属进行修整。但由于南渡之后"将作监别无所辖修造去处，兼即今应修饰坛壝等并系临安府应副"，④ 故上乞由临安府负责修饰施行，高宗依此下诏。此两例中，省记的内容并未直接得到适用，而是在结合现状后变礼而行。

除却祭祀上帝，祭享太庙也是国之重事，祭器的制式也需要依凭省记，确认样制的合礼性。南渡以后，文籍记载与礼器毁损，许多礼器的制作需要凭借省记。《宋会要辑稿》记载：绍兴十五年（1145年）"十二月二十七日，入内内侍省东头供奉官、睿思殿祗候王晋锡言：'恭承处分，令宣押太常寺使臣王彦能等省记大礼朝享太庙合用礼器。今检对御府《博古图》指说画到样制，及未有样制尊罍等五百九十六件、副，合行讨论制造。'诏令段拂、王铁讨论，同王晋锡制造。"⑤ 王彦能等省记朝享太庙祭器，但通过检对《博古图》图制发现不合旧礼，于是令段拂、王铁、王晋锡讨论制造。

靖康一难，庶事不存，故而典礼存在诸多失经之处。孝宗年间太常少卿林栗曾多次进言修正不合礼制的祭享行为。林栗曾经上札子奏明诸臣僚导从至太庙、景灵宫墙都应禁呵止、张盖，但太常寺省记条内发现此仪卫定式并无明文规定。故林栗陈请"欲望朝廷明降指挥约束，庶几官吏军民经由太庙前，知所严敬，仰副圣明奉先祗肃之意。"⑥ 最终敕令允准太常少卿林栗陈请，"臣下经由太庙，呵导张盖，即未有条约。照得张盖一节，已降指挥，令礼部条具外，所是乞禁呵。景灵宫、太庙皆系崇奉祖宗去处，理当一体严敬。止缘未有法禁，是致经由呵导"。⑦ 孝宗并于乾道六年（1170年）正月三十日下诏："臣僚导从

① （清）徐松辑：《宋会要辑稿·礼二·郊祀坛殿大小次》，刘琳等点校，上海古籍出版社，2014，第518—519页。
② （清）徐松辑：《宋会要辑稿·礼二·郊祀坛殿大小次》，刘琳等点校，上海古籍出版社，2014，第519页。
③ （清）徐松辑：《宋会要辑稿·礼二·郊祀坛殿大小次》，刘琳等点校，上海古籍出版社，2014，第519页。
④ （清）徐松辑：《宋会要辑稿·礼二·郊祀坛殿大小次》，刘琳等点校，上海古籍出版社，2014，第519—520页。
⑤ （清）徐松辑：《宋会要辑稿·礼一五·缘庙裁制》，刘琳等点校，上海古籍出版社，2014，第831页。
⑥ （清）徐松辑：《宋会要辑稿·仪制五·群官仪制》，刘琳等点校，上海古籍出版社，2014，第2396页。
⑦ （清）徐松辑：《宋会要辑稿·仪制五·群官仪制》，刘琳等点校，上海古籍出版社，2014，第2396页。

至太庙、景灵宫墙，并禁喝止、张盖。”① 可见在确定相关礼制、援引相关礼文时，省记几乎是最为首要的参考内容，也是最为优先的援引来源。乾道八年（1172 年）春正月乙酉，太常少卿黄钧进言四孟景灵宫朝献之时，皇帝与群臣俱拜于庭，于礼不合。这样的君臣仪制便是“群吏省记者失之”② 而致。依沈括《梦溪笔谈》的记载：“上亲郊郊庙，册文皆曰‘恭荐岁事’。先景灵宫，谓之‘朝献’；次太庙，谓之‘朝飨’；末乃有事于南郊。”③ 由上可见，南宋的郊庙祭祀的各个环节都有援用省记的出现。

释奠为礼敬先师的重要仪式。《礼记·文王世子》中有：“凡学，春官释奠于其先师，秋冬亦如之。凡始立学者，必释奠于先圣先师。”郑玄注说：“释奠者，设荐馔酌奠而已。”④ 省记在淳熙年间释奠礼的举行中起到了重要作用。效法三代是北宋在政治理想上的孜孜追求，因而北宋十分注重礼制的建设。徽宗时期贯彻神宗“崇宁”的路线，同样对礼制建设高度重视，颁行了《政和五礼新仪》。政和六年（1116 年），太府丞王鼎陈及《政和五礼新仪》：“《新仪》藏在有司，民未通晓，望依新乐颁行，令州县召礼生肄业，使之推行民间，并以《新仪》从事。”⑤ 在南宋初期，诸多省记礼制的活动中频繁出现对《政和五礼新仪》的援引与改制，依然以此作为用礼的典范。然因靖康之厄，礼文荡析无余。对《政和五礼新仪》的援引也因州郡印本失坠而依托于胥吏的省记。淳熙六年（1179 年）十月十七日，礼部侍郎齐庆胄曾陈及春秋释奠之礼：“《政和五礼新仪式》旧尝给降印本，于州郡中更多，故往往失坠。郡县循习苟简，或出于胥吏一时省记。”⑥ 但因郡县简化礼制以及省记的释奠礼内容粗野不经，故淳熙七年（1180 年）其乞令礼部、太常寺参稽典故，以“祥符所颁《祭器图制》《元丰郊庙祀礼》《政和五礼新仪》与其沿革，及今所用冕服、坛壝之制，祭祀之仪，参类为书，锓版以赐”。⑦ 这一乞请也直接催生了《淳熙编类祀祭仪式》的编纂。可见，在礼典不存时，胥吏往往会承担起通过省记重建相关礼典内容的责任。

省记对礼制的保存、复兴起到了关键作用，使得南宋在相对困窘的环境下，依然能够保持着对礼制的崇尚与遵行。虽礼节仪式难现往日繁盛，但宋廷依旧在有限条件下对礼制的恢复做出了足够的努力，力图实现中兴之志。

---

① （清）徐松辑：《宋会要辑稿·仪制五·群官仪制》，刘琳等点校，上海古籍出版社，2014，第 2396 页。

② （元）佚名：《宋史全文》，卷 25 下《宋孝宗四》，汪圣铎点校，中华书局，2016，第 2122 页。

③ （宋）沈括：《梦溪笔谈》，卷 1《故事一》，张富祥译注，中华书局，2009，第 2 页。

④ （汉）郑玄注，（唐）孔颖达等正义：《礼记正义》，卷 20《文王世子第八》，上海古籍出版社，1990，第 393—394 页。

⑤ （宋）王应麟辑：《玉海》，卷 69《礼仪》，广陵书社，2003，第 1308 页。

⑥ （清）徐松辑：《宋会要辑稿·礼一四·群祀三》，刘琳等点校，上海古籍出版社，2014，第 796 页。

⑦ （元）马端临：《文献通考》，卷 82《郊社考十五·社稷》，上海师范大学古籍研究所、华东师范大学古籍研究所点校，中华书局，2011，第 2531 页。

三、省记在复兴典章制度中的作用

（一）典制承袭与重建的手段和来源

省记作为制度复原手段贯穿宋朝始终，其并非仅存于南宋，而以两宋之交与南宋制度重建期间为甚。省记在典章制度构建上具有继往开来的作用，尤其在南宋初期的高宗、孝宗年间承担着承袭、损益北宋典制的重要职能。南宋初期省记的内容从时间跨度来看自太祖朝至绍兴年间皆有，在时政记、日历等国史修撰上以省记建炎旧事为主，礼仪、法律则以神宗、徽宗时期的内容为甚。可以看出南宋初期制度构建基本以沿袭北宋的相关典制为主要特征。诚如《宋史·礼志》记载："南渡中兴，锐意修复。高宗尝谓辅臣曰：'晋武平吴之后，上下不知有礼，旋致祸乱。周礼不秉，其何能国？'孝宗继志，典章文物，有可称述。"① 也足见南宋初期统治者对典章制度复兴的垂意。通过省记，建炎至淳熙年间大量重修改撰典章制度，让南宋的典章制度得到全面恢复，并在继承北宋成果时开始出现新变化。

《麟台故事》是程俱所撰关于典章制度的巨著，对北宋馆阁制度进行了较为详尽的复原。"绍兴初，始置秘书省，召俱为少监。奏修日历，秘书长贰得预修纂，自俱始。时庶事草创，百司文书例从省记，俱摭三馆旧闻，比次为书，名曰《麟台故事》，上之。"② 程氏所编此书，共有官联、选任、书籍、校雠、修纂、国史、沿革、省舍、储藏、职掌、恩荣、禄廪各篇，记录了馆阁的典章、职官等各项制度，这对南宋典籍宪章的恢复与重建意义重大。虽然程俱认识到老吏省记弊端，其言："窃见车驾移跸以来，百司文书例从省记，按以从事，蠹敝或生；而典籍之府，宪章所由，顾可漫无记述，以备一司之守乎？"③ 但最终《麟台故事》还是在汇集三馆故事、摭拾旧闻与参考老吏省记文书的基础之上将各项制度作为一个综合体系编修而成。其文"后序"中有："受职之始，按求简牍皆无有。窃念惟昔三入秘书省，皆以薄技隶太史氏，颇记祖宗三馆故事与耳目所见闻，老吏奔散死亡之余，亦尚有存者，或取故牍煨烬泥涂中，参考裁定，条上尚书。"④ 比之前述所言胥吏的恣意省记，更多了一些系统性与客观性。

《中兴礼书》及其《续编》是南宋制定的礼典，是对建炎初至孝宗朝之间所行郊祀、明

---

① （元）脱脱等撰：《宋史》，卷98《礼一》，中华书局，1977，第2424页。
② （元）脱脱等撰：《宋史》，卷445《文苑七·程俱传》，中华书局，1977，第13136页。
③ （宋）程俱：《麟台故事校证》，张富祥点校，中华书局，2000，"进《麒台故事》申省原状"，第5页。
④ （宋）程俱：《麟台故事校证》，张富祥点校，中华书局，2000，"《麒台故事》后序"，第218页。

堂、朝献、亲飨、耕耤、高禖、内禅、登宝位、上尊号、圣节庆寿、朝会、册命后妃皇太子、驾幸秘书省、太武学应大庆典礼及祭祀仪式、乐舞器服制度等礼事的记录，是一种“案牍化的礼书，即由相关职能部门所整理的档案汇编”。① 案牍化也是二者不同于徽宗时期《政和五礼新仪》的重要特征。《中兴礼书》由南宋礼部、太常寺编次中兴以来已行之礼，于淳熙十一年（1184 年）七月告成。嘉泰二年（1202 年）九月二十七日，三省奉圣旨又将《中兴礼书》所未记载完全的孝宗皇帝一朝典礼接续修撰成《中兴礼书续编》，《中兴礼书续编》也是以相关的案牍为原材料编类成书。②《中兴礼书》及其《续编》这种后来人的追记自当是以省记作为撰写的形式。以旧牍作为省记内容，以当职亲事、亲临的官员、胥吏作为省记主体的特征使得省记在南宋逐渐发展成为一项专门化、职业化的制度构建手段。这表明南宋的制度构建群体呈现出相对职业化的特点。专业化、职业化的倾向有效地提高了制度重建的效率，省记因而成为在国制不存之时典章重构最为便捷的方式。礼典法令通过省记所呈现出的案牍化趋势，也开创了宋代国家典章制度重构的新模式。

（二）省记的流弊

如果要做到对旧事、旧制的复刻，那么省记这种形式就存在先天的短处——它不能实现完全的复盘。首先，省记具有操作上的极大自由，内容上也具有极强的主观选择性，很多重要内容出于各种原因无法复原。《建炎以来系年要录》中就有记载，自南渡后有司多有省记国朝典故，但像是恤章之类却又因讳不录。张守也曾因“自渡江以来，图籍散亡，祖宗谥号有司不复省记，故于节朔祭享，止称庙号，贬去徽称，于义未安”而札乞朝廷抄录祖宗谥号。③ 其次，省记由于单纯依靠追记往事，并没有文本可以参照，其自身较强的主观随意性可能导致遗漏、讹误、删改等问题，故而其准确性与真实性时常遭到质疑。故省记自身有精准性、规范性、真实性欠缺等先天缺陷，不过这种缺陷并非难以弥合，只要存在另外一种参照标准，对向查检，予以增删修改即可解决。

时政记等国史一类省记本应有固定的编录模式，按月集中成书。欧阳修曾说：“其时政记、起居注、日历等，除今日以前积滞者不往追修外，截自今后，并令次月供报。如稍有迟滞，许修撰官自至中书、枢密院催请。其诸司供报拖延，及史院有所会问，诸处不画时

---

① 林鹄：《〈宋会要〉礼类与〈中兴礼书〉及其〈续编〉——〈宋会要〉礼类诸门门名及次序复原的新线索》，《文献》2019 年第 1 期。

② 吴羽：《论中晚唐国家礼书编撰的新动向对宋代的影响——以〈元和曲台新礼〉〈中兴礼书〉为中心》，《学术研究》2008 年第 6 期。

③ （宋）张守：《毗陵集》，卷 2《乞访复徽称札子》，刘云军点校，上海古籍出版社，2018，第 19 页。

报应，致妨修纂者，其当行手分，并许史院牒开封府勾追严断。"① 若非及时行记，则容易陷于积弊，"加以日历、时政记、起居注例皆承前，积滞相因，故纂录常务追修累年前事，而岁月既远，遗失莫存。至于事在目今，可以详于见闻者，又以追修积滞，不暇及之。若不革其弊，则前后相因，史官永无举职之时，使圣朝典法遂成废坠"。② 绍兴五年（1135年）李纲进其缮写的《建炎时政记》，所省记内容自建炎元年（1127年）六月起至八月止，其亲历之事距其上呈之时其间已过几近九年，前言积滞之弊自不必说。省记属于后天追录，原真性与完整性的不足是这种记载方法固有的弊病。李纲在奉命省记编录《建炎时政记》时曾奏称：

> 顾臣自经忧患，衰病交攻，心志不安，动辄废失，屡遭贼盗，文籍散亡，极意追思，曾不能省记十之一二。至于日侍清光，亲承训敕，则铭镂心腑，岂敢弭忘。谨以省记到昨任宰相日所得圣语、所行政事、赏罚黜陟之大略，著于篇。至于日辰有不能省记，则阙之，庶几信以传信，疑以传疑之意。③

这虽然是李氏自谦之言，但也说明了一个事实：由于省记受个人主观因素影响较大，其本身必然存在不精准的弊端。省记可能会出现所记与事实有出入的情况，并不能实现完全的制度复现，可能其间内容会有简略与遗漏，甚至十不存一。更有甚者，部分事关大体者，没而不书。省记内容全凭记忆的这一特征，对省记之人就提出了很高的要求，对前事旧制的高质量复原与省记者个人的能力及主观判断等息息相关。高宗曾对李纲所进省记的两册《建炎时政记》做出如下评价："上谓大臣曰，'朕已看过，皆是实事，纲近日论事非往时之比。'"④ 高宗此言既是对李纲个人性情的简短评价，也是对省记时政记内容的最终确定，打消了群臣对李纲省记内容的质疑。在李纲与高宗的这种间接言论互动中，我们就能够对省记缺陷有所掌握。从此事例中可见，在省记时政记中会出现所记非实的情况，同时也容易出现对省记时政内容真实性的质疑。

兵革互兴，礼书礼器不备，省记成为南宋恢复礼制最直接、便捷的方式，在礼制规复的活动中具有重要意义。但是由于省记自身的缺陷，省记的礼制内容多含穿凿附会之说，

---

① （元）马端临：《文献通考》，卷51《职官考五·史官》，上海师范大学古籍研究所、华东师范大学古籍研究所点校，中华书局，2011，第1469页。

② （元）马端临：《文献通考》，卷51《职官考五·史官》，上海师范大学古籍研究所、华东师范大学古籍研究所点校，中华书局，2011，第1469页。

③ （宋）李纲：《梁溪先生文集》，卷178《〈建炎时政记〉序》，凤凰出版社，2011，第497页。

④ （宋）李心传：《建炎以来系年要录》，卷87，绍兴五年三月乙酉，胡坤点校，中华书局，2013，第1665页。

出现与旧制有出入的问题，这无疑会造成对礼制权威的破坏。许多执掌礼制的官员也发现了省记所导致的于礼不合的问题，而提请上听。解决省记带来的弊端，往往要通过参阅典故，查检礼文，颁降定制等一系列措施来消解违礼困境。宋代省记之事不合旧礼往往发生在具体事宜上。如祭景灵宫，谓之“朝献”。因四孟景灵宫朝献之时，皇帝与群臣俱拜于庭，故太常少卿黄钧心生疑问，认为君臣之间当有别制，礼莫严于有分，便求之礼经，考之仪注，查检《曲礼》《礼器》与神宗元丰间《详定郊庙礼文》，“《曲礼》曰：‘君践阼，临祭祀。’《礼器》曰：‘庙堂之上，罍樽在阼。’又曰：‘君在阼。’正义曰：‘阼，主人阶也。天子祭祀，升阶而行可也。’神宗元丰间《详定郊庙礼文》：‘明堂、太庙、景灵宫行礼，兼设皇帝版位于东阶之上。’”① 显然君臣同朝拜于庭的做法不合于礼。问之掌故才知，此君臣无别之制是因为渡江之后群吏省记失实所致。乾道八年（1172 年）春正月乙酉，太常少卿黄钧奏言：“今亲郊之岁，朝献景灵宫，朝飨太庙，皇帝拜上，群臣拜下矣。独四孟朝献，设褥位于阼阶之下，则是以天子之尊，而用之大夫士临祭之位，非所以正礼而明分也。欲遵元丰之制，每遇皇帝孟月朝献，设褥于东阶之上，西向，以礼则合，以分则正。”② 经礼部、太常寺共同讨论，最终诏依黄氏所乞，并于仪注内修订施行。淳熙六年（1179 年）十月十七日，礼部侍郎齐庆胄上奏言：“今春秋释奠，所报社、稷，祭祀风、雨、雷师，坛壝器服之度，升降跪起之节，率皆鄙野不经。”③ 其原因就在于《政和五礼新仪》失坠，或州郡草率简陋行之，或出于胥吏一时省记。是时春秋释奠之礼粗野无据的一个重要原因就是听用胥吏的省记之文。故齐氏“乞令礼部、太常寺参稽典故，将州县合置坛壝器服制度、合行礼仪节次，类成一书，镂板颁下四方”。④

由上可见，省记作为一种制度的来源和手段，其作用并非绝对。省记在制度构建中起到了关键作用，但其自身存在缺陷，因此也产生了一系列不利影响。

四、结语

北宋典章制度构建是以实现三代之制作为至高目标。宋廷南渡之后，由于北宋记载礼制、法度等典章旧制的典籍被金国掠走、毁损，故而复制修法成为南宋初期中央典章制度重建的首要目标。所以，北宋与南宋在典章制度的建设上，虽然以强化皇权的统治权威为

① （元）佚名：《宋史全文》，卷 25 下《宋孝宗四》，汪圣铎点校，中华书局，2016，第 2122 页。
② （元）佚名：《宋史全文》，卷 25 下《宋孝宗四》，汪圣铎点校，中华书局，2016，第 2122 页。
③ （清）徐松辑：《宋会要辑稿·礼一四·群祀三》，刘琳等点校，上海古籍出版社，2014，第 796 页。
④ （清）徐松辑：《宋会要辑稿·礼一四·群祀三》，刘琳等点校，上海古籍出版社，2014，第 796 页。

共同目标，但内在驱动及制度构建目标是不同的。省记大量存在于南宋初期这一特定时期，无论其作为一种制度构建手段，还是作为制度渊源，都与典章制度重建紧密相关，甚至成为典章制度重建的优先选择，对南宋恢复、延续和完善相关制度起到了决定性作用，是两宋之际特定社会政治环境下的特殊产物。

南宋初期省记的大量适用，让有司以及各地收录案牍成为南宋制度构建中的重要活动，让档案记录成为典章重构的基本来源。其便利性和高效性在旧章纷乱、文籍散落、百事损毁的南宋初期获得体现。特别是在绍兴年间南宋政权典章制度全面复兴和重建的阶段里，省记起到了连贯两宋制度、承旧变新的功用。省记让北宋典章制度得以沿袭，南宋政权也因此在较短的时间内重新建立了完善的制度体系，进而使南宋政权在应对混乱局势时国家治理能力得以迅速恢复。虽然省记自身存在难以消除的明显弊病，但仍然是重考国史、恢复礼仪法度的基本手段。

官法同构：明代国家治理的法律模式*

闫强乐**

摘　要　“官法同构”是中国古代国家治理的重要方式。明代在官制与法制方面，全面建设六部官制与法典六部体例，使得中国古代官僚体制与法典编纂体例进入成熟形态，官僚体制与法典体例的同一结构，形成以吏事法、户事法、礼事法、兵事法、刑事法、工事法为主体的明代六事法体系。明代官法同构的法律模式的有效实施，维护了国家大一统政治格局，推进了基层社会治理，通过从严治官，保持了国家政务政令畅通，国家政务的管理效率也得到提升。明代官法同构的法律模式，展现了国家治理的政治智慧与法律智慧。

关键词　官法同构；国家治理；大一统；治官治民；六事法体系

“官法同构”是中国古代国家治理的重要方式。明代在官制与法制方面，全面建设六部官制与法典六部体例，使得中国古代官僚体制与法典编纂体例进入成熟形态，官僚体制与法典体例的同一结构，形成以吏事法、户事法、礼事法、兵事法、刑事法、工事法为主体的明代六事法体系。

---

* 本文系教育部人文社会科学重点研究基地重大项目“中华法系的‘大国治理’：维护统一的‘法律之治’研究”（项目号：22JJD820021）的研究成果。

** 闫强乐，西北大学法学院讲师。

一、官法同构：明代六部体制的法律解读

（一）六部体制的历史传统

中国古代国家治理体系、政治制度、法律制度，基于中国自有的历史传统、文化传统与经济社会发展水平，长期发展、渐进改进、内生性演化，具有独立于其他文明的“中国性”特征。官僚体制在其中扮演重要角色，成为彰显中国政治制度“中国性”的重要标识。阎步克指出“中国自帝制伊始，便建立了一个世界上最庞大的政府体制”，① 由此产生了世界上最为发达的官僚体制。官僚体制在中国社会4000余年的“超稳定社会结构”中，发挥了重要的作用。

基于中国古代君主专制和中央集权的政权体制，中央官僚体制成为中国古代官僚体制的核心内容，在其中起基础性作用。中央官僚体制在职官设置、人员分配、运行规律、内部结构等一系列涉及官僚体制“技术原理”方面，均成为国家法律规制的主要内容。朱勇指出“在‘官法同构’制度体系建构模式之下，古代法律紧紧抓住国家权力结构的重点部位与权力运作的关键环节，构建与官制体系相适应的法律体系，实现对于文武百官行为举止与社会关系的全覆盖，有效促进了国家治理与社会管理的秩序与效率”。②

中国古代中央官僚体制源远流长，因革损益，不断发展。以往学术研究更为关注历代官僚体制变通修改的部分，以凸显制度文化的历史变迁，对于中国古代政治文化中“一成不变”的内容关注较少。然而这“一成不变”的内容恰恰是中国古代政治文化、官僚体制最为核心的内容，“不变”所凸显的正是古代政治文化“中国性”的内核特征。

中国古代中央官僚体制中，“六部体制”保存了最为持久的历史延续性。《周礼》“六官”的体制创设，成为中国古代历次政治文化、法律制度改革的参考对象，为后世六部体制的形成奠定了理想的制度设计模型。随着大一统秦汉帝国的建立，国家中央政务机构实行三公九卿制，“三公”重在中枢决策，“九卿”重在国务执行。到汉光武帝时期，尚书台成为国家政务机构的枢纽，尚书六曹体制逐渐形成，同时诸卿转而与尚书各曹逐渐建立起承接关系。魏晋南北朝时期，尤其是北齐、北周的制度设计，彻底抛弃了三公九卿制向三省六部制过渡过程中二者并存重叠所造成的混乱体制，三省六部体制逐渐成形。隋唐时期，

---

①　阎步克：《古代政治制度研究的一个可选项：揭示“技术原理”》，《河北学刊》2019年第1期。

②　朱勇：《“官法同构”：中国古代的大国治理之路》，《学术月刊》2019年第11期。

中国古代政治制度发展进入鼎盛阶段，六部体制成熟定型。宋金元承其传统，并间有发展，逐渐废除二十四司的划分，而代之以更加灵活的“科”和“曹案”分工体系，为明朝六部体制的集大成提供了历史经验，明朝六部体制呼之欲出。

（二）明代六部体制

明代统治者总结中国古代政治实践的历史经验与教训，结合自身统治的社会现实，全面建立由皇帝直接领导的六部体制。相较于明以前王朝的中央政务体制，这一制度建构影响极为深远，孟森视为“千余年来政本之一大改革”。①

1. 中央六部体制

洪武十三年（1380年），朱元璋不断加强皇权，强化中央集权制度，借助丞相胡惟庸谋反案，废除丞相，裁撤中书省，将国家中央政务的权力牢牢地把握在皇帝的手中，《明实录》载“罢中书省，升六部”。②

明代中央政务六部体制经过明初君臣的悉心建构，相比历朝，更加有实权，名实一致，官制划一，无设官职掌重复之嫌，③ 六部体制的整体格局基本形成。皇帝直接统率六部，六部成为国家中央政务中枢的核心。朱元璋颁布的《皇明祖训》高度概括了六部体制的价值与意义：“自古三公论道，六卿分职，并不曾设立丞相。自秦始置丞相，不旋踵而亡……我朝罢丞相，设五府、六部、都察院、通政司、大理寺等衙门，分理天下庶务，彼此颉颃，不敢相压，事皆朝廷总之，所以稳当。以后嗣君，并不许立丞相，臣下敢有奏请设立者，文武群臣，即时劾奏，处以重刑。”④ 其以立法性质的论述废除了丞相制度，确立了六部体制的政治原则，有明一代，相沿不变，成为明代政治体制、官僚制度最为稳定的体系形态。

明代六部的建制和职掌划分，继承自中国古代六部体制的历史传统，但又结合当时的政治需要，打破了唐代以来的六部二十四司的传统框架，将主管税收的户部和主管司法的刑部各司改为按省区设置，对口管辖，使有关管理工作更加深入，更有助于国家中枢政务的运行以及中央集权的加强。这种从实际需要出发、不拘泥于某种定式的因势制宜的建制方式表现了某种进步的倾向，它既有利于各部门间明确划分权责，又有助于各部门间均衡负担，因而便于国家政务的施行。这种技术上的进步是明初统治者反复摸索实践的结果，

---

① 孟森：《明史讲义》，中华书局，2006，第69页。

② 《明太祖实录》，卷129，洪武十三年正月癸卯，台湾“中央研究院”历史语言研究所，1962年影印本，第2051页。

③ 参见罗冬阳：《明太祖礼法之治研究》，高等教育出版社，1998，第172页。

④ 《明太祖实录》，卷239，洪武二十八年六月己丑，台湾“中央研究院”历史语言研究所，1962年影印本，第3478页。

也是历史经验长期积淀的产物。

2. 明代监察六科

明代在监察制度方面，亦参考六部体制，创设六科给事中，创建监察六科体制。洪武六年（1373年），“设给事中十二人，秩正七品。始分为六科，每科二人。铸给事中印一，推年长者一人掌之”。① 六科给事中直属皇帝，主要任务就是监察对应的部务，“位卑权重”。六科给事中还有共同的权责以及各科协同的职司，具体包括复奏封驳权、纠劾权、与议权、稽核权。② 由此可见，明代监察六科体制是六部体制在监察领域的创新发展，进一步促进了明代六部体制的发展完善。

3. 明代州县六房

有明一代，六部体制有力地支撑了国家从中央到地方的综合治理。国家中央政务实行六部体制，分吏、户、礼、兵、刑、工六部处理国家事务，地方社会治理（尤其是州县）与国家治理、中央政务有效对接，构建了州县六房体制。即在州县正印官的直接领导下，州县衙门设吏、户、礼、兵、刑、工六房，由每房的书吏处理地方州县社会治理中兵刑钱谷等各个方面的日常行政事务，以此维系地方州县衙门政务的有效运行，在地方社会治理上发挥着非常重要的作用。

明代地方政府，从省级三司到地方州县，政务运行均实行六房体制。明代《固始县志・官师志・吏胥》载“县房六，吏、户、礼、兵、刑、工，司吏各一人，典吏各二人”。③《惠安县志・秩官志・职制》载“凡案牍分六房承行，每房有司吏一人”。④《兰阳县志・署制・房科》载“我朝自京畿以达外任，各有吏员供百职事，故县置六房”。⑤

《大明会典》中的《新官到任各房供报须知式样》规定了州县六房书吏的具体职掌，重视对于州县官员地方社会治理的考察，成为地方官员施政的纲领性文件。《大明会典》载：“高皇帝御制《到任须知》，冠以敕谕，令凡除授官员，皆于吏部关领赴任，务一一遵行，毋得视为文具，盖示入官之法也”。⑥

明代六部体制集中体现为中央六部体制与地方州县六房体制。明代统治者总结中国古代政治实践的历史经验与教训，结合自身统治的社会实践，在中央层面上，全面建立由皇帝直接领导的六部体制，在地方层面上，全面建立州县正印官领导的六房体制，这对于明

---

① （清）张廷玉等撰：《明史》，卷74《职官志》，中华书局，1974，第1806页。

② 陈国平：《明代行政法研究》，法律出版社，1998，第194—195页。

③ 嘉靖《固始县志》，卷5《官师志・吏胥》。

④ 嘉靖《惠安县志》，卷11《秩官志・职制》。

⑤ 嘉靖《兰阳县志》，卷4《署制・房科》。

⑥ （明）申时行等修：《明会典》，卷9，中华书局，1989，第53页。

代国家治理与地方治理产生了重要的影响，使得中国古代国家政务体系与地方治理体系双双进入成熟形态。

（三）明代法典六部结构

明代六部体制不仅对明代中央官僚体制、地方政务运行机制产生重要影响，基于官法同构的治理逻辑，亦对明代法典的体例结构产生重要影响。明代的主要法典均以六部分类为其体例结构，与国家中央、地方政务机构一一对应，使明代成为中国法典编纂史上最具特色的朝代。

明代法典的编纂主要集中在洪武时期与弘治时期。洪武时期，明朝刚刚建立，朱元璋励精图治，锐意改革，全面建立了明王朝的政治、经济、军事、法律制度。法律制度方面，明初颁布了《大明律》《大明令》《诸司职掌》《大诰》等法典，其体例结构均以六部分类为主，形成了较为完善的法律文本体系。弘治时期，随着社会经济的不断发展，明代基本国家制度逐渐完善，明初的法律制度已经无法适应现实社会情况，在政治、经济、社会、文化的转型背景下，明孝宗通过编纂《问刑条例》《大明会典》等法典，实现明代法律制度的结构性调整，而这些法典的体例结构亦以六部分类为主，至此全面构建了明代六事法的法律文本体系。

《大明律》是明王朝最早颁布的法典，也是明王朝最为重要的法典。《大明律》的法典体例结构以“六部体例”为主，主体内容分为名例律、吏律、户律、礼律、兵律、刑律、工律七部分，共计460条。其中吏律、户律、礼律、兵律、刑律、工律下又根据犯罪行为、犯罪对象、犯罪主体的不同再加以细分为28门。①

《大明令》按照六部职掌，对令分门别类，以吏、户、礼、兵、刑、工六部分类，② 其中，吏令20条，户令24条，礼令17条，兵令11条，刑令71条，工令2条，其内容涉及明初的国家政府机构、政府职能、官吏权责与百姓生活的方方面面。

《问刑条例》作为明中后期的主要法典，共计279条，其体例结构、条目编排顺序均参照《大明律》。《问刑条例》起首条例与《大明律》名例部分有关，之后的条例条目基本按照吏、户、礼、兵、刑、工六部的顺序编排。《问刑条例》最后一条“河南地方盗决及故决堤防”条亦与《大明律》之《工部·河防》“盗决河防”相对应。

《诸司职掌》的体例结构仿照《唐六典》，以六部官职为纲，下分十门，详细记载了吏、

---

① 侯欣一：《唐律与明律立法技术比较研究》，《法律科学》1996年第2期。

② 朱勇：《论中国古代的“六事法体系”》，《中国法学》2019年第1期。

户、礼、兵、刑、工六部及都察院、通政司、大理寺、五军都督府的构成、职掌与运行规则，涉及国家中央政务运行机构的诸多方面。① 张显清认为“《诸司职掌》是当时中外官吏周知责任的法定文书，记录的乃是当时的‘成法’”。②《诸司职掌》作为明初国家的法定规制，在国家政务运行中起到了“立规”的作用，如《明史·选举志》所载“考满之法……依《职掌》事例考核升降”。③《诸司职掌》亦对明中后期的法典编纂起到了重要的参考作用，其六部为主的编纂体例成为后世效仿的法典编纂模式。

《大明会典》是明代国家的“官政大法”，规定了国家根本性、构成性的政治、经济、文化、法律制度，在明代法律体系中具有“大经大法”的地位。其体例结构继承了《周礼》《唐六典》《元典章》等典章的六部体例，分述国家中央政务机构的设置、职掌与运行规则，其体例排序，自宗人府以下，按吏、户、礼、兵、刑、工六部及其他院司衙门、五军都督府分叙。

明代在官制与法制方面，全面构建了六部官制与法典六部体例，使中国古代官僚体制与法典编纂体例进入成熟形态，官僚体制与法典体例的同一结构，使得明代国家治理的法律模式以六事法为核心内容。

二、治官治民：明代六事法体系的理论建构

明代在国家治理、社会管理方面，重视法律的作用，在法律体系构建过程中，注重与官制相配合，沿着“官法同构”的发展脉络，因事设官，依官制法，形成以吏事法、户事法、礼事法、兵事法、刑事法、工事法为主体的“六事法体系”。④ 就法律内容的内部分工而言，《大明会典》及《大明律》以六部分类，立规设禁，重点调整六部相关社会法律关系。就外部覆盖而言，明代六事法的各法通过对相应国家政务机构的职能、权责、政务运行规则的法律规制，实现对明朝君臣百姓、国家事务与社会生活的广泛法律治理。

明代吏事法主要围绕吏部职掌，规定明代官吏的设置、选授、考课以及基层社会治理等，既关涉从中央到地方各级官吏的数量、品级、升迁降职，也关涉从中央到地方各级政府机构、官吏的政务运行程序。明代吏事法对于各级文官的法律规制，亦涉及百姓万民的相关社会生活。明代吏事法以《大明会典》为文本基础，详细规定了从中央到地方各级行

---

① 杨一凡：《皇明制书及其所载法制文献的版本》，载杨一凡整理：《皇明制书》，社会科学文献出版社，2013，“前言”，第10页。

② 张显清、林金树主编：《明代政治史》，广西师范大学出版社，2003，第688—689页。

③ （清）张廷玉等撰：《明史》，卷71《选举志》，中华书局，1974，第1721页。

④ 朱勇：《论中国古代的“六事法体系”》，《中国法学》2019年第1期。

政机构的官吏人员设置、人数、品级以及具体构成。这部分内容成为国家官吏的选任、考核以及官吏俸禄、官吏监察的重要依据，成为明代皇帝进行官员管控以及国家治理的基本依据。

明代户事法主要围绕户部职掌，涉及国家户口、田土、赋税，民间经济活动与基层社会治理。明代户部作为国家与社会的“钱粮总汇”，关涉国计民生，其职掌以国家户口、土地、赋税财政为主，同时涉及民间经济活动与基层社会治理。从《大明会典》所谓户部“掌天下户口田粮之政令”，可见明代户事法对于国家经济民生事务进行了全面规制。

明代礼事法主要围绕礼部职掌，涉及国家礼制、祭祀、科举等事项，即《大明会典》所谓“掌天下礼乐、祭祀、封建、朝贡、宴享、贡举之政令”。通过规制吉、嘉、军、宾、凶五礼的内涵与实施，礼事法全面覆盖从朝廷百官到社会万民的相关社会关系。礼事法所设置条目包括：朝贺、册立、上尊号、耕耤、视学、大射礼、策士、亲蚕、经筵、巡狩、亲征、献俘、监国王国礼、蕃国礼、官员礼、庶人礼、冠服、婚礼、宴礼、贡举、学校、乡饮酒礼、旌表、印信、建言、会议、节假、养老、恤孤贫、郊祀、丧礼、朝贡，在维护政治统治、维持社会秩序、维系世风民俗等方面具有重要意义。

明代兵事法主要围绕兵部职掌，“掌天下武卫官军选授、简练、镇戍、厩牧、邮传、舆皂之政令”，主要规定明代武卫官军选授、升调、简练、考核以及各类军职官吏的职能，亦涉及国家安全、地方秩序，对于关津通行、马匹交易、边关贸易、地方治安等做了限制性规定，涉及社会民众生活。

明代工事法主要围绕工部职掌，《大明会典》所谓“掌天下百工营作、山泽采捕、窑冶、屯种、榷税、河渠、织造之政令”，其内容涉及城乡基础设施建设的设计规制，以及宫殿、王府和百官、庶民住宅制度的管理，构建起基本的民生保障制度并支撑了基层社会秩序的稳定。

明代六事法中，刑事法较为特殊，具有“一身二任”的特性。明代刑事法的内容主要包含两部分：第一部分主要围绕明代刑部职掌，《大明会典》所谓“掌天下刑名及徒隶、勾覆、关禁之政令”，规定国家普通刑事犯罪的基本内容，既涉及国家普通刑事犯罪的刑罚、罪名等实体性法律规定，也包含普通犯罪的诉讼和司法等程序性法律规定。明代刑事法涉及的普通犯罪包括：贼盗、人命、斗殴、骂詈、诉讼、受赃、诈伪、犯奸、杂犯、捕亡、断狱等。第二部分主要作为其他五事法的底线法，对于严重违反《大明会典》所规定条款的行为给予刑事处罚。

三、国家治理：明代法律模式的影响与作用

明代六事法在中国古代国家治理、社会管理方面发挥了重要作用。这一体系的构建与实施，体现了中国古代帝国“官法同构”的治理逻辑，对中国古代的制度、社会、文化以及民众生活产生了诸多方面的影响。

（一）大一统中央集权的法律支撑

在法律体系构建方面，“官法同构”原则的实施，特别是明代六事法体系的确立，适应了中国古代维护国家统一、强化中央集权的政治需要，在保持国家大一统格局方面，发挥了重要作用。

中国是一个拥有数千年传统政治文明、积淀深厚的国度。大一统，构成了这个地大物博、历史悠久的国度中传统政治与文化的最大格局和最鲜明的符号与特征，① 是历代统治者追求的基本目标之一。大一统的实现需要处理好中央和地方的关系，强调礼、法在社会治理中各自发挥其作用，并且建立起强有力的中央集权、分工细致的官僚队伍和权力制衡机制。中国古代的大一统时期多是盛世，集中体现了富有中华文明自身特色的政治模式、文化价值及民族观念。

在“官法同构”国家治理法律模式的影响之下，无论是中央部院的高官大吏，还是在偏远州县任职的知府、县令，他们都需要遵循国家的统一法典——《大明会典》《大明律》所载的法律规定。明代六事法的作用，即通过国家大一统政治法律格局的建构，对全国地方各级官吏的政务运行做统一的法律规制，从而为维护国家统一与强化中央集权提供强有力的法律支撑。

以户事法为例，明代户事法重点规制国家财政制度，其中核心问题涉及赋税的起运与存留，此二者之间的关系体现了明代户事法对于中央大一统集权的财政法律规制：明代赋税主要收归中央朝廷，地方省府州县按照中央的指派，定期定额将赋税钱粮运送至中央仓库，地方政府留存其中的一小部分作为地方政务运行的基本费用。明代户事法对于财政赋税的法律规制，有利于维护大一统中央集权。《大明会典》云“起运京、边，各有定数”。② 明代户事法对于赋税的起运和存留的数额做了明确的规定，在这样的起运存留制度下，地

---

① 马平安：《走向大一统》，团结出版社，2018，第227页。

② （明）申时行等修：《明会典》，卷26，中华书局，1989，第180页。

方政府虽有一定的财政自主权，能支配地方存留部分，但在实际运行过程中，中央紧握财政大权，对地方存留的支出从制度上进行严格控制，维护了政权稳定。

（二）地方社会治理的法律支撑

“明清时期的‘六事法体系’，有力支撑了从朝廷到州县的综合治理，从法律上实现了对于国家社会综合治理的宏观规制。”① 有明一代，六部体制有力支撑了国家从中央到地方的综合治理。不仅明代州县地方政治体制遵循六部体制程序运行，明代六事法的基本法律文本也成为州县地方官学及基层官员为政、教育的基础，使得国家法律为州县地方官员、士大夫、百姓熟知并得到有效实施。朱勇指出：“中国古代科举制度下，所有正途入仕的官员都面临着一种困境：从私塾到县学，从院试到乡试，其所诵读为《论语》《孟子》等经书，所阐发为修齐治平各宏论。忠诚孝顺、善良谦和、仁义礼智信、温良恭俭让，几乎成为做人、做事的终极目标。然而，他们一旦秋闱中试，入仕为官，其日常处理的事务则可能涉及催征钱粮、摊派徭役、拷讯原被告、拟断刑事判决等。读圣贤书，做官吏事；所‘知’与所‘行’在基本导向方面有着巨大反差。”② 尤其是对于地方州县官而言，如何短期之内从读圣贤书的知识人转换身份，成为做官吏事的行政人，成为其入仕最重要也最紧迫的事情。明代吏事法以《到任须知》为基本文献，详细规制了明代州县官员进行地方社会治理的“官吏事”，使得国家权力向地方社会大规模扩张，从而更好地实现中央与地方的协调统一。

（三）官僚队伍管理的法律支撑

官吏治理是国家治理的重要方面，“中国传统社会在国家治理方面，注重强化对于各级官吏的管理。其重要途径是通过法律渠道，设定官吏的职责，规范官吏的行为，严格官吏的责任”。③

以明代吏事法为例，明代吏事法规定了天下文官的考课，建立了颇为完善的考课法律法规，所谓“国家考课之法，内外官满三年为一考，六年再考，九年通考黜陟。即古三载考绩，三考黜陟幽明遗意”。④ 明代吏事法对于官员的考课主要包含考满与考察两个系统，《明史》载“考满、考察，二者相辅而行。考满，论一身所历之俸，其目有三：曰称职，曰

① 朱勇：《论中国古代的“六事法体系”》，《中国法学》2019 年第 1 期。

② 朱勇：《儒者论法》，法律出版社，2020，“自序”，第 1 页。

③ 朱勇：《论中国古代的“六事法体系”》，《中国法学》2019 年第 1 期。

④ （明）申时行等修：《明会典》，卷 12，中华书局，1989，第 70 页。

平常，曰不称职，为上、中、下三等。考察，通天下内外官计之，其目有八：曰贪，曰酷，曰浮躁，曰不及，曰老，曰病，曰罢，曰不谨”。① 其中考满与勋官、散官、加官等荣誉头衔相结合，往往突出“奖”，而考察则以罢黜不称职的官员为主，突出的是“惩”，② 奖惩相兼，相辅而行，构成了明代完备的考课之法。

明代六事法为各级官吏编织了一张严密的法网，推动法律对文武百官实施紧逼式“贴身”规制，通过从严治官，保持国家政务政令畅通，提升国家政务的管理效率。基于“官法同构”原则而建立的法律体系，从“治官”入手，实现“治官”与“治民”的双重目标。

（四）明代六事法体系的消极影响

明代六事法体系以“官法同构”为基本原则，有效调节社会法律关系，对国家社会治理起到了一定的推动作用，但从中国古代国家法律制度的演变进程角度来看，也产生了一定的消极影响。一方面，明代六事法体系进一步强化了“官本位原则”。“官本位”是中国传统法律基本特征，“法律资源由官独占和支配，法律的实施为官职事作保障，法律的解释以官的意志为基准，法律的创制与运行，以维护官的权益为归依”。③ 明代六事法直接治官，间接治民，普通民众对于法律的认知也需通过地方州县六房衙门了解，州县民众如要开展涉及法律的社会活动，如土地买卖、遗产继承、民间借贷等，其所获取的基本法律知识均来自基层官员，同时涉及民众法律活动的最终解决，如窃盗命案等，都需要通过基层官员依法处理。朱勇指出：“在民众眼中，‘官’‘法’一体，密切关联。无论是在制度层面，还是在观念层面，‘法’的价值与品格，都紧紧地依赖于‘官’”。④ 明代六事法使得官僚体制与法律制度密不可分，维护了官本位的基本社会原则，强化了官本位的基本社会观念。

另一方面，明代六事法自身调整的法律关系的范围存在交叉重叠问题。明代六部职掌中，吏部、兵部分别职掌文职官吏与武职官吏，其职掌划分依据为职官的文武身份，故明代六事法之中的吏事法、兵事法主要以法律适用主体的身份作为法律部门分类的标准。而明代户部、礼部、刑部、工部等其他四部，其职掌划分依据为国家政务性质，故明代户事法、礼事法、刑事法、工事法的法律适用主体为全体臣民，只以法律所调整的事务性质作为法律部门分类的标准。这两种标准的不统一性，导致明代六事法内部所调整的法律关系的范围存在一定程度上的交叉重叠。

---

① （清）张廷玉等撰：《明史》，卷71《选举志》，中华书局，1974，第1721页。

② 王天有：《明代国家机构研究》，故宫出版社，2014，第105页。

③ 陈晓枫：《官本位：中国法律文化的基本构型》，《江苏行政学院学报》2010年第6期。

④ 朱勇：《论中国古代的“六事法体系”》，《中国法学》2019年第1期。

四、结语

明代“官法同构”的法律模式，推动法制与官制的同步发展，在这一基础之上形成的明代六事法体系，覆盖明代社会主要群体，调整明代政治、经济、文化、军事、基层社会生活等各类法律关系，基本实现了对于明代主要法律关系的全面调整与全面覆盖，也在法律体系内部初步形成较为合理的分工衔接。明代“官法同构”法律模式的有效实施，维护了国家大一统政治格局，推进了基层社会治理，通过从严治官，保持了国家政务政令的畅通，从而提升了国家政务的管理效率。明代“官法同构”的法律模式，展现了明代国家治理的政治智慧与法律智慧。

清代毁尸之惩：从观念基础到制度展开*

刘 鄂**

摘 要 清律“发冢”条有关“残毁死尸”规定的形成，既受到魂魄二分观的影响，也与其对前朝相关立法规定的沿袭有关。根据犯罪者与尸主关系的不同，清律“发冢”条对凡人之间、一般亲属之间以及夫妇之间发生的残毁死尸犯罪，各有不同的处罚原则。通过对不同身份死尸的等差保护，“发冢”条将确保每个人生前与他人在社会、政治以及家庭生活中的尊卑、贵贱、长幼之等差关系延续于死后，进而将礼教所要求的伦理关系从平面的生者之间拓展到立体的生死之间，直至代代相续。通过保护死尸实现等差关系的代际传承，也正是这一伦常条款与其他制约生者之间伦常关系的清律条款最大的区别所在。

关键词 大清律例；“发冢”条；残毁死尸；礼教

“我们讲人生问题，最大的争点，就在解决人死问题上。”① 死者躯体如何保护，又是人死问题的重中之重。传统中国高度重视对逝者遗体的保护。自先秦至清代，“生，事之以礼；死，葬之以礼，祭之以礼”② 的观念一直影响着与丧葬有关的礼制与法制。葬、祭以

* 本文系湖南省哲学社会科学基金一般项目“殡葬地方法制与丧葬习俗的冲突与协调研究”（项目号：18YBA174）、湖南省财政厅资助项目“湖南省殡葬管理之法律规制探析”（项目号：B41952）的研究成果。

** 刘鄂，湖南科技大学法学与公共管理学院副教授。

① 钱穆：《中国文化精神》，九州出版社，2011，第 188 页。

② 毛子水注译：《论语今注今译》（修订本），台湾商务印书馆，1984，第 17 页。

礼的主要对象，就是逝者之遗骸。

清代立法秉持礼教之精神，上承前朝有关保护死尸的法律，下应本朝打击毁尸犯罪的需要，历经二百余年的发展，在清末修律前，对尸骸的保护已形成以《大清律例》“发冢”条为核心，辅以众多相关事例、省例、示谕、通行、成案等的庞大规范体系。对清人上述立法、司法情况的分析，不仅有助于我们理解清人如何看待“人死问题”，也有助于今人省思殡葬法制之改革方向。然据笔者之了解，学界尚无对清人“残毁死尸”行为之法律规制的系统研究，故不避谫陋，拟就清代立法、司法对于死尸保护的观念基础、制度渊源、立法情况、司法实效等问题展开分析，以就正于方家。

一、清代毁尸之惩的观念基础及制度渊源

“尸”字的繁体为“屍”。屍，“终主。从尸，从死”。尸，“陈也。象卧之形”。死，“澌也，人所离也”。① 据此可知，“屍”字反映了人在死亡后遗体陈卧的状态。受魂魄观的影响，尸体在中国古人眼中绝不是单纯的物质存在。中国古人灵魂观最重要的特点便为灵魂二元论，即魂魄二分。《左传·昭公七年》载：“人生始化曰魄，既生魄，阳曰魂。”国光红将这句话解释为“形体与生命对立，生命就是灵魂，灵魂先为阴，名魄，阴生阳，名魂”，并认为《左传》此语反映了“先秦人对魂魄的见解”。②

余英时先生指出，最迟在公元前 2 世纪，大概由于文化的融合，中国灵魂二元论已最后定形。《礼记·郊特牲》里简洁地阐述了灵魂二元论的观点：“魂气归于天，形魄归于地，故祭求诸阴阳之义也。”③ 现在基本可以确认：“最迟在汉代，以下的观点已被普遍接受：魂属于阳类，因而是一种主动的、属于天的物质；而魄属于阴类，因而是一种被动的、属于地的物质。”④

魂魄二分观对中国人影响至深，此后虽受到招魂葬等习惯的冲击，然直至清末，仍占据中国传统灵魂观的主流地位。清初大儒黄宗羲就曾以通俗的比喻来描述形、魄、魂三者间的关系：“譬之于烛，其炷是形，其焰是魄，其光明是魂。”⑤ 而清代族谱中更是常见

---

① （汉）许慎撰，（宋）徐铉等校：《说文解字》，上海古籍出版社，2007，第 415、414、193 页。

② 国光红：《殷商人的魂魄观念》，《中原文物》1994 年第 3 期。

③ ［美］余英时：《东汉生死观》，侯旭东等译，台北联经出版公司，2008，第 173 页。

④ ［美］余英时：《东汉生死观》，侯旭东等译，台北联经出版公司，2008，第 174 页。

⑤ 沈善洪主编：《黄宗羲全集》（增订版），浙江古籍出版社，2005，第一册，第 196 页。

“逝者之体魄”[①]“祖先之体魄”[②] 等类似用语，说明中国古人多认为逝者虽已矣，然其遗体上犹附有魄，魄即代表逝者的灵魂在另一个世界的存在。人虽逝而体魄存，尸体受到后人膜拜的原因，正在于此。

因为体魄代表着死去的先人，所以尸体以及保护尸体的坟墓、棺椁进而成为祖先崇拜以及祭礼的重要对象。自东汉明帝祭光武帝陵之后，墓祭之风日盛，甚至成为家规族约的要求，清代族谱中“坟墓为先人精魄所藏，祭奠系焉”[③] 之类的内容，即为墓祭之风盛行的明证。延至今日的扫墓等墓祭习俗，即为此传统文化心理之遗存。

正因体魄对于逝者及其所属家族的极端重要性，一方面逝者亲属往往不遗余力对其加以保护，甚至厚加陪葬，以供体魄之享用；另一方面，基于仇恨、迷信等原因，他人对死尸加以残毁的情况也并不少见。于家于国于社会，历代朝廷都不容坐视后一情况发生，因此保护死尸的法律规定在清以前的各朝法律中多有所见。

（一）先秦时期保护死尸的记载

蔡枢衡先生认为，“杀人起源于文化史上蒙昧时期因食物不足而食人……贼字古老而典型的含义是食人”，他对《左传·昭公十四年》“杀人不忌为贼”的记载加以训诂，指出“杀人而众食其肉就是贼”，而“随着蒙昧时期遗留下来的食人习俗残余逐渐消失，杀人而不食肉亦渐成为正常现象。首先是含义变为毁坏尸体、骸骨”。[④] 而《左传·昭公十四年》则引用《夏书》的记载，强调“昏、墨、贼，杀，皋陶之刑也”。换言之，如蔡先生解释无误的话，对于毁坏尸体、骸骨的惩罚即为死刑。

先秦时期对毁坏尸体的行为处以刑罚，更明确的记载在《史记》之中。战国名将吴起被楚悼王用为相，强大楚国，却害及贵戚之利益。“及悼王死，宗室大臣作乱而攻吴起，吴起走之王尸而伏之。击起之徒因射刺吴起，并中悼王。悼王既葬，太子立，乃使令尹尽诛射吴起而并中王尸者。坐射起而夷宗死者七十余家。”[⑤] 因伤害楚王之尸，而夷宗死者七十余家，处罚之重，令人惊心。

---

① 上海图书馆编：《中国家谱资料选编·礼仪风俗卷》，陈秉仁整理，上海古籍出版社，2013，第166页。

② 上海图书馆编：《中国家谱资料选编·家规族约卷》，周秋芳、王宏整理，上海古籍出版社，2013，第307页。

③ 《王氏族谱》，存厚堂藏版，清乾隆本，载张海瀛、武新立、林万青主编：《中华族谱集成·王氏谱卷》，巴蜀书社，1995，第三册，第518页。

④ 蔡枢衡：《中国刑法史》，中国法制出版社，2005年，第146—147页。需要指出的是，对于“杀人不忌为贼”，是有不同理解的。沈玉成先生就认为此句当译为“杀人而没有顾忌就是贼”，见沈玉成译：《左传译文》，中华书局，1981，第448页。

⑤ （汉）司马迁：《史记》，卷65《孙子吴起列传第五》，中华书局，1982，第2168页。

先秦至隋，律典如何惩处毁坏尸体者，因文献不足征之故，不敢妄言。若据传统法律陈陈相因之特点，至少可以合理推断，毁坏尸体当受惩罚。

（二）唐律关于死尸保护的规定

《唐律疏议》“残害死尸”条规定，“诸残害死尸（谓焚烧、支解之类），及弃尸水中者，各减斗杀罪一等（缌麻以上尊长不减）；弃而不失及髡发若伤者，各又减一等；即子孙于祖父母、父母，部曲、奴婢于主者，各不减（皆谓意在于恶者）。”① 此条是对残害死尸的行为加以惩治，《宋刑统》相沿，仍不改。

对“残害死尸”条，需注意礼教对其之影响。该条规定如犯人为卑幼、子孙、部曲、奴婢，而被残害的尸主为尊长、祖父母、父母、主，则犯人较凡人需加重刑罚。自汉朝“儒家思想法律化”开始，各王朝立法者就如接力般在法律中贯彻“亲亲、尊尊、长长、男女有别”的礼教原则。作为中国传统律典集大成者的唐律，在立法上自不例外。“残害死尸”条根据死者与残害死尸者家族地位、社会身份的不同，而较凡人相犯加重或减轻处罚，正是对上述礼教原则的落实。此一特点，为李唐之后各王朝的相关立法所沿袭。

（三）明律关于死尸保护的规定

《大明律》“发冢”条主要是将《唐律疏议》涉及坟冢、棺椁、尸骸保护的“盗耕人墓田”条、“残害死尸”条、“穿地得死人”条、“发冢”条加以统合而成，并将唐律“残害死尸”一词改为“残毁死尸”，其规定如下：

> 若残毁他人死尸及弃尸水中者，各杖一百、流三千里。（谓死尸在家或在野未殡葬，将尸焚烧、支解之类。若已殡葬者，自依发冢开棺椁见尸律从重论。）若弃毁缌麻以上尊长死尸者，斩。弃而不失及髡发若伤者，各减一等。缌麻以上卑幼，各依凡人递减一等。毁弃子孙死尸者，杖八十。其子孙毁弃祖父母、父母及奴婢、雇工人毁弃家长死尸者，斩。

唐明律就“残毁死尸”规定上的区别，主要体现在两点上：

第一，明律对“死尸”的界定更为明确。明律在“发冢”条注文部分规定，“残毁死尸”中的“死尸”仅是指停柩在家者或在野未殡葬者，这就与已殡葬的死尸划开了界限。

① （唐）长孙无忌等撰：《唐律疏议》，卷 18，刘俊文点校，中华书局，1983，第 343 页。

而唐律则未对此进行区分。

第二，唐律对于残毁者的主观动机有规定，而明律则无。正如论者所指出的，“明律当中有不少内容渊源于唐律，但将禁止焚尸正式纂为律条，却是明律首创，以后清律相沿不改。唐律中有与明律此条内容近似的‘残害死尸’一条，但其立法的用意却迥然有别。唐律对残害死尸的量刑甚重，竟至于比照斗杀律定罪。不过，唐律对何谓‘残害’，有着清楚的界定，即‘意在于恶者’，也即出于恶意毁坏死者遗体的。《唐律疏议》对此进一步解释说，‘如无恶心，谓若愿自焚尸，或遗言水葬，及远道尸柩将骨还乡之类，并不坐。’也就是说，唐律禁止的只是对尸体的恶意毁坏，依照风俗火化死者并不在禁限之内。这显然有别于明律中的火葬厉禁。”①

清承明律，“发冢”条中有关“残毁死尸”的规定也不例外，但在立法、司法活动中又有所发展。如上所见，自唐以来，对于死尸的保护，是基于死者生前家族地位、社会身份之不同而有所区别的。故下文将从凡人相犯、亲属相犯、夫妇相犯三种情况分别展开论述。

二、重刑以待：凡人间“毁弃死尸”的惩处

《大清律例》沿《大明律》“发冢”条凡人毁弃死尸款项而不改。其内容为：

> 若残毁他人死尸，及弃尸水中者，各杖一百、流三千里。（谓死尸在家或在野未殡葬，将尸焚烧残毁之类。若已殡葬者，自依发冢开棺椁见尸律，从重论。）弃（他人）而不失（其尸），及（毁而但）髡发若伤者，各减一等。

要深入理解上引律文，需根据律学家的解读，并结合相关条例、案例。

（一）律学家的解读

明代律学家张楷认为：“若他人死尸或殡于家或殡于野，而未葬，因有忿怒，或将其尸伤残毁坏，如焚烧、支解之类；或将尸遗弃水中漂流不见者，虽皆见尸，亦与掘坟而见尸者异，止坐杖一百、流三千里。若他人弃他人尸……不曾失，虽毁而不坏，但至髡发及止伤而未折解、焚烧者，各减残毁不全、弃水不见者一等，他人杖一百、徒三年。”②

---

① 张佳：《新天下之化——明初礼俗改革研究》，复旦大学出版社，2014，第159页。
② （明）张楷撰：《律条疏议》，卷18，明嘉靖二十三年黄岩符验重刊本。

沈之奇的解释则更细致，他指出：“残毁，是言不成尸者，故注曰：‘焚烧、支解之类。’如止割破耳目，折其肢体，犹成尸也，止以伤论。肢体不全，方谓之残毁；漂去不存，方谓之弃。弃而不失，犹幸其存也；髡发若伤，犹幸其全也，故各减一等。”① 沈之奇相对张楷的解读更周延的地方是，他已注意到“发冢”律并未明文规定对残毁已决死刑犯人的尸体者当如何处理。因此，沈之奇特意指明，“残毁已正法人死尸者，自有断罪不当本律”。② 查《大清律例·刑律·断狱下》“断罪不当”条，该条明确记载：“若应绞而斩，应斩而绞者，杖六十；失者，减三等。其已处决讫，别加残毁死尸者，笞五十。（仇人砍毁其尸，依别加残毁。）”可见，残毁死刑犯人尸体的定罪量刑要轻于残毁普通人的死尸。

（二）相关条例

条例 1：凡殴、故杀人案内凶犯，起意残毁死尸，及弃尸水中，其听从抬弃之人，无论在场有无伤人，俱照弃尸为从律，杖一百、徒三年。若埋尸灭迹，其听从抬埋之人，审系在场帮殴有伤，律应满杖者，亦杖一百、徒三年。

至窃劫之犯，如有在湖河舟次格斗致毙，尸堕水中，漂流不获，及山谷险隘猝然遇暴，尸沉涧溪，本无毁弃之情，仍依格杀本律科断，毋庸牵引弃尸之律。

若系在家黄夜格捕致死奸盗之犯，或在旷野道途格杀拒捕盗贼，如有格杀之后，怀挟仇恨，逞凶残毁，投弃水火，割剥损伤者，仍照毁弃死尸本律科罪。其随同协捕共殴之余人，有犯弃毁、移埋等项，俱照此例分别办理。

此条例系嘉庆十四年（1809 年）修订，主要是对杀人案内的凶犯残毁受害人死尸、在湖河舟次中击毙窃劫之犯而致失其尸、格杀奸盗之犯及拒捕盗贼后挟仇毁尸三种情形加以规定。对上引例文的第三段，薛允升有过切实的批评：

毁弃死尸之罪附于发冢律内，谓怀挟私恨，毁他人自死之尸而言。若格杀奸盗罪人，律应勿论。或罪止拟徒之犯，因残毁死尸即拟流罪，似未平允。毁尸之罪总不应重于杀人之罪。律内毁弃卑幼之尸，较凡人递减科罪，则毁弃罪人之尸，似亦应分别等差。③

---

① （清）沈之奇：《大清律辑注》，怀效锋、李俊点校，法律出版社，2000，第 631 页。

② （清）沈之奇：《大清律辑注》，怀效锋、李俊点校，法律出版社，2000，第 631 页。

③ 胡星桥、邓又天主编：《读例存疑点注》，中国人民公安大学出版社，1994，第 522—523 页。

薛氏批评的重点为，对窃劫之犯、奸盗之犯、拒捕盗贼，“毁尸之罪总不应重于杀人之罪。律内毁弃卑幼之尸，较凡人递减科罪，则毁弃罪人之尸，似亦应分别等差”。可见，在薛允升看来，对本是有罪之人的尸体纵然有毁弃的行为，也不当按“毁他人自死之尸”的情形，以残毁死尸本律科罪，因为人有等差，即刑有等差。这与上文沈之奇所提及的残毁已正法人死尸按“断罪不当”条只罚笞五十，在逻辑上是相通的。

与薛允升的观点相同，清末修律的主事机构——修订法律馆也认为此例有不妥之处，特别是“例末‘格杀之后，挟仇逞凶，残毁投弃，仍照毁弃律科罪’等语，以杀死罪人律，得勿论之。犯因弃尸反得流罪，是死者之命不足惜，而死者之尸转可贵矣，殊未允协，似不如将此段全行删去，以省繁冗”。① 按清律，在家夤夜格捕致死奸盗之犯，或在旷野道途格杀拒捕盗贼，都不坐罪，按此条例因弃尸反得流罪，修订法律馆据此认为不妥，理当删除。

条例2：杀死人命，罪干斩决之犯，如有将尸身支解情节凶残者，加拟枭示。

张伟仁先生提及：“清初于杀人凶犯残毁死尸仍依明例并不加重，惟本欲支解者以支解论……嘉庆之后始有加重之条。”② 此加重之条的产生是因为张成标案。嘉庆二十二年（1817年）六月，刑部议覆安徽巡抚康绍镛所题“张成标图奸张盘沅，不从，起意杀死灭口，复残毁死尸”一案时，奉旨：“此案张成标因图奸张盘沅，不从，起意杀死，复将张盘沅尸身用水浇烫，刮去皮肉，剖开胸腹，挖出脏腑饲犬，残忍已极。仅照因奸杀死良人子弟例，问拟斩决，尚觉情浮于法。张成标著即处斩，再加枭示，将该犯凶残情节，于榜示内载明，俾众共知警惕。嗣后，斩决之犯，有情节凶残似此者，俱照此例办理。”③ 嘉庆二十四年（1819年），刑部将上述旨意纂为例文，以昭法守。

此条例所规定的“枭示”刑，是对罪犯“斩其首，暴其罪，著其名，标之以竿，即其地而悬之，用以示警乎众，故曰枭示”。④ “发冢”条的律文本未规定枭示之刑，嘉庆帝之所以对张成标用此刑，是认为其不仅杀死人命，且对受害人尸身残毁过甚，残忍已极，故

① 修订法律馆：《大清现行刑律案语》，宣统元年印。

② 张伟仁：《清代法制研究》（第1辑），台湾“中央研究院”历史语言研究所，2007年影印第2版，第三册，第281页。

③ 郭成伟主编：《大清律例根原》，上海辞书出版社，2012，第1142页。

④ （清）王明德撰：《读律佩觿》，卷4下，何勤华、程维荣、张伯元、洪丕谟点校，法律出版社，2001，第136—137页。

以“令上不及天，下不及地”① 的枭示刑惩罚之。为儆效尤，嘉庆帝还要求将此规定制度化，定为“发冢”的条例。

（三）司法实践

在司法实践中，凡人毁弃死尸的情况复杂多样，以有限的律例条文应对情伪多端的社会，难免捉襟见肘，此时“比照”制度就发挥其作用了。清代具体适用律条，有“照”与“比照”之分。“实有某例，应用‘照’或‘依’；而实无正例，应用‘比照’或‘比依’。”② 通俗地说，就是当处理具体案件时，律例文有明确规定的，引用该律例时，前加“照”或“依”字；反之，则应在与该案情最接近的律例文前加“比照”或“比依”字样，参考处理。

道光十年（1830 年），刑部山西司审理的一起凡人毁弃死尸案即为实例：

> 张淋子殴伤信遐子身死，僧人普霞讯未在场帮殴，惟该犯起意将尸身移入土坑，该处系属山僻，人迹罕到，即与埋尸灭迹无异。查例内并无殴故杀人后，并非在场之人起意埋尸灭迹作何治罪明文，惟该犯因与张淋子鸡奸，起意移尸，几至凶徒漏网。普霞应比照“殴故杀人案内余人起意埋尸灭迹，仍照弃尸为首律杖一百、流三千里，不失尸者减一等例”杖一百、徒三年。③

按条例之规定，殴故杀人案内在场之人起意埋尸灭迹，才适用弃尸为首律。张淋子殴伤信遐子致死，普霞并未在场帮殴，所以本不应适用弃尸为首律。但考虑到普霞在该案中所起的作用，所以刑部主张比照殴故杀人案内余人起意埋尸灭迹，仍照弃尸为首律以及不失尸者减一等例，对普霞杖一百、徒三年。

以上案例说明，正因凡人毁弃死尸情况的复杂多样，需充分运用“比照”等司法技巧，以达到运用相对有限的条文应对复杂社会情势的目标。

三、亲亲之义：亲属间“毁弃死尸”的惩处

《大清律例》“发冢”条亲属毁弃死尸款项，其渊源至少可追溯至唐律，而内容则沿袭自明律，但添加了注文。其规定：

---

① （清）沈家本撰：《历代刑法考》（附《寄簃文存》），邓经元、骈宇骞点校，中华书局，1985，第 123 页。

② 张本照：《论〈大清律例〉“比照”与“照”的区别》，《历史档案》2013 年第 2 期。

③ （清）许梿、熊莪纂辑：《刑部比照加减成案》，何勤华、沈天水等点校，法律出版社，2009，第 500 页。

> 若毁弃缌麻以上尊长（未葬）死尸者，斩（监候）。弃（他人及尊长）而不失（其尸），及（毁而但）髡发若伤者，各减一等。（凡人减流一等，卑幼减斩一等。）
>
> （毁弃）缌麻以上卑幼（死尸），各依凡人（毁弃，依服制）递减一等。毁弃子孙死尸者，杖八十。其子孙毁弃祖父母、父母（不论残失与否），斩（监候）。

此段律文的罪刑关系可以下表说明。

表1　亲属间毁弃死尸律

毁弃者相对尸主的身份	犯罪行为	刑罚
卑幼	毁弃缌麻以上尊长未葬死尸	斩监候
	弃尊长而不失其尸，及毁而但髡发若伤	杖一百、流三千里
尊长	毁弃缌麻以上死尸	各依凡人毁弃，依服制递减一等
子孙	毁弃祖父母、父母死尸	斩监候
祖父母、父母	毁弃子孙死尸	杖八十

从上表不难看出，卑幼、子孙毁弃尊长、祖父母、父母死尸的刑罚要比尊长、祖父母、父母毁弃卑幼、子孙死尸的刑罚要重得多。沈之奇以“凡人发冢之罪，重于毁弃；亲属毁弃之罪，重于发冢”的规则，阐明上引律文的量刑理由：

> 卑幼毁弃尊长死尸者，斩；弃而不失，髡发若伤者，亦减一等。至子孙毁弃祖父母、父母尸，即弃而不失，髡发若伤，亦同坐斩。以发冢未见棺椁，情犹可原，得以免死。若以祖父母、父母尸身而毁弃之，即弃而不失，髡发若伤，已罪大恶极矣，焉得同论而减等哉?①

亲属间毁弃死尸款项可区分为两种情形：尊长与卑幼间毁弃死尸，祖父母、父母与子孙间毁弃死尸。现对这两种情形进行分析。

（一）尊长与卑幼间毁弃死尸案

尊长毁弃卑幼死尸，最重要的是查明服制，依服制定罪量刑。以乾隆年间发生的潘连案为例：

---

① （清）沈之奇：《大清律辑注》，怀效锋、李俊点校，法律出版社，2000，第632页。

潘连因次子潘彭殴妻赵氏致死，情急求救，该犯起意焚尸灭迹，即同潘彭将尸身抬至山内烧化。①

此案的关键在于律例文均未载翁姑毁弃媳尸作何治罪专条，那么是当将毁弃媳尸视同毁弃子尸处理，对翁姑杖八十，还是依律文之规定“毁弃缌麻以上卑幼死尸，各依凡人毁弃，依服制递减一等”处理？律例馆在比照诸相关律文之后，认为：

毁弃缌麻以上卑幼死尸各依凡人递减一等，毁弃子孙死尸者杖八十。又非理殴杀子孙者杖一百，非理殴子孙之妇至死者杖一百、徒三年。又服制图内载：众子妇大功各等语。详绎律义，诚以祖父母、父母之于子孙，天伦至性所关，若子孙之妇系属义合，非有属毛离里之恩，故律科殴杀子孙之妇较子孙特严。至毁弃卑幼死尸，虽与殴杀不同，但本条律内止将子孙提明而不及子孙之妇，自系包括于按服递减之内，似不得与毁弃子孙死尸同拟以杖八十。②

正因为子孙之妇于礼系属义合，而不如父母于子女有生育之恩，所以刑部认为不得将毁弃媳尸视同毁弃子尸处理，而当依子妇所服大功服制，于凡人毁弃死尸上按服递减。正是考虑到这一层，刑部议覆潘连案时，就认为案发省份的巡抚“依毁弃卑幼死尸律按大功服制递减拟徒，系属照律办理，参会殴杀子孙之妇较殴杀子孙加重之律义，亦属贯通，似可照覆”。③ 此案也就成为办理类似案例的指南。

（二）祖父母、父母与子孙间毁弃死尸

广东香山县民李亚占将其母尸身划伤图赖案，能清楚地说明子女毁弃父母死尸律文款项的具体运用：

郑氏嫁与李焕元为继妻。李焕元借欠祖祠尝银不还，族众将其应得胙肉停给。嘉庆十年三月，李焕元同前妻长子李善本、三子李亚占前往祖祠，索分胙肉不遂，李焕元抢夺银六两五钱，交李亚占携回准抵胙肉。李本壮等赴官呈控，李焕元亦同长子李善本赴县具诉。知县饬李焕元交出李亚占所夺银两，听候审断。郑氏因银两已经还债

① （清）祝庆祺、鲍书芸、潘文舫、何维楷编：《刑案汇览三编》，北京古籍出版社，2004，第746页。
② （清）祝庆祺、鲍书芸、潘文舫、何维楷编：《刑案汇览三编》，北京古籍出版社，2004，第746页。
③ （清）祝庆祺、鲍书芸、潘文舫、何维楷编：《刑案汇览三编》，北京古籍出版社，2004，第746页。

花用，无可措缴，于二十八日晚，畏累自缢身死。李亚占将尸身左额角用刀划伤，令次嫂李周氏诬告李本壮等殴伤逼毙。①

刑部同意广东巡抚对此案的处理意见，即“李亚占合依子孙毁弃父母死尸斩立决例，拟斩立决”。本案中，李亚占将继母尸身左额角用刀划伤时，“见无血出，又宰杀小鸡取血涂抹伤口”，② 可见此划伤并非达到残毁的程度。依《大清律辑注》所言“肢体不全，方谓之残毁。如止割破耳目，折其肢体，犹成尸也，止以伤论”③ 的标准，李亚占伤尸的程度应是较轻的。但据“发冢”律之注文，子孙毁弃祖父母、父母的尸体，不论残失与否，有伤便足证子孙不孝，有悖逆之心，所以本案中将李亚占处以斩立决，是符合律例规定的。从本案也可看出，清廷对于卑幼毁弃尊长死尸的案件是严格依律例而行的，以维护“亲亲”之伦理秩序。

与子孙毁弃祖父母、父母死尸会受到立法与司法的严厉处罚不同，“发冢”律仅规定祖父母、父母“毁弃子孙死尸者，杖八十”，且此规定还往往因官府执行不力而成为具文。《清稗类钞》记录“汴人之丧”时，有如下记载：

如二三岁小孩因病殇亡，必焚其尸于野，使成灰随风而散，其意谓除其祸根，以保下胎之安宁也。

不仅河南人有此葬俗，《清稗类钞》还提及：

云南风俗，大体虽与内地同，而亦有特异者。凡未满七岁之小儿死时，土人以其先父母而入泉路，目为不孝，乃盛以无盖之棺，悬之树，任鸟啄之。④

无论是迷信的原因，还是所谓孝道的托词，既然河南、云南等地父母将殇亡幼儿的尸体加以毁弃已成民间习惯，足可说明官府对于此类行为是持纵容或不闻不问态度的。官府之所以未能严格执行“发冢”律，并对毁弃幼儿死尸者加以管制，本文认为至少有下列原因：

① 杜家骥主编：《清嘉庆朝刑科题本社会史料辑刊》，天津古籍出版社，2008，第一册，第92—94页。
② 杜家骥主编：《清嘉庆朝刑科题本社会史料辑刊》，天津古籍出版社，2008，第一册，第94页。
③ （清）沈之奇：《大清律辑注》，怀效锋、李俊点校，法律出版社，2000，第631页。
④ （清）徐珂编撰：《清稗类钞》，中华书局，1986，第3547—3549页。

第一，民间习惯的影响力。清人毁弃幼儿死尸，所谓“除其祸根，以保下胎之安宁”以及幼儿先父母而死是为不孝的理由，在今人看来似乎过于牵强，但至少在当时当地是有说服力的，不然也不会蔚为风俗。相沿已久的风俗不仅会赋予其所支持的行为以正当性，也会对每个处于当时当地的人产生影响，包括律例的执行者。

第二，礼制赋予父母对子女身体的伤害权。“小棰则待过，大杖则逃走”,① 是中国古人认为接受父母体罚最好的方式。无论是儒家伦理，还是民间习惯，在很大程度上，都是认可父母对子女身体的处置权的。幼儿殇亡后，祖父母、父母对其身体加以毁弃，按上述逻辑，也不是完全不可接受的。

清代家庭与现代家庭组成人员不同的是，现代家庭成员往往互为血亲或姻亲；而清人的家庭成员除了血亲、姻亲，奴婢、雇工人也被律例视为家人，他们毁弃家长死尸同样也会受到较凡人更重的惩处。

清律奴婢、雇工人毁弃家长死尸款项的律文完全沿袭明律，但为使律文更明晰，添加了注文，其内容为：“奴婢、雇工人毁弃家长死尸者（不论残失与否），斩（监候）。”此律文通过添加“不论残失与否”的注文，对奴婢、雇工人毁弃家长死尸的行为，给予更严厉的打击。在实际发案的过程中，往往会出现奴婢、雇工人既发掘家长坟冢，又毁弃撇撒死尸的行为，故在康熙、雍正、乾隆、嘉庆、同治等朝，刑部都修改例文，对这种行为加以严惩，最后规定为：

> 奴仆、雇工人盗家长未殡、未埋尸柩……其毁弃撇撒死尸者，仍照旧例，不分首、从，皆斩立决。（嘉庆二十四年）
>
> 凡奴婢、雇工人发掘家长坟冢……毁弃撇撒死尸者，不分首从，皆斩立决，枭示。（同治九年）②

本来奴婢、雇工人毁弃家长死尸，依律文是处斩监候，但此两条例文加重为处斩立决或斩立决并枭示，足见朝廷维护以“尊尊”为核心的社会秩序之决心。此款项在清代司法适用中，可以唐自谦案为例：

> 唐自谦与子唐万庆纠人发掘雇主阮钟瑗家祖坟五棺，撇撒骨殖。该犯系雇给阮钟

---

① 王国轩、王秀梅译注：《孔子家语》，中华书局，2011，第 192 页。

② 郭成伟主编：《大清律例根原》，上海辞书出版社，2012，第 1142、1148 页。

> 瑗家看管坟茔，依“雇工发掘家长坟冢、毁弃撇撒死尸者”，不分首从，拟斩立决。该犯等迭次发掘，凶残已极，应加枭示。①

本案由刑部江苏司于道光元年（1821年）定为成案，而“凡奴婢、雇工人发掘家长坟冢……毁弃撇撒死尸者，不分首从，皆斩立决，枭示”的例文系同治九年（1870年）修改完成。在同治九年（1870年）之前适用的是嘉庆九年（1804年）例，该例规定对毁弃撇撒家长死尸的奴婢、雇工人处斩立决，但并未规定枭示之刑。发生于道光年间的本案，犯人唐自谦、唐万庆由刑部径定为“应加枭示”，说明刑部对个案有申请加刑之权。

除这类案例，反过来，家长毁弃奴婢、雇工人死尸案也有助于我们理解奴婢、雇工人与家长之关系。现摘引一案以资说明：

> 李刘氏之故夫白契所买婢女彩宝恩养未久，未配室家，应以雇工人论，李刘氏将其殴伤，在正余限外身死，殴非折伤，律得勿论，但李刘氏将彩宝烧尸灭迹，弃骨水中。②

《大清律例》并无家长毁弃雇工人死尸作何治罪明文，但刑部“查家长殴雇工人致死，与伯叔殴杀侄同科满徒，家长毁弃雇工人死尸，自可比照问拟”，故“李刘氏应比照‘毁弃缌麻以上卑幼死尸、各依凡人递减一等律’，于凡人满流罪上，减四等，杖七十、徒一年半”。③

由以上案例可知，奴婢、雇工人毁弃家长尸，其实是视同子孙毁弃家长尸处理；而家长毁弃奴婢、雇工人尸，则是视同期亲尊长毁弃卑幼尸处理。

四、男女有别：夫妇间“毁弃死尸”的惩处

夫妇间自为亲属，然对他们之间“残毁死尸”行为的惩处，更多的是体现“男女有别”的礼教精神，故本文单列出来加以分析。

《礼记》记载：“（哀公）曰：‘敢问为政如之何？’孔子对曰：‘夫妇别，父子亲，君臣

① （清）许梿、熊莪纂辑：《刑部比照加减成案》，何勤华、沈天水等点校，法律出版社，2009，第112页。

② （清）许梿、熊莪纂辑：《刑部比照加减成案》，何勤华、沈天水等点校，法律出版社，2009，第111页。

③ （清）许梿、熊莪纂辑：《刑部比照加减成案》，何勤华、沈天水等点校，法律出版社，2009，第111页。

严。三者正，则庶物从之矣。'"① 清律"残毁死尸"的规定正是要将"夫妇有别"的伦常要求，贯彻于"生死两茫茫"之后。

（一）毁弃死尸：妻妾犯夫

在众多亲属关系中，夫妇关系自是除父母子女关系之外最重要的。夫妇间毁弃死尸如何处置，《大清律例》仅以注文的方式规定："律不载妻妾毁弃夫尸，有犯，依缌麻以上尊长律，奏请。"按此规定，妻妾毁弃夫尸，依照卑幼毁弃缌麻以上尊长未葬死尸的情况，处斩监候；如果弃夫而不失其尸，及毁而但髡发若伤，减斩一等，处满流。

显然，上述规定并未严格按照夫妻间的服制确定妻妾之刑，因为根据清律所定服制，妻死，夫当为妻服齐衰杖期之丧；夫亡，妻应为夫服斩衰三年之丧。之所以"发冢"条未严格依服制惩治妻妾毁弃夫尸的行为，应是出于以下考虑：其一，律文规定"毁弃缌麻以上尊长（未葬）死尸，斩（监候）"，此缌麻以上尊长已包括期亲尊长。其二，律文规定子孙毁弃祖父母、父母死尸，不论残失与否，处斩监候，虽然"夫为妻天"，但"夫之于妻，与君父之于臣子，微有不同。妻者齐也，有敌体之义。论情谊，初不若君、父之尊严；论分际，亦不等君、父之悬绝"，② 故妻妾毁弃夫尸不宜比子孙毁弃祖父母、父母的刑罚更重。

"发冢"条此规定的适用可以诺尔吉玛案为例，热河发生的"巴什掷伤绳格尔图身死案内，尸妻诺尔吉玛受贿私和，复任听将夫尸焚烧"，热河都统的咨文认为："毁弃夫尸应拟斩候，该犯妇系属为从，应于斩罪上减一等，拟杖一百，流三千里。"③ 热河都统对此案的处理意见得到了刑部直隶司的认可。

（二）毁弃死尸：夫犯妻妾

对夫毁弃妻尸的行为，立法如何处罚，律学家有何批评，司法实践如何运作，是下文所关注的。

1.《大清律例》对夫毁弃妻尸行为的规定本身即有矛盾

（1）《大清律例》"比引律条"规定："夫弃妻之尸，比依尊长弃毁缌麻以下卑幼之尸律，杖一百、流三千里。"④

---

① 王梦鸥注译：《礼记今注今译》（修订本），台湾商务印书馆，1984，第 801 页。

② （清）沈家本撰：《历代刑法考》（附《寄簃文存》），邓经元、骈宇骞点校，中华书局，1985，第 2103—2104 页。

③ （清）祝庆祺、鲍书芸、潘文舫、何维楷编：《刑案汇览三编》，北京古籍出版社，2004，第 745 页。

④ 田涛、郑秦点校：《大清律例》，法律出版社，1999，第 909 页。

所谓“比引律条”，适用于“律无正条，比引科断”的情况。[①]“比引律条”源于明代的“比附律条”，其很可能是经刑部的判例而成之立法，数目处于变化之中，雍正朝更名为“比引律条”。[②] 明代的“比附律条”关于“发冢”已有规定：“夫弃妻之尸，比依尊长弃毁缌麻以下卑幼律论。”[③] 清代相关规定可谓其来有自。在很长时期内，上述规定指导着夫毁弃妻尸案的处理。

(2) 明清律学家以及《大清律例》“发冢”条所附条例则主张：夫毁弃妻尸，比依尊长毁弃期亲卑幼死尸律，处杖七十、徒一年半。

早在明初，何广所著《律解辩疑》就曾指出：“夫弃妻尸，比依尊长弃缌麻以上卑幼坐罪，递减期亲，杖七十、徒一年半。”[④] 及至清初，沈之奇根据清律“发冢”条中注文的规定，提出“律无夫毁弃妻尸及妻妾毁弃夫尸之文，注添毁弃夫尸，依缌麻以上尊长律上请，则夫毁弃妻尸者，当比照期亲卑幼，妾则止问不应耳”。[⑤] 乍读此句，似看不出沈之奇认为既然妻妾毁弃夫尸，依缌麻以上尊长律要上请，夫毁弃妻尸就应当比依毁弃期亲卑幼死尸科断的逻辑所在。其实，在清人看来，夫与妻妾间的服制就说明了理由，一则按服制，夫为妻服期亲之丧；二则按五服治罪的原则，人身犯罪方面，卑幼犯尊长，服制越轻，处罚越轻；尊长犯卑幼，服制越重，则处罚越轻。夫为尊，妻妾为卑，既然注文已对妻妾毁弃夫尸，仅依照卑幼毁弃缌麻以上尊长未葬死尸处断，那么夫毁弃妻尸也自然应当按照尊长毁弃期亲卑幼死尸科断才属从轻。

但因为何广与沈之奇的观点与“比附律条”“比引律条”相关规定主张不同，所以在明代及清代早中期，他们的观点都只能被认为是私家立说。促使法律发生改变的是四川“卓明远捉奸杀死伊妻梁氏，弃尸不失一案”。办理此案的刑部官员在查核相关律条后指出：

> 查妻毁弃夫尸，律注云：有犯依缌麻以上尊长律奏请。是妻毁弃夫尸，应依毁弃缌麻以上尊长死尸律拟斩监候奏请。则夫毁弃妻尸，即应依尊长毁弃缌麻以上卑幼死尸律，于凡人满流上按服制递减科断。
>
> 惟比引律载，弃妻之尸比依尊长弃毁缌麻以下卑幼之尸律杖一百、流三千里。详参律例，尊长毁弃缌麻卑幼死尸，律得依凡人减一等拟徒，若系期服卑幼，则递减四

---

① 田涛、郑秦点校：《大清律例》，法律出版社，1999，第908页。

② 陈新宇：《比附与类推之辨——从“比引律条”出发》，《政法论坛》2011年第2期。

③ 杨一凡、曲英杰主编：《中国珍稀法律典籍集成》（乙编），科学出版社，1994，第二册，第292页。

④ （明）何广：《律解辩疑》，载杨一凡等点校：《中国珍稀法律典籍续编》，黑龙江人民出版社，2002，第四册，第192页。

⑤ （清）沈之奇：《大清律辑注》，怀效锋、李俊点校，法律出版社，2000，第632页。

等，止应杖七十、徒一年半。而比引律内夫弃妻尸罪应满流，不特与毁弃凡人之尸无分等差，而与尊长毁弃缌麻以上卑幼之尸，按服制依凡人递减拟徒之律亦属未符。

查夫之于妻，论服制则齐衰期年，论名分亦非功服可比。参观他例，妻将夫尸图赖人律杖八十、徒二年。若夫将妻尸图赖人止拟不应重杖，是夫弃妻尸未便依比引律拟流，应依尊长弃毁期亲卑幼死尸递减凡人四等，弃而不失又减一等，应将卓明远从重拟杖六十、徒一年，并载入例册，将比引律拟流一条删除，俾免两歧。①

从这段文字可看出，刑部官员认为如按比引律的规定处理卓明远，存在以下问题：

第一，比引律规定夫弃妻尸处杖一百、流三千里，那与凡人间毁弃死尸的刑罚没有区别，显与“夫妇有别”的礼制要求不合；

第二，比引律的规定不合夫妻间的服制；

第三，比引律的规定，与“妻将夫尸图赖人”律等其他条例中夫妻间相犯处刑规则相矛盾。查《大清律例·刑律·人命》“杀子孙及奴婢图赖人”条所附条例规定：“妻将夫尸图赖人，比依卑幼将期亲尊长图赖人律。若夫将妻尸图赖人者，依不应重律。”② 即前一情况下妻杖八十、徒二年；后一情况下夫当依《大清律例·刑律·杂律》“不应为”条杖八十。刑部认为“杀子孙及奴婢图赖人”条所附此条例正可作为制定“夫毁弃妻尸”条例的量刑参考。

基于以上理由，办理此案的官员要求将比引律规定夫毁弃妻尸拟流一条删除，并将夫毁弃妻尸比依尊长毁弃期亲卑幼死尸律处理定为条例。在复查此案时，刑部又发现：

乾隆三十四年云南省苏卜林将伊妻杨氏死尸移弃水中不失，依移弃期服卑幼之尸不失，照凡人弃尸不失，满徒上递减四等，拟杖六十、徒一年。又嘉庆十六年山东省职官丁锡绶将妻殴伤，余限外身死，狡不吐实，致尸两遭蒸检，情同残毁，比照毁期亲卑幼死尸律拟徒。③

换言之，在以往的司法实践中，刑部判决的一些案例已不援用比引律相关规定。因此，复查的官员再次提出：“夫毁弃妻尸，历系照毁弃期亲卑幼死尸律递减科断，揆之情法，核

① （清）祝庆祺、鲍书芸、潘文舫、何维楷编：《刑案汇览三编》，北京古籍出版社，2004，第742—743页。

② 郭成伟主编：《大清律例根原》，上海辞书出版社，2012，第1285页。

③ （清）祝庆祺、鲍书芸、潘文舫、何维楷编：《刑案汇览三编》，北京古籍出版社，2004，第743页。

之律注，似属平允。请将卓明远仍照前议拟杖六十，徒一年。至比引律拟流一条，若并存不删，不惟易滋疑实，且各省或有引用定拟者，难以驳改，仍请删除。”① 通过卓明远案，在刑部官员的努力下，道光四年（1824年）正式完成夫毁弃妻尸条例的纂修。其内容为：

> 夫毁弃妻尸者，比依尊长毁弃期亲卑幼死尸律，于凡人杖、流上递减四等，杖七十、徒一年半。不失尸，及毁而但髡发若伤者，再减一等，杖六十、徒一年。

至此，条例所定夫毁弃妻尸的刑罚与何广、沈之奇等人所主张的完全一致，何、沈等人的主张终于成为法律的规定。但此条例出台后，并不是完全没有批评之声，清末刑部尚书、律学名家薛允升就为批评者之一。

2. 薛允升对夫毁弃妻尸条例的批评

薛允升认为“比引律条”的规定相对条例的规定更合理，因为：

> 残毁死尸，唐律谓应死者，死上减一等；应流者，流上减一等也。夫殴死妻，罪应拟绞，是以比引律夫弃妻尸，比依尊长弃毁缌麻以下卑幼之尸律定拟，并非无所依据。此处援照夫妻以尸图赖例，改为徒一年半。不失尸者，减一等，徒一年，似与律意不符。盖夫之与妻虽定为期服，而殴伤究与期服卑幼不同，弃尸与殴伤相类，讵可轻重太相悬殊耶……期亲尊长殴卑幼，笃疾至折伤以下俱勿论，殴伤之罪轻，故弃尸之罪亦轻也。夫殴妻，折伤以上，只减凡人二等，弃尸遽同期亲，似嫌未协。至尊长将卑幼尸身图赖人者，律内载明杖八十，凡卑幼皆然，非专指期服一项也，何得援以为据?②

薛氏批评的重点就在于：制例者不宜以“妻将夫尸图赖人，比依卑幼将期亲尊长尸图赖人律拟徒；夫将妻尸图赖人，止照不应重律拟杖”作为夫毁弃妻尸刑罚参考的对象。

薛允升的理由为：首先，“弃尸与殴伤相类”，应当以殴伤律作为弃尸律量刑参考的对象，而“夫殴妻，折伤以上，只减凡人二等”，现在条例规定夫弃妻尸减凡人四等，是将夫视为妻的期亲尊长。“夫之与妻虽定为期服”，但不宜完全等同于尊长与期亲卑幼的关系。其次，即使是“尊长将卑幼尸身图赖人者，律内载明杖八十，凡卑幼皆然，非专指期服一项也”。可见，如果尊长将卑幼尸身图赖人，无论对方是缌麻卑幼，还是期亲卑幼，都是杖

---

① （清）祝庆祺、鲍书芸、潘文舫、何维楷编：《刑案汇览三编》，北京古籍出版社，2004，第743页。

② 胡星桥、邓又天主编：《读例存疑点注》，中国人民公安大学出版社，1994，第523—524页。

八十，所以夫弃妻尸的刑罚按服制递减为杖七十、徒一年半，也是不对的。

薛允升对于此例文的批评看似琐细，实则表明清代律学家、立法者内部对礼制所作思考的差异。礼制的关键就在说明每个人在家庭、社会、国家中的地位、权利、义务，律例再据此确定立法及司法之走向。如果夫妻间这等重要的关系都不能在律例中有恰如其分的位置，那么律例又如何反映礼制、礼义呢？如此观之，薛允升的长篇批评也就自有其深意了。

3. 关于夫毁弃妻尸立法的施行效果

与立法者、律学家关心夫毁弃妻尸到底按何种服制处理不同，清代民间发生此种行为另有一套逻辑。乾隆三年（1738 年）山西按察使萨哈谅上折指出：

> 晋省恶习，凡孕妇临蓐身亡者，群指为不详（引者注：原文如此，似当为“祥”），本夫即手刃其腹，或倩稳婆代剖，挖取其子，弃诸道途，然后收殓，以为可除产厄之根……夫残毁死尸与遗弃死尸，国典原有常刑，愚民惑于邪说，虽非有意残弃，然锢习日深，非化诲所能力除。臣现在明颁条教，严为禁止，并告以后有犯者，俱遵奉律法治罪，不稍宽假。庶几使愚民畏法，不敢复蹈前辙。①

残毁已亡孕妇死尸的行为已成为一省恶习，说明其行之已久。但即使萨哈谅试图“明颁条教，严为禁止”，效果也并不明显。郭于华于 20 世纪 80 年代在晋陕黄土高原进行社会调查，就发现当地“孕妇未产而亡，要将胎儿取出后再行埋葬，否则认为孩子会出来作祟，使家人不得安宁”。② 时隔两百年，恶习的行为方式与缘由如出一辙，“俗习之移人甚矣哉”。瞿同祖先生的告诫：“条文的规定是一回事，法律的实施又是一回事。某一法律不一定能执行，成为具文。社会现实与法律条文之间，往往存在着一定的差距。”③ 实值我们再三反思。

最后需要指出的是，清代律例均未规定夫毁弃妾尸如何科断，但凌铭麟于康熙年间所撰《新编文武金镜律例指南》认为：“如夫毁弃妻妾尸，依不应从重。”④ 夫毁弃妻尸先后已有“比引律条”与条例加以规定，他的建议自不可能被司法实践所接受，而妾的地位远低于妻，凌铭麟所提出夫毁弃妾尸按“不应为”条从重杖八十，则很可能为司法官吏所采纳。

---

① 哈恩忠编选：《乾隆初年整饬民风民俗史料（上）》，《历史档案》2001 年第 1 期。

② 郭于华：《死的困扰与生的执著：中国民间丧葬仪礼与传统生死观》，中国人民大学出版社，1992，第 213 页。

③ 瞿同祖：《中国法律与中国社会》，中华书局，2003，“序言”，第 2 页。

④ （清）凌铭麟：《新编文武金镜律例指南》，卷 8，载杨一凡整理：《历代珍稀司法文献》，社会科学文献出版社，2012，第八册，第 338 页。

五、结论

上文对清律有关“残毁死尸”规定的分析，特别是涉及“亲亲、尊尊、男女有别”款项的研究，或不免予人以琐碎之感。但正如瞿同祖先生指出的，清代“条例虽多，主要的目的在于针对不同情况，区别犯罪者不同身份，尤其是服制，加以补充规定，以期罚必当罪。为了多打十板，少打十板，多判半年一年，死刑是立决还是监候，往往斤斤计较，定一条例。但法律的基本精神及传统，即儒家的礼教思想，并无所改变。不仅清朝一代法律如此，即与明律相比较，也基本上保持了共性，延续性很突出。都重礼教，重孝道，重父权、夫权，重视服制”。①

具体就“残毁死尸”规定的内容与适用而言，区别犯罪者不同身份，其定罪量刑的规则可以总结为：

第一，亲族内，有服尊长侵犯卑幼的尸骸，可相对凡人减轻刑罚，且服制越重，处罚越轻；有服卑幼侵犯尊长的尸骸，须相对凡人加重刑罚，且服制越重，处罚越重。

第二，夫妻间，丈夫毁弃妻子死尸，可相对凡人减轻刑罚；妻妾毁弃丈夫死尸，须相对凡人加重刑罚。

第三，奴婢、雇工人与家长间相犯尸骸，奴婢、雇工人须相对凡人加重刑罚，家长则可减轻处罚。

可见，清律“发冢”条有关“残毁死尸”的规定，相较于清律中其他伦常条款所保护的法益之不同在于，通过对死尸的保护，确保每个人生前与他人在家庭、社会、政治生活中的尊卑、贵贱、长幼之等差关系延续于死后，将礼教所要求的伦理关系从平面的生者之间拓展到立体的生死之间，直至代代相续。

① 瞿同祖：《清律的继承和变化》，《历史研究》1980年第4期。

主题研讨二：

明清时期的法律文献与法律实践

浅析孔府管勾厅及其司法权

——以《孔府档案》为中心*

庞　蕾**

摘　要　孔氏家族是传承已久的名门望族、世袭贵族，其本身就具有一定的神圣代表意义。作为历代眷宠优渥的“天下第一家”，孔氏家族内部形成了一套相对完备的组织机构系统，即在孔府最高掌权者衍圣公之下，又设有“三堂”“六厅”作为家族内部具体的办事机构。其中，“六厅”之一的管勾厅就是本文所要探讨的对象。作为孔府的最高民政机构兼司法机构，管勾厅拥有一套体系完整的管理机制，对孔府下辖的土地田产及屯佃人员进行有效管理。本文从其所拥有的司法特权入手加以分析，认为孔府“家法”是清朝“国法”的有效补充，同时也深深影响了国家地方司法的正常运行。

关键词　孔府档案；管勾厅；家族性司法；清朝

宋代以前，孔氏家族与一般的世家大族之间并无很大的区别，作为统治阶级的一员，都享有一定的政治和经济特权以维护自身的贵族权益。直至宋仁宗宝元年间，孔氏嫡支受封“衍圣公”，尊高爵位与丰厚赏赐给孔氏家族带来了巨大的改变，往后历朝历代都对孔氏一族恩渥备至并代增隆重。明清时期出于维护统治、稳定秩序的需要，尚儒尊孔，不断提

---

* 本文系国家社科基金一般项目“《孔府档案》所载孔氏家族家法族规及其实践”（项目号：19BFX030）的研究成果。

** 庞蕾，南开大学法学院博士研究生。

高孔子的地位，进而导致孔氏家族一跃而上，成为享有政治与经济双重特权的地方大族。其中，居住在曲阜的孔氏家族有六十户，这六十户就是阙里孔氏的本支。为了维护宗族统治，孔氏家族制定了一套相较于其他宗族更为严密的组织管理规则来约束族人，这极大地维护了孔氏家族的稳定与发展；除此之外，因与朝廷联系密切，家族传承的尊儒重教传统也使得孔府的组织管理带有一定的政治色彩。本文以“管勾”作为切入点，通过论述管勾厅的历史演变、属员的组织架构、承担的具体职责等，认识孔氏家族内部独具特色的治理体系，进而阐述孔府“家法”与清朝“国法”二者之间复杂的联结关系。

一、管勾的历史沿革

作为明清时期孔府内部不可或缺的重要属官之一，管勾在历史上扮演的角色发生了非常大的转变。管勾产生于北宋“三冗”特殊时期，为解决官职少而士人多导致的冗官现象，管勾作为差遣官名之一出现，后历经元明清三朝的演变，于明洪武年间废止。然而到了清朝，管勾一词又突然出现，摇身一变成为孔府内部具体办事机构的属员名称，即孔府下属六厅之一的管勾厅长官，负责管理孔府的田产和人员。

（一）管勾的官职溯源

孔氏家族内部居于最高统治地位的是衍圣公。衍圣公有权凭借自己特殊的法律和政治地位，在获得国家的认可和支持后，对所属田产与人员等相关事务进行管理。但当细化到具体事务的处理时，面对如此庞大的一个世家大族，衍圣公就需要借助更多的管理人员来实现对整个家族的统治，因此还设有孔氏族长、林庙举事等职位分担家族事务的处理。其中针对孔府下属的佃户仆役及田产收益，则设有管勾进行管理。

管勾一词最早来源于宋朝的差遣制度。① 北宋前期，官制名不符实——官与差遣分离，管勾作为差遣的名目之一出现，如：管勾三司推勘官、② 管勾往来国信所、③ 管勾西京留守

---

① 差遣，即临时委任的职务名，常带有“判”“知”“勾当”“管勾”“权”“直”“提举”“提点”“提辖”“签书”“监”等限定词。

② 管勾三司推勘官：差遣名。罢推勘院后，三司置推勘官一员，即称管勾推勘官。英宗治平三年（1066年）罢，神宗熙宁二年（1069年）九月复置，参见龚延明：《宋代官制辞典》，中华书局，1997，第127页。

③ 管勾往来国信所：外事机构名，分隶入内内侍省与鸿胪寺。参见龚延明：《宋代官制辞典》，中华书局，1997，第66页。

司御史台公事[①]等。至南宋因避皇帝名讳改称“干办”。[②] 金、元置为首领官，[③] 各司多置。设于左、右司，各部，御史台，枢密院所属架阁库，[④] 各一至二员，正八品，掌收藏籍案牍等事。明初沿元制，于中书省、御史台、户部等分置，自从七品至从八品不等，“掌出纳文移、庋藏籍帐”。[⑤] 洪武年间（1368—1398 年）改定官制，渐废。

到了清朝，就只有孔府设管勾一职。但在孔府内部，管勾一职亦是有所变化。孔府管勾官最早设立于元仁宗延佑四年（1317 年），当时是负责“掌大礼乐、祭享宗庙社稷、封赠谥号等事”的官员。[⑥] 到明代，管勾官的职权发生了根本性变化，从礼乐官员变为屯田管勾，专司钱粮，统辖佃户，并且提高了官员的品级，升为正六品。清代则延续了明代的制度。清初，山东巡抚方大猷奏疏：以“崇圣学”为纲常伦理之本，主张沿袭明朝旧制，复置衍圣公府属官。由此，到了顺治元年（1644 年）即钦设管勾官一员，作为驻扎孔府内部的朝廷官员，主掌衍圣公府的钱粮租税征收以及祭祀牲礼的置办等事务，亦称屯田管勾。

（二）管勾厅的设立与发展

随着孔氏家族势力的不断延伸，其下所属田产和人员的数量不断增多，就需要一个专门的办事机构对相应事项进行管理。因此在这个庞大的家族内部，形成了一套相对完备的组织机构系统，即在孔府最高掌权者衍圣公之下，另设有“三堂”“六厅”作为家族内部的具体办事机构，管勾厅随即产生。

早在元代，孔府即设百户、管勾、典籍、司乐四厅，[⑦] 分管理林庙户籍、祀田钱谷及祭祀粢盛、书籍、礼器与乐章，其中管勾厅就是主要管理农事活动及相应从事民事活动人员的办事机构。等到明洪武元年（1368 年）十一月，孔希学袭封衍圣公，正式设置属官六员：掌书、典籍、司乐、知印、差奏、书写。[⑧] 以后这些属官的办事机构相沿成为六厅，正式作为孔府内部的管理机构固定下来。

---

① 管勾西京留守司御史台公事：差遣名。不及三品的朝官领留台，则称管勾公事。掌国忌拜表行香，纠察班列不肃，余无所事事，实为养老退闲之地。参见龚延明：《宋代官制辞典》，中华书局，1997，第 385 页。

② “建炎初，避今上嫌名（构），易为‘干办’。”参见（宋）徐度：《却扫编》，卷下，转引自本社编：《宋元笔记小说大观》，上海古籍出版社，2001，第四册，第 4520 页。

③ 首领官：元朝朝廷各机构掾属经历、知事、主事等通称首领官。

④ 架阁库：以架阁的形式保存文书档案的机构。中国古代档案库，还可以指专职机构。始设于宋代，设管勾、典吏职掌。

⑤ （明）宋濂等撰：《元史》，卷 85《百官一》，中华书局，1976，第 2125 页。

⑥ （明）宋濂等撰：《元史》，卷 88《百官四》，中华书局，1976，第 2217 页。

⑦ “又称兵、农、礼、乐四司”。参见何龄修等：《封建贵族大地主的典型》，中国社会科学出版社，1981，第 62 页。

⑧ 《明太祖实录》，卷 36，洪武元年十一月上，台湾“中央研究院”历史语言研究所，1962 年影印本，第 665 页。

二、管勾厅属官的选任制度

作为孔府六厅①之一，管勾厅是具体的办事机构，有明确的职责范围和严格的职权划分，以帮助衍圣公维持家族的稳定统治。除了收纳租税、管理佃户之外，在管勾厅内部还设有管勾衙门，专门负责处理田产、佃户相关的纠纷案件。庞杂的事务需要更多的人员处理，明清时期，衍圣公往往会在家族内部挑选一些老成稳重之人，担任孔府的属官，帮助衍圣公一起管理孔府的日常事务，这些属官同样得到中央朝廷的承认，具有相应的品级和俸禄。管勾厅的管勾官就是其中的代表人物，作为孔府属官之一，管勾官由孔府选拔，负责管勾厅日常事务的处理，同时也获得清朝中央政府的承认，作为六品官接受孔府和中央政府的管辖，但实际上管勾官仅听从于以衍圣公为首的孔府的命令。

（一）管勾相关职员的组成与设置

孔氏家族长期盘踞在山东曲阜及周边邻近地区，随着历代“钦拨”田产、人员的增加，孔府下辖的土地范围不断扩大，并在清朝时期达到鼎盛，拥有祭田、学田和私田共计万顷，分布范围涉及山东、江苏、河南、河北等五省三十多个州县。② 为了方便对这些土地田产和附属佃户们的管辖，孔府仿照清朝政府的保甲制度建立了牌甲组织，并由管勾厅负责具体事务的处理。为实现更大的收益，孔府非常重视对下辖田产、人户的管理，因此对牌甲编审的要求也比较严格，管勾官在逐一排户登记后，不但要编牌造册并填发门牌，还要形成牌甲清册，一式两份，一份上交孔府以备稽查，一份移送所在的州县备案，以防一户两隶。③ 庞杂的工作任务，意味着孔府不可能只有管勾官一人负责，还需要其他辅助人员帮助其履行职责。

1. 管勾厅的职员构成

管勾厅作为孔府征收土地租税和管理佃户的具体办事机构，拥有一套自成体系的，以管勾官为首，下设屯官、总甲、小甲和庄头从事辅助工作的分层级的管理制度。此外，因

---

① 这六厅是明清政府为孔府设立的一套完备的组织管理机构，以帮助衍圣公维持家族统治，实际上也是为了维持王朝的统治秩序。六厅的设置，是仿照朝廷的六部在历史上陆续建立起来的，到明代已经完备，清代则已完全固定下来。六厅之中，百户、管勾、典籍、司乐四厅，简称兵、农、礼、乐四司，是孔府统治管理的核心，为孔府统治庙户、佃户、乐舞生和礼生的重要机构。

② “历代帝王封赠孔氏奉祀祭田，共三千六百大顷，每顷一百大亩。”参见孔德懋：《孔府内宅轶事》，天津人民出版社，1982，第111页。

③ 袁兆春：《孔氏家族宗族法及其法定特权研究》，华东政法大学博士学位论文，2005，第17页。

土地田产类别不同，其上附属的人户性质也有所不同，因此针对屯地、厂地和官庄分别设置了略有差异的管理模式。

在管勾官之下，按照祭田①的不同区域，分别设置了屯官八名，② 后增加到九名。这九名屯官，分理各屯，协助管勾进行管理。他们都有品级，管勾官为六品，屯官为八品。屯官之下依次设总甲和小甲，③ 为一般属员，他们直接对佃户进行管理。除此之外，对于其他下属厂地，因这部分土地分布较集中且面积不像屯地那样广阔，孔府并没有为此设置专门机构进行管理，而是直接派人与佃户交易，这类人又被称为“管事”或“管厂”，下设数名小甲和庄头统一管理。④ 至于十八官庄则是实行“庄头制”，孔府分别派遣管事总甲、小甲负责租税的征缴。也就是说，除了屯地以外，厂地和官庄都是由孔府直接派人与佃户进行交易收租，只有屯地才是由管勾官—屯官—总甲（小甲）这一系统组织负责。

此外，因孔府祭田均来自历代朝廷的钦拨，其所收租税也主要用于孔庙的祭祀和衍圣公及其属员的俸禄，因此祭田收入并不归入地方财政。孔府内的孔氏族人、庙佃户和仆役亦不入州县牌甲，不受地方州县官府的控制。

2. 管勾衙门的职员构成

机构的管理制度总是在不同的冲突纠纷中不断完善，在实现管理职权的同时，总会出现各种各样的情况，为更好解决这类与租税征收及佃户管理相关的案件纠纷，管勾厅逐渐衍生出一个特殊的司法机构——管勾衙门。

孔府内设立族长衙门、百户衙门和管勾衙门等组织机构，他们模仿清代地方官府司法审判的一般流程，处理解决孔府内部的纠纷矛盾。其中，族长衙门主要负责处理孔氏族内的纠纷和词讼以及各种违反族规的事例，由孔氏一族的族长作为最高审判官，依据家法族规⑤的内容，经过一定的调解或问训，得出审判结论。在此期间，族长有权对违反族规的族人进行审讯并施以刑罚，地方官府不得干涉。另有百户衙门作为孔府的司法机构，主要司法职能是解决孔府庙户间的词讼纠纷并按期清查脱漏户丁事。因孔府庙户主要供职于孔府林庙等主要进行祭祀等活动的场所，因此庙户多为孔氏内族人。由于此类孔氏族人供职

① 祭田：即历朝中央政府“钦拨”给孔府的土地，又称为“祭田”“赐田”，其租税收入主要用于孔庙祭祀活动，是孔府土地田产中占据最大数量的田产，为方便管理，又划分为五屯、四厂、十八官庄。

② “盖因钦赐屯厂，坐落兖、曹、泰三府，乃管勾鞭长莫及，是以设立屯官八员，令其约束屯户，督催祀银，以及采办祭品等件。”参见《移曹州府郓城县为查覆屯官设置原委品级及文移仪注等事》，孔府档案，档案号3733—18，孔子博物馆藏。

③ 各甲都有数名甲首、总甲，由世佃轮流充当，负责征收当年之租银以及实物租税。

④ “七厂并无屯官，皆系本府委员管理”，称管事或管厂。

⑤ 此处的“家法族规”指的是孔府内部颁行的《原颁条例》（孔氏祖训箴规），参见《建宁三滩孔氏家谱》，孔府档案，档案号1114，孔子博物馆藏。

场所的特殊性，倘若发生争斗，难免误及祀事。因此乾隆年间衍圣公即移文山东巡抚，指出“百户专司管辖是林庙户丁，倘户丁互相雀角斗殴，理应剖断是非惩治，毋使滋事”。①另因孔府的庙户和佃户均为五年一编审，由孔府百户厅负责庙户的审核和丁银的征收，遇有逃户事、抗差不缴事等情况，百户有权对庙户实行拘讯和责惩。② 管勾衙门作为管勾厅的衍生机构，即在上述管勾厅的职责之下，对发生在孔府土地之上的、有关土地田产以及其他政治经济权利侵犯等佃户之间的纠纷进行调查审理与解决。

为真正实现其作为衙门调处纠纷的司法职责，管勾衙门就设在祭田最多、佃户聚集最集中的巨野县，③ 由房师一人、徒弟两人、随从职员一人、健丁六人组成，他们负责传唤和拘提佃户，由管勾官进行审理。

（二）管勾相关职员的选任程序

孔府的属官多为朝廷钦设，并定有品级官衔，因此在补授管勾官时，都必须经过朝廷的审复，发给“执照”才算真正生效。④ 一般来说，都会经过如下几个步骤：

首先，衍圣公在生贡士绅中进行拣选，遴选合适的人员；然后移文该员所在州县，查明“有无过犯违碍”；然后再由该县、该地族邻出具甘结，内容包括本人的容貌，本人和父、祖、曾祖等的履历情况，并经由知县核证为“身家清白，并无过犯情弊事”者；最后行文吏部，“奏请给札赴任”，⑤ 并执照本省巡抚及地方官。

如乾隆五十六年（1791 年），孔府移文江苏丰县，调查族人孔毓良等“有无违碍过犯”。孔毓良等所在的艾村地保蒋三、邻佑生员张以成等查明，孔毓良等“实系祖居山东，自洪武年间迁居丰县，耕读传家，并无违碍过犯”，“出具并无违碍甘结”，丰县知县进行“复查无异”。⑥ 又如嘉庆二十四年（1819 年），广西灵川县刘绍业选授屯田司，灵川县为其出具的甘结内容如下：

---

① 《东抚咨为百户陈曰训擅受民词滥差滋扰逼毙人命一案免其斥革事》，参见山东大学历史系编：《曲阜孔府档案史料选编》，齐鲁书社，1981，第三编第三册，第 238 页。

② 肖淑辉：《清代衍圣公司法权研究》，山东大学硕士学位论文，2017，第 36 页。

③ 何龄修等：《封建贵族大地主的典型》，中国社会科学出版社，1981，第 63—65 页。

④ 《牌仰管勾为本府屯广户口保甲由管勾编造有司不得复造事》，参见曲阜师范学院历史系编：《曲阜孔府档案史料选编》，齐鲁书社，1980，第三编第五册，第 284 页。

⑤ 乾隆二年（1737 年），衍圣公为“屯厂户口保甲由管勾编造有司不得复造事”饬委管勾官：“照得本府所有各屯、厂地方户口人等，例因不入州县烟户册内，理合另立保甲……凡系本府屯、厂户口保甲，听管勾官编造报府。所在有司不得混行复造，通行遵造（照）各在案”。参见《乾隆年间查编各屯厂官庄佃户保甲》，孔府档案，档案号 4073—3，孔子博物馆藏。

⑥ 《寄居江南各县孔氏族人申请续修支谱》，孔府档案，档案号 1035—5，孔子博物馆藏。

具亲供选授屯田司刘绍业，年三十六岁，身中、面白、无须，系广西桂林府灵川县四都三图民籍，由衍圣公府拣选得屯田司员缺，蒙给执照，回籍听候咨补，身家清白，并无抗粮、寄籍、违碍等情弊，理合出具亲供是实。一、三代：

曾祖父成沛（殁）　　父德贞（殁）

曾祖母陈氏（殁）　　母李氏存，年六十二岁

嘉庆二十四年　月　日　　具亲供选授屯田司刘绍业。①

中央朝廷对孔府属官的选任，一是体现了“优遇圣裔”，关怀孔府以巩固自身统治；二是害怕孔府权力过大，威胁到清政府专制主义中央集权的统治，因此加以约束和控制。这反映了孔府与清政府二者之间复杂的矛盾关系。

三、管勾的主掌职权——司法与行政

随着管勾厅职责的不断细化，其属管勾官的职责也在逐渐扩充——作为孔府的代表管辖屯内诸项事宜。管勾厅既是孔府的民政机构，又是孔府的司法机构，既有管理所属田产及佃户，编造牌甲等经济、行政职权，还承担着审理佃户罪在枷责以下的民事案件等一定的司法职责，对于维护孔府家族内部的有序运行及外部统治秩序的稳定起到重要的作用，其中管勾官作为代表行使上述职权。

（一）管勾的经济、行政职权

根据档案记载：“管勾一员，正六品，掌祀田钱谷之出入，祭祀则供其牲牷粢盛，治膳馐醯醢之属。”② 如嘉庆十二年（1807年）正月，第七十一代衍圣公夫人程夫人逝世，孔府决定于本年三月初十举行葬礼，因府内人手不足，于是派管勾前往郓城屯、巨野屯和独山屯等地选报屯户，并由当地屯官负责“分别拣选、造册呈送，以凭分派各厅各房，听候差使”。③

作为孔府最高的财政机构而言，管勾厅的主要工作内容就是掌管孔府祭田的租粮、租银和集税的征收，以及置办祭祀用品以保障孔庙祭祀的物质来源。这一工作内容可以简单

---

① 《灵川县移为取具屯田管勾刘绍业亲供覆查无异移送查照事》，孔府档案，档案号1764—7，孔子博物馆藏。

② 《咨复兖州府县等衙门造送府庙属官额缺册折》，孔府档案，档案号1641—8，孔子博物馆藏。

③ 《谕管勾等为丧事纷繁着拣选屯户听候差使事》，孔府档案，档案号1324—7，孔子博物馆藏。

理解为孔府的“会计”。管勾会依据实际税银征收情况，整理成册，并分春、秋两季编造报销册，上报至衍圣公；① 同时会审核由司房（账房）② 按年编造的收支清册，随后上报衍圣公进一步核查。

此外，管勾还负责“查造保甲”，③ 即统辖屯佃户并组织编造保甲。上文中曾提到，孔府的屯户、佃户按保甲编伍，实行保甲制度。如乾隆三十二年（1767年）六月，“衍圣公府为编查屯佃户口以重祀典事”，令现任管勾仿照前任已故管勾刘楷“议定编查户口章程”并“照式办理”先行出示晓谕。④ 可见孔府管勾编订屯佃户人口册已成“定制”。而且孔府的牌甲组织自成体系，不归州县编制。孔府屯佃户保甲的编审稽查皆由管勾厅专管，遇有脱漏户丁等情况时，亦由孔府管勾官负责调查审理。如乾隆二十九年（1764年）三月，平阳屯屯官王伸因下属屯户“窃逃出户事”上报孔府管勾官周缃，管勾官周缃在上禀孔府后负责处理此事，并将最终结果通报给孔府。⑤ 利用屯户—屯官—管勾这一套严密的组织管理体系，孔府从最基层把户人严格管束起来。⑥ 这不但有利于租税的征收，更在一定程度上维护了地方区域的社会安全和秩序稳定。

（二）管勾的司法职权

在孔府给山东地方官的手本中说道：“伏查至圣庙钦拨户佃土田……钦设管勾一员，为之统辖，分置屯官，分理地方……如存户婚细事，均由管勾衙门审理，详本府立案。倘遇命、盗重情，仍赴有司审结。”⑦ 也就是说，凡是发生在孔府统辖的土地范围之上，除命案之外的有关土地田产、税银征收、邻人矛盾等案件，均由当地屯官协助孔府管勾官统辖办理，由管勾官总管统辖。

关于管勾厅在统辖钦拨佃户中的司法权限，在乾隆年间孔府给山东按察司的一件咨文中划分得非常清楚。乾隆年间，山东按察使司为“管勾与地方官分理屯户路案责任划分”

---

① “屯田祀银，向归管勾官经理”，参见《征追孔庙平巨屯各厂庄祀田佃户抗欠田租》，孔府档案，档案号4110—16，孔子博物馆藏；“均分春秋两季报交奉府”，参见《征催孔庙独山屯祀田草租鱼利》，孔府档案，档案号4123—42，孔子博物馆藏；“春季完半，秋季全完”，参见《本府完纳泗水县庄田粮银》，孔府档案，档案号1579—22，孔子博物馆藏。

② 清光绪年间，另设内账房，由总师爷主持，统管银钱和粮谷出纳的核算事宜，另有外账房负责孔府所设钱店的存、放款及兑换银钱业务的核算。参见于国山：《山东孔府会计》，《会计之友》1998年第5期。

③ “本府钦拨各屯、厂户口，向例不入各州县烟户册内。是以特设管勾一员，耑司征收屯户租银，以及查照保甲等案”，参见《乾隆年间查编各屯厂官庄佃户保甲》，孔府档案，档案号4073，孔子博物馆藏。

④ 《乾隆年间查缉孔庙脱漏户丁》，孔府档案，档案号5071—31，孔子博物馆藏。

⑤ 《管勾周缃呈为张欣逃户抗差详情电鉴施行事》，孔府档案，档案号5070—7，孔子博物馆藏。

⑥ 《谕小甲佃户为严禁聚赌违者重责邻里连坐事》，孔府档案，档案号3610—4，孔子博物馆藏。

⑦ 《乾隆年间处理孔庙各屯庄佃户讼案》，孔府档案，档案号3932—5，孔子博物馆藏。

一事咨文衍圣公："将屯户有犯何项应归地方官审理，何项应由管勾厅完结，酌定案情轻重，分晰妥协，定议移司，以凭会同藩司核转，永定章程等因。"衍圣公遂开列管勾与地方官的权力划分，覆文如下：

> 第一，屯户内有犯人命、盗案、奸拐、匪窃一切重大案件，及斗殴有伤者，皆归地方官办理，管勾不得干预。
>
> 第二，屯户词讼有牵连民人者，统归地方官查讯，管勾不得擅自审理。
>
> 第三，屯户内有赌博、土娼、打架、酗酒、烧锅、私圈及钱债、口角诸细事，罪犯在枷责以上者，仍解地方官完结，若罪止枷责以下，应令管勾稽查审拟，详候本府批夺。
>
> 第四，屯户内首报欺隐祀田，应令管勾据实查勘具详，如有干涉民人者，仍移会地方官查办。
>
> 第五，屯户内佃种土地，或因界址不清，或因盗卖盗买，应令管勾稽查，详报本府核夺。
>
> 第六，有民人佃种祭田者，名为寄庄户，此等实系百姓，一切案犯自应全归有司管理，但现在佃种祀田，凡有抗粮欺隐及事涉土田者，应令管勾查办，详请本府核夺。
>
> 第七，屯户虽属管勾统辖，一切呈词不得擅自收受，非经本府批令查审者，一概不许管理。①

一方面，对于刑罚在枷责以下者，或与田产、屯户相关的案件，孔府衍圣公有"自理词讼"的权力，地方官府不能随意干预。另一方面，对于刑罚在枷责以上、涉及民人或案情重大的案件，由地方官负责查办。即对于一般纠纷案件，当事人又为孔府屯户时，发生纠纷矛盾无需上报地方官府，可直接由孔府管勾官进行处理。如若涉事屯户直接上报地方官府，反而构成"越分"，属于违反孔府规定的行为，会因此受到责罚。如乾隆五十四年（1789 年）屯户赵锡龄一案，"查赵锡龄系钦拨屯户丁口，例应本爵府编查。今因争继之事先行控县，已属不合。业经本爵府批结，辄敢复行匿情越控，藐抗殊甚，析将赵锡龄差押赴本爵府，以凭究惩"。②

上述咨文对孔府管勾厅的司法管辖范围做了较为明确的规定，除了上述事由外，地方

---

① 《乾隆年间处理府庙属官讼案》，孔府档案，档案号 3731—2，孔子博物馆藏。

② 《乾隆年间处理孔庙各屯庄佃户讼案》，孔府档案，档案号 3946—36，孔子博物馆藏。

政府不得干涉孔府管勾厅审理案件。作为孔府内置的司法机构，管勾衙门直接处理与屯地田产相关的案件，遇有屯地佃户即屯户之间的纠纷案件时，必须先交由管勾衙门进行处理，有必要时再移交地方官府。但即使是在地方官府处理期间，地方官也必须定期向孔府檄文汇报案件调查情况。如若有案件当事人先行状告到官府，地方官府一般也会先行问询孔府或直接移交孔府处理。

按照规定，管勾没有审理刑事案件和罪在枷责以上的民事案件的权力，它在司法方面只有屯户之间民事纠纷的调处权。但是，只要我们稍许翻阅一下孔府档案材料，就会发现，管勾的实际权限远比字面规定的要大得多。孔府开列的这七条，似乎是明确划分管勾厅和地方政府在管理佃户上的权限，尊重地方政府职权，实际上孔府从来不受自己说过的话的约束。管勾厅是孔府所属的机构，受孔府支配，比地方政府更容易贯彻孔府意旨。管勾厅实际上设有公差皂隶，有事"由管勾官唤案"，并且"打点升堂""掷签行杖"，[①] 根本不受案件刑罚须枷责以下的限制。

四、孔府"家法"与清朝"国法"的关系

管勾厅作为孔府下属具体府务管理机构，针对土地田产及其佃户纠纷承担了一定的司法职责，依照的也是孔府内部颁行的《祖训箴规》（又称《原颁条例》）等家法族规，[②] 并受其约束。实际上，针对孔氏家族内部严格遵循的家法族规与清朝时期普遍施行的国典朝章之间的关系论述已有不少，二者之间究竟是何种关系？孔府"家法"又对清朝"国法"产生了哪些影响呢？下文将从孔府"家法"的司法管辖权入手，从其渊源、内容和适用性三方面论述其与清朝"国法"的关系。

（一）清朝"国法"赋予孔氏家族特权

顺治元年（1644年）九月，衍圣公孔胤植上奏《初进表文》表达对清朝政府的支持，这极大地迎合了清廷入关后笼络汉族大地主以维护自身统治的意旨。因此清政府不仅承认前朝对孔府的各项优待，而且"恩渥愈加隆重"。十月初二，摄政王多尔衮就颁发令旨，仍封孔胤植为衍圣公，同意以明朝旧例优待孔府。

---

① 《雍正年间处理府庙属官讼案》，孔府档案，档案号3722—36，孔子博物馆藏。

② 《钤印续修福建建宁县三滩孔氏家谱》，孔府档案，档案号1114—1，孔子博物馆藏；参见山东省曲阜市地方史志编纂委会编：《曲阜市志》，齐鲁书社，1993，第128页。

顺治八年（1651年）四月，清政府派大臣刘昌到曲阜祭孔，衍圣公孔兴燮也曾在顺治九年（1652年）、十七年（1660年）两次入京“陪祀观光”。顺治十年（1653年）清政府更是将邻近曲阜的明朝德王、鲁王两所废藩王庄地拨给孔府，以示恩荣，这是在经济上的优待。

在政治方面，最为突出的表现就是曲阜世职知县的制度。明初洪武年间，为达到使“孔子后裔不使他人统摄之意也”，① 明太祖把曲阜知县由世袭改为世职，② 清朝政府延续了这一规定，这就促使孔府不再满足于已拥有的法定权利，衍圣公在自己管辖的范围内，擅自制定“佃规”“屯规”等各种成文或不成文的“法律”，按照自己的需要和意旨摊派差役和贡物，审讯和刑罚户人。直至雍正八年（1730年），两广总督孔毓珣上疏《敬陈阙里事宜》，③ 主动提出削弱衍圣公的权力，得到雍正帝的欣赏，于是重新申明了世职知县的题授制度，规定：“嗣后曲阜知县缺出，令衍圣公会同山东巡抚于孔氏合族中，拣选才品优长堪任邑令者，拟定正陪二人，保题咨送引见补授。”遇到“大计”年份，要按照一般官吏制度，进行考核。④ 这一规定大大缩小了衍圣公保举世职知县的权利，加强了中央集权。到乾隆二十一年（1756年），曲阜知县就正式由孔氏世职改为完全由政府题授的流官了。⑤

在清代中央和地方的司法体系之中，孔府并非严格意义上的一级行政司法机构，而是独立于国家行政司法系统之外的存在。此亦不禁引发笔者思考，当发生涉及孔氏族人和孔府所辖土地田产等的案件纠纷时，其司法管辖权究竟是归属于地方州县官府，还是交由孔府自己进行审理呢？对此，翻阅清代国家法律规定，我们并没有见到相关的制度条文，只能通过分析孔府档案中记载的一些具体案件，得出一般案件的处理过程记录；而在这些有案件记录的孔府档案中，见到最多的也只是地方官府和孔府在案件处理过程中，双方各执一词的论述，且多为孔府这一方的论述，对地方官府的回应并不多见。或许当时就没有形成明确的制度规定，而是由双方临时交涉并不断形成判例以让后世遵循。⑥

（二）孔府“家法”对孔氏族人及附属人员具有管辖权

孔府的最高统治者衍圣公对其属员和其他孔氏族人具有最高权力，有权进行管束和奖

---

① 《雍正八年建修曲阜孔庙工竣奉旨编纂阙里盛典一书稿本暨有关资料》，孔府档案，档案号4993，孔子博物馆藏。

② 《裁汰孔氏世职曲阜知县改为世袭六品官专奉崇圣祠祀事》，孔府档案，档案号0311—1、0311—2，孔子博物馆藏。

③ 《雍正八年建修曲阜孔庙工竣奉旨编纂阙里盛典一书稿本暨有关资料》，孔府档案，档案号4993，孔子博物馆藏。

④ 《雍正八年建修曲阜孔庙工竣奉旨编纂阙里盛典一书稿本暨有关资料》，孔府档案，档案号4993，孔子博物馆藏。

⑤ 《裁汰孔氏世职曲阜知县改为世袭六品官专奉崇圣祠祀事》，孔府档案，档案号0311—1、0311—2，孔子博物馆藏。

⑥ 参见肖淑辉：《清代衍圣公司法权研究》，山东大学硕士学位论文，2017，第20页。

惩。为实现这种管束，衍圣公仿照国家司法体制在孔府内部设立了四个衙门，专管孔氏族人词讼及家务纠纷。上文中提到的管勾衙门就是四个衙门之一，主要负责处理孔府相关的土地田产及佃户纠纷。其实施对象划分为孔氏族人与下属人员两大类，其中孔氏族人是其约束的主要对象。但同时还要注意的是，孔氏族人还享有一定程度的司法特权，尤其是在有地方官府参与的案件当中，孔氏族人往往会在传讯、讯问以及后续处罚中享有“姑念圣裔从宽免究”的司法特权。

1. 孔府对孔氏族人具有优先管辖权

孔氏一族“尚属圣裔”，对于发生在孔府下辖土地上发生的族内纠纷，孔府拥有优先管辖权，即当发生纠纷时，当事人须先告知孔府，且“不告获罪”；即使当事人在案发后先行告知了地方官府，地方官府在收到告诉后，仍须“移文孔府”，询问孔府对案件及当事人等相关情况的意见。在后续的案件处理过程中，孔府犯人的提讯及后续的处罚中，仍旧享有优先权。

对于一些案情简单、危害性较小的案件，甚至可以不经地方官府的参与，孔府内部衙门独立处理解决。如嘉庆十六年（1811年），寿张集秤行经纪井兆俊捏造事实，诬控民户王曰桃等人霸占屯集，经东平州官府具文移覆孔府后，“当即杖责二十板，以示惩儆”。① 又如嘉庆二十五年（1820年），寿邑野猪淖地保高官、杨文焕与素革刑书杨文高等人私立斗秤牙行，非法夺去邻近张家楼屯集，经兖州府查律后移覆孔府，孔府查证后做出“将被告等人先行枷号两个月，俟满日均照违制律各杖一百，折责发落”的处罚。②

此外，当案件移交至地方官府处理时，如果案件涉及孔府属官，孔府往往会庇护属官，使其不受地方官府传讯或刑罚。以上种种表现无不强调了孔府在案件处理过程中享有的知情权和管辖权上的优先性。如乾隆五十七年（1792年），曲阜县息陬村书院集尼山学录孔广汾“私立行头，更变旧章”，③ 经兖州府曲阜县调查后，认为“广汾既系圣裔，又充尼山学录，沐泽匪浅，更应尊崇”，“姑念圣裔从宽免究”。因被告既为孔氏族人又同时担任圣地尼山的学录，所行违例之事又没有造成不可弥补的损失，故而从轻发落，这在一定程度上体现了孔府对属官的庇护特权。又如嘉庆十四年（1809年），曲阜县为审理调查案件传讯孔氏族长、五品执事官孔尚功。檄文到达孔府后，面对地方官府的传讯，孔府曾两次移文曲阜

① 《东平州移为讯明所控寿张屯集被霸一案实为捏控该集仍应屯民分做事处理侵霸孔庙东平厂寿张集集税纠纷》，孔府档案，档案号4901—19，孔子博物馆藏。

② 《兖州府移文为高官等夺集审讯清理发落经过事处理侵霸孔庙郓城屯集税纠纷》，孔府档案，档案号4883—23，孔子博物馆藏。

③ 《曲阜县移为孔广汾私立行头收取息陬集税事处理曲阜县息陬村孔子春秋书院征收集税纠纷》，孔府档案，档案号4907—7，孔子博物馆藏。

县，要求免传孔尚功，① 庇护属官免受司法讯责。

2. 孔府对附属人员具有司法管辖权

在庞大的孔氏家族内部，除了位高身尊的孔氏族人，更有数量众多的孔府附属人员，包括庙户、佃户和仆役等。庙户为朝廷钦赐，供林庙祭祀和公府役使；佃户又分为实在户和寄庄户，② 他们佃种田地，交纳税银，以供孔庙祭祀等用；仆役则包括家丁和各房奴婢等，他们服务于孔府的各类日常生活。③ 由于部分孔府仆役亦由庙户和佃户充当，故实际上孔府的附属人员包括朝廷“钦赐”的人户与民间自愿入府的民户两类身份群体。如嘉庆十一年（1806 年）佃户高士秀等人在泗水县衙供称：“地非圣公府之地，原是吾们进的地”，但泗水县官却呵斥佃户“就是你们进的地，即系带地投充，就是衍圣公府的人了”。④ 以上孔府附属人员内部之间，或与外部人员发生纠纷时，相应诉讼事务由孔府管辖裁断。

（三）孔氏“家法”与清朝“国法”多循旧例

孔府所享有的司法特权可以看作是一种默认的不成文法，而孔府与地方官府的司法权力划分亦可以看作是一种旧例逐渐成法的过程。孔府的“家法”原为约束家族子弟、管理田产佃户的行为规范，但在具体应用，尤其是司法实践过程中，孔府不断干预地方司法的运作，以维护自身权益。这一试探行为在长久的实践活动过程中不断得到清朝地方官府乃至中央政府的默许甚至支持，由此孔府就更有理由插手清朝“国法”的实施，当然这一行为也仅限于处理孔府相关的事务。⑤

朝廷为昭显其崇圣尊儒的思想，对孔府恩宠优渥，不断对孔府封爵赐土，赋予各种司法和经济特权。随着时间流逝，孔府因插手国家事务而获利甚多，其不法更加过分，逐渐发展成遇有相关的司法案件时，为避免审讯刑罚或为谋取额外权益，直接行文中央各部，继而转饬地方官府，檄文干预国家司法的运作。对于此种行为，清政府选择忍让，导致国家逐渐变为孔府司法权来源合法性的重要保障，特别是在处理具体案件时，孔府干预司法的行为或手段在得到官府的默认、纵容之后便会成为具有约束力的定例，并得以延续。如

---

① 《嘉庆年间处理孔氏族人讼案》，孔府档案，档案号 3640，孔子博物馆藏。

② 民人租种公府土地，仅向公府交纳赋税者，即为寄庄户。实在户可优免民间差徭，而寄庄户仍为民籍，需承担国家差徭。参见《乾隆年间查缉孔庙脱漏户丁》，孔府档案，档案号 5069—25，孔子博物馆藏。

③ 参见肖淑辉：《清代衍圣公司法权研究》，山东大学硕士学位论文，2017，第 20 页。

④ 《征追孔庙泗水县各厂庄祀田佃户抗欠田租》，孔府档案，档案号 4140—38，孔子博物馆藏。

⑤ 孔府的权力是朝廷所默认的一种特权，是一种不成文法，被视为当然的特权，既不载于清代的典章之中，亦无特颁诏旨，而清廷亦未对其加以干涉，“在清代，这样的司法特权乃是一种特例，即使是宗室觉罗中的王公将军也不具有”。参见经君健：《试论清代等级制度》，《中国社会科学》1980 年第 6 期。

在乾隆四年（1739年）孔府在给山东按察司的公文中就称：

> 伏查至圣庙钦拨佃户土田，系奉旨事理，供事庙庭，所以不入州县牌甲，免其各项差徭。钦设管勾一员，为之统辖，分置屯官，各理地方，俱系咨部奏请给札赴任者。如有户婚细事，均由管勾衙口审理，具详本府立案。倘遇命盗重情，仍赴有司审结。泾谓各分，屯民区别，此历来久有之旧例，而亦各户凛遵之成法也。①

孔府将管勾衙门对屯户的管理权力与地方官府的司法管辖权力做了明确的划分，并称这是“历来久有之旧例”，并在一系列的司法实践活动中最终“遵之成法也”。如清朝定制“绅衿凌虐佃户治罪各有等次，凡在籍乡绅不许开衙问事”，② 雍正五年（1727年）定制“凡地方乡绅，私置板棍，擅责佃户者，照违制律议处，绅监革去不顶，杖八十”，③ 而孔府内部衙门刑具罗列，板打枷责，已成惯例。如若遇到地方官府的阻拦，衍圣公就以“历朝成例，未有敢起而更张者”反驳。或许正是孔府享有的特权有不少是通过“历行之旧例”变为“成法”而得到的，这种获利实践使得孔府的胃口逐渐增大，在遇到案件纠纷时不断与地方官府交涉，以谋求维护自身利益，亦使得有更多的“旧例”积累“成法”。长此以往，孔府“家法”的日益昌盛在一定程度上助长了孔府的嚣张气焰，用以维护自身的贵族特权，这在一定程度上对清朝的“国法”实践造成了冲击，实际上也严重影响了清朝国家法律的实施。尤其是在孔府下辖的土地田产之上，行政管理直接变成了孔府“家法”与清朝“国法”二者并行，共同作用于地方司法实践。

五、结语

孔氏家族凭借种种特权仿照国家政权机构建立了一套独立于清朝中央政府以外的宗族管理体系，用于处理孔氏家族内部的宗族组织关系矛盾及与孔府相关的附属田土、人户之间等的案件纠纷。在涉及孔府相关纠纷的问题上，存在孔府司法与国家司法两者并存的现象，两者在解决纠纷的过程中存在一定的“交叉管辖”。由于孔府独特的政治、文化地位，地方官府在处理纠纷的过程中，其司法权力的行使往往受到种种限制：血缘亲近的宗族社

---

① 《按察司为蒋盛先等佃户以地基事聚众械斗并劝抢拒捕事》，山东大学历史系等编：《曲阜孔府档案史料选编》齐鲁书社，1985，第三编第十八册，第366页。

② 《雍正年间处理扶苗属官讼案》，孔府档案，档案号3722—36，孔子博物馆藏。

③ 故宫博物院编：《大清律例》，卷27，海南出版社，2000，第二册，第33页。

会里，更多的纠纷案件是以调解的形式销案，只有部分涉及国家利益或情节严重的案件才会有官府参与处理审判，而孔府亦是从未脱离其中，这展现了孔府独特的管理模式与相对双元的纠纷处理方式。在家族司法已经消解的今天，我们当然不必重新构建这个司法形式，但可以从中汲取符合当下形势和需求的部分，作为中国法治实践的有益补充，为实现中国式法治现代化添砖加瓦。

清代州县衙门通详及其在地方命案审理中的作用*

严　丹**

摘　要　在清代命案审理过程中，通详是州县层面认定案情的基石；在命案审转过程中，通详是各上级衙门了解案情的重要文书。在学界既有的与通详相关的研究成果中，对通详的构成及演变，通详与通禀、招详等重要上行文书的区别与关联，通详是审理程序还是审前程序，通详与州县衙门命案审转等关键问题的探讨，仍有诸多待发之覆。对有关通详诸问题的辨析，最重要的意义在于在廓清学界对通详认知误区的基础上，为探究州县衙门在命案审转中所发挥的作用提供新的研究视角。

关键词　命案；通详；通禀；招详；辨析

近年来明清司法档案的各种文书制作及演变，引起了中外学者的关注，并进行了相当深入的研究，① 然而通详作为州县衙门向各上级衙门通报案情的重要文书，似乎尚未引起

---

* 本文系2022年度四川师范大学校级项目“清代州县衙门通详与命案审理研究”（项目号：22XW111）、国家社科基金一般项目“清代州县衙门通详与命案审理研究”（项目号：22BZS078）的研究成果。

** 严丹，四川师范大学马克思主义学院讲师。

① 代表作主要有日本学者唐泽靖彦的《从口供到成文记录：以清代案件为例》（载［美］黄宗智、尤陈俊主编：《从诉讼档案出发：中国的法律、社会与文化》，尤陈俊译，法律出版社，2009，第94—101页）与日本学者谷井阳子的《从做招到叙供——明清时代的审理记录形式》［魏敏译，载中国政法大学法律史学研究院编：《日本学者中国法论著选译》（下册），中国政法大学出版社，2012，第479—515页］；此外还有吴佩林的《清代中后期州县衙门“叙供”的文书制作：〈以南部档案〉为中心》（《历史研究》2017年第5期）和法国学者梅凌寒的《刑科题本的拟成：以宝坻县档案与刑科题本的比较为依据》［载徐世虹主编：《中国古代法律文献研究（第11辑）》，社会科学文献出版社，2017，第426—445页］。

学术界足够的重视，尤其是在通详的构成及演变，通详与通禀、招详等重要上行文书的区别与关联，通详是审理程序还是审前程序，通详在命案审理中发挥的作用等重大问题的认识上，仍有值得进一步辨析与阐发之处。基于此，本文在借鉴学界既有研究成果基础上，以《巴县档案》《冕宁档案》中的命案为中心，辅以刑科题本、官箴书、法律典籍等多种历史文献，对上述相关问题进行专题探讨。

一、通详的构成及演变

清代官署往来公文，按照官署在国家机关中所处的层次地位的不同，分为上行文、下行文与平行文。上行文是下级官署呈报各上级官署的公文，包括详、验、禀三种；[①] 下行文主要包括牌、札；平行文主要有移、咨等。[②] 就清代通详文书的体式、内容而言，同为上行公文，其与其他详文有何关联与区别？通详由哪些构成？其间又经历了怎样的演变历程？

（一）详与通详

“详”是一种上行文种，始于明代。清人黄六鸿在撰于康熙三十三年（1694 年）、刊刻于康熙三十八年（1699 年）的《福惠全书》中，提到当时的文种样式主要有“申文式”“牒式”“移会式”等，其中，“申报上司用申文。详文加书册一本，须查对字迹与申文无异。验文不用书册”。[③] 由此可知，在黄六鸿所处的康熙时期，申文式的公文主要包括两种：详文与验文，两者最大区别在于“详文”须加书册，但“验文”则不用书册。据今人研究，与详文相比较，“验文并不要要求上司对文件作批示……上司收到验文，阅知后只需将其归卷存案即可”。[④] 所以就功能而言，验文属于向上级说明情况的文书，无需上级部门的批复。而详文则是请示类公文，故而需要上级部门做出批示、给出处理意见。

乾隆初期，随着禀文正式成为公文，申文还包括禀文，“申上之文曰验、曰详、曰禀。验止立案，详必批回。然惟府批由内署核办，自道以上皆经承拟批，上官有无暇寓目者。禀则无不亲阅，遇有情节繁琐不便入详及不必详办之事，非禀不可，宜措词委曲、叙事显明，上官阅之自然依允”。[⑤] 由此可见，乾隆朝之后，申文式的公文包括详文、验文、禀文

① （清）黄六鸿：《福惠全书》，卷之四，载刘俊文主编：《官箴书集成》，黄山书社，1997，第三册，第 77 页下栏。

② 雷荣广、姚乐野：《清代文书纲要》，四川大学出版社，1990，第 145 页。

③ （清）黄六鸿：《福惠全书》，卷之四，载刘俊文主编：《官箴书集成》，黄山书社，1997，第三册，第 265 页下栏。

④ 雷荣广、姚乐野：《清代文书纲要》，四川大学出版社，1990，第 146 页。

⑤ （清）汪辉祖：《学治臆说·禀揭宜委曲显明》，载刘俊文主编：《官箴书集成》，黄山书社，1997，第五册，第 273 页上栏。

三类文种。所以就申文与详文的关系而言，可以说详文是申文式文种，但申文并不只限于详文，它还包括验文与禀文。

关于申文式的公文体式，黄六鸿也有详细的介绍：

> 某省某府某州（县）为某事。据（蒙）某呈报（宪牌）前事云云。据（蒙）此云云。合行详报（申覆）
> 为此某官今备前由（详文加“另具书册”四字，通详者加“除详某衙门外”）。拟合具详（申）宪台，伏乞
> 照详（验）施行。须至详（申）者
> 右详（申）
> 某上司衙门衔
> 年（某事、印）月　日　某州（县）某某、佐贰某①

由黄六鸿关于申文式公文文种体式的描述可知，详文与验文有着相似体式，但是从上述引文细节中还是不难看出二者之间的区别。

在已经出版的《清代冕宁档案全编》（第一辑）中，整理者往往称详文（图1）或验文（图2）为申文。图1所载详文的主要内容是冕宁县知县将一起命案审理结束报送上级衙门后，接到被驳回并要求复审的批示，冕宁县知县经过复审后坚持认为，初审所做出的裁决“似无枉纵”，故请求宁远府维持原判，并将覆讯供词连同解犯详请宁远府转详。这是一件较有代表性的详文，但整理者在文种一栏中，标注为申文。而图2所呈现的内容是冕宁县知县在收到洪雅县关于秋审绞犯王之连祖母是否健在的情况说明后，将再次提审王之连后所得的“显系假借，图脱罪名”的结论报送宁远府的情况说明，属于验文。就体式而言，与详文并无不同，但就具体细节而言，由“照详施行”与“照验施行”可知其文种区别，从“须至申册者”与“须至申者”可知，前者是详文。从体式上而言，将详文与验文统称为申文亦无不可，但就其更准确的文种而言，分称其为详文与验文似更为合适。

① （清）黄六鸿：《福惠全书》，卷之四，载刘俊文主编：《官箴书集成》，黄山书社，1997，第三册，第265页下栏。

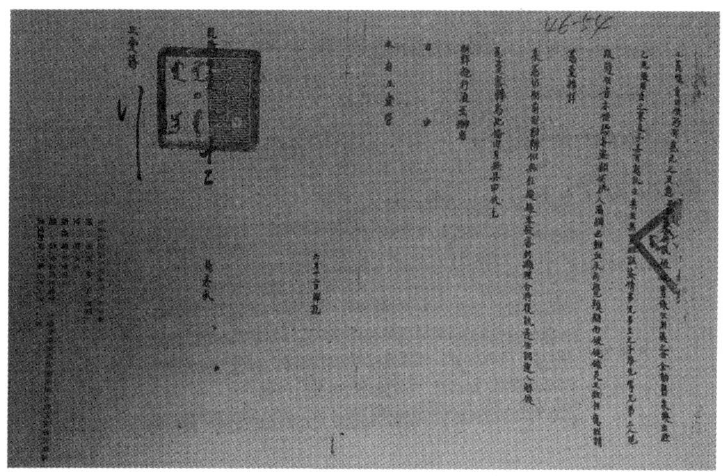

图 1　乾隆七年（1742 年）详文，《清代冕宁司法档案》，肆—46—54

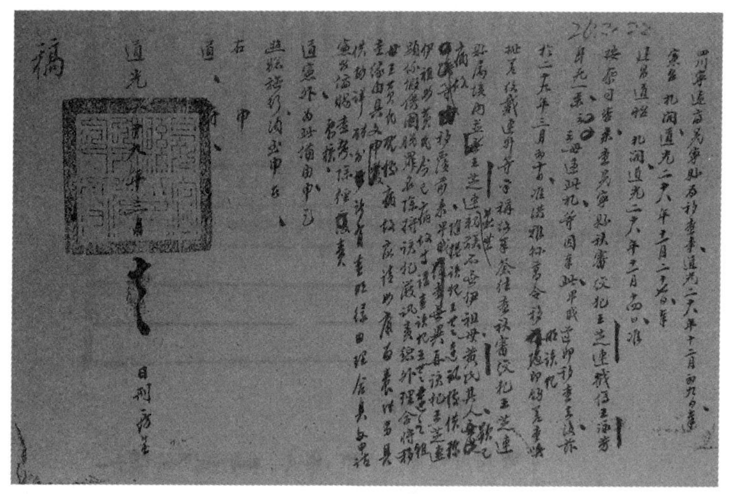

图 2　道光二十八年（1848 年）验文，《清代冕宁司法档案》，拾陆—25—12

雷荣广、姚乐野认为，“详”作为动词使用时，表示详言其事而送达上级官署，该文种始于明代。到了清代，“详”便成为官方规定的下级衙门向上级衙门请示政务的最正规、最常用的文种。凡重要公务，诸如案件审理、钱粮和费用的报销、官员的申调和实授等政务工作，须向上级部门请示通报时，均用“详”。① 也就是黄六鸿所言：“夫详文者，详言其事，而申之上台者也。贵在源委清楚，词意明切，而陈以可否之意，仰候宪裁。”② 根据“详”的用途，又可以分为详复、详请、详送、通详。

通详是详的一种，“当低级衙门所申报的公务与几个上级衙门均有关时，把同一内容的

① 雷荣广、姚乐野：《清代文书纲要》，四川大学出版社，1990，第 138 页。

② （清）黄六鸿：《福惠全书》，卷之五，载刘俊文主编：《官箴书集成》，黄山书社，1997，第四册，第 88 页。

详分别同时呈报有关上级衙门，是为通详”。[①] 笔者理解，所谓“通”者，乃通达于各上级衙门之谓也，这也是通详有别于其他详文的关键之处。其他详文一般只报送至府衙，再由府衙转详，而通详则是同时报送至各上级衙门。

至晚在明代中后期，通详文书就已经成为命盗重案中呈送上级衙门的重要案情通报，如明万历年间为官的吕坤曾说道：

> 贼犯到官，便须亲审。近见几处掌印官，惮于任事，懒于推鞠，辄批佐贰、首领等官，令之摘词具狱。……况审贼而原捕在旁，但闻一语称冤，快壮且喝且禀，甚者恨其反覆，讨出外面，从新拷掠，具招上堂。彼数经残创，已自消魂，非系泼耐之人，谁敢坚执辩诉。掌印官十九抄其原供，通详院道。[②]

这里提到的掌印官“通详院道”，即是将审后所得案情通报至各上级衙门。由此可知，在明代中后期，通详已经广泛适用于命盗重案之中。

此后，清代延续明代旧制，仍将通详作为命盗案情正式通报的文书，如雍正四年（1726年）四月二十六日广东巡抚杨文乾奏称：“粤东从前地方官必放火伤人及数十人之盗案，始行通报，其余概不通详上司。”[③] 此外通详亦称“详报”，如雍正七年（1729年）六月十九日贵州按察使赵弘本奏称：“见（滇黔）两省事件，仇杀、劫掳、命盗等案，多由外结。至督臣鄂尔泰莅任以来，区画周详，凡有大案，始行详报。”[④]

关于通详的适用范围，乾隆年间的官员王又槐在其《办案要略》中提到，“生员犯杖笞轻罪褫革者，只详学院与本府本州，徒罪以上方用通详”。[⑤] 也就是在一般案件中，凡是徒罪以上案件须用通详。而命盗等刑狱之事，由州县初审，然后“申于府，转于道，而定于臬司，以上达于刑部”，[⑥] 故而命盗重案必须循例履行通详报部院的程序，所以命盗重案的案情通报即是也以通详的形式进行。根据寺田浩明的观察，“清代地方各种事案中，特别是‘命案’（牵涉被害人死亡的案件）及‘盗案’（窃贼、强盗），州县长官有立即至现场相验（档案史料中记载之验尸）、搜索现场与讯问关系人，并向省内直属上司汇整、报告其处理

① 雷荣广、姚乐野：《清代文书纲要》，四川大学出版社，1990，第139页。

② （明）吕坤：《实政录·提刑事宜·盗情》，卷6，载刘俊文主编：《官箴书集成》，黄山书社，1997，第一册，第547页上栏。

③ （清）鄂尔泰等编：《雍正朱批谕旨》，北京图书馆出版社，2008，第一册，第375页。

④ （清）鄂尔泰等编：《雍正朱批谕旨》，北京图书馆出版社，2008，第四册，第257—258页。

⑤ （清）王又槐：《办案要略·论详报》，载刘俊文主编：《官箴书集成》，黄山书社，1997，第四册，第779页。

⑥ （清）盛康辑：《皇朝经世文续编》，台湾台海出版社，1983，第4363页。

内容（通详）的义务”。① 综上可知，在清代，通详文书主要适用于命盗重案以及拟罪在徒刑及以上的其他刑事案件，尤其是在命盗重案的审理中，州县官在接到报案后须亲诣现场勘验审讯，并将验讯所得案情的大概情形以通详的形式呈报各上级衙门。

（二）通详的构成

黄六鸿在探讨申文式文种时提到，“详文加‘另具书册’四字”。② 据此可知，详这种文书是由详文与详册两部分构成，而从《巴县档案》《冕宁档案》的命案可知，通详文书也是由详文与详册两部分构成。在《冕宁档案》中，也将详文称为正详，将详册称为副详。

1. 通详详文

关于详文的体例，学者雷荣广、姚乐野做了如下总结：

> 详文多折式，折面正中书写发文衙门、事由并加盖印章。次面开始还要书写发文衙门、事由，然后再接写正文。详文结束语为“具文详请宪台俯赐核转。为此备由申乞，照详施行，须至呈（申）者”。结束语之左另行书写右申二字。再另起行书写受文者即申报上司的全衔姓名。详文书写时，在申报上司全衔、姓与申报日期之间留有空白，以被上司题写批语所用。③

根据笔者掌握的《巴县档案》命案情况而言，详文的体例与上引所述并不完全相同。至少在清代中期，详文并未用折式。这一点我们从详文的题名中即可看出，在清代中期，巴县详文的题名多是“四川重庆府巴县详报某某身死一案详”，而到了咸丰时期，则有了细微的改变，出现了“四川重庆府巴县详报某某身死一案详折”的题名，也就是说题名中出现了“折”字，这也就意味着此一时段的详文是折式。

根据篇幅内容的多少，雷荣广、姚乐野将详文分为“长详”与“由详”。④ 所谓“长详”指的是内容较丰富、篇幅较长的详文，而所谓“由详”则指只有简单的事由，其余内容均载入详册内而不在详文中呈现的详文。与普通的详文类似，《巴县档案》命案通详的详文也有“长详”和“由详”之分。“长详”的文字内容与详册完全相同，“由详”的文字内

① ［日］寺田浩明：《自理与解审之间——清代州县层级中的命案处理实况》，载［日］夫马进编：《中国诉讼社会史研究》，范愉、赵晶等译，浙江大学出版社，2019，第403—404页。

② （清）黄六鸿：《福惠全书》，卷之四，载刘俊文主编：《官箴书集成》，黄山书社，1997，第三册，第265页下栏。

③ 雷荣广、姚乐野：《清代文书纲要》，四川大学出版社，1990，第139—140页。

④ 雷荣广、姚乐野：《清代文书纲要》，四川大学出版社，1990，第140页。

容则比详册简要。我们还是结合《巴县档案》《冕宁档案》的部分命案对此进行探讨。

乾隆六年（1741年）三月的一起题为“王升元杀死奸夫张朝儒、奸妇亢氏”的《冕宁档案》命案通详，某种程度上代表了乾隆初期乃至更早的通详详文的体例：

据卑县民人王升元报前事报称：情，蚁投治所贸易，于雍正二年娶妻亢氏，十有余载，住居大白鹿。于前月二十四日来城，三月初一日回家，正值上灯时候，于窗户中看见奸夫张朝儒与淫妇在家饮酒，蚁不敢入内，在外窥听，二人饮毕同睡。蚁往后查看，后门未关，灯未吹灭。蚁见气忿，入内，手执斧子行至床边，一斧砍去，恶即跳起，登时杀死，亢氏亦跟随起来，蚁亦用斧砍死床边，喊地方左右验证，今将二头背负台前。据此，卑职于未验之先，循例讯问。

问：王升元，你是哪里人，有多大年纪呢？

供：小的是陕西西安府鄠县人，今年六十四岁了。

……等供。据此，卑职遂单骑减从带领刑书仵作，亲至白鹿沟验明：王升元外面草房三间，周围土墙，右边一间隔断，案灶两眼，左边一间即系被杀奸夫张朝儒歇店，并无房门，中间左边开一后门。据王升元供，时后门未关。房屋后右边耳房两间，亦系土墙。上半间系王升元夫妇歇房，下半间系安厨灶，墙间开一窗户，即系王升元初一日夜，窥听奸夫奸妇饮酒说话之处。其余无故等语。据此，卑职复加检视，并将铁斧比对伤痕无异。

遂当场讯问甲长李天珍。问：这王升元初一日是什么时候杀奸？当时来报过你们没有呢？供：初一日半夜时候，这王升元来报小的说张朝儒同老婆有奸，被他抓住，双双杀死，小的点起火把，同他去看，果然男女两个杀在一处。等供。

据此，该四川冕宁县知县张祖晋审看得：奸夫张朝儒、淫妇亢氏死无足惜者也。秦民王升元娶妻亢氏，住居卑县之白鹿沟地方，种树种菜营生。张朝儒窥见老夫少妻，愿与王升元合伙栽烟种菜，醉翁之意不在酒也。合伙多年，同处一室，男女私通，谅非朝夕。王升元于本年二月二十四日……（引者按：省略的内容是将王升元杀死奸夫、奸妇的经过又扼要地复述一遍，故不再叙录）经卑职亲诣尸所验明，确其杀奸情形，毫无疑窦。查律载“凡妻妾与人通奸，而本夫于奸所亲获，登时杀死者，勿论”等语，今王升元杀死奸夫张朝儒、淫妇亢氏，系于奸所亲获，将奸夫登时杀死，律应勿论。除将奸夫、奸妇尸身饬令地保人等备棺掩埋外，所有验讯缘由，理合取具仵作不致增减捏饰甘结，填具图格，具文通报宪台，俯赐查核立案，除径报督抚两院暨臬道宪外，为此备由另册申乞照详施行，须至申者。①

该命案的详文某种程度上是清初通详详文中“长详”的代表。与我们在地方档案中经常看到的清代中后期详文相比较，清初通详详文各个部分的内容均极为丰富，其细节交代得尤为清楚。如在第一部分王升元的报词中，该详文将案情的相关细节内容也一并呈现。在第二部分当堂审问中，冕宁知县对王升元的讯问以及王升元的口供，基本上完整而又清晰地将一起奸情命案供述清楚。在第三部分的勘验环节中，基本是围绕着王升元供词的内容展开：何处窥听，何处入内，一一交代清楚；而在验尸环节中，也将被杀者的伤痕做了全面的检验。在第四部分的讯问环节中，则重点围绕王升元的甲长与邻佑展开，且冕宁知县讯问的问题均是围绕对王升元讯问时所提到的诸多问题展开，根据邻佑、甲长的口供来印证王升元所供是否属实。该详文的最后一部分内容则是冕宁知县在经过勘验审讯后对案情的基本判断，也就是看语，该看语也有一定的生动性，如“醉翁之意不在酒”“男女私通，谅非朝夕”。

大约在乾隆后期，通详详文的内容发生变化，由原来将案件情节全部叙述的内容演变为只叙述事由及勘验情节的内容。我们试以乾隆五十一年（1786 年）的题为“仁里十甲彭君扬等具禀赵大举自缢身死一案”（图 3 所示）的通详详文为例进行探讨，其详文具体内容如下：

四川重庆府巴县为报明事。② 乾隆五十一年八月二十九日，据县民王朝贵报称：……据此，卑职遂带领刑仵前诣该处查勘得：王朝贵饭店一所……（引者注：省略内容为勘验场所的位置及赵大举遗留情形）将尸移放平明地面，对众如法相验，据仵作任世学喝报：验得……（引者注：省略内容为验尸环节内容）实系生前自缢身死，喝毕，覆加亲验无异。起取裹脚布比对，缢痕相符。将尸棺敛，取具仵作甘结附赍。除各供备载册内不录外，并将尸棺浅埋，遗物贮库，移关尸亲及苏宗举到案，分别给领。再行研审赵大举自缢身死有无别故，议拟另详外，所有验讯缘由，理合填图录供，具文通报③

宪台，俯赐查核，批示饬遵，除径报

① 《冕宁档案》，肆—42—29（脱漏），乾隆六年三月。

② 《巴县档案》命案的通详文书，不论是详文还是详册，其题头一般均为“四川重庆府巴县为报明事”。

③ 清代公文中，提及同级、上级官署或长官时，须另起一行平格书写，称为平抬或提行。文中的宪台、爵督、臬道等，均另起一行平抬书写。

督部堂暨

臬道宪外，为此备由申乞①

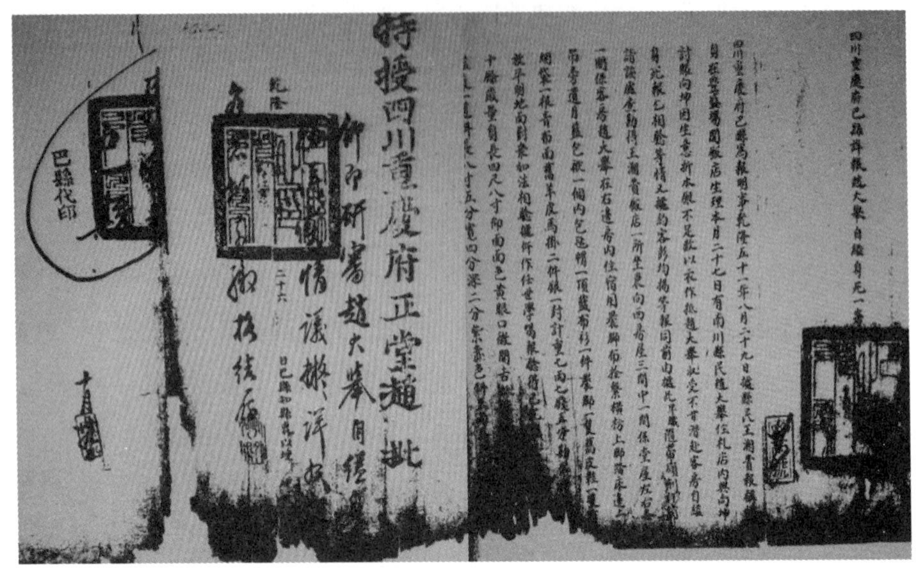

图3 乾隆五十一年（1786年）通详详文体式与内容，《巴县档案》，清6—1—519

由这起命案通详详文的内容可知，此一时期最大改变是将审讯所得的叙供内容一并省略，只保留了报词及勘验环节的内容。至于嘉庆朝之后的详文，则勘验内容也一并删去，一般表述为"除报词勘验及讯取各供备载册内不录"，只保留基本事由，是为"由详"。如嘉庆十四年（1809年）的一起题名为"署四川重庆府巴县详报民人陈文礼奸所获奸登时杀伤奸夫吴老幺奸妇陈杨氏身死一案详"（图4所示），其详文内容如下：

署四川重庆府巴县为报明事。窃照卑县详报民人陈文礼奸所获奸登时杀伤奸夫吴老幺、奸妇陈杨氏身死一案，除报词勘验及讯取各供备入册内不录外，所有验讯缘由，理合填格录供，具文通报

宪台，俯赐查核，批示饬遵，除径报

爵督部堂暨

臬道宪外，为此备由申乞

照详施行，须至申者②

① 《巴县档案》，清6—1—519，乾隆五十一年八月。关于案例内容的格式，笔者基本上依据《巴县档案》展示的样态抄录，故随题头之后，并未另起一段。

② 《巴县档案》，清6—2—890，嘉庆十四年六月。

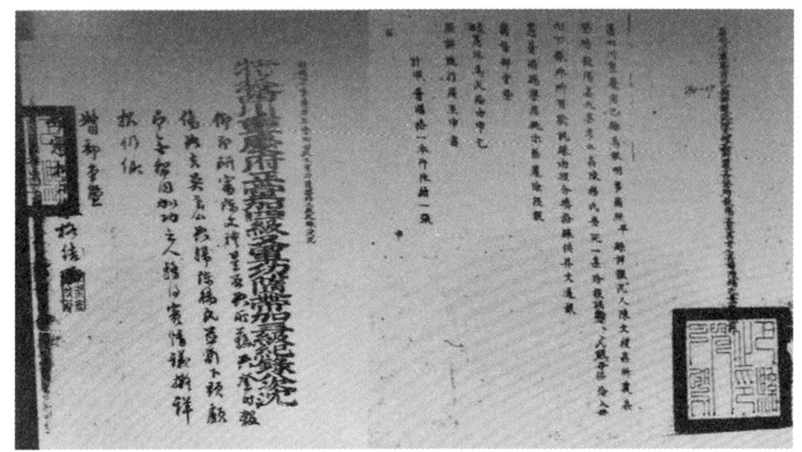

图 4　嘉庆十四年（1809 年）通详详文体式与内容，《巴县档案》，清 6—2—890

因为该案的“报词勘验及讯取各供备入册内”，所以详文中除了基本事由之外，已无任何与案情相关的直接信息。至光绪朝，详文名称又称为“简详”，如在光绪二十八年（1902 年）八月的一起命案的通详详文中的结束语部分：“调署巴县为报乞验究事，窃照详报民人邓长寿戳伤周白长身死一案，除赍格录供备载书册邀免冗叙外，理合摘叙简详，具文详情俯赐查核。”① 通过梳理，我们发现，清代通详详文所呈现出的内容经历了由繁至简的演变过程。

2. 通详详册

关于通详详册的体式，雷荣广、姚乐野两位学者做了简要的说明：

> 详册则用九行格子纸缮写，加封面装订成册，因而叫作详册。册面多在左上角帖上一红色方形纸签，称为斗签。斗签上写明事由。有的详册册面不贴斗签，其事由则直接书写在左上角位置。详册内，无论页数多寡，两页之间均需要加盖骑缝印而不可空白。②

从《巴县档案》的命案中反映的通详详册的体式看，如图 5 所示，在乾隆、嘉庆时期，详册并未用格子纸缮写。到了道光中后期及之后的咸丰、同治时期，如图 6、图 7 所示，详册的封面或用十四行格子纸缮写，或用七行格子纸，并未发现有九行格子纸缮写的详册。此外，命案通详的详册也没有斗签，其事由在清中期一般写在册面靠右侧的位置，至清后期咸丰、同治年间则书写在册面靠左的位置。

---

① 《巴县档案》，清 6—6—8071，光绪二十八年八月。

② 雷荣广、姚乐野：《清代文书纲要》，四川大学出版社，1990，第 138—139 页。

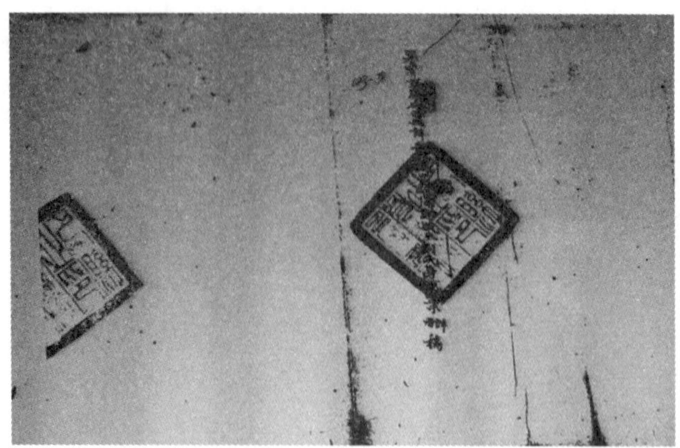

图5 乾隆五十一年（1786年）通详详册的册面，《巴县档案》，清6—1—519

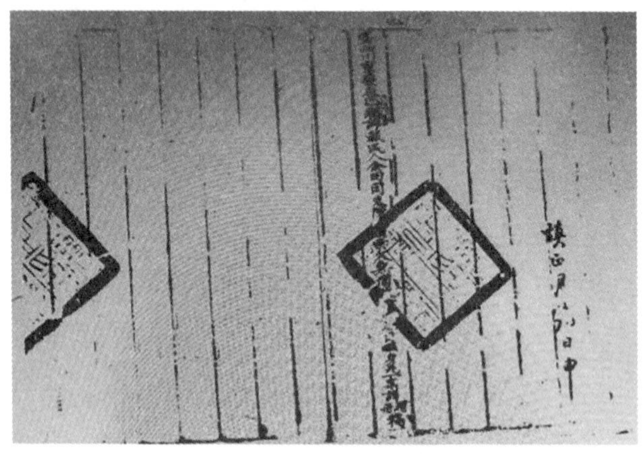

图6 道光十八年（1838年）通详详册的册面，《巴县档案》，清6—3—851

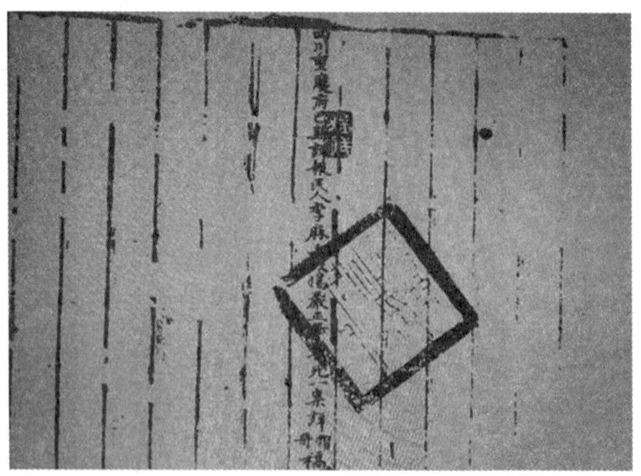

图7 咸丰六年（1856年）通详详册的册面，《巴县档案》，清6—4—1363

就详册的题名而言，在乾隆、嘉庆时期巴县命案的通详详册中，一般以“四川重庆府巴县详报民人某某身死一案详册稿”为题名（图 5 所示），在道光及之后时期的题名则一般为“四川重庆府巴县详报民人某某身死一案详折册稿”（图 6、图 7 所示）。而且从加盖的骑缝印中可以判断，乾隆时期两页之间的文字为二十至三十余行不等，至嘉庆末年每页改为十四行文字。

下面我们结合《巴县档案》嘉庆十三年（1808 年）一起题为“王国安殴伤窃贼王刘氏身死一案”的通详详册的内容进行讨论：

署四川重庆府巴县为报明事。嘉庆十三年六月十四日据县民刘长顺报称：……（引者按：省略部分为报词内容）据此，卑职随单骑减从，带领刑仵前诣尸所。勘得：王国安地内载有高粱，有扳摘形迹，勘毕，复诣尸所。饬令将尸移放平明地面，对众如法相验。据仵作彭华喝报：……（引者按：省略部分为勘验环节内容）喝毕亲验无异。凶器柴棍、竹签，据供业已烧毁无存，无凭比对，将尸棺敛，取结附赍。随

问，据刘长顺供：死的王刘氏是小的女儿，嫁与王世相为妻……

问，据王世相供：小的与王国安邻近居住，死的刘氏是小的妻子……

问，据王国安供：……等供。据此，除将人犯等分别保押再行研审，王刘氏是否因黑夜行窃，被王国安等殴伤身死，有无别故，务得实情，议拟详报外，所有验讯缘由，理合填格录供，具文通报

宪台，俯赐查核，批示饬遵，除径报

总督部堂暨

巡臬宪外，为此备由申乞

照详施行，须至申册者①

计申赍格一本、仵作一纸

右申

督臬道府

具结状。仵作彭华今于与结状事，结验得已死王刘氏，问年十八岁云云，中间不虚，结状事实。

---

① 清代文书末尾中的“须至某者”的“某”代表的是文种，如“须至牌者”，代表的是牌文。该详文中“须至申者”的“申”代表的即是申详。下文中详册的“须至申册者”，指的则是通详详册（雷荣广、姚乐野：《清代文书纲要》，四川大学出版社，1990，第 256 页）。

嘉庆十三年七月二十二日 刑房呈①

这是一则完整的通详详册的体式内容。从“刘长顺报称”一直到“据此”之前的内容为“报词”，从“卑职随单骑减从”至“取结附赍”之间的内容为“勘验”环节，各犯证供称部分为“叙供”。“报词”“勘验”“叙供”构成了通详详册的主要内容。此外还附有记录验尸内容的尸图格以及仵作验尸后的具结状，也就是所谓“计申赍格一本、仵作一纸”所指称的内容。由“除将人犯等分别保押再行研审，王刘氏是否因黑夜行窃，被王国安等殴伤身死，有无别故，务得实情，议拟详报外，所有验讯缘由，理合填格录供，具文通报”等内容可知，详册中呈现的内容是勘验初讯后案件的大概情由。该案最终的案情内容与审拟意见则须“议拟另详”，所谓“议拟另详”，指的是将更为全面的案情内容介绍与审拟意见以“招详”的形式再次呈报各上级衙门。此外在乾隆时期一般自杀案通详详册的最后，还附有相关犯证人员的具结状，② 这是此一时期其他命案所未有的情形。不过嘉庆朝之后，此类自杀案通详详册最后附有犯证人员具结状的情形再也没有出现。据此可知，通详详册的内容构成是按照命案的审理程序而展开：尸亲、邻佑等报案，经过简单讯问后，州县即发出验票，勘查现场并验尸，并在尸场进行初步讯问。就内容而言，详册主要由报词、勘验、叙供三部分组成。

从《冕宁档案》与《巴县档案》中的命案通详文书可知，乾隆朝至光绪朝的详文内容大致遵循了由繁至简的演进历程。之所以有此演进历程，某种程度上与详文、详册的用途有密切关系，“详文、详册合成详一套申报上司，上司在详文上批示后，将详文再发还申报衙门。详册则照录批示后留在上司所在衙门”。③ 因详文需要上级衙门做出批示，故自清初以来，为方便上级衙门掌握案情，详文与详册几乎都将全部案情呈现出来，如此势必会造成详文与详册内容上的重复。出于提高效率的需要，在乾隆朝之后，随着案件数量的急剧增多，详文中全载案情内容势不可能，所以详文内容越来越少。直至后来，案情必须要读详册方能知悉。与此同时，详册“叙供”呈现出的案情内容越来越简略，其书写也越来越有章法可寻。

---

① 《巴县档案》，清 6—2—823，嘉庆十三年二月。

② 如乾隆五十五年（1790 年）的杨国栋自缢案，《巴县档案》，清 6—1—554，乾隆五十五年十二月。

③ 雷荣广、姚乐野：《清代文书纲要》，四川大学出版社，1990，第 139 页。

二、通详与通禀

通详与通禀是清代司法档案命盗重案中比较重要的两种上行公文，且都有案情通报的功能。那么两者的区别与关联何在？我们还是结合地方档案的实态进行考察。

（一）禀与通禀

在清代地方命案审理过程中，通禀与通详一样均是案情通报的重要文书。了解了通禀的内涵及作用，就能更好地把握通详。根据学者雷荣广、姚乐野的考察，“禀”字本为下对上言事时所用的敬语动词。清初，当下级官员有问题要向上司请示而又不便或不必用“详”申呈时，往往使用书信事先联系疏通，其书信的起首语常用“谨禀”或“敬禀者”字样，故时称这类下属写给上司的信函为“禀”。书信不但文字结构灵活，而且不受公文运转程序的限制，州县官员可越级给道员乃至总督、巡抚写信，以陈述或请示问题。因此，“禀”文使用日益普遍。约至乾隆初年，与下行文的“札”一样，“禀”也最终由书信转化成了公开的常用上行文种。① 通禀则是禀文的一种，《牧令须知》中的“禀报命案大概情形”也就是通禀。其体式内容如下：

> 敬禀者。窃某年月日，据州县属某村乡地某人报据村人某投称：某人因某事向某人起衅，被某人用某凶器致伤某某处身死，往看属实，理合报请诣验等情，并据尸亲某呈同前由，各到州县。据此，卑职随即饬差拘拿凶犯某人，一面轻骑减从，带领刑仵人役亲诣尸所，相验无异。提讯凶犯某供，随讯乡地尸亲邻佑各等供，均与报词同。当将凶犯带回收禁，余人分别保释。除再研讯确情、并依限填格录供、具文通报外，所有验讯过此案大概情形，先行通禀。
>
> 宪台查核，除径禀。
>
> 抚藩臬道宪外，肃此具禀云云。②

查《巴县档案》命案，在同治朝之前极少看到《牧令须知》所描述的通禀文书。在《巴县档案》乾隆五十一年（1786 年）的“仁里十甲彭君扬具报赵大举自缢身死案”中，笔

① 雷荣广、姚乐野：《清代文书纲要》，四川大学出版社，1990，第 147 页。

② （清）刚毅辑：《牧令须知》，卷 6，载刘俊文主编：《官箴书集成》，黄山书社，1997，第九册，第 265 页。

者看到了一份木洞镇巡检司上报巴县知县的禀文，兹抄录如下：

重庆府巴县木洞镇巡检年一栋谨禀

大老爷台前钧坐，敬禀者，八月三十日宪役抵镇，传知查验丰盛场约客等具报赵大举自缢一案，卑职遵于初一日束装前往该处，验明赵大举尸身并无别故，约客彭君扬、店主王朝贵等签称并无斗殴情由，尸亲未曾到案，尸棺暂停看守……所有原卷并验单供折悉行封固赍呈。再查赵大举身带银一封计重七两七钱五分，皮马褂二件俱交差呈。理合肃具禀单，并请福安伏乞。①

该禀文系木洞镇巡检司受巴县知县委托往丰盛场验尸后的禀文。该禀文与《牧令须知》所载通禀文书体式并不相同，因只是向巴县知县汇报验讯情状，而非向多个上级衙门呈送，所以该禀文并非通禀。此外从“并请福安”的词汇中可知，该禀文的内容多少还保留一些书信的痕迹。

在《巴县档案》道光二十四年（1843年）的一起题为“巴县审解王二诬指曹宗志行窃致令气忿自缢身死”（简称“曹宗志自缢案”）的命案中，笔者发现了记录该案的通禀文书。其大致体式内容如下：

禀本府

敬禀者。窃照卑县详报民人王二诬指曹宗志行窃，致令被诬气忿自缢身死一案，奉总督宪批饬审拟详解，等因奉此尊提犯正覆加研讯，据该犯王二供……查王二被文二等疑窃，查问，辄起意诬指曹宗志伙同行窃致令被诬自缢身死，供证确凿，其为并无起衅别故，似属可信，惟现讯供情核与初报稍有不符，自应据实更正，以免枉纵而成信谳，除另据画一正详连犯解勘外，所有复审得实更正缘由理合禀请

宪台俯赐查核，随详转禀，实为公便。为此具禀，须至禀者。

禀卑县详报民人王二诬指曹宗志行窃，致令被诬气忿自缢身死一案，现讯供情与初报稍有不符据实更正由。

道光二十四年四月二十三日。②

① 《巴县档案》，清6—1—519，乾隆五十一年八月。

② 《巴县档案》，清6—3—2240，道光二十四年十月。

巴县知县呈报该禀文的背景是该命案在第一轮审讯结束呈送通详（初报）后，所有犯案人员在第二轮审讯时的口供均发生翻转，为此巴县知县在第二轮审理后向各上级衙门呈报了二次通详，而该通禀即是对二次通详内容的重要补充，并对二次通详与初次通详（初报）内容翻转的原因进行了解释说明。但如果我们将该案中的通禀与《牧令须知》所描述的通禀体式内容进行对比可发现，二者也不一致。《牧令须知》中的通禀是案情初步通报，而“曹宗志自缢案”中的通禀则是通详内容的补充说明，其作用与功能一如黄六鸿所言“凡事有委曲，未便见之详文，即宜用禀声说”。① 与之类似，《冕宁档案》道光十二年（1832 年）的一起题为“沈道易殴勒小功侄孙沈摆子身死私埋匿报”② 的命案中也有类似的一件禀文，其功能与上文中提到的“曹宗志自缢案”一样，也是对通详内容的重要补充。

就功能而言，《巴县档案》中的“曹宗志自缢案”与《冕宁档案》中的“沈道易殴勒小功侄孙沈摆子身死私埋匿报”案的禀文一样，皆是就某一案件的疑难问题做出的补充说明，且其审转一般是“随详转禀”。此一时期禀文的功能正如王又槐所言：“事之先禀而后详，及随详而加禀，或不详而用禀，或详后因驳而禀者，多因其事有疑惑未明，或案关重大不得不分晰以禀也。”③ 所以此处的禀文并非作为“禀报命案大概情形”的通禀，只是一般意义上补充说明性质的禀文。由此可知，禀文在清代中期的主要功能或是事有疑惑之处予以辨明，或是案情重大不得不分析明白。概言之，在该时期命案审理中，通禀的主要功能就是对案件进行辨明分析、补充说明，主要起到对通详的辅助作用。

根据笔者所掌握的《巴县档案》《冕宁档案》命案通禀的使用情形来看，自乾隆朝至同治朝，并未出现《牧令须知》所载的“禀报命案大概情形”的通禀。直至咸丰十年（1860年），清廷才发布了将“禀报命盗重案大概情形”的通禀推行于全国的规定，“嗣后各省州县，凡遇命盗案件，一经报到，立即前往勘验，盗案限三日，命案限五日，先将大概情形，切实通禀。如有至二十日者，奏请交部议处。倘敢违匿不报，别经发觉，从重究办”。④ 此后，《钦定六部处分则例》中关于命案通禀时限以及违限处罚的相关规定即是由此而来。⑤ 但笔者查阅《巴县档案》《冕宁档案》的咸丰朝、同治朝命案，仍没有发现“禀报命案大概情形”的通禀出现，即便有禀文，或是接到上级衙门委审案件，在审理后将审理结果以通

---

① （清）黄六鸿：《福惠全书》，卷之五，载刘俊文主编：《官箴书集成》，黄山书社，1997，第三册，第 277 页上栏。

② 《冕宁档案》，拾伍一194一87，道光十二年七月初六。

③ （清）王又槐：《办案要略》，载刘俊文主编：《官箴书集成》，黄山书社，1997，第四册，第 777 页。

④ 中国第一历史档案馆编：《咸丰同治两朝上谕档》，广西师范大学出版社，1998，第十册，第 1564 页。

⑤ “地方人命案件，州县官于亲诣相验之后，限五日通禀。如迟至十日始行通禀者，记大过一次；十五日，记大过三次；二十日通禀，即照应申不申律，罚俸六个月。倘有心讳匿不报，别经发觉，仍照讳命例议处。”（清）庆桂等纂修：《钦定六部处分则例》，卷 43，清嘉庆十六年刻本。

禀报告，[①] 或是案犯在监病故，通过通禀要求上级衙门派员尸检并将相关情形呈报各上级衙门。[②] 直至光绪朝，类似"禀报命案大概情形"的通禀才普遍出现，并且严格遵守"命案限五日将大概情形切实通禀"的规定，如果未在期限内通禀，必须在通禀的文尾进行解释说明。如题为"廉里九甲苏华亭具告朱弘顺与苏杨氏通奸暗以毒药和饭谋毒子宇顺食下毙命事一案"，该案于光绪二十七年（1901年）二月二十一日报案，三月初一日巴县知县呈报通禀。依据命案限五日内通禀的规定，已然延迟，故巴县知县在该禀文的末尾，对通禀延迟做了说明："再，此案卑职于相验后，因沿途平粜粮耽搁，是以禀报稍迟，合并声明。"[③] 通禀迟延在不同命案中有不同理由，如在另一起命案中，巴县知县的理由则是"再，此案相验后，就近赴别处清查保甲迟延，是以禀报稍迟，合并声明"。[④] 不论理由是否真实，只要超过期限，就必须予以解释说明。这从一个侧面反映出"按时限发出通禀"这一规定被相对严格地执行。纵观《巴县档案》光绪朝命案，在早期通禀迟延不是太多，至后期则多有迟延，但一般仍在事主报案十天左右，将案情大概情形以通禀上报，最后再对通禀迟延做出解释。这似乎是非常普遍的做法。

到了清代后期，尤其是光绪朝，通禀的主要功能就是在命盗重案发生后将大概情形及时通报各上级衙门，也就是发挥了案情通报的作用。换言之，到了清代后期，通禀具有了此前通详所具有的将案情大概情形呈报上级衙门的基本功能，但是通禀只是替代了通详案情初报的功能，正式的案情通报还是必须通过通详才能完成。

（二）通详与通禀之辨

学界在使用通详、通禀两个文种时，一般会引用那思陆在《清代州县衙门审判制度》一书中所做的考察，该书中那思陆认为："命盗重案，州县官于查看检验后将案情报告各级上司衙门（督抚藩臬道府），谓之通禀或通详。通详或称通报、详报。"[⑤] 在这里，那思陆未对通详与通禀做区分。据上文考察可知，通详与通禀是两种不同的文书，且州县官对命盗重案检验后的案情报告也非通禀或者通详那么简单。在《清代中央司法审判制度》一书中，那思陆对通禀与通详的概念做了补充说明，并进行了区分，"命盗案件，州县官于查验或检验后，须将初步案情报告各级上司衙门（督抚藩臬道府），谓之通禀。又州县官于通禀

---

① 《巴县档案》，清6—5—2041，同治十三年五月。

② 《巴县档案》，清6—5—16947，同治三年九月。

③ 《巴县档案》，清6—6—8074，光绪二十七年二月。

④ 《巴县档案》，清6—6—8071，光绪十八年八月。

⑤ 那思陆：《清代州县衙门审判制度》，范忠信、尤陈俊校，中国政法大学出版社，2006，第81—82页。

之后将详细案情报告各上级衙门，谓之通详”。[①] 在这段文字中，那思陆从两个方面对通详与通禀进行分析：其一，时间上，通禀在前，通详在后；其二，内容上，通禀反映的是案情的初步情况，通详反映的则是详细的案情。但正如上文所述，就笔者所掌握的《巴县档案》《冕宁档案》命案来看，在乾隆至同治朝的命案中，几乎没有发现有报告“初步案情”的通禀。换言之，“初步案情”报告的文书仍是通详，而非通禀。迟至光绪朝才出现那思陆所说的报告“初步案情”的通禀。也就是说，那思陆对通禀与通详的区分只适用于咸丰、同治朝之后。

此外，日本学者滋贺秀三也指出：“通禀是指先以书信的形式报告发生的事件和大致的情况。各州县的官员在接到报案后，必须立即进行现场查证，自查证之日起，命案必须在五日内，盗窃案必须在三日内提交通禀。通详是指正确记录查证的结果以及受害者等相关人员的申诉，以盖有官印的公文形式进行报告，该报告作为记录留存至上司处，通详应从查证之日起十日之内寄出。之后如果抓获犯人的话，应该讯问犯人，并记录犯人初次的供词（初供），然后将内容写入通详。”[②] 滋贺秀三认为通禀是以书信形式进行报告，而通详是盖有官印的公文形式。上文已经指出，禀起初的确是以书信形式来往于清代官府衙门之间，可是乾隆初期之后，禀与札一样正式成为公文。我们从《巴县档案》与《冕宁档案》的命案中不难获知，通禀一样是盖有官印的公文（图 8 所示）。此外命案五日通禀、盗案三日通禀同样也是咸丰朝之后的规定。通详与通禀的区别如前所述，通禀在《巴县档案》同治朝之前很少适用，即便是在同治与光绪朝，通禀的使用也并非以“书信形式”对案情进行报告。

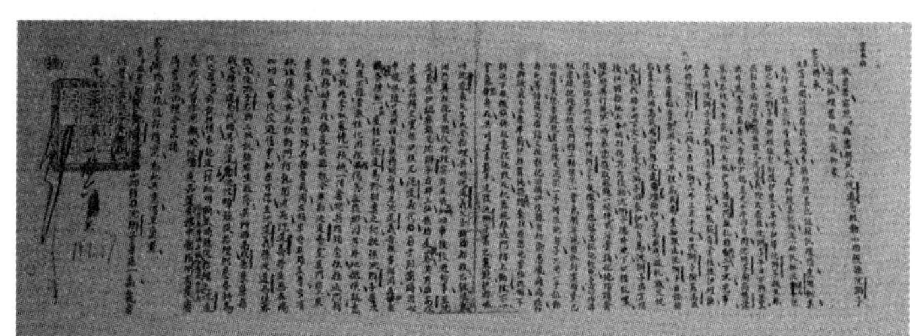

图 8　加盖公章的道光十二年（1832 年）通禀，《冕宁档案》，拾伍—194—87

概而言之，通过对通详与通禀两个文种的功能及演变的考察，我们发现，在不同的历史时段，其体式、功能与作用均有所变化。在《巴县档案》的命案中，发挥案情通报功能的通禀迟至光绪朝才正式出现，此前通禀的功能多体现在对通详案情描述的补充说明上。自乾隆朝至同治朝，发挥案情通报功能的是通详而非通禀。所以我们对这两个概念的使用，

---

① 那思陆：《清代中央司法审判制度》，北京大学出版社，2004，第 109 页。

② ［日］滋贺秀三：『清代中国の法と裁判』，创文社，1984，第 29 页。

一定要历史地予以考察，辨析其在不同历史时期所呈现的不同风貌。

此外，“初报”在清代的官箴书中也是一个使用较为广泛的称谓。在严格意义上，“初报”不是一个文种，它指涉的对象是通详与通禀。如汪辉祖在《佐治药言》中提到，“狱贵初情，县中初报最关紧要。驳诘之繁，累官累民，皆初报不慎之故”。① 王又槐在《办案要略》中也指出：“办案全在初报妥协，一俟批到，不待顶限即可招解，纵有驳诘，可以及早详覆，不致逾限，若临期方解，一经驳回，或再迁延，即干议处。”②《牧令须知》中亦有类似描述，“其有当场查讯不确，而初报有五日之限不妨将人证带回，覆讯明确，再行叙报，不可草率，以致将来束手”。③ 由上述引文内容可知，“初报”指的是命盗重案发生后，在规定时限内将初步案情通报各上级衙门。有学者认为“初报”指的是通详，“为了全面了解初审时司法者获得的证据，清代法律规定了‘初报’制度。所谓‘初报’，是指州县在接到命盗案报案后，应立即前往案发现场勘验讯问，并将验讯结果尽快向各上级衙门呈报（即初报），获得批示后再对案件正式审理。‘初报’是基层司法者的说法，正式说法为‘通详’”。④ 就《巴县档案》命案所反映出的实态而言，“初报”与通详并不能画等号。如果说“初报”“是指州县在接到命盗案报案后，应立即前往案发现场勘验讯问，并将验讯结果尽快向各上级衙门呈报（即初报）”的话，乾隆朝至同治朝的初报指的是通详。但是正如我们在探讨通禀时已经言明的，至光绪朝通禀取代了通详初报的功能，也就意味着光绪朝的初报指的是通禀而非通详。所以“初报”也是一个随着时间变化，功能与作用亦不断变化的概念，其在乾隆至同治朝对应的文种是通详，而在光绪朝及之后对应的文种则是通禀。

三、通详与招详

（一）通详与招详的关联

根据学界考察，就规定层面而言，通详与招详有显著差别：其一，在程序上，通详为审前程序，而招详是审理程序；⑤ 其二，在制作时间的先后顺序上，通详在前，招详在后；其三，在案情呈现上，通详呈现的是勘验初讯后所得案情，招详呈现的则是案件审清后的

① （清）汪辉祖：《佐治药言·慎初报》，载刘俊文主编：《官箴书集成》，黄山书社，1997，第五册，第318页。

② （清）王又槐：《办案要略·作看》，载刘俊文主编：《官箴书集成》，黄山书社，1997，第四册，第776页。

③ （清）刚毅辑：《牧令须知》，卷6，载刘俊文主编：《官箴书集成》，黄山书社，1997，第九册，第259页。

④ 蒋铁初：《中国古代审判中的狱贵初情》，《法学研究》2013年第5期。

⑤ 那思陆：《清代州县衙门审判制度》，范忠信、尤陈俊校，中国政法大学出版社，2006，第81—82页；那思陆：《清代中央司法审判制度》，北京大学出版社，2004，第109页。

全貌；其四，在文书的性质上，通详“是在搜查阶段的报告书”，而招详则是正式审理报告。概而言之，从规定层面而言，通详与招详虽然有密切关联，但是两者的差别极为明显，而清代州县衙门档案命案显示：在清代中后期所有案件中通详与招详的内容几乎完全一致。

我们下面结合《巴县档案》中一起题为“署四川重庆府巴县审解谢万楚戳伤夏增祥身死一案招册稿”的命案招详详册进行探讨：

署四川重庆府巴县为报明事。乾隆六十年三月十三日，据县民夏应林报称：……（引者按：省略部分为报词内容）据此，卑职遂单骑减从带领刑仵前诣尸所，饬令将尸移放平明地面，对众如法相验，据仵作尹贵喝报：验得已死夏永祥年四十七岁……（引者按：省略部分为勘验环节内容）喝毕，卑职亲验无异，饬取凶器尖刀比对伤痕相符。将尸棺敛，取结附赍。又验得谢万楚右手心有刀割伤一处，随

问，据夏应林供：……

问，据约邻等供：……

问，据萧立兰供：……

问，据谢万楚供：……等供。（引者按：以上为通详叙供内容）据此，除经填格录供通详奉

总督部堂和批司行府饬审招解，等因奉此，卑职查谢万楚伤已平复，尊提犯证复加研讯，原报夏应林、约邻徐天魁，见证萧力兰等供与前同不叙外

问，据谢万楚供：……（引者按：省略部分为覆讯供述，内容与通详叙供完全相同）等供。

据此，该署巴县知县陈 审看得：谢万楚戳伤夏增祥身死一案，缘谢万楚与夏永祥素识无嫌，乾隆六十年闰二月二十六日，谢万楚雇夏永祥帮工五日，每日工钱四十文，共钱二百文，谢万楚当给钱一百三十文，下欠钱七十文，言明缓日给呈。三月十一日走至凉水场赶集回来，因家内所……（引者按：以下内容与谢万楚招供相同）经卑职验讯通详，奉批饬审，遵提犯证覆鞫，俱供前情不讳。恐系有心致死，严诘不移，似无遁饰。谢万楚合依“斗殴杀人者不稳手足他物金刃并绞”律，应拟绞监候。萧力兰救阻不及，应毋庸议。谢万楚所欠工钱七十文照追连尸棺一并给属具领埋葬。无干省释，凶器尖刀随招解验。是否允协，理合连犯解候

宪台，俯赐审转。（引者按：以上内容为看语）再照此案应以乾隆六十年三月十三日报官之日期限，县系附郭，毋庸计程，应至六月十三日分限届满。今卑职于 月 日审解，系在限内，合并声明。（引者按：以上内容为审理期限声明）为此备由申乞

照详施行，须至申者

计审解招解犯人一名谢万楚年二十岁，尖刀一把。

乾隆六十年四月二十日 刑房呈①

这是一起内容、体式较为完整且颇具代表性的命案招详详册。② 就内容构成上，该详册的内容主要包含了报词、勘验、初讯叙供、覆讯叙供、看语、审限声明等六部分内容。其中报词、勘验、初讯叙供为通详的基本构成，也就是说招详的内容包含了通详，但又与通详有所不同，因为覆讯叙供、看语、审限声明为招详所独具。但笔者通过仔细比对发现，通详中的初讯叙供内容与招详中覆讯叙供内容完全一致。换言之，就呈现案情而言，招详与通详的内容几无二致。③ 笔者通过查阅《冕宁档案》《巴县档案》的命案发现，类似情形并非个案，而是非常普遍地存在于清代中后期命案审理之中。在《巴县档案》与《冕宁档案》所有记录同一起命案的通详与招详中，招详详册除了有“看语”之外，其余报词、勘验、叙供等内容均与通详详册一般无二，甚至报词、勘验、叙供的措辞都雷同，如《巴县档案》中较有代表性的“王星元砍伤荣杜氏身死案”，④ 以及《冕宁档案》中的“余济扬砍毙陈学贵”⑤ 等案中，招详的供词几乎与通详完全一致。对此，我们该做何解释呢?

在命案审转过程中，在呈报上级衙门的先后顺序上，通详在前，属于案情通报，而招详在后，属于议拟详报，也就是州县官给出初步裁决意见的正式报告。当然并非所有的命案均有通详与招详，例如单纯的自杀、病死及意外死亡案件，如果在勘验环节即确认“与人无尤”且并无威逼情事者，一般会将结论叙写在通详的结束部分，毋庸另外呈送招详，⑥ 这些命案中的通详兼具了招详的功能。如果案件较为复杂，在勘验环节一时无法确认案情的性质，或是他杀类案件，州县官则会在向各上级衙门呈送通详并得到“批饬再审”“务得实情”的批示后再次审理，最后将所有案犯招供及州县官审拟意见（即看语）于招详内叙

---

① 《巴县档案》，清6—1—620，乾隆六十年四月。

② 招详与通详一样，均由详文与详册两部分构成，通过梳理《冕宁档案》《巴县档案》命案可知，招详详文的内容与通详一样，也大致经历了由繁至简的演进历程。

③ 滋贺秀三认为“通详时的初步供词和招解时的最终供词完全不同也无妨，只需把个中缘由、情况说明详细，让上司可以相信”（［日］滋贺秀三：『清代中国の法と裁判』，创文社，1984，第48页）。然笔者根据所掌握的《巴县档案》《冕宁档案》中200起命案反映出的情形而论，极少出现通详与招详供词完全不同的案件。绝大多数命案招详中呈现的案情几乎是将通详内容复述一遍，即便后来的招详内容有所改变，也多是被上级发现漏洞之后以禀文的形式予以补充说明，在此基础上再制作第二份通详，然此类情形极少出现，笔者所见，在《巴县档案》中仅“曹宗志自缢案”一例（《巴县档案》，清6—3—2240，道光二十四年十月）。

④ 《巴县档案》，清6—3—1928，道光三年十月。

⑤ 《冕宁档案》，拾玖—247—11至拾玖—247—16，道光二十四年七月二十五日。

⑥ （清）王又槐：《办案要略·论命案》，载刘俊文主编：《官箴书集成》，黄山书社，1997，第四册，第759页下栏。

出，以供各上级衙门复审时了解案情。如《巴县档案》中的“赵大举自缢身死案”的通详文书最后有这样一句话：“再行研审赵大举自缢身死有无别故，议拟另详”。① 所谓“议拟另详”者，就是州县官在呈送通详并接到上司批示后，将案情最终的处理意见以招详的形式再次报送各上级衙门。类似的表述还有“除将人证分别保押，再行研审姜正伦如何起衅，将秦夏氏威逼自缢身死有无别故，务得实情，议拟详报”。② 而在案情较为严重的命案中，其措辞稍有区别，如“除将犯证分别禁保，再行研审陈官保等如何起意行窃，掀跌任四以致被获烧伤身死，有无别故，务得实情，按拟招解”。③ 因为“徒罪以上案件，则须定拟招解，解送上司衙门复审”。④ 如果是徒罪以上案件，除拟就招详之外，还须将罪犯招解至各上级衙门，所以才会出现“按拟招解”的表述。上述通详文书中的“议拟详报”“议拟另详”“按拟招解”所指的均是制作并上报招详文书并押解人犯。换言之，在命盗重案中，通详是案情通报，而招详则是给出最后处理意见的正式审理报告。我们从通详文书的相关表述中也可看出，通详与招详在命案审理中有着不同的分工。但从招详呈现出的信息来看，其内容几乎是通详的翻版，这或许提示着我们，在实践层面，通详并非是州县衙门勘验初讯后的“初报”，而是将案情审理清楚之后方才制作而成。换言之，在对应的案件程序上，通详已然发生改变。

（二）通详审前程序与审理程序之辨

“得报即通详”，⑤ 在整个命案审理过程中，州县官有向各上级衙门通报案情的义务。根据当时的规定，通详是州县官在勘查、验尸、初讯环节后，在已经初步掌握案情的大致情形之下，向各上级衙门上报，请求立案复审，在收到上级衙门的批复后，即对案件进行正式审理，并将正式的审理报告以招详的形式呈报上级衙门。正是从这个层面上而言，那思陆将通详与放告、批词、查验、检验、传唤、拘提、缉捕、看押等程序均视作审前程序。⑥ 日本学者谷井阳子也认为：“实地验看时如果能对所有相关人等进行讯问的话，作为预备报告的通详，可以说是在搜查阶段的报告书。相对于此，正式报告是在衙门中进行正

① 《巴县档案》，清 6—1—519，乾隆五十一年九月。

② 《巴县档案》，清 6—2—1064，嘉庆十七年十一月。

③ 《巴县档案》，清 6—2—654，嘉庆十六年二月。

④ 那思陆：《清代中央司法审判制度》，北京大学出版社，2004，第 110 页。

⑤ 《大清会典》，卷五十五，《续修四库全书》，上海古籍出版社，2002，第 794 册，第 531 页。转引自蒋铁初：《中国古代审判中的狱贵初情》，《法学研究》2013 年第 5 期。

⑥ 那思陆：《清代州县衙门审判制度》，范忠信、尤陈俊校，中国政法大学出版社，2006，第 81—82 页；那思陆：《清代中央司法审判制度》，北京大学出版社，2004，第 109 页。

规审问的报告书。”[①] 从清代相关法律规定上，将通详视为审前程序似有一定依据。根据《钦定大清会典事例》所载：“乾隆二十二年议准，嗣后州县遇有人命案件，务于检验尸伤时，讯取已经到案犯证切实供词，并将案内人犯是否齐全，及有无要犯未获之处，同验尸图格造册，于十日内申报督抚。”[②] 这是较早的关于通详申报时限的规定。此外在《钦定六部处分则例》中关于通详有如下规定：地方人命案件，“州县官于亲诣相验之后，即用印文通详”；[③] 关于地方盗案，“州县官于会营诣勘之后，即用印文通详”。[④] 但其对于通详的期限则并未做出明确的规定。对此，滋贺秀三认为，“虽然没有规定期限，但是在后文中需将既没有捕获罪犯又没有详细禀告的官员调任至其他州县的规章里，有如在事件发生后十日之内完成，就可以免于通报延迟的处罚条例，所以可以认为期限是十日”。[⑤] 由上述探讨可知，从规定层面而言，学者们将通详认定为审前程序是有依据的。

然而，结合《巴县档案》《冕宁档案》相关命案，我们发现，通详并非“是在搜查阶段的报告书”，而是与招详一样，“是在衙门中进行正规审问的报告书”。也就是说在实践层面，通详与审讯、判决等程序一样属于审理程序。笔者通过对《巴县档案》《冕宁档案》所载命案的考察后发现，清代中后期命案通详的呈报时限均是在十日之外，个别案件甚至是在报案后长达一个多月才向上级衙门呈报通详，尤其值得注意的是在州县层面，通详均是在涉案人员已经具结状之后制作而成。如《巴县档案》中“赵大举自缢案”，该案报案日期为乾隆五十一年（1786年）八月二十九日，至九月十三日案件审理已经结束，而巴县知县在结案十三日后的九月二十六日才呈报通详文书。[⑥] 在“陈文礼奸所获奸登时杀伤奸夫吴老幺奸妇陈杨氏身死”案中，报案日期为嘉庆十四年（1809）五月十七日，所有犯证人员具结状日期为六月十二日，刑房呈上详册的时间为六月十六日，巴县知县将通详文书上报至重庆府的时间则为七月初一日。[⑦] 很明显此案通详也是案件审结之后方才上报。在笔者所掌握的200起文书齐全的载于《巴县档案》《冕宁档案》的命案中，均是在案件已然结案的基础上呈报通详。也就是说，通详从规定层面上属于审前程序，但就实践层面而言，与招详一样，均属审理程序。

---

① ［日］谷井阳子：《从做招到叙供——明清时代的审理记录形式》，魏敏译，载中国政法大学法律史学研究院编：《日本学者中国法论著选译》（下册），中国政法大学出版社，2012，第512—513页。

② （清）昆冈等撰：《钦定大清会典事例》（光绪），第853卷。

③ （清）文孚等纂修：《钦定六部处分则例》，卷43《命案详报迟延》，清光绪十三年刻本。

④ （清）文孚等纂修：《钦定六部处分则例》，卷41《州县官报盗》，清光绪十三年刻本。

⑤ ［日］滋贺秀三：『清代中国の法と裁判』，创文社，1984，第47页。

⑥ 《巴县档案》，清6—1—519，乾隆五十一年九月。

⑦ 《巴县档案》，清6—2—890，嘉庆十四年六月。

概言之，招详与通详均为“详”的正式文种，二者不论是在体式上，还是在内容上，关联都很密切。在制度层面，州县官经过勘验初讯后，将案件的大概情形通过通详呈送至各上级衙门，属于审前程序，在接到各上级衙门批饬再审的立案通知后，案件便进入到正式的审理阶段。而招详则是在正式审理结束后，州县官对命盗重案尤其是拟判徒罪及以上罪犯的正式审判文书，属于审理程序。然而在实践层面，通详是在案件已然审明且涉案人员具结状之后制作，也就是说，通详与招详一样，也是在正式审理结束之后制作，属于审理程序。故而就呈现出的案情而言，通详与招详无甚差别。

辨明通详是审前程序还是审理程序，对于探讨通详文书的制作及其对案情修改所产生的影响至关重要。因为在实践层面上作为审理程序的通详，是在案情已然结案的基础上形成，通详一旦呈报，即意味着州县官对案件事实与基本情节已经有了明确的认定，除非在此后审转过程中受到上级衙门的指驳，一般不会轻易改动。正如当时人所论，“钱谷申详宜用活笔，刑名则断不可用出入之语，其要尤在初详，一经详出，更易为难”。① 由“一经详出，更易为难”的描述可知，通详在案情的认定方面，某种程度上发挥着一锤定音的作用。这也就意味着，通详对作为正式审理报告的招详中呈现出的案情起决定性作用，二者在案情呈现上无甚差别。

四、通详在命案审理中的作用

通详何以会发生由审前程序向审理程序的变动？此种变动，对清代地方命案审理格局产生了怎样的影响？

（一）“狱贵初情”与通详程序之变

“狱贵初情”是中国传统司法中重要的理念。所谓初情，指的是最接近案发时的情形，也就是说案发现场并无人为改变的情形。但是在实际操作中，州县官如果不能及时赶到现场，则很有可能导致“初情”遭到不同程度的破坏，从而给命案审理带来一定的难度。有鉴于此，清廷于乾隆二十二年（1757 年）做出这样的规定：“嗣后州县遇有人命案件，务于检验尸伤时，讯取已经到案犯证切实供词，并将案内人犯是否齐全，及有无要犯未获之处，同验尸图格造册，于十日内申报督抚。”② 在命案审理中，州县衙门只有初审权，在审理过

---

① （清）徐栋辑：《牧令书》，卷十九，载刘俊文主编：《官箴书集成》，黄山书社，1997，第七册，第 430 页上栏。

② （清）昆冈等撰：《钦定大清会典事例》（光绪），第 853 卷。

程中，每一个环节都需要及时向各上级衙门汇报，以便各上级衙门第一时间了解案情。作为审前程序的通详，在此一阶段发挥的作用就是“初报”，从字面上看，就是初次案情报告。而初次案情报告的作用不在于案情的详细与全面，而在于通过勘验初讯及时了解案情的基本情形，及时性与准确性是通详所具备主要功能。正如日本学者滋贺秀三所观察到的：“规定提交通详的目的在于，一是案件审理的最新进展如果能够提交至上司处并且被记录下来的话，那么在州县不顾事实刻意美化之后的定案拟罪、招解罪犯时，在犯人无凭无据推翻原先口供时，上司就很容易识破他们谎言。”① 据此可知，对于各上级衙门而言，通详是他们了解案情的最重要的来源，发挥着非常重要的案情认定作用。

如前所述，在命案审转过程中，对于上级衙门而言，通详在案情呈现上发挥着及时性与准确性的作用。且《冕宁档案》显示，在康熙末年、雍正时期、乾隆初期的命案审理中，州县衙门仍然按照勘验初讯后十日内申报督抚的规定向各上级衙门呈报通详。此后随着人口增加、案件数量增长，通详的及时性与准确性之间的张力愈来愈大。基于“狱贵初情”的司法理念，各上级衙门以通详作为案情认定的标准，再加上当时也并未对不执行十日内申报督抚规定的责任人有具体惩戒的措施，所以当及时性与准确性不能够兼顾时，对州县衙门来说，向各上级衙门呈报一份案情相对精准的通详是他们最主要的考量，换言之，为了能够获取更为准确与全面的案情信息，州县衙门在实践过程中逐渐将“勘验初讯十日内申报督抚的规定”置之脑后，牺牲及时性以换取准确性，这是两害相较取其轻的必然选择。

故而在命盗重案的审理过程中，州县官一般是在对案情有了较准确的认识后，才会向各上级衙门呈报通详，因为通详一旦送出，即意味着案情已然定案，除非主犯在各上级衙门中有翻供的情形，否则上级衙门不会饬令再审。在一般情形下，通详一旦呈报，即意味着案件在州县审理层面的终结。我们通过下面这则史料来说明通详文书在命盗重案中发挥的作用。时任广东罗定州知州的杜凤治在其日记中记载了这样一则事例：

> 拟见粮道去，为香山张鸿舫有盗案三起，未曾勘验、详报，卸事。后任杨春霖不为弥缝，据直详报。抚台已批本员及该管上司查取职名议处。本管上司，则本道与楼次翁也。照例议处，本官革职，本道、本府降一级调用。粮道全逸亭曾经风波，惊弓之鸟，十分焦急。前庙班见予，托予作函与香山杨令，嘱其改详（将详文取回）。
>
> 冯子翁言与予，同谓：“如事已达部，则挽回无术；尚未出省，何事不可通融。况此等事，于公事仍无碍而于人大有益者乎！”

① ［日］滋贺秀三：『清代中国の法と裁判』，创文社，1984，第30页。

杨春霖大发厥词，谓："鸿舫不报之盗案极多，为彼后任者为之洗屁股，甚不容易。现事既粮道如此着急，如上游允发还，定为改报；如上不发下而欲我另报，则无此公事。"其意欲予为之面求两院臬台将文发还。

惠州知府楼次园，蒙臬台厚恩，允向抚台说合，将批缴回，将文发下，可期无事。杨令既肯另行改详，则事谐矣。①

该日记中描述的是这样一种事由：香山县原任知县张鸿舫在三起盗案发生后，在尚未勘验、通详的情况下，旋即卸任。继任知县杨春霖，则将实情"据实详报"，也就是说将张鸿舫对三起盗案未做处理的情形通详上司，这意味着，张鸿舫以及其直接上级道、府官员均会受到严厉处分。广东地方官员就围绕着如何避免被处罚开始了各方面的运作，而运作的关键就在于将业已呈报的通详通过各种渠道"发下"。根据徐忠明的解读，所谓"将批缴回"，是指缴回巡抚议处香山知县、广州知府和粮道的文书，它意味着撤回对他们的处罚；至于"将文发下"，乃是退回新任香山知县杨春霖撰写的三起盗案的通详，这是"釜底抽薪"之策，使对张鸿舫等人的"议处"失去依据；所谓"另行改详"，系指重新制作三起盗案的通详，建构合法的司法档案，最终通过审转程序的严格审核。② 由上述材料可知，案件一旦通详上司，如果不被上司驳回的话，断无再次申送通详之理。而由徐忠明的判断我们也可以知道，通详是建构合法司法档案的基石，一旦通详有变动，就意味着案件有重大变化。

正是因为通详在命盗重案的审理中发挥着如此关键的作用，州县衙门才不断突破勘验初讯十日内申报督抚的规定。既然通详的准确性是州县衙门的第一诉求，将案件审理清楚之后再向各上级衙门呈报自然是最为稳妥之举。而《巴县档案》《冕宁档案》显示：大约在乾隆中期之后，几乎在所有的命案审理中，通详均是在案件已然审清、犯证等人已经具结状的基础上制作而成。如此一来，在实践过程中，通详势必会发生由审前程序向审理程序的转变。而此种演变的发生，源自对传统"狱贵初情"这一司法理念的秉持与贯彻。有清一代，作为案情初报的通详被各上级衙门视为最重要的"初情"，在此后审转过程中，如果招详中呈现出的案情与通详中的"初情"不一致，州县衙门定会招致各上级衙门指驳。在受到指驳的压力之下，通详逐渐完成了由审前程序向审理程序的演变，这也就很好地解释

① （清）杜凤治：《望凫行馆宦粤日记》，载桑兵主编：《清代稿钞本》，广东人民出版社，2007，第十八册，第269—270页。

② 徐忠明：《内结与外结：清代司法场域的权力游戏》，《政法论坛》2014年第1期。

了何以招详中的案情与通详一般无二，而此一程序之变对清代命案审理产生的影响则是深远的。

（二）通详程序之变的影响

在清代命案审理中，州县官只有初审权，将案情审实议拟之后，州县官还需要将案情以招详的形式呈报上级衙门进行审转，而在审转过程中，随时会遭到各上级衙门的指驳。故在规定时间内制作一份不被驳回的招详文书便是州县官审理命盗重案的重中之重。如前所述，对于各上级衙门而言，通详是判断案情的基石，是判断招详案情是否属实的主要依据。换言之，通详决定了招详中的案情，所以我们会在清代官箴书中看到诸多有关重视通详的描述。正如汪辉祖所言："狱贵初情，县中初报，最关紧要。累官累民，皆初报不慎之故。"汪辉祖所言初报，即是通详。如果通详对初情的把握不够全面，定会招致上级驳诘。所以对于承审官而言，必须将初情坐实，不能有任何漏洞。此外，就通详文书的写作而言，必须要简洁凝练，不能牵连过多。也就是汪辉祖所言："初报以简明为上，情节之无与罪名者，人证之无关出入者，皆宜详审节删。多一情节，则多一疑窦；多一人证，则多一拖累，何可不慎。"① 节删与罪名无关的情节，固然能够使通详文书更加简明，可是这些情节对于某些案件的审理而言，却是决定案情的关键性因素。我们试看《冕宁档案》所载这一起发生于乾隆六年（1741 年）四月的入室盗窃杀人案，在供状中有如下问答：

> 问承行典吏高占鳌：据捕役周朝纲供，阿保一到案时，署县问他拒捕的情形，他说那夜张明臣抱住他，叫说："蛮子，蛮子"，又叫"蛮子动刀"等语。这两句要紧的口供，怎么初报文内遗漏了呢？
>
> 供：这两句口供是阿保到案时供的，典吏亲笔写在供单上的。署县说，初报获盗的口供不宜太多，删去了。②

该案中的署县指的是案发时代理冕宁县知县的张祖晋。在了解案情后，张知县将该案误判为通奸杀人案。后被上级指驳，旋即被解职。继任知县之所以认为盗犯阿保供述的"张明臣抱住他，叫说：'蛮子，蛮子'"是要紧的两句口供，是因为由此可以断定，动手杀人者系阿保，而非他人，但张知县却将两句供词删掉了，简单地以弑父奸母结案。在笔者

---

① （清）汪辉祖：《佐治药言・慎初报》，载刘俊文主编：《官箴书集成》，黄山书社，1997，第五册，第 318 页。

② 《冕宁档案》，肆—47—32 至肆—47—36（脱漏），乾隆七年七月十四日。

所掌握的200起文书相对齐全的《巴县档案》《冕宁档案》记载的命案中，通详明显修改的有83起，占比达41.5%。200起命案中，处以笞杖以下的命案有120起，徒罪及以上命案80起。而在80起徒罪及以上命案中，有35起命案的通详存在案情与事实的修改，修改比例接近44%。当然这只是笔者根据掌握到的地方档案资料所得到的数据，不能代表《巴县档案》与《冕宁档案》命案中通详文书修改的全貌，但也能部分反映出通详文书修改的基本情形。由此可知，在通详中对案情进行剪裁，以符合州县衙门所建构的案情，成为清代州县衙门惯用的手法。更为重要的是它显示出清代州县衙门在命案审理中虽然只有初审权，却能通过在通详中剪裁案情，使其朝着有利于州县衙门所建构的案情方向发展，在这一过程中，州县衙门相当于变相掌握了案件审理的主动权。府、道、督抚、刑部各上级衙门看到的案情，是州县衙门在通详中修改后的案情，换言之，州县衙门决定了各上级衙门了解案情的程度。这就解释了州县衙门何以会在通详中修改案情，同时也解释了何以记载同一起案件的地方司法档案与刑科题本在呈现案情上的差异性。可以说，州县衙门通详在命案审理过程中几乎发挥着一锤定音的作用，某种程度上决定了案件审理的最终走向与结果。即便遇到上级衙门的指驳，州县衙门也能够以通详中建构的案情为基石，根据各上级指驳的内容进行调整。①

由此可知，通详在命盗重案审理过程中，发挥着至关重要的案情认定作用，它决定了招详的内容。一旦通详送出，某种程度上即意味着案件在州县层面审理的结束，因此州县官对通详文书的制作可谓慎之又慎。且命盗重案的审理均有严格的时限，故而如何在规定的时限内制作出一份不被上级衙门驳回的招详文书便成为州县官审断的关键。在通详中修改案情，就成为州县官避免审理报告被驳回最普遍也最有效的方式。因为在实践环节，通详是在案情已然明朗、当事人已经具结状的情形下制作出的，这也就为州县官在通详中修改案情提供了操作的可能。通过在通详中修改案情，州县衙门变相掌握了命案审理的主动权，甚至在某种程度上决定了案件审理的最终走向，极大冲击了清代命案审理的格局秩序。

五、结语

清代州县官对命盗重案的审理只有初审权，在州县层面审理结束后，应将包括通详在内的审理报告呈送各上级衙门，也就是《大清会典》所述及的“若命案，若盗案，得报即

① 最具代表性案例为《冕宁档案》中的“余济扬砍毙陈学贵身死案”，道光二十四年七月。

通详”。① 在清代命案审理过程中，通详是州县层面认定案情的基石；在命案审转过程中，通详是各上级衙门了解案情的关键。通过在通详中修改案情，州县衙门变相掌握了命案审理的主动权乃至主导权。所以从上述各个层面而言，对通详的全面考察，其意义并非只是可据此将清代司法档案文书梳理清楚那么简单，它在某种程度上也能为我们探究州县衙门在清代命案审理中的地位与作用提供新的途径。

作为详的一种，通详是明清时期命盗重案中重要的上行文书，就行文体式而言，“除径报总督部堂暨臬道二宪外”是其区别于其他详的主要标识。《巴县档案》《冕宁档案》所载命案显示，光绪朝之前通详一直发挥着案情初报的功能。它由详册与详文两部分组成，详文经各上级衙门批复后发回州县，详册则保留在上级衙门。详文与详册的区别主要体现在题名上：详文的题名一般为“某某县详报某某事详”或“详折”；详册的题名则为“某某县详报某某一案详折册”或“详折册稿”。此外，两者的落款也不一样，详文的落款为知县与典史，而详册则为刑房。就内容而言，清代初期通详的详文与详册内容完全一致，均由报词、初次堂审、勘验、现场审讯等部分组成。通详详文大约在乾隆后期开始发生由繁至简的变化，由原来全叙案情，即“长详”，改为只保留报词及勘验内容，堂审的叙供部分则省略不录。到嘉庆时期，通详详文将勘验环节的内容一并省略，只保留了极为简略的报词，此一体式的详文被称为“由详”或“简详”，一直延续至清末。

禀文作为正式文书使用大约是在乾隆时期，此前一直以书信形式在各级衙门官员中私下流通。在清代中期，禀文较多运用于重大案情的解释、补充说明上，并且是随详转禀。而带有案情通报功能的通禀产生的时期较晚，约在咸丰十年（1860 年），清政府才通令全国使用通禀来呈报命盗重案的案情，并且就通禀呈报的期限以及违限做了种种严格的规定。就四川而言，咸丰、同治朝使用通禀呈报案情的情形几乎没有。而在光绪时期，通禀在《巴县档案》《冕宁档案》中才开始普遍使用，且一般在规定期限内呈报通禀。据此可知，在清末光绪年间的四川，通禀取代了通详案情初报的功能，但是正式的案情通报仍是以通详的方式进行。所以，自清初至咸丰时期，命盗重案的初报指的是通详，而到了咸丰、同治朝之后，命盗重案初报的功能便被通禀所取代，故而此后的初报指的即是通禀。

招详与通详均为详的正式文种，两者不论是体式上还是内容上，关联都很密切。在制度层面，州县官经过勘验初讯后，将案件的大概情形通过通详呈送至各上级衙门，属于审前程序。在接到各上级衙门批饬再审的立案通知后，案件便进入到正式的审理阶段。在正

① 《大清会典》，卷五十五，《续修四库全书》，上海古籍出版社，2002，第 794 册，第 531 页。转引自蒋铁初：《中国古代审判中的狱贵初情》，《法学研究》2013 年第 5 期。

式审理结束后，州县官制作出对命盗重案尤其是涉案人员拟判徒罪及以上刑罚的案件的正式审判文书——招详，属于审理程序。故而就审理环节而言，通详是案情初报，属于审前程序；招详是正式审理后的审结文书，属于审理程序。然而就实践层面而言，通详是在案件已然审明且涉案人员具结状之后制作，也就是说，通详与招详一样，均是在正式审理结束之后制作，属于审理程序。故而就呈现出的案情而言，通详与招详无甚差别。

通详由审前程序向审理程序转变的主要诱因在于“狱贵初情”的传统司法理念。在清代司法理念与实践中，通详是各上级衙门了解掌握案情的基石，也是判断招详是否属实的主要依据。这就很好解释了何以招详中的案情与通详一般无二。清制规定，州县衙门在命案审理中只有初审权，其要在规定时间内将案情的全貌呈报给各上级衙门进行复审，在复审过程中，随时会遭到各上级衙门的指驳。为了最大限度避免被上级衙门指驳，在通详中修改案情便成为州县衙门普遍为之的举措。正是因为通详是在案情已然审清、犯证人员具结状之后制作而成，故而州县衙门在通详中修改案情具备了事实上的可能。而在通详中修改案情某种程度上导致州县衙门变相掌握了命案审理的主动权乃至主导权，严重冲击了清代命案审理的格局与秩序。

从口供到叙供：清代州县衙门堂审记录形式的演变

——以《冕宁档案》《巴县档案》命案为中心的考察*

郭士礼**

摘　要　清代地方司法档案显示，清初州县衙门堂审记录形式是“一问一答”式的口供体。此一口供体，内容翔实、案情生动全面，最大限度接近犯证人员供述的原貌。乾隆初期为提高审理效率和降低被上级衙门指驳的风险，州县衙门堂审记录开始出现由“一问一答”式的口供体向“问，据某某供”的叙供体的演变。此一叙供体在省略问官讯问内容的同时，还对犯证人员的供述内容进行相当深入与全面的加工与提炼。清代堂审记录形式由口供体向叙供体的演变带来最直接的影响就是为州县衙门在审理报告中“剪裁”案情大开方便之门，也在一定程度上冲击了清代命案审理固有的格局与秩序。

关键词　口供；叙供；堂审记录；演变

随着清代地方司法档案的陆续发掘整理，学界对档案文书进行了较为系统的梳理与研究。在清代地方档案文书中，犯证供述是案情认定、量刑裁决最主要的证据，呈现犯证供述内容的堂审记录自然就成为中外学者瞩目的焦点。因现存清代地方司法档案所载绝大多数案件发生于乾隆朝之后，故学界对清代州县衙门堂审记录的研究多集中于清代中后期。

---

* 本文系国家社科基金一般项目“清代州县衙门通详与命案审理研究”（项目号：22BZS078）的研究成果。

** 郭士礼，成都理工大学马克思主义学院教授。

那么清代初期①州县衙门堂审记录的形式是怎样的？其是否为“原始口供”？清代中后期州县衙门堂审记录与审理报告中的“叙供”有何不同？从清初至清中期州县衙门堂审记录形式发生了哪些变化？这些变化对清代司法实践以及司法档案的价值又产生了哪些影响？有鉴于此，本文在借鉴学界既有研究成果的基础上，以《冕宁档案》《巴县档案》所载的人命案件为中心，辅以刑科题本、官箴书、法律典籍等多种历史文献，对上述相关问题进行集中探讨。

一、口供：清初司法档案中堂审记录的形式

在中外学界对清代初期堂审记录的研究成果中，日本学者的相关研究颇受关注。如谷井阳子认为，与明代相比，除沿袭固有的“招状”之外，清代产生了一种新的审理记录形式，即接近口语体的“讯问记录形式”。此种形式就是《福惠全书》中“上官讯问，犯证对答，夹而叙之”② 的“一问一答”式，该形式“是就同一事件将不同的人的供述记在一起，所以重复的内容颇多，而且根据质问其时间顺序不一，所以读起来较为费事。就文体来说，全面使用口语的比使用书面语的更显冗长”。③ 谷井阳子对明至清初堂审记录形式演变所做的考察令人信服，但其分析的重点是“裁判文书中的审理记录”，也就是说其并未将清初这种“一问一答”式的堂审记录视作独立专门的文书文种。换言之，对于介于明代“招状”与清代中后期“叙供”之间的清代初期堂审记录形式，谷井阳子并未有一个明确的文种进行指称。吴佩林则根据谷井阳子的研究认为，“招状是明及清初常见的记录口供的形式”。④“招状”是否为明代中后期堂审记录的常见形式不在本文探讨之列，但其是否为清初常见的记录口供的形式还需要结合清代地方档案，特别是《冕宁档案》做进一步考察。

（一）何以为名

在《冕宁档案》中有一起发生于康熙六十年（1721 年）题为“王君诏杀死刘国屏案”

---

① 文章所说的清初是从地方档案文书演变的角度做出的界定，其时限大致包括顺治、康熙、雍正以及乾隆前十年左右，也就是公元 1644 至 1745 年，历时约一百年。

② （清）黄六鸿：《福惠全书》，卷之十二《刑名部·释招状》，载刘俊文主编：《官箴书集成》，黄山书社，1997，第三册，第 347 页。

③ ［日］谷井阳子：《从做招到叙供——明清时代的审理记录形式》，魏敏译，载中国政法大学法律史学研究院编：《日本学者中国法论著选译》（下册），中国政法大学出版社，2012，第 500—501 页。

④ 吴佩林：《清代中后期州县衙门“叙供”的文书制作——以〈南部档案〉为中心》，《历史研究》2017 年第 5 期，第 72 页。

的命案，这是笔者目前在清代地方档案中所能搜集到的最早的命案。该案有一件题名为“王君诏杀死刘国屏各口供册”的文书，该文书主要记录的是承审官的讯问以及犯证人员的供述，且其记录形式采用的是“一问一答”式。在现存清代地方档案文书资料中，这也是笔者所见到的最早以“口供”命名的文书。兹录其部分内容，以呈现早期堂审记录之风貌：

> 问鲁宽贤：你是刘国翰的词内参证，你将王君诏杀死刘国屏的根由从实讲来，免得受刑。
>
> 供：他两家前边的事，小的不知道。十二日刘国屏来叫小的去他家吃酒，王君诏只与刘国屏作揖不磕头，刘国屏骂他几句，王君诏走回去了。不多会，他的妇人李氏从外骂来，王洪仁也拿着一个棍来，是小的扯住了，他们乱打起来，只听见说，“杀死人了”，小的把王洪仁丢开手，反身去看，只见刘国屏躺在地下。小的慌了，才把王君诏的刀子夺了他的拿住他（引者按：“他的”两个字似多余，但原文如此），过了一会刘国屏就死了。
>
> ……
>
> 问：刘家告王家父子十余人拿着木棍打杀，据你说来只有哑巴三、哑巴四两人打，还有棍往哪儿去了，分明你得钱偏证，不实讲就要动刑夹的。
>
> 供：小的年纪老了，又是刘国翰的嫡亲母舅，有就是有，无就是无，枉诬不得人家，害不得天理，老爷就是夹死，小的这些话都是实情。①

与清代中后期的堂审记录以“问，据某某供”起始语不同，该案堂审记录最为明显的特征就是“一问一答”式展开，从“免得受刑”“不实讲就要动刑夹的”“害不得天理”等表述中即可看出，该案堂审记录口语化色彩极为浓厚。除“一问一答”的记录方式，“王君诏杀死刘国屏各口供册”还有如下较为显著的特征：其一，该文书的文种名称直接以“口供”来命名，也就是说冕宁县衙直接以“口供”来指称问官讯问及犯证回答的堂审记录。其二，它不是州县衙门审理报告（即谷井阳子所言的“裁判文书”）中的堂审记录形式。最为直接的证据是，州县衙门的审理报告中，不论是清代初期的“招状”，还是中后期作为预备报告的“通详”及作为正式审理报告的“招详”，② 其审理记录均加盖州县衙门公章，但

① 《冕宁档案》，二十八—354—63、二十八—354—79（脱漏），时间为乾隆七年，月日不详。

② 有关清代州县衙门命案审理中的“通详”“招详”的研究参见严丹、郭士礼：《清代地方档案命案通详文书与司法档案的虚构问题——以〈巴县档案〉〈冕宁档案〉为中心的考察》，《法律史评论》第18卷，社会科学文献出版社，2022。

该口供册并未加盖公章。其三，从文字的书写特征上看，与州县衙门裁判文书中审理记录的文字工整干净不同，此一口供册字迹稍显潦草，且有多处涂抹增删。

《冕宁档案》中记录有多起发生于雍正末年至乾隆初期的命案，① 其堂审记录均采用的是“一问一答”的形式。顺治、康熙中期之前命案的堂审记录形式虽然在地方司法档案中无从查证，但从内阁刑科题本中我们发现，“一问一答”式口供体在清代初期的司法档案中已经存在。如顺治十二年（1655 年）三月十六日题名为“刘昌等题木城关诱窝逃人百余名事本”的一起关于逃人的题本，在该题本中有审问官的提问及逃人的口供。兹录其部分内容以为参考：

审问窝主木城关：据地方官来文内，逃人王有功原拐马三匹，是你卖了，这马今在何处？

据城关供称：花马一匹，卖与昌邑县科兰集赵四相公，得银十八两五钱。……

今审得逃人小进财口供：我是额尔格图牛录下达尔胡家人，于本年正月十二日，同王有功等逃出，在木城关家窝住。

又问达尔胡家人小雨子：这小进财是你家人么？

据供：小进财不是我家人，他是民。

小进财口供：我年小的时候，讨饭吃来，被他收养，我原是民。②

类似“一问一答”式的供述在顺治朝内阁刑科题本中非常普遍，而且材料中经常会出现“口供”字样。结合《冕宁档案》我们可以大致推断：自顺治至乾隆初期近一百年的时间里，堂审记录中“一问一答”的口供体一直存在，且《冕宁档案》命案显示，从康熙末年至乾隆初期，此种“一问一答”式的口供体非常普遍，并且也出现于“招状”之中。我们来看《冕宁档案》中这起发生于乾隆五年（1740 年）的题为“阿保入室杀人案”的招状的形式与内容：

一问得，一名阿保年二十八岁，系冕宁县夷民。状招：阿保赋性贪恶，罔知法纪，缘阿保贫难度日，不合起意纠合刻溪、阳佚、窝耶行窃。各犯均不合允从，阿保素知

① 清代《巴县档案》案件数量固然极多，但其所呈现的几乎全为乾隆二十年（1755 年）之后的案件，命案更是如此。

② 中国第一历史档案馆编：《清代档案史料丛编》（第十辑），中华书局，1984，第 81－82 页。该丛书收录了顺治朝 31 起逃人事件的档案史料，相当全面地反映出清入关后的堂审记录形式。

被害身死之张明臣家有银钱，遂于本年四月二十七日夜四盗同至张明臣午后……尸子张起先呈报前任冕宁县验填通报，奉批勒缉凶贼，先后弋获阿保等四犯，卑职讯供通报奉批饬审，卷查乾隆六年五月十七日奉……（引者按：省略内容为州县衙门对审理经过与上级衙门批语的详细交代）

……①

问阿保：你今年多大年纪，是哪一个土司管的，没有父母兄弟么？怎样起意去偷张明臣又把他杀死了，凶刀现在在哪里？你们同伙有几个人？盗线是哪一个？窝家是哪一个？是哪个挖洞的？场上邻佑的门是谁倒扣的？哪个先进洞去偷？偷去的是什么东西？怎样分了？从实招来。

供：小的今年二十九岁，是冕宁县里管的，百姓父亲死了，只有母亲同哥子阳佚在溪木林住。小的先年在越㠎住，今年二月初，搬在青山嘴住。小的们并无窝家，也无盗线。……（引者按：省略内容为阿保余下的供词）

一议得，阿保所犯合依窃盗临时拒捕杀伤事主定例，照强盗律拟斩立决，刻溪合依窃盗拒捕杀伤事主为从例，给披甲人为奴。……（引者按：省略内容为对阳佚、窝耶的裁决意见）

一照出，阿保系斩立决重犯，牢固监禁，刻溪系发钱云贵边烟瘴军犯牢固监禁，阳佚、窝耶拟杖刺字，余无照。②

根据谷井阳子的考察，明代作为裁判结果而制作成的正式文书称为“招”或“做招”，其主要由三部分组成，即“一问得”“一议得”“一照出”。“一问得”部分又称为“招词”，“原则上将罪名最重一人的姓名、年龄、身份放在起始部分，状招之后按时间顺序记载经审理人等的事件经过……而对于犯罪行为就附有如‘不合’‘就不合’这种被称之为‘招眼’词语来引起注意”。“一议得”部分则是“记载”相关人等的律例适用。“一照出”部分“记载附随性的与该案相关的处理事项”。③ 由“阿保入室杀人案”可知，该文书一方面沿袭着明代“做招”的体式，另一方面又有属于清初特有的“一问一答”的口供体，可谓是两种文书体式的结合。

---

① 省略部分为捕役周朝纲、甲长邻佑、尸子张起先和刻溪、窝耶、阳佚等人的口供内容，内容均比较丰富生动，但限于篇幅不能一一赘述。

② 《冕宁档案》，肆—41—18至肆—41—36、肆—41—41至肆—41—68，乾隆六年十二月十一日。

③ ［日］谷井阳子：《从做招到叙供——明清时代的审理记录形式》，魏敏译，载中国政法大学法律史学研究院编：《日本学者中国法论著选译》（下册），中国政法大学出版社，2012，第485—486、494—506页。

由《冕宁档案》中的命案可知，清代初期“口供”是“招状”的主要内容之一，但它同是一种独立于“做招”的单独文种，上文中提到的“王君诏杀死刘国屏各口供册”的题名是最为直接的证明。此外，我们还可以从清初官箴书的相关记录中找到印证。如康熙年间的黄六鸿在《福惠全书》中说道：“问拟罪案，止以初招为主招状，又以口供为主。若口供杂乱无绪，不妨略叙简净；有意晦不明，不妨略改醒亮。但不得混删要紧承招问罪字眼。”① 黄六鸿所论“口供”即是堂审时各人供述之内容，其为招状的主要构成。与黄六鸿同时而稍后的王植也论说道：“招册要口供简明，看语要与供相符，引律例要与看相符。”②“口供”“看语”“引律例”均为清代招状中的重要组成部分。

概而言之，对于清初堂审记录形式，我们不能简单以“招”或“招状”视之，虽然在清代初期，其与“招状”有着紧密的联系，但是《冕宁档案》记载的文书信息显示，清初“一问一答”式的堂审记录是被单独记录留存，且以“口供册”命名。当时官箴书的记载中，也有“口供”的相关描述。所以笔者认为，将清代初期的堂审记录称为“口供”，似乎更为合适。清初的堂审记录的“口供”体，与乾隆中后期盛行的“叙供”体有着显著的不同。从结构形式上，口供体为“一问一答”式，而叙供体则是“问，据某某供”；从内容呈现上，不论是讯问者的提问还是回答者的供述，口供体都要比叙供体生动翔实得多。

（二）口供的价值

根据谷井阳子的考察，清初堂审记录形式采用口供体的主要原因有两个，其一是清初满族入关后，满族大臣多不懂汉语，汉族大臣在审理案件后向满族上官汇报过程中，必须将案情翻译为满语，且直白的口语最能为不懂汉语的满族大臣听懂；其二，清廷“要求以与本人的供述尽量接近的形式来报告案件”。③ 如康熙二十六年（1687 年）十二月的刑部题准就严禁督抚就盗案“删改供招”，“嗣后直省盗案，其各犯口供实情，不得删去，听部臣详阅初招，临时的夺”。康熙三十六年（1697 年）十二月的刑部覆准中，再次确认此例，“嗣后一应供招，不许擅自删改，而初取之供，亦宜详载揭帖。若承问官增减原供，臬司依样转详者，各该督抚严查题参，照例议处”。④ 雍正七年（1729 年）拟定的规定写道：“凡

---

① （清）黄六鸿：《福惠全书·问拟》，卷之十二，载刘俊文主编：《官箴书集成》，黄山书社，1997，第三册，第 346 页。

② （清）徐栋辑：《牧令书》，卷 19，载刘俊文主编：《官箴书集成》，黄山书社，1997，第七册，第 424 页。

③ ［日］谷井阳子：《从做招到叙供——明清时代的审理记录形式》，魏敏译，载中国政法大学法律史学研究院编：《日本学者中国法论著选译》（下册），中国政法大学出版社，2012，第 503 页。

④ 《本朝则例类编》，刑部卷上《断狱》“删改口供督抚不查参”，转引自［日］谷井阳子：《从做招到叙供——明清时代的审理记录形式》，魏敏译，载中国政法大学法律史学研究院编：《日本学者中国法论著选译》（下册），中国政法大学出版社，2012，第 505 页。

有司谳狱时，令招房书吏照供录写，当堂读与两造共听，果与所供无异，方令该犯画供。该有司亲自定稿，不得假手胥吏，致滋出入情弊。如有司将供词辄交经承，致有增删改易者，许被害人首告，督抚查实题参。将有司官照失出入律议处。”① “一问一答”式的口供体则是与“本人的供述尽量接近的形式”。

清初口供体的出现反映清初统治者对于“正确记载本人的供述”的重视，“刑部官员希望得到的不是督抚认定的事实，而是从犯人的供述中获得第一手的事实”。② 这或许从一个侧面反映清初统治者在司法治理层面力图有新的突破。正是这种倾向于“从犯人的供述中获得第一手的事实”的司法理念及其实践，为“一问一答”式口供体的产生提供了最为有力的支撑。

就反映案情的真实情状而言，清初口供体显然要比明代的“做招”以及清中后期的“叙供”体更为全面与客观。为了能够更加直观地呈现清初口供体在揭示案情方面的优势，我们仍然以《冕宁档案》乾隆五年（1740 年）的“阿保入室杀人案”为例进行说明。该案审理前后历经三任县官，其中第一任县官张祖晋的审理情形，在其呈报给上级衙门的通详文书中得到全方位呈现。据被害人张明臣之子张起先报称：

> 缘蚁在铁山烧铁，离家十里，蚁父在家，母又坐月各情。祸于本月二十七日夜半时分，未知是何人物将房屋后土墙挖开一洞，闯入卧房，活活将蚁父张明臣杀死在地。蚁母惊觉叫喊四邻，殊不知被凶先已将四邻并蚁家门户俱已倒扣。至天明蚁赶回家，甚是骇异，急报台前，赏其急究。中间不致虚冒，所报是实。杀刀未见，只遗下挖凿一把等情。③

这是张起先的报词，该报词内容较为详细全面，在笔者掌握的乾隆初期的十几起命案通详中，其报词内容均较乾隆中期之后的案件翔实丰富。我们或可推断，在乾隆初期的命案通详文书中，在报词中将报状的内容全部抄录是当时比较普遍的做法。按照“初报即讯”的规定，冕宁知县遂当堂唤张起先讯问，以下内容为张祖晋讯问以及张起先供述的内容：

> 问：你是哪里人？你父亲二十七日半夜时候被人杀死在卧房中哪里呢？

① 《钦定大清会典事例·刑部·吏典代写招草》，卷 853。

② ［日］谷井阳子：《从做招到叙供——明清时代的审理记录形式》，魏敏译，载中国政法大学法律史学研究院编：《日本学者中国法论著选译》（下册），中国政法大学出版社，2012，第 501、504 页。

③ 《冕宁档案》，肆一41一10、肆一41一12（脱漏），乾隆六年五月十四日。

供：小的是湖广靖州人，小的父亲早年来到这地方，娶晚娘王氏，在高炉住家。二十七日夜不知是什么人在房背后墙下挖地洞进来，把小的父亲杀死在右边厨房门那。

问：你父亲有多大年纪？同屋居住的有几口人呢？

供：父亲四十六岁，晚娘三十五岁。小的在铁山烧铁，离家有十里。同屋住的只父亲一个，晚娘一个，小的一个，并没有别人。

问：你父亲是哪年来这冕宁县地方的呢？

供：父亲出门时，小的年纪小，不知是哪一年，小的去年才同哥子张甫先两个来到这的。

问：你哥子现在在哪里呢？

供：哥子于今年二月里起身回湖广去了。

问：贼人挖洞进来偷了些什么东西去呢？

供：没有偷得什么东西去。

问：杀死你父亲的是什么物件？

供：是刀子杀伤的，胸前扎了一刀、肋下扎了一刀。

问：贼人进屋杀人，你晚娘为什么不喊叫呢？

供：晚娘喊叫，连忙起来点起灯来看时，父亲已杀死在地下了。

问：为什么不叫喊邻佑救护呢？

供：邻佑们的门都是倒扣住了。

问：门既是倒扣，贼人从哪里出去呢？

供：不知往哪里出去。①

上述问答便是通详文书中呈现出的“初报即讯”内容。在该堂讯中，张知县首先了解的是张起先家庭成员及其个人信息以及案发时的相关细节。由上述讯供内容可知，颇令张知县感到疑惑之处有两点：其一，案发之时，死者妻子王氏的反应；其二，在门已倒扣的情形下，贼犯是从何处逃走？经过简单讯问之后，张知县“遂单骑减从于四月二十九日带来刑仵亲诣高炉，会同泸沽巡防把总马复德，查验前后出入情形”。然而后来的文书资料反映，张知县并未带仵作勘查现场，这或许就为其案件审理朝另外一个方向发展埋下了伏笔。以下为现场勘验环节的内容描述：

① 《冕宁档案》，柒－84－82（脱漏），具文时间不详。

> 张明臣房屋三间，前装板壁，左右后面俱系土墙。后墙对檐墙角下正中挖穿一孔，外高一尺二寸、宽二尺三寸，内高一尺一寸、宽一尺八寸五分，浮土四寸五分。墙外地势略低，屋内地势略高，洞口浮土堆砌，当面并无出入擦光土色情形。屋左系张明臣卧房，安灶两座，火塘边安碗架一个，壁间有大缸一口，桌子一张，厨房前门系张明臣被杀处所……

事后看来，“当面并无出入擦光土色情形”的勘验结论对张知县的案情认定影响相当大，因为他由此可以判定，贼犯不可能从洞中逃走。但是张明臣家房门又从外面被锁死，贼犯也无从家门逃走之可能，那么贼犯究竟是从何处逃走？抑或贼犯另有其人？还是该案并非盗窃杀人而是别有隐情？我们再来看张知县勘验现场结束后对张明臣之妻王氏及邻佑等人的讯供内容。以下内容较多，原通详文书中所有讯问与供述混为一体，为方便阅读，笔者做了分段处理：

> 问：王氏，你有多少年岁？这死的张明臣是哪一年娶的你呢？
>
> 供：小妇人三十五岁，嫁给张明臣有十一年了。
>
> 问：二十七日夜是什么时候贼人进你屋来把你男人杀死？你一一说来。
>
> 供：小妇人才生产过，房里两铺，男人另自睡。这夜有三更时候，不知道是哪里蛮子挖地洞进屋里来，开头一个柜子是米，又去开第二个布柜子，弄得柜子响。男人警觉起来，贼就拿了两个盐、八百钱走了出去，男人跟着出去。只听得一声说“不好了，蛮子动刀子”。小妇人连忙起来走到厨房里去，点起亮来，男人杀死在地下了，头朝厨房门槛的。
>
> 问：贼人挖的洞是在你堂屋背后夹道里墙边，你男人是杀死在右边厨房前门，你既爬起来一定先到厨房里寻火点亮，那时就该撞见贼人了，这贼往哪里去了呢？
>
> 供：贼人从地洞钻出去了。
>
> 问：你堂屋背后夹道本县把官尺量过，才有三尺的一条巷道，甚是狭窄，贼既杀人必定心慌意乱，若是从洞里钻出去，头先钻，可以抓住贼的脚，若是脚先钻，可以按住贼的头，贼怎么一时就钻得出去呢？
>
> 供：小妇人起来点起亮来，只见男人死在地下，不见贼人，门又倒扣住，没有开，不是从洞里钻出去是从哪里出去呢？①

① 《冕宁档案》，柒—84—82（脱漏），具文时间不详。

以上口供围绕贼犯究竟从何处逃走展开。张知县的疑惑集中于两点：其一，王氏听到喊叫出来查看，理应看到贼犯；其二，张知县认为，贼犯若是从挖洞中逃走，王氏应该有充足的时间捕获，即所谓“头先钻，可以抓住贼的脚，若是脚先钻，可以按住贼的头，贼怎么一时就钻得出去呢?”对张知县的疑惑，王氏也深感茫然，门又倒扣，贼犯不从洞里出去，又从哪里出去？我们结合以后的讯问内容可知，当王氏听到喊叫之时，本来想起身查看，但婴孩啼哭，她并未立即前往，而是等了一会儿不见动静，然后才起身查看。或者我们可以推断，当张明臣喊叫之时，王氏势必也喊叫丈夫，但张明臣伤势沉重，当时已然发不出声音，王氏在屡唤不应的情形下，才起身往厨房点灯查看，彼时贼犯已然从洞中逃脱。但遗憾的是王氏当时并未仔细供明，而张知县显然已经自认为找到了答案。所以案情的审理就朝着另外一个方向再次发展。我们再来接着看王氏下面的口供内容：

问：你男人既被杀死在厨房前门边，为什么不候本县来，把尸移在堂屋里，地下的都把灰掩盖了，为什么扫开灰不见血迹呢?

供：这是男人第二的儿子申阿即叫刘国元、张全太们抬了，把灰掩盖的。

问：你的男人第二儿子申阿即就是张起先吗?

供：张起先是第三个儿子。

问：你男人爬起来赶贼是穿着衣服起来还是光着身子起来呢?

供：是光着身子起来，单穿着一条小衣。

问：你男人既穿有一条小衣，为什么杀伤的血留在腿上，这小衣上并没有血呢?

供：小妇人没有看过。

问：杀伤的人为什么口唇、指甲、肚腹都是青了呢?

供：小妇人不知道。①

这一段讯问内容至关重要，因为讯问中出现的两个细节某种程度上导致了案情的转折：其一，讯问中得知，张明臣还有另外一个儿子申阿即，而且是申阿即让人将张明臣尸身移位，并在血迹上用灰掩盖。众所周知，“狱贵初情”是中国古代司法重要的理念，命盗重案中，“初情”对了解判断案情起着重要的作用。但是作为普通民人，申阿即或许不了解其中的重要性，而申阿即的出现以及他移尸并撒灰掩盖的举动，无疑加深了张知县的判断：这或许是一起奸情命案；此外，根据张知县验尸所得，张明臣尸首“口唇、指甲、肚

---

① 《冕宁档案》，肆—41—69至肆—41—79（脱漏），乾隆七年四月初九日。

腹都是青了”。据《洗冤集录》所载，“凡服毒死者，尸口眼多开，面紫黯或青色，唇紫黑，手、足、指甲俱青黯”。① 张知县显然怀疑张明臣有中毒迹象，或许张明臣起初死于毒杀，毒杀后又被刀戳伤身死。讯问完尸亲之后，张知县又接着讯问张明臣的邻居：

问左邻刘胜文、右邻邓启才：你们两个都是张明臣的近邻，二十七日夜有贼人在张明臣屋里动刀杀人，他妇人喊叫，你两家为什么不出来救护呢？

同供：这二十七日半夜时候只听得张家屋里喊叫有贼，小的们连忙爬起来，大声喊叫，不想两家的门都倒扣住了，门不得打开。

诘问：你两家的房屋与张明臣的房屋相连，只隔着一堵墙，墙壁的左边只有五尺多高，墙壁的右边有六尺多高，上边是竹子编的，轻轻一推就可以推开的，你们为什么当时不跳出来捉贼呢？

供：小的们只听说有贼，并没有听见杀人。

诘问：他妇人现供说男人喊叫“蛮子动刀了”，你两家隔了一堵墙怎么说不听见。况贼既杀了人，不开大门逃走，反转身去寻地洞出去，不怕人来捉住吗？有这样情理么？

供：这要问他老婆、儿子才知道。

通过邻佑的口供我们得知，因为邻佑房门也是被贼犯反扣，故而出门不得。在后来的讯问中我们得知，张知县认为，邻佑等人是知情不救，故而将邻佑等人责打押监。后又讯问：

问张起先：你到县里报状，本县就问过你，你供说你哥子叫张甫先，去年在湖广同你一路来，今年二月起身回家去了，如今你怎么又有一个哥子申阿即呢？

供：申阿即是小的堂兄。

问：你报状上并没有说贼人偷去两个盐、八百钱的话，如今你晚娘怎么又说偷去两个盐、八百钱呢？

供：小的来报状，晚娘没有对小的说偷去盐和钱的话。

张起先在报状及当堂的讯问中，的确供述贼犯并没有偷走家中钱物，但王氏在现场的

---

① （宋）宋慈：《洗冤集录译注·服毒》，卷四，高随捷、祝林森译注，上海古籍出版社，2016。

讯问中，又提到贼人偷去了两个盐与八百钱，虽然张起先做出了解释，但张知县显然并不认同。而且据王氏后来的供述，当时张明臣身死，并未仔细查看家中钱物丢失，就急着让张起先报案，后来才发现有盐、钱被贼偷去的事实。（当然被贼偷去的还有一只碗，而且是贼犯阿保在被抓获讯问时供述出来，王氏才发现又丢了一个碗。）张起先的解释与王氏的供述显然符合常理，但张知县已然认定是奸情命案，就自然排除了盗窃杀人的嫌疑。接下来随着申阿即对自己在家中被父亲与兄弟冷落的供述，张知县基本上坐实了案情：

问：申阿即，你是张明臣什么人？

供：是张明臣生的第二个儿子。

问：既然是张明臣的儿子，为什么张起先说是他的堂兄呢？

供：小的与他是同胞兄弟，不是堂兄弟。

问：你既是亲兄弟，为什么你又叫申阿即，你父亲被人杀了你不来报状，连报状上都不写你的名字呢？

供：申阿即是小的乳名，父亲只想兄弟，不想小的，父亲卖得一百多两银子只送兄弟，不送小的分文，他不把小的当他哥子，不叫小的名字。

问：这夜你父亲被人杀死，你在家没有呢？

供：小的没有在家。

问：你既然没有在家，为什么叫刘国元、张全太们把你父亲的尸移在堂屋里，又把灰盖了血迹呢？

供：父亲死在厨房门边，出进不便，才抬开的。

问：你父亲杀在地下，为何屋里没有血迹呢？

供：血是灰吃干了。

复问张起先：这申阿即是亲哥子，你为什么说是堂兄弟，你报状上为何不写他的名字呢？

供：小的畏惧王法，不敢写他的名字。

问：你父亲被人杀死了，做儿子的该替父亲报仇，怎么说畏惧王法不敢放他的名字，又在本县跟前说他是堂兄，其中必有缘故。①

尽管申阿即供述，案发当晚他并未在家，但是当申阿即将自己在家庭中的处境以及张

① 《冕宁档案》，肆—41—10、肆—41—12（脱漏），乾隆六年五月十四日。

起先对申阿即的态度交代完之后，知县头脑中已然形成了一个关于该案案情的基本情形：申阿即因被父亲、兄弟冷落，故而奸母杀父。然而张知县忽略了三个至关重要的细节：其一，王氏产后仅六天，如何与他人通奸？其二，案发现场还有一把铁凿，即贼人用来挖洞所用。如果申阿即是与王氏通奸，给张明臣下毒被惊觉后用刀戳伤其父，申阿即为何要挖洞逃走，而不是从门外出逃？其三，据王氏供述，死者张明臣在与凶手的僵持中，说了“不好了，蛮子动刀子”，很显然凶犯不是汉族人。

通过上述讯问，张知县形成了关于该案的以下几点认识：其一，由洞口“并无出入擦光土色情形”判断贼犯并未从洞口逃出。其二，张明臣家及邻佑门被反扣也印证了贼犯并未脱逃。其三，阿即移尸并用灰掩盖血迹以及其在张家被冷落的处境，怀疑他是杀死张明臣的凶手。其四，根据自行验尸发现的张明臣口唇、指甲、肚腹是青色，判断张明臣是被毒死的。综合上述勘验及讯供信息，张知县认为，这是一起奸母杀父的人间惨案。以后的文书资料显示，在审讯过程中张知县对张起先、申阿即以及邻佑进行了刑讯逼供。

虽然我们在《冕宁档案》中并未看到张知县关于该案的正式审理报告，即“招状”（或是“招详”），但是从宁远府转发至冕宁县的牌文中获知，张知县最终是以奸母杀父上报此案。而此后《冕宁档案》关于将张知县参革的文书中，对张知县在整个审讯过程中所犯下的一系列过失一一揭露了出来：

> 冕宁县知县张祖晋才本庸劣，性复残刻。缘该县铁厂地方有楚民张明臣，于乾隆六年四月二十七日夜被窃拒杀身死。次日尸子张起先报县，经张祖晋诣验，并不带领仵作，率同伊弟张七前往，妄呈臆测，辄以张明臣之妻王氏与前妻所生之子张戌娃（引者按：即申阿即）因奸谋害所致。将张戌娃叠加三木，频夹同堡居住之李云辉、蒋子秀等六七人，逼供奸母杀父。因人心不服，张祖晋又差仵作同客长前往开棺复验，抹煞前情，含混通报。旋经宁远府知府管胪传据保邻苏伯学等告词提讯，不特王氏、张戌娃极口呼冤，即合堡邻人等素知戌娃为人诚朴，入川以来，即与楚民杨胜龙及伊弟张起先另住数里之外生理。被窃之夜，尚与杨胜龙等同寝，次日闻信方归。况王氏于本年四月二十一日甫经生产，张明臣实系被窃拘杀。查该县设有仵作，并不带往相验，而带伊弟张七同往。又差仵作开棺相验，视人命如草芥，且戌娃兄弟现与杨胜龙同居，次早方归，绝无可疑。乃舍凶不缉而叠夹事主，刑逼邻佑，定欲以奸母杀父重情酿成冤狱，似此昏烈残酷之员断难一刻姑容，以贻民害。①

① 《冕宁档案》，肆—41—18至肆—41—36、肆—41—41至肆—41—68，乾隆六年八月。

受限于司法档案的局限性，我们无从得知张知县在审理此案过程中种种更为具体的“残刻”表现的细节。然通过该文书中寥寥几笔，我们已然能够想象当时真实场景之惨烈。这也是笔者在翻阅乾隆中后期《巴县档案》与《冕宁档案》过程中少有的阅读体验。根据《大清律例》“官司出入人罪”之“条例”，“承审官改造口供故行出入者，革职；故入死罪已决者，抵以死罪；其草率定案，证据无凭，枉坐人罪者，亦革职”，① 张祖晋难逃革职查办的惩罚。

该案中“一问一答”式的供述将案情线索呈现得非常清晰，犯证人等的供述细节也是相当生动真实，而尤为难得的是后世读者能够通过口供大致理清该案承审官张祖晋的审断思路，而这是乾隆中后期及此后所有堂审记录中都不能达到的效果。我们虽然无法确认该案通详中的“口供”就是此案的“原始口供”，但上述文字显示，清初堂审记录所呈现出的内容比清代中后期翔实丰富得多，其虽非“原始口供”，但应该是较为接近“原始口供”的“口供”。

此类口语体问答式的口供，虽然能够将案情来龙去脉表述清楚，但篇幅过于冗长，所以在此后的演进过程中，审讯者的提问便被省略，再到后来，连犯证人员的供词内容也一并加工整理，将所有与案情无关的细枝末节均删而不存，大约自乾隆中期始，“一问一答”的口供体便被“问，据某某供”的叙供体全面取代。

二、叙供：清中后期司法档案中堂审记录的形式

与清代初期“一问一答”的口供体不同，清代中后期的堂审记录是以“问，据某某供”作为显著标志。吴佩林将此种形式称为“叙供”，谷井阳子也对“叙供”进行了专文探讨，但谷井阳子探究的“叙供”是裁判文书中的审理记录。那么清代“问，据某某供”式的堂审记录最早出现于何时？吴佩林所探讨的作为堂审记录的“叙供”与谷井阳子探讨的“裁判文书”中的“叙供”有何关联？“叙供”在案情呈现上又有何特点？

（一）“问，据某某供”的出现时间

《冕宁档案》的命案资料显示，最早在乾隆初期的通详文书中，堂审记录形式就开始由“一问一答”式的口供体向“问，据某某供”的叙供体演变。我们来看发生于乾隆五年（1740 年）七月的一起题为“吴廷简戳死吴廷相一案初报文稿”的命案。所谓“初报”指的是案情初步报告，也就是“通详”：

---

① 田涛、郑秦点校：《大清律例》，法律出版社，1999，第 585 页。

问，据吴廷简供：这死的吴廷相是小的三伯父吴庆正的儿子，是小的嫡亲堂兄，只因小的爷爷分与小的一向厢房，是两间，分授于哥子廷相的是一向牛圈，后来哥子廷相要买小的这两间房子，他原说过给四两银子，直到如今银子并没有给小的……初六日小的去犁了田回来，又去铲地，哥子廷相看见就要打小的。他身子大，小的身子小，打不过他，小的急了就拿身上带的小刀戳了他一刀，不想田埂旁就是水田，他就扑在水里去了。小的看见他扑在水里就慌了跑回来，后来才听得哥子廷相在田里死了。当在田里争论时，只有小的与哥子廷相两个，没有别人在场看见。①

除了起语不同之外，在案情信息的呈现上，该案与同一时期其他案件的口供体一样生动翔实，且口语化色彩浓厚。这从“他身子大，小的身子小，打不过他，小的急了就拿身上带的小刀戳了他一刀”的供述中即可得知。由于看不到该案的口供书册，所以我们也无从判断其堂审记录的形式是否如通详中所呈现出的以“问，据某某供”起语。《冕宁档案》中的另外一起发生于乾隆十年（1745年）的命案则透露出更多信息，在这起题为“为余瑞强奸陈氏拒捕身死事”的命案中，② 笔者发现该案的通详文书审理记录是以“问，据某某供”起始，但是该案堂审记录仍然是“一问一答”式。且问官讯问与相关人员的供述内容与“阿保入室行窃杀人案”一样生动翔实，限于篇幅不再征引。《冕宁档案》显示，至乾隆十三年（1748年）之后，“问，据某某供”的形式在堂审记录中才普遍盛行，且供述内容相对较为简洁。我们来看这起乾隆十三年（1748年）七月的一起题为“冕宁县详报遣犯车王之妻薛氏患病身死稿”的命案：

问，据地保乔英供：车王的妻子薛氏害了寒病，小的也去看过，报明案下，拨医与他调治不好死的，并无凌虐他，不但小的出得结，现有车王可以问得。

……

问，据尸夫车王供：小的充发到这里，安插羊房子耕田度日，没得邻居，妻子薛氏在这七月初八得了寒病，过了两天，小的见他病势沉重，对军头说知，转报案下，拨医调治，吃了两剂药，治不好，到十四日晚上死了，是实。③

---

① 《冕宁档案》，肆—40—19至肆—40—23，乾隆五年三月十一日。

② 《冕宁档案》，伍—55—3至伍—55—3，乾隆十年三月十一日。

③ 《冕宁档案》，伍—65—12至伍65—15，乾隆十三年七月。

与乾隆五年（1740年）的《冕宁档案》中的“阿保入室杀人案”相比不难发现，乾隆十三年（1748年）的这起薛氏病死案的堂审记录形式已经由“一问一答式”的口供改为了“问，据某某供”的叙供。供述中的“凌虐”“病势沉重”“耕田度日”等词语不似出自犯证人员之口，应该是经过书吏们润色之后的用语。

概而言之，《冕宁档案》呈现出的信息显示，从乾隆五年开始，命案通详文书中业已出现“问，据某某供”的形式，但堂审记录堂则仍然还是以“一问一答”式呈现。此一时期通详中的供述虽然是“问，据某某供”的形式，但内容细节也是极为丰富生动，与清代中后期“问，据某某供”的案情简单大为不同。乾隆十三年之后的命案显示，堂审记录已经普遍采用“问，据某某人供”的形式，这一点我们从《巴县档案》的命案中也能够得到印证，除了在乾隆早期有极为个别的案件中多少保留审讯者所提的简单问题之外，①《巴县档案》绝大多数命案均采用的是“问，据某某供”，且此后呈现出的案情越来越凝练、简洁，与之前“一问一答”式的口供体所呈现出的冗繁、琐细等风貌大为不同。

最后，知悉清代州县衙门堂审记录形式的演变之后，我们再来探讨一下关于对“问据某某供”的断句问题。对于该问题学术界似乎有两种断法：其一，“问据。某某供”；② 其二，“问，据某某供”。③ 结合清初至中后期堂审记录演变历程的考察就会发现，清前期的堂审记录是“一问一答”式，而到了清中期之后，则省略了问官的讯问内容，只以“问”提醒读者：“据某某供”的内容系对承审官讯问做出的回答。而且在《巴县档案》部分命案的叙供中，也有“据某某供”的形式，“问”字一并省略，由此更能印证，“问，据某某供”的断句法更符合文书书写的真实状况。当然在笔者看来“问，据某某供”的断句法仍然不够准确，更为准确的方式应为“问……据某某供”。问官讯问以省略号的方式标注，这样更能够清晰看出清代堂审记录形式演变的痕迹。

（二）何谓“叙供”

如前所述，吴佩林将清代州县衙门堂审记录称为“叙供”，谷井阳子则将裁判文书中的审理记录称为“叙供”，那么两位学者所指称的“叙供”是否完全等同？

学术界在探讨“叙供”时多以白如珍的《刑名一得》与王又槐的《办案要略》等官箴

---

① 《巴县档案》，清 6—1—244，乾隆二十八年六月。

② 四川大学历史系、四川省档案馆主编：《清代乾嘉道巴县档案选编》，四川大学出版社，1989。

③ 四川省档案馆编：《清代巴县档案汇编》（乾隆卷），档案出版社，1991。

书的相关描述为依据。我们先以王又槐在《办案要略》① 中对“叙供”的描述展开讨论：

> 作文者，代圣贤以立言。叙供者，代庸俗以达意。词虽粗浅，而前后层次、起承转合、埋伏照应、点题过脉、消纳补斡、运笔布局之法与作文无异。作文以题目为主，叙供以律例为主。②

王又槐上述对“叙供”的描述为学界所熟知，但是笔者认为，王又槐此处提及的“叙供”指向的是裁判文书（主要是涉及命盗重案的裁判文书）中的审理记录，而非堂审记录，这一点我们从“叙供以律例为主”的描述中即可看出。我们很难设想州县衙门的书吏在记录整理当事人供述内容的过程中会思考该案最终适用哪条律例，所以笔者判断，“叙供以律例为主”只能是在案件已然审理清楚后，州县衙门在撰写裁判文书（通详、招详）中的考量。换言之，清代中后期州县衙门的“堂审记录”与裁判文书的“审理记录”既密切相关，但又非全然相同。欲明白这一点，我们首先从清代命案审理的过程开始探讨。

清代州县衙门命案审理程序大致如下：死者亲属或邻佑报案（其文书称报词或呈词），州县官受理后进行简单讯问，稍后即带仵作前往现场勘查、验尸，并在勘验现场后进行审讯。如果是一般的自杀案或其他情节简单的案件，现场勘验审讯后即可结案，如果案情复杂，一时审理不明，则须将案犯、邻佑、见证等与案件相关人员带赴衙门进行正式审理。而正式审理之前，州县衙门须将勘验初讯后所得案情（不论案情简单还是复杂）向各上级衙门通报，也就是“通详”（时人谓之“初报”）。在得到各上级衙门的批复后，州县衙门方可开始正式审讯。③ 案件审理清楚后，犯证各人等具结状。州县衙门审理结束后，还将完成最后一个关键环节，因为州县衙门只有命盗重案的初审权，须将最终案情和州县衙门的裁决意见以“招详”的形式呈报上级衙门。州县衙门呈报上级衙门的招详随时会遇到府、司、院、部等各上级衙门的指驳，④ 为避免被上级衙门指驳，州县衙门就会对呈报各上级

---

① 据学者考察，王又槐的《办案要略》其内容主要来自白如珍的《刑名一得》，所以两本书基本上可以视作一本，参见郭润涛：《〈办案要略〉与〈刑名一得〉的关系及其相关问题》，《文史》2014年第1期。

② 王又槐：《办案要略·叙供》，载刘俊文主编：《官箴书集成》，黄山书社，1997，第四册，第774页上栏。

③ 就实际运行而言，州县衙门均是在案情审理清楚之后再向各上级衙门呈报通详，相关研究参见严丹、郭士礼：《清代地方档案命案通详文书与司法档案的虚构问题——以〈巴县档案〉〈冕宁档案〉为中心的考察》，《法律史评论》第18卷，社会科学文献出版社，2022。

④ 王又槐在《办案要略》“论驳案”条目中，将驳案的情形细分为以下几种：如报词与口供不对者，驳；填伤与洗冤录载不符者，驳；伤与凶器不对及与犯供不合或遗漏错误者，皆驳；供情率混游移者，驳；供不周密而疏漏者，驳；前后彼此供情迥异者，驳；供看不符、拟议未协者，驳；复审与初报翻异者，驳；事无情理无证据者，驳；顾此失彼、轻重不平者，驳。载刘俊文主编：《官箴书集成》，黄山书社，1997，第四册，第778页上栏。

衙门的审理报告（通详、招详）的叙供进行“剪裁”，因此审理报告中的叙供内容与州县衙门的堂审记录并非全然相同。

我们再将《刑名一得》《办案要略》两书中“叙供”与“论详案”“作看”联系起来进行考察就会发现，详案、叙供、看语是一个有机的整体，① 三者均为裁判文书（招详）最主要的组成部分。因此官箴书中所论及的“叙供”乃是裁判文书中的审理记录，而非州县衙门的堂审记录，这一点我们从清代地方档案命案招详中不难得到印证。试举一例：

署四川重庆府巴县为报明事，乾隆六十年三月十三日，据县民夏应林报称：……（引者按：省略部分就是“论详案”中所言及的报词）据此，卑职遂单骑减从带领刑仵前诣尸所，饬令将尸移放平明地面，对众如法相验，据仵作尹贵喝报：验得已死夏永祥年四十七岁……喝毕，卑职亲验无异，饬取凶器尖刀比对伤痕相符，将尸棺敛，取结附赍。又验得谢万楚右手心有刀割伤一处……（引者按：省略部分为“详案”中的勘验环节内容）随

问，据夏应林供：……

问，据约邻等供：……

问，据萧立兰供：……

问，据谢万楚供：……等供。（引者按：以上为初讯“叙供”内容）据此，除经填格录供通详奉

总督部堂和批司行府饬审招解，等因奉此，卑职查谢万楚伤已平复，尊提犯证复加研讯，原报夏应林、约邻徐天魁、见证肖力兰等供与前同不叙外，

问，据谢万楚供：……（引者按：以上内容为覆讯时的“叙供”）等供。

据此，该署巴县知县陈 审看得：谢万楚戳伤夏增祥身死一案，缘谢万楚与夏永祥素识无嫌，乾隆六十年闰二月二十六日，谢万楚雇夏永祥帮工五日。……经卑职验讯通详，奉批饬审……谢万楚合依“斗殴杀人者不稳手足他物金刃并绞”律，应拟绞监候。……是否允协，理合连犯解候

宪台，俯赐审转。（引者按：以上内容为“看语”）再照此案应以乾隆六十年三月十三日报官之日期限，县系附郭，毋庸计程，应至六月十三日分限届满。今卑职于 月 日审解，系在限内，合并声明。为此备由申乞

① 在《刑名一得》中“论详案”“叙供”“看语”同属于一个条目，但在《办案要略》中则将“叙供”“看语”单列出来，与“论详案”并列。

照详施行，须至申者

计审解招解犯人一名谢万楚年二十岁，尖刀一把。

乾隆六十年四月二十日 刑房呈①

这是一起内容、体式较为完整且颇具代表性的命案招详详册，也就是日本学者所言称的“裁判文书”或“正式审理报告”。由该案招详详册我们可以看出，一件完整的招详文书其主要内容由详案（包括报词、勘验）、叙供（包括初讯叙供和覆讯叙供）、看语三部分构成。如果我们仔细阅读《刑名一得》《办案要略》中“详案”“叙供”“看语”条目的相关表述即会发现，其与招详文书的结构、内容完全吻合。所以我们完全有理由相信，官箴书所提到的“叙供”主要指裁判文书或审理报告中的“叙供”，而非州县衙门的堂审记录。

辨明这一点非常重要，因为学界最新研究成果显示，在州县命案审理过程中，相当一部分命案的堂审记录和通详、招详等审理报告中的叙供内容差别非常之大。换言之，州县衙门为了避免被各上级衙门指驳，会根据具体情况对堂审记录进行有针对性的修改，甚至推翻堂审记录的内容，全盘进行改写。② 且修改主要集中在通详文书（即初报）的叙供之中，如乾隆时期的万维翰指出，“案件重在初报，总要简净，以后再可详尽，再可转变，须有剪裁，不致庞杂，若支离繁冗，招详难办”。③ 为避免被各上级衙门指驳，州县衙门会不断地对通详文书中的审理记录进行修改，而在长时间实践基础上，白如珍、王又槐、汪辉祖等人总结出了一整套对堂审记录加以修改的方法。与此同时，其他地方也出现了类似对堂审记录进行删减的规定，如乾隆三十一年（1766 年）十二月江苏按察使司详准的章程就以审理报告“过于繁冗长，而命令将其简略化，关于‘录供’也指示尽量省去‘繁词冗节’”，④ 由此可见，在审理报告中“剪裁”供词在当时已不是个别行为与个人要求，而是当时的普遍要求。

清代州县衙门不论是出于节约成本、提高办案效率的考量，还是为避免被上级衙门指驳，审理报告的记录形式发生改变已是势所必然。在长时间实践的基础上，万维翰才会总

① 《巴县档案》，清 6—1—620，乾隆六十年四月。

② 参见王川、严丹：《清代档案史料的“虚构”问题研究——以〈巴县档案〉命案为中心》，《史学集刊》2021 年第 6 期；严丹、郭士礼：《清代地方档案命案通详文书与司法档案的虚构问题——以〈巴县档案〉〈冕宁档案〉为中心的考察》，《法律史评论》第 18 卷，社会科学文献出版社，2022。

③ （清）万维翰：《幕学举要》，杨一凡主编：《历代珍稀司法文献》，北京：社会科学文献出版社，2012，第三册，第 1086 页。

④ 万维翰：《刑钱指南》，卷上附录“办理详案章程”。转引自［日］谷井阳子：《从做招到叙供——明清时代的审理记录形式》，魏敏译，载中国政法大学法律史学研究院编：《日本学者中国法论著选译》（下册），中国政法大学出版社，2012，第 512 页。

结出“总要简净”“须有剪裁”，白如珍、王又槐才有“叙供”要讲究“前后层次、起承转合、埋伏照应、点题过脉、消纳补斡、运笔布局之法”的心得体会。然而万维翰等乾隆时期的幕僚们关于“叙供”的所有经验总结，主要是针对裁判文书中的审理记录。这也是万维翰、王又槐等人一直强调“案件重在初报”“办案全在初报”的原因。而初报“总要简净”“须有剪裁”的内在要求，势必会影响到堂审记录的形式结构。这一点我们从上文提及的“吴廷简戳伤吴廷相身死案”与“为余瑞强奸陈氏拒捕身死事”两案的堂审记录与通详叙供对比中不难得知。

此外，乾隆时期随着人口的增长，① 相应发生的命案数量也随之暴增，在人口数量相对较少之时，州县衙门对“一问一答”式的口供体尚能够应付，但随着命案数量的增多，内容冗长的口供体就会极大影响办案效率，同时还会增加被各上级衙门驳回的风险。于是在长时期的实践摸索中，州县衙门遂将讯问者的问题省略，并以某种概括性的言辞将供述者的口供进行简洁扼要的叙录。这或许是堂审记录形式由“一问一答”式的口供体向“问，据某某供”叙供体转变的深层次原因。

概而言之，清代官箴书中的“叙供”主要指的是通详、招详等裁判文书中的审理记录，而非州县衙门当堂审理的记录。为了能够最大限度避免被各上级衙门指驳，州县衙门会对通详中的审理记录进行程度不等的“剪裁”，从而导致堂审记录与通详中的审理记录存在程度不同的差异，故而对两者进行适当的区分是有必要的。当然这与吴佩林将清代堂审记录称为“叙供”的结论并不冲突。《巴县档案》《冕宁档案》《南部县档案》中的司法档案显示，大约在道光年间的供状单中，当事人供述结束后会有“某某叙”或“某某录”等字样，② 在咸丰年间，此类堂审记录中的“某某叙”或“某某录”已经相当普遍。根据以当时文种称谓进行命名的原则，我们认为清代中后期的堂审记录称为“叙供”或“录供”也是有一定依据的。但为了能够和通详、招详中的“叙供”区别开来，笔者认为，在技术层面，将清代中后期堂审记录称为“录供”似乎更为合适。且“录”字亦有实录其事之含义，

---

① 据何炳棣推断，康熙三十九年（1700年）或稍后中国人口为1.5亿，到了乾隆五十九年（1794年）已增长到3.13亿，不到一百年时间翻了一番（何炳棣：《1368—1953年中国人口研究》，葛剑雄译，上海古籍出版社，1989，第268页）。曹树基根据相关史料梳理出清代四川人口变化趋势，据史料记载康熙六十一年（1722年）四川人口为231.6万，乾隆四十一年（1776年）已达1000万，嘉庆十七年（1812年）更是达到2071万［曹树基：《中国移民史：清·民国时期》（第六卷），福建人民出版社，1997，第95页］。

② 《巴县档案》道光十二年（1832年）四月的一起题为“巴县详报袁谨堂与罗杨氏通奸被罗正品砍伤身死”有这样一起单独审讯罗正品的供单，值得注意的是该供单末尾除了填报录供日期三月二十八日外，还有“瞿元龙录”字样（《巴县档案》，清6—3—1598，道光十二年四月）。《巴县档案》道光二十年（1840年）七月一起题为“储奇坊王吕文具禀陈家冬乘蚁外出与伊妻通奸一案”的审单中，有“七月二十一日，刑房文世芳录”字样（《巴县档案》，清6—3—9317，道光二十年七月）。

这样作为堂审记录的“录供”与通详中“与作文无异”的“叙供”之间的差别就能更好呈现出来。

（三）清中后期堂审记录的真实性问题

清初采取的“一问一答”式的口供体“具有保持供述客观性的优势”,① 所以这就能够最大限度地避免口供被篡改。② 在技术操作层面，“一问一答”式的口供体，不但对供述者叙供的内容要记载得极为翔实，关键是还要呈现讯问者的问题，所以对其进行“剪裁”难度显然要比省略问官提问的“问，据某某供”大得多。这就为“一问一答”式的口供体的真实性提供了相当大的保障。至于清代中后期通详、招详中的叙供，如前所述，为了避免被各上级衙门指驳，州县衙门会对其进行不同程度的“剪裁”，这样就会造成一定程度的失实，这也是司法档案虚构问题产生的主要诱因。③ 所以通详、招详等审理报告中的叙供最有虚构的可能，其真实性最低，似无异议。那么清代中后期的堂审记录，也就是吴佩林所指称的“叙供”（即笔者所指称的“录供”）是否为原始口供？其真实性又当如何？

有学者据《福惠全书》的相关描述认为，原始口供除了有一问一答的供述形式，还要有供述时间与当事人的画押。如果以此为标准，尤其是当事人的签字画押这一条，我们发现不论是《巴县档案》《冕宁档案》还是《南部县档案》，都很少见到当事人画押的供状。④ 而且正如该学者所观察到的，清代中后期的堂审记录中，各人的供述多有“今蒙审讯”“今沐审讯”“今蒙验讯”“蒙讯”“今蒙复讯”“断令”等州县官的断语，而断语的存在告诉我们，现存地方档案的堂审记录多为审讯结束后书吏根据当堂口供抄录加工后的产物。虽然堂审记录供状内容是经过书吏们加工而来，但其仍具有一定真实性，因为在清代中后期命案审理过程中，各上级衙门了解案情主要是通过州县衙门呈报的通详、招详等审理报告，作为堂审记录的“叙供”或“录供”并未提交给各上级衙门，所以州县衙门并无篡改堂审

---

① ［日］谷井阳子：《从做招到叙供——明清时代的审理记录形式》，魏敏译，载中国政法大学法律史学研究院编：《日本学者中国法论著选译》（下册），中国政法大学出版社，2012，第500页。

② 当然根据唐泽靖彦的研究，从口语到书面语的转换过程中，也会造成“文本性”等复杂的问题，但是这是任何记录形式都无法避免的。相比较而言，口语体问答式的记述形式，其造成的“文本性”问题应该是最低的。见［日］唐泽靖彦：《从口供到成文记录：以清代案件为例》，尤陈俊译，载［美］黄宗智、尤陈俊主编：《从诉讼档案出发：中国的法律、社会与文化》，法律出版社，2009，第80—107页。

③ 参见王川、严丹：《清代档案史料的“虚构”问题研究——以〈巴县档案〉命案为中心》，《史学集刊》2021年第6期；严丹、郭士礼：《清代地方档案命案通详文书与司法档案的虚构问题——以〈巴县档案〉〈冕宁档案〉为中心的考察》，《法律史评论》第18卷，社会科学文献出版社，2022。

④ 当然也并非完全没有，笔者在《巴县档案》中找到了两件有当事人画押的供状。这两起案件分别为“巴县详报黄安禄因图财割伤朱学顺咽喉身死一案”（《巴县档案》，清6—2—1118，嘉庆十九年五月）与“吕徐若具报伊子吕明经被殴身死一案”（《巴县档案》，清6—2—1367，嘉庆二十五年十一月）。

记录的必要。但是与清代初期“一问一答”式的口供体相比较，在反映案情的全面性与生动性方面，清代中后期“问，据某某供”式的“叙供”或“录供”是大为逊色的。

我们试以《冕宁档案》乾隆六年（1741 年）的“王升元杀死奸夫张朝儒奸妇亢氏”命案与《巴县档案》嘉庆十四年（1809 年）的“陈文礼杀死奸夫奸妇案”进行比较：

问：王升元，你是哪里人，有多大年纪呢？

供：小的是陕西西安府樗县人，今年六十四岁了。

问：你是哪一年来到这冕宁县？娶的老婆是哪一家的？住在哪里？你是怎样捉奸把奸夫奸妇杀死？这杀死的奸夫是哪里人？叫什么名字？怎样与你老婆通奸？一一说来。

供：小的是康熙四十七年来到冕宁县做生意。雍正二年娶的这淫妇亢氏，搬在白鹿沟，载烟种菜，又载些虫树过日子。这奸夫也是小的陕西巩昌府文县人，名字叫张朝儒，雍正十二年在白鹿沟与他合伙，还在神前发过誓的。不想他见小的老婆年少就存了歹心，不知道他两个是什么时候就有奸了。今年二月二十四日，小的进城来，乡亲们留小的在城住了几日。初一日小的自城里回去到家，正是黄昏照灯时候，见大门关了，只听得小的老婆同张朝儒在家说话，小的就翻墙走到后面，从窗缝中暗地里查看，只见奸夫奸妇同在灶房对面坐着吃酒。小的悄悄听他两个说些什么，只听得张朝儒说他的命去年不该死，吃那一副药就不肯吃了。

问：这话怎么讲呢？

供：去年腊月间小的冒了风寒，是张朝儒来到城里替小的的讨一副药来，小的吃了肚里疼了一日一夜。第二日张朝儒问小的好些没有，小的说昨日吃了那副药肚里疼了一日一夜。他说我再去问医生另取一副药来，小的叫他不要再取药，我不吃药了。昨夜里小的听的这话，才知道是奸夫淫妇商议来毒害小的了。

问：你听他两个吃酒讲话，后来又怎样进去杀奸的呢？

供：小的听他们说这样话，小的就不敢喊门，暗地里看他两个吃过了酒，张朝儒先提了灯笼转出前面房子去睡，淫妇亢氏把小女娃放在自己卧房里床上睡了，也转出前面房子去同奸夫张朝儒睡。小的在外等到一更静的时候，悄悄从牛圈坊走到前面房子后门边，后门竟没有关。小的在厨房里摸了砍柴的斧头，直走进张朝儒睡处。奸夫奸妇赤溜溜一头睡着，灯也没吹，小的一时愤怒，把斧头照他两个一斧打去，奸夫张朝儒翻身跳起来，小的照他背上一斧头砍去，把他砍倒在地。小的恼怒的很，把铁斧照头乱砍，当时砍死在地。淫妇亢氏也翻身自跌下床来，小的也把斧头一阵乱砍，断气砍死，是实。

问：你这亢氏有多大年纪？生有几个男女呢？

供：小的老婆三十五岁，只生一个女儿。

……（引者按：省略内容为问官讯问亢氏的籍贯及其他情况）

问：杀死的奸夫张朝儒多少年纪呢？

供：小的同他合伙，问过他的年纪，今年有三十六岁。①

在该案中，冕宁知县的讯问最初主要围绕以下几个方面展开：王升元的年岁、籍贯、捉奸情形。而王升元的供述内容则将案发现场的具体细节交代得特别清楚，尤其是复述了奸夫奸妇阴谋将其毒毙的情形。冕宁知县又进一步追问了王升元之妻亢氏、奸夫张朝儒年岁籍贯等个人情况。而根据王升元交代，亢氏年三十五岁，张朝儒三十六岁，而王升元已经六十四岁，是典型的老夫少妻。通过对王升元的讯问，冕宁知县想必初步确认了该案确系因奸而起这一基本事实。

我们再来看《巴县档案》中这起题为“陈文礼奸所砍毙奸夫奸妇案”通详文书中陈文礼的叙供内容：

问，据陈文礼供：小的巴县人，年二十七岁，死的杨氏是小的妻子，死的吴老幺与小的同街居住，向来认识，并没有仇隙。吴老幺时常到小的家往来，他几时与妻子通奸起的，小的并不知道。嘉庆十四年五月十八日初更时候，小的在罗明芳饭馆帮工走回。听的妻子房内有人说话，是吴老幺声音，小的知有奸情，就到厨房拿了菜刀一把，赶进房内。吴老幺与妻子正在房内床上行奸，小的喊叫捉拿，吴老幺跳下床来跑走，小的赶拢用刀砍了他左臂一下，吴老幺转身夺刀，小的又砍他左额角两下，吴老幺当就倒地。那时妻子穿起裤子下床跑走，小的随用刀砍他左臂一下，妻子转身把刀夺住，小的用力把刀夺回，就把妻子头发扭住揿按在地，妻子在地乱滚。小的一时愤激，就用刀在妻子身上乱砍一阵，伤着他脑后左耳、左手背、右手腕。小的见妻子与吴老幺都不能动弹，才把他两人头颅砍下。那时约邻曾世禄们已经拢来，小的告知情由，就赴案首报的，并没知情纵奸，也没帮同下手的人。②

---

① 《冕宁档案》，肆—42—29（脱漏），乾隆六年五月。

② 《巴县档案》，清6—2—890，嘉庆十四年十月。

在《巴县档案》这起奸情命案堂审记录中，巴县知县讯问的具体内容不再被提及。与王升元将奸情背后的故事交代得生动翔实相比较，该案陈文礼并未透露捉奸现场之外更多情节，所以我们也无从获悉更多该案发生的背景。此外，该案堂审记录中陈文礼供述内容重点围绕他如何砍毙奸夫吴老幺与奸妇杨氏展开，且能一一描述砍伤部位，此种砍伤动作以及砍伤处的描述肯定是书吏根据验尸报告的结论进行“还原”的。而反观“王升元杀死奸夫张朝儒、奸妇亢氏”一案，王升元的“照头乱砍”“一阵乱砍”描述显然与现场发生事实更为吻合。

将两起情节性质相似的奸情命案进行对比，两者在案情描述的重心上存在较为显著的差异：“王升元杀死奸夫张朝儒、奸妇亢氏”一案关注的是奸情背后的故事及其案发时的细节，而“陈文礼奸所砍毙奸夫奸妇”一案则更关注供述者下手部位与验尸单的吻合。汪辉祖提到，“命案出入全在情形，情者起衅之由，形者争殴之状。衅出曲直，秋审时，之为情实、为缓决、为可矜，区以别焉。争殴时所持之具与所伤之处，可以定有心无心之分，有心者为故杀，必入情实；无心者为斗杀，可归缓决。且殴状不明，则狱情易混，此是出入最要关键”。① 我们可以说，王升元案中通详叙供侧重于“起衅之由”的“情”，而陈文礼案的通详叙供显然更在意的是“争殴之状”的“形”。这在某种程度上显示出清代州县衙门命案审理的重心经历了由辨明“起衅之由”到查清“争殴之状”的转变。此一转变不但将承审官的讯问内容省略不提，更重要的是，使其案情在内容的呈现上具有高度的概括性。正是清代中后期通详叙供的高度概括性，某种程度上导致案情呈现的模糊性，而此种模糊性，又为州县衙门在审理报告中“煅炼”“剪裁”甚至捏造案情提供了便利。所以我们可以断言，与清初的“一问一答”式的口供体相比较，清代中后期的“问，据某某供”式的叙供体在保留堂审记录的原始性上远为逊色，且为州县衙门在通详中“剪裁”案情大开方便之门，对命案审理带来深远影响。

三、从口供到叙供转变的影响

州县衙门堂审记录，由清初“一问一答”式的口供体向清中后期“问，据某某供”的叙供体转变所关非轻，尤其是对命盗重案而言，影响更是非同小可。从审理层面来看，对于州县衙门而言，清初口供体翔实的情节内容会更容易让各上级衙门掌握案情的全貌，从而轻易找到案情的纰漏进行指驳。所以就降低被各上级衙门指驳的风险而言，清代中后期

① （清）汪辉祖：《佐治药言》，载刘俊文主编：《官箴书集成》，黄山书社，1997，第五册，第 318 页下栏。

以“问，据某某供”为形式的叙供体有着极大的优势，它极大地压缩了此前的案情内容，使得承审官以及各级复审官员能够在短时间内了解案情的基本事实。但由于其语言具有高度概括性，所以在反映案情的细节方面是模糊的，此种模糊性更方便州县衙门在通详中“剪裁”案情，这一点从清代地方档案命案中不难找到印证。试看《冕宁档案》中的这起“郭应和杀死无名窃贼案”。道光十二年（1832年）十月十三日，据署四川建昌怀远营分防白鹿汛司厅世袭云骑校尉在给冕宁县的移文中称：

> 本月十二日夜至三更据民人喻大方、喻从圣具报，为乘夜斗杀毙命事。本月十二日夜约二更时候陡于坊内侧呐喊之声，民即往视，见一人杀之将毙，民不敢隐，只得报乞台前赏准施行等情。据此鄙厅遂带领目兵前往，即将凶犯郭应和、郭应惠、伍明启并招主喻从兴、喻从朝等一同拿获，相应备文移交，为此合移
>
> 贵正堂请烦照来移事理，希惟收审严究施行，须至移者计移交原报喻大方、喻从圣，拿获凶犯郭应和、伍明启，招主喻从兴、喻从朝，凶刀二把，凶棍三根。①

该移文虽然并未交代因何事起衅，但是却明确指出各人的身份：报案人是喻大方、喻从圣；凶犯是郭应和、郭应惠、伍明启；喻从兴、喻从朝是招主。郭应和、郭应惠与伍明启等三人应该是租住喻从兴等人房屋居住。现场有凶刀二把，凶棍三根，应该是一起多人斗殴而酿成命案的事件，且在十月十四日的勘验环节中，发现伍明启也有受伤。

然上述信息在十月十八日的审讯中已然发生改变，报案人由喻大方、喻从圣改为地保胡世瑞，伍明启的身份则由此前的凶犯之一变为雇主，郭应惠也由此前的凶犯变为邻佑，喻大方、喻从圣由报案人变为邻佑，喻从兴、喻从朝也由招主变为邻佑，凶手只有郭应和一人。道光十二年十月十八日的审讯中，郭应和供称：

> 本月十二日夜，小的睡了，听闻姐夫伍明启喊叫。小的起来顺拿铁锄追捕，星光下见有一人拿起铡刀，小的闪在门后，那人才将进门，小的用铁锄打去，把铡刀打落，小的拾起铡刀，砍了那人两下，倒地。小的实不认识，也没别的缘故，是实。②

由郭应和的供述可知，与窃贼打斗系其一人所为，伍明启并未参与。然在十月十四日

① 《冕宁档案》，拾陆－211－52，道光十二年十月十三日。
② 《冕宁档案》，拾玖－241－85，道光十二年十月十八日。

的伤单中却提到，“验得伍明启小腹伤一处，红色，系石殴伤，余无伤”，且由“查看房锅灶俱有打坏情形”这一现场勘验记录，可知双方打斗地点系在灶房。而在众人的具结状中，均称“实系无名匪徒黑夜至郭应和家偷窃，以致郭应和夺刀将无名匪徒砍伤身死”。然而堂审记录中并未描述被贼窃去何物，有何见证。换言之，何以确定被郭应和杀死之人乃系窃贼？既然伍明启是郭应和的姐夫，那么郭应惠又是何人？各人供述中并未言明。而且该案自始至终再也未提到郭应惠。该案堂审记录中，其他人等的供述与郭应和没有任何实质性不同，该案更丰富的细节内容我们不得而知。但根据“狱贵初情”的司法经验可知，校尉移文中描述的案情应最接近案件的事实。而在该移文中，校尉将郭应惠、伍明启均视作凶犯，且伤单中伍明启也有受伤，种种迹象表明，该案或许并非窃案那么简单，但是由于堂审记录内容极为简单，我们从中无法知晓更多的案件信息。在该案的通详文书中，冕宁知县然以盗窃案处理。我们来看通详中郭应和的供述：

问，据郭应和供：小的眉州人，年三十一岁，父母俱在，兄弟二人，小的居长，娶妻已死，没生子女，早年来在西昌马坪坝地方耕种度日。伍明启是小的姐夫，道光十二年十月初十日，小的来姐夫伍明启家探望，伍明启留小的在他家闲耍几日。十二日夜二更后，小的已经睡了，听闻伍明启喊叫有贼。小的起身顺拿屋内铡刀出去查看，黑影中有两个贼人，一贼拿赃逃跑，另一贼落后，小的赶拢用刀砍了一下，贼人扑向小的夺刀子，小的见贼强悍，怕他夺去行凶，一时情急，又用刀连砍两下，贼人倒地。因是黑夜中不知下手部位，是姐夫伍明启点灯查看都不认识，才去投约邻看明，贼人已经不能言语，过了会就死了。①

与堂审记录相比较，通详中增加了一些细节性描述，而增加的内容均围绕着该案是一起行窃案件而展开。如窃贼行窃痕迹，在通详中增加了“堂屋门、房门俱有撬损形迹的描述”。既然是行窃，有物品丢失才能更有说服力，然窃贼已死，那么所谓丢失的物品显然就无法进行合理解释，所以在通详文书叙供中将窃贼由一人改成了两人，且有一人携赃逃走的情节，如此一来，被窃物品也有了下落。根据通详叙供的内容，冕宁知县在招详文书中以“凡事主（奴仆雇工皆是）因贼犯黑夜偷窃，发时追捕殴打至死者，不问是否已离盗所，捕者人数多寡，贼犯已未得财，俱杖一百、徒三年”例，将郭应和问拟。然此一审拟报受到臬司衙门的指驳，我们来看由宁远府下发的臬司衙门对该案的处理意见：

---

① 《冕宁档案》，拾捌—230—4至拾捌230—8，道光十二年十一月初六日。

查此案郭应和系伍明启妻弟，有亲无服。因赴伍明启家探望，在彼住宿，听闻伍明启声喊捕贼，即帮同起捕，登时将贼人砍伤身死。在死者固属行窃罪人，而该犯究非事主有服属亲，又非奴仆雇工。该县将该犯依事主登时杀死窃贼之例拟以城旦，于例是否相符，有无成案可据，当经札饬成都府核议。

在该案中，郭应和并非事主，且只是事主伍明启的妻弟，属于无服之亲。故而臬司衙门对于冕宁知县以事主登时杀死窃贼例问拟表示疑问。为此札饬成都府核议，成都知府的意见如下：

查殴死窃贼之案，在事主则不论贼犯是否得财，登时致毙拟以城旦。邻佑殴死窃贼，则应论是否得财，以权罪名之轻重。以邻佑人等不过守望相助，故殴毙窃贼不得与事主相提并论，而与平人究属有间，是以明立专条。至事主亲属即与事主无异，例内曾注明奴仆雇工皆是，而无服之亲不与焉。此案该犯郭应和因赴伍明启家探望，在彼处住宿，听闻伍明启声喊捕贼帮同起捕，将不知姓名贼人砍伤致毙，是该犯虽杀贼于登时，而情罪究属不同于事主。若谓系无服之亲，竟照平人科罪，亦与平人漫无区别，且其是夜本在事主伍明启家住宿，听闻声喊捕贼，即起身相帮，有守望相助之意。互镜参观，自应比照邻佑登时殴死窃贼之理问拟等情。①

由成都知府的意见可知，不同身份的人殴死窃贼有着不同的审断标准。若是事主登时杀死窃贼，则不论是否得财，均以杖一百、徒三年进行问拟；若是事主有服之亲属或奴仆、雇工，其问拟标准同事主相同；若是邻佑，则需考虑贼犯是否得财，如果贼犯得财，邻佑将窃贼殴毙，亦是以杖一百、徒三年问拟。但该案中，郭应和的身份颇为尴尬，他不是事主，亦非事主有服之亲属，更非事主奴仆或雇工，所以成都知府采取了折中的方法处理，即将郭应和以邻佑的身份议拟。但若以邻佑身份议拟，根据“邻佑人等因贼犯黑夜偷窃，携赃逃遁，直前追捕或贼势强横不能力擒送官，登时仓猝殴毙者，杖一百、徒三年”例，郭应和殴毙窃贼时，窃贼并未携赃，故臬司衙门认为，“邻佑殴杀窃贼必须贼犯携赃外逃，直前追捕，仓促殴毙方可援引。今该犯郭应和系伍明启妻弟，至伍明启家探望，经伍明启留其在家居住，是夜因闻脚步声响，知有贼人，起身出捕。一贼携赃跑逃，一贼落后，被郭应和殴伤身死，殴毙之无名贼犯并未携有赃物，恐难科以邻佑捕

① 《冕宁档案》，拾柒—214—41，具文时间不详。

贼之条”。现场未发现赃物，所以将郭应和视作邻佑，显然与律例不符。故臬司给出了提示性的处理意见，“惟郭应和至伍明启家探望，伍明启留其居住，是否即邀其在家帮同工作，自应确切究明，以成信谳”。①

冕宁知县接到臬司的提示性处理意见之后，果然心领神会地按照臬司衙门给出的意见进行审理。

> 奉此，卑职尊即提集犯证，逐一研讯，遂据郭应和供称，伊向在西昌马坪坝地方，耕种度日，伍明启系伊姐夫，道光十二年十月初十日，伊至伍明启家探望，伊姐夫留其在家住居，帮做短工，十二日夜二更后伊已睡卧，听闻伍明启喊叫有贼，伊起身顺拿屋内铡刀帮同出捕，黑夜中见有两贼，一贼携赃跑逃，一贼落后……前于到案时因畏罪心慌，没有把伍明启留其在家居住帮做短工供将明白……惟郭应和至伍明启家探望，伍明启即留其家居住，帮做短工，即与事主雇工无异，自应仍照事主雇工登时追捕殴打致死科断，卑职前讯供情未能确切究明，殊属疏忽，今既复审得实，自应逐一更正，以成信谳。②

由臬司衙门和成都府审理意见可知，该案中他们关注的重点是审理报告中描述的情节与拟定的罪名是否吻合，也就是情罪相符与否。由于各上级衙门只能通过审理报告了解案情，所以该案是否为盗窃命案并不在他们关注之列。换言之，各上级衙门是在州县衙门提供的案情的基础上进行复审，由于信息的不对称，他们无从得知关于案件的更多信息，所以他们所关注的重心自然就在情罪是否相符。

纵观该案的审理，有以下几点可以注意：其一，该案堂审记录呈现出的案情信息极为模糊，且与移文中提供的信息相矛盾。其二，州县衙门在案情较为复杂、存在无法审实的情形这一情况下，以盗窃命案定性向各上级衙门呈报。正如我们在上文中所分析的，其是否系盗窃命案尚有诸多疑点。③ 退一步来说，即便我们认为这是一起盗窃命案，与堂审记录相比，通详审理记录中仍然出现了重要的修改情形，从而使案情按照盗窃命案的逻辑进行。其三，在收到臬司衙门的指驳后，又完全根据臬司的提示性意见，再次虚构了郭应和

---

① 《冕宁档案》，拾柒—214—41，道光十四年二月二十三日。

② 《冕宁档案》，十七—214—39，道光十四年二月二十六日。

③ 道光十五年（1835年）七月十一日据差役秉称，郭应和服刑期间乘机脱逃（《冕宁档案》，拾捌—229—37）。而该犯脱逃行为的发生，某种程度上更显示出该案案情并非如通详文书中所描述的那样。就一般情形而言，如果案情属实，郭应和理应服法，而其脱逃本身或许证明，该犯并非善类。

在伍明启家帮做短工的情节，从而使得该案与“事主杀死窃贼”例完全相符。

将“郭应和杀死无名窃贼案”与上文中提到的“阿保入室杀人案”相比就会发现，两者同为因窃盗而杀人的命案，但是在案情呈现上的差别可谓判若云泥。就内容呈现的丰富性和真实性而言，清初堂审记录采取的是“一问一答”的方式，供述者的语言非常生动，细节也更为真实，某些供述极富画面感，且其记录的文字最大限度地与供述者的言说保持一致。故而就操作层面而言，不会存在诸如清代中后期大面积修改口供的可能。但随着口供体向叙供体的演变，案情的呈现也由繁入简，供述者在堂讯时说出的大量有价值的细节随之消失。更有甚者，因为省略了讯问者的问题，审阅者无法从堂审记录中洞悉承审官在审理案件时的思路，书吏以及承审官在审理报告中修改堂审记录的方便之门也随之大开，甚至审理报告中叙供的真实性都值得怀疑。

更为严重的问题是，由于州县衙门通详叙供中呈现的案情信息极为简略，各上级衙门从通详叙供中无法掌握更多的案情内容，所以也无法通过审理报告辨明案情真实与否，这使得各上级衙门复审的有效性大打折扣，从而对清代命案审理的制度设计构成了潜在的威胁。换言之，清代堂审记录由“口供”到“叙供”的转变对命案审理的格局产生了深远的影响。

“清代的法律程序以其设计周全、强制性的复审制度而著称”。① 根据清代司法程序，民事案件由州县自理，州县官堂断后即可结案。至于刑事案件，则依案件刑责之轻重而做不同处理。笞杖罪案件亦由州县自理，州县官堂断后即可结案。徒罪以上案件，则须定拟招解，解送上一级司法审判机关复审。② 案件解转到上司后，如上司认为原审情节不实或拟律不妥，就可以驳回重审，尤其是有关人命、徒罪以上的案件还需咨部复核，死罪案件还须以具题或具奏的形式奏闻于皇帝，显示出清代统治阶者对人命案件的高度重视。正如唐泽靖彦所言：“在复审制度的每一阶段，案卷以及罪犯和证人的供词都被详加核查。一旦被发现其中存在疑点，案卷将会被驳回至下一级重审，下级官员同时还将被严加告诫。一切处理失当的案件万一被上级查出，很可能就会断送州县官的前程。复审制度因此始终对州县官们构成压力，使得他们在重罪案件的处理上尽其可能地谨慎为之。”③ 可以说，相关法律规定对于人命案件有一整套完善的初审、复审与裁决制度，以期能够最大程度限制冤

---

① ［日］唐泽靖彦：《从口供到成文记录：以清代案件为例》，尤陈俊译，载［美］黄宗智、尤陈俊主编：《从诉讼档案出发：中国的法律、社会与文化》，法律出版社，2009，第82页。

② 关于清代司法审转制度，详见那思陆：《清代中央司法审判制度》，北京大学出版社，2004，第107页。

③ ［日］唐泽靖彦：《从口供到成文记录：以清代案件为例》，尤陈俊译，载［美］黄宗智、尤陈俊主编：《从诉讼档案出发：中国的法律、社会与文化》，法律出版社，2009，第83页。

假错案的发生。但是由于清代中后期命盗重案的审转过程中，各上级衙门复审的卷宗只有通详与招详等审理报告，① 除非案犯翻供，各上级衙门无法掌握审理报告之外的案情。换言之，各上级衙门能看到的案情只不过是州县衙门想让他们看到的而已，这就在某种程度上使得州县衙门在命案审理中掌握了主动权，哪怕是上级衙门进行指驳，也多是根据情罪是否相符来拟定处理意见。

清代地方档案显示，通过在审理报告中“剪裁”案情，州县衙门有效降低了被各上级衙门指驳的风险，在某种程度上使得清代命盗重案的各级复审程序没有发挥出应有的监督职能，从而变相导致州县衙门在整个命案审理过程中掌握了主动权，甚至主导权。换言之，堂审记录的改变在某种程度上重塑了清代命盗重案审理的格局秩序，② 此种格局秩序的变动未尝不是清代吏治与社会治理发生变化的体现。

四、结语

清代初期，为尽可能全面掌握案件信息，案件审理采取“一问一答”式的口供体，此一口供体情节丰富、内容翔实，有利于各上级衙门掌握更多案情信息，从而相对容易找到其中的漏洞进行指驳。清代中后期州县衙门为更好应对指驳的压力，在审理报告中“剪裁”堂审记录就成为主要的选择方式。这是清代堂审记录由初期的“口供体”向中后期的“叙供体”转变的主要诱因。两相比较，清初“口供体”由于采取“一问一答”的形式，在呈现案情方面有天然优势，而“问，据某某供”式的“叙供体”在省略掉问官的讯问后，其堂审记录就朝着简单化、模式化的趋势发展，从而为州县衙门在审理报告中“剪裁”堂审记录大开方便之门。清代地方档案命案显示，州县衙门通过在审理报告中修改堂审记录，在达到避免被各上级衙门指驳目的的同时，变相掌握了命盗重案的主动权，甚至是主导权，某种程度上重塑了清代命案审理的格局秩序，这也从一个侧面反映出清代吏治与基层社会治理的变化。

---

① 清代官箴书中提到，“大宪题达时，以县供县看为定，府司供看止声明与县相符不复重叙，院者亦只照原招不再更改”。[（清）徐栋辑：《牧令书·刑名下》，卷 19，载刘俊文主编：《官箴书集成》，黄山书社，1997，第七册，第 424 页。]

② 徐忠明认为，“州县、督抚与皇帝分别构成了清代中国司法程序的三个关键环节，按照诉讼案件的轻重与性质，掌控着不同的司法权”。载氏著：《内结与外结：清代司法场域的权力游戏》，《政法论坛》2014 年第 1 期。

烂土长官司《信照条约》碑与清代边地土司社会秩序*

毛　威**

摘　要　嘉庆十八年（1813年）烂土长官司勒石颁布的《信照条约》碑，内容涉及土司机构的征税、司法、人事等各个领域的管理规定。条约反映出朝廷、土司、土民之间的复杂关系：由于改土归流后流官治理面临高昂的行政成本与巨大的文化隔膜，不得不继续保留土司协助地方社会治理，而土司为实现自身延续只能在流官与土民之间不断周旋达成妥协，土民则积极推动土司机构存续并运用王朝国家权威保障自身权益。《信照条约》的制定与实施展现了清代边地社会治理的复杂结构，地方传统治理资源被纳入治理体系当中的同时，国家权威的深入也直接重塑了地方社会秩序。

关键词　《信照条约》；烂土长官司；清代；社会秩序

烂土长官司《信照条约》碑，现藏于贵州省三都县博物馆。碑高1.70米，宽1米，阴刻楷书，碑眉为“恩垂万古”，正文竖排一千三百余字，绝大部分清晰完好。① 由于贵州土司地区内部施行的法律法规十分罕见，因此《信照条约》碑自被发现以来一直是研究贵州土司地区社会秩序的重要史料。有学者认为《信照条约》是清代中期土司威权变化的重要

* 本文系国家社科基金重大项目“历代治藏法律文献整理与研究”（项目号：19ZDA154）的研究成果。

** 毛威，西南民族大学中国少数民族史专业博士研究生，国家民委“一带一路”国别和区域研究中心东南亚研究中心助理研究员。

① 三都水族自治县志编纂委员会编：《三都水族自治县志》，贵州人民出版社，1992，第739页。

标志，“是土司区下层村寨头人剥夺土司权力的‘判决书’”。① 《信照条约》的主旨在于限制土司擅行职权，其制定与施行很大程度上依赖土司与土民之间的政治信任，因此也被学者认为和英国的《大宪章》一样，“是土司与土民达成的政治契约，二者有惊人的相似之处，都是领主迫于无奈向属民妥协的结果，领主的权力被契约严格加以限制”。② 然而这些研究多从条约本身出发，没有深入讨论王朝国家边地治理在其中的深刻影响以及朝廷、土司、土民的复杂关系，因此关于《信照条约》还有不少问题尚待解决。

一、烂土长官司与《信照条约》

烂土长官司的设置可追溯至洪武二十四年（1391 年），首任土司为湖广襄阳府均州人张均，“随征南将军傅友德征西南为前军招讨有功，升武略将军，授合江陈蒙烂土长官司，颁给印信号纸”。③ 烂土长官司初属都匀卫，弘治七年（1494 年）设独山州，烂长官土司由此改属独山州。清初继续承袭，获颁烂土长官司铜印一枚，兵部号纸一道。康熙二十一年（1682 年）土司家族内部争袭，烂土长官司辖地被一分为二，析出部分辖区设置普安土舍。从此普安土舍与烂土长官司并立，二者沿袭至民国初年方被彻底裁撤，所管钱粮移交新成立的县政府。烂土长官司的统治范围以烂土为中心，辐射周围的 153 个村寨，大致为今贵州省黔南州三都水族自治县的烂土、巴佑、尧吕、大河、三合、拉揽、牛场、水龙、中和、安塘、塘州、地祥等地区以及独山县的羊场、拉芒、本寨等乡镇部分村寨。

《信照条约》碑即立于烂土司统治核心区域的烂土乡，条约全文如下：

> 世袭贵州都匀府独山州烂土正长合江司正堂张
>
> 为给信照条约，准给各姓埲、④ 上下两屯地方头人以及十六五百水地方⑤头人等，

---

① 陈贤波：《土司政治与族群历史：明代以后贵州都柳江上游地区研究》，生活 · 读书 · 新知三联书店，2011，第 129 页。

② 程泽时：《明清苗疆之“政治契约”考论》，《贵州大学学报（社会科学版）》2019 年第 1 期。

③ 独山县地方志编纂委员会编：《独山县志》，贵州人民出版社，1996，第 250 页。

④ “埲”来源于水语，意味“片区”“地方”，早期为行政区划单位名称，大小多与“乡”“里”等同，如今多演化为地名。例如明洪武初独山司将辖区分为翁奇、摆九等九牌，又称九埲，立埲目九人，有九姓：莫、陆、梁、黎、韦、孟、岑、罗、吴。九姓分管九牌，统辖于土官。明弘治以后荔波全县则分为巴灰、董界、巴乃、瑶庆等十六埲，清代则将十六埲改为十六里。

⑤ “十六水”来源于水语，泛指水族整体与所有水族地区，分布在贵州三都、独山、荔波、榕江各县，明清时期分别属于烂土张土司、甲找白姓土千总、荔波蒙皮雷三姓土司的管辖范围，各土司辖区内都使用“十六水”的名号。每个“水”由一至数个有血缘关系的同姓宗族的村寨自然形成，胡羽高《三合县志略》载：“三合、荔波接壤处有十六水之称”，“每一水以一大寨而辖数小寨”。每个水的“寨头”不仅是村寨首领，部分也属于土司机构中的地方头人，但只是群众的自然领袖，没有任何特权。寨头一般由熟悉水族习惯和处事公道的老人担任，村寨中遇有纠纷、争议时，即请其调解矛盾、评定曲直，不需诉诸官府。官差应酬和纳粮均由寨头出面应付，村寨大事则由全体人员集中讨论，实行“议榔制”。“五百水”，是指“十六水”下辖的五百余个水族村寨，也常用于泛指水族地区。

各俱遵照条约，凑数帮纳。兹承各姓埲及十六五百水扶凑之后，自必照条约所列之项，施治安民，决不有负尔等地方相关之谊，以致列开所给信照条约款、各埲以及十六五百水头人姓名列于后。计录条约，为照准条约，以便办公事，照执本司先祖承恩以来，世守斯土，皆由各姓各埲秉公协力，扶官保印，赞襄公件，厥功素著。兹因本司因公亏欠，承姓埲十六五百水各处地方头人等，协力同心，凑数帮纳，厥功非小。嗣后官目及各寨头地方人等，务宜照单新议条约，尽心办理，毋得上下相违，以负屡世忠贞辅佐盛举。此示。

计条约：官为一司父母，谁敢不遵。但事权归一，不得混有专权理案。

一、民间词讼入衙，必先供词，考核首告情理是非虚实。是而实者，方准提讯；非而虚者，合当逐出。

一、出票提人，只烦一目一差，坐守寨头家传唤。如有抗唤不前，寨头禀到后，加差拿究。

一、两造如有齐集入辕，即当审结，不得延迟十日，有误农事。如或公出不急讯问，即批乡长案头，理论禀复准结。

一、婚姻田土以及小□者，□不到二十杖，不得全套枷号、压床、脚镣、胁手，其余盗贼邪淫，任律施治。

一、官族亲友人等，不得擅入十六五百水各处地方，私理民情，擅点朱票，乱锁民人。

一、衙内大目小目以及头役人等，无事不得擅入十六五百水各寨，唆人争讼，买贫告富，包揽词讼，一经查出，请官详办，解州处治。

一、民间有事，不许官族亲友人等，问取规矩，如有擅问取获者，地方人众请官详办解州。

一、衙内大目小目，自昔有数，不得改移，共有六大目，各下招差二人，即为总役。十四小目，每目招差一名，即为散役，必招七姓埲之人，不许外来新籍。

一、六大目十四小目，大小事件，俱皆禀请官示，照理相商，不得私和诈案，倘有情弊，地方具禀革出。

一、在衙走役人等，凡大小事件，必须禀明管目，待管目禀明司主，以便示出行事，不得越等进言，如越等进言，谗媚蔽聪者，地方具禀革出。

一、安寨头，必须随其寨头众人启禀保用何人，官方给照任用。

一、凡审断词狱之际，两旁侍役，惟有照其言语禀传答，不得妄添一言，以致是非颠倒，如有妄添一言，使直为屈者，地方具禀革出。

一、大人过站，所办夫马差事，必须照各地方古例，原额公派，不许准折肥己，并□之人，一体同究。

一、凡所任大目，照虽出于司主，然必要姓埲有愿结，方准招用。

一、大小目所招人役，虽为各目所招，必要姓埲具有愿结，方准招用。

一、每年冬月所领之□买，务要六目与各寨头人等，亲身赴州承领，司主不得仍前亲领，以免有误粮石。

一、议每年逢上纳之际，地方人民务要踊跃去上纳，方得平斛响挡。

所给条约，各宜遵守，毋得违误，特示。

计信照，为给信照事，照得本司世守斯土，历代皆承各姓埲头人尽忠赞理，扶官保印钤，十六水五百水伺候效力。兹因亏欠粮石，无处上纳，承各姓埲相商，同心协力，患难相扶，遂集各地方，议借米粮，代署完纳，即于众借之日，更议各条约，勒石垂记。本司既承各姓埲地方屡如此一体相关，自必照条约所列之项，施治安民，抚恤四境，不得违条肆虐，有负尔等地方相关之谊。如有不照条约施治，其众等所借之项粮石，署内如数退还，决不食言。尔等各尽其职，照例办理，上下相关。如或本司业已尽道，尔等倘恃功玩乎于股掌之上，亦属非安分良民。兹因上下一体，官目合德，理合昭照为据。

特示。右谕通知。

嘉庆十八年正月吉日立

总的来看，《信照条约》分为制定缘由、具体条款与补充说明三个部分。条约的制定，源于烂土司长官张氏“因公亏欠”，辖区的上下两屯以及十六五百水地方头人“凑数帮纳”，作为补偿，双方之间订立《信照条约》，对土司衙门各项日常事务加以严格规定，烂土司长官从此以后“照约施治”。条约的具体条款，同样可分为三部分内容，一是本着“不扰民人、不误农时”的原则，对土司衙门处理诉讼的条件、程序、时限等加以明文规定，限制土司官族亲友及衙署内的大小头目，无事不得擅入辖区各地扰民。二是限制土司衙门的人事权，重点在于规定土司机构的组成人员数目及来源，明确大小土目的人数及职权范围，大小土目以及衙署杂役等人只能在土司的指挥下处理事务，人选必须由各地头人商议保荐，尤其是只能在辖区各地方铨选，不能招录“外来新籍”。三是关于赋税征收问题，各地土民必须按时踊跃缴纳赋税钱粮，每年的赋税数额需要同各地头人共同到官府确认，土司不能擅自到州署承领。条约最后的说明中强调，土司如若违约，则需要退回各地方帮纳的钱粮。各地方头人同样需要按约履行职责，共同维护长官司的正常运转。

《信照条约》中的各项条例遣词造句比较精炼、精确，主要涉及烂土长官司的诉讼程序以及土司机构人事组织安排，与通常意义上的“民间规约”有显著不同。① 作为长官司亲自颁发的条例，《信照条约》实际上具有官方性质，可以看作是长官司颁布的适用于长官司辖境的“地方性法规”。但因此也带来一系列疑问，尤其是在大规模改土归流已逾近百年后，如此完善的土司机构因何得以保留延续？作为世袭贵族的土司因何能与土民之间签订契约达成妥协，甚至愿意限制自身职权？《信照条约》中的土民群体为什么宁愿代替土司纳粮、与土司签订契约来维持土司延续，而不是坐视土司机构消亡？这些问题是研究《信条照约》难以回避的，必须回到当时的社会情境中进行考察。基于具体的社会情境，综合考量王朝国家、土司、土民之间的权力博弈与利益诉求，能够进一步加深我们对《信照条约》的理解与认识。

二、流官治理面临高昂的行政成本

烂土长官司属贵州省都匀府独山州下辖的土司之一。独山州历来被认为是“黔中边隅”② 以及“苗疆咽喉”，③“界黔粤之交，扼新疆之要”，④ 地理位置十分重要。康熙四十一年（1702 年）独山知州莫舜鼐在《独山州志》开篇写道：“量移之独山荒凉，触目四面苗彝，凡中州所行，辄皆棘手。钱粮讼狱，无不问之土司也，宪章典故，毫无足征也，州牧惟尸位而已。”⑤ 雍正五年（1727 年）开始大规模地改土归流以后，贵州土司地区纳入王朝国家的直接治理之下，大量不法土司相继被裁撤，国家律法逐渐在少数民族地区推行开来。由于面临的一系列治理难题，又不得不保留部分土司代行国家治理权力，烂土长官司即是典型代表。按道光年间的《黔南识略》载“烂土司介居普安、三埲之间，其南境有与荔波之三洞、羊安二里为界者。普安司在三脚坉之北，即元时陈蒙州之故址也。丰宁上下、烂土、独山三司，均系水人、仲人、苗人，言语各有不同”，⑥ 从这一带的民族构成来看，烂土长官司辖境内群体均属少数民族，流官到这里首先面临的便是语言不通的问题。此外，独山州在道光六年（1826 年）时依旧是“苗多汉少”，赋税征收与日常行政管理面临难以逾

---

① 按今人定义，民间规约是民间组织、机构与团体有关组织运作的自治规范与公共事务管理方面的成文规则，它与乡规民约、民间法含义相近。见刘笃才：《民间规约与中国古代法律秩序》，社会科学文献出版社，2014，第 2 页。

② 乾隆《独山州志》，卷首《旧序》，巴蜀书社，2006 年影印本，第 24 册，第 8 页。

③ 乾隆《独山州志》，卷 2《舆图》，巴蜀书社，2006 年影印本，第 24 册，第 44 页。

④ 乾隆《独山州志》，卷 3《疆域》，巴蜀书社，2006 年影印本，第 24 册，第 65 页。

⑤ 乾隆《独山州志》，卷首《旧序》，巴蜀书社，2006 年影印本，第 24 册，第 18 页。

⑥ （清）爱必达、罗绕典：《黔南识略·黔南职方纪略》，杜文铎点校，贵州人民出版社，1992，第 316 页。

越的文化隔膜，“汉苗户口于道光六年查清，苗疆将苗寨汉户具已编入保甲，共计汉人三千九百零九户，苗人一万三千二百一十五户，苗有仲家、水人、花苗、黑苗四种”。① 汉移民不容易在这些地区站稳脚跟，“水、仲二种所居之寨不容客户，客户皆成聚落，居于坡岭之上”。② 迁徙而来的汉移民多在山岭之中“零星散处”，流官缺乏足够的治理基础。

但是烂土一带又属于经略贵州苗疆的战略要地，例如雍正十二年（1734 年）析烂土长官司地置三脚坉土州同，地理位置十分重要，“为粤黔交会之所，设一汛、七塘。东北陆行，历交黎、羊忙等塘，为赴省大道。东南舟行，历打鱼、大坳、小溪、打略，为赴都江大道”。③ 作为供应新疆六厅的重要粮饷基地，“设古州、都江、下江三仓，系接收都匀府都匀县、八寨、独山四处挽运兵粮，由州同转运古州”。④ 辖境内“苗有仲家、水家、花苗、黑苗四种，通属系苗寨，无汉庄”。⑤ 流官直接治理这些区域势必要付出高昂的行政成本。由于流官的行政、司法压力过重，再加上自然环境恶劣，常出现官员不愿赴任的情况，这成为贵州地方政府不得不重视的难题。

为降低治理成本，改土归流后清政府留用大量土司基层官员来加强地方治理，甚至在雍正年间大规模改土归流后重新任命大量“新型”土司。据乾隆十五年（1750 年）贵州巡抚爱必达的奏疏，贵州分为“旧疆”与“新疆”两个部分，“查黔省旧疆熟苗与汉人比屋杂居，甚为恭顺，有土司、土舍、土目及苗乡约寨头管束；新疆生苗，与屯军错处，亦额设土弁、通事寨长、百户分管”，⑥ 在爱必达的奏疏中，烂土长官司一带便属于“旧疆”的范围。爱必达到任之后，为防止官府差役下乡扰民，明确依靠土司、土目协助处理案件。“即通行严饬，凡遇缉逃查凶取结事件，各府厅州县，不许滥差出票，俱交承办之土司、土舍及土目、土弁等，勒限拿缴。或遇密拿要犯，以及提审案件，慎选差役，票内注明协同该土司、土目等会拿字样，并按程定限回销，违者责处”。⑦ 道光二年（1822 年）调任贵州布政使的麋奇瑜在其《体察苗疆情形见将应办事宜酌立条款疏》中提到，雍正、乾隆年间改土归流以后，朝廷又在贵州各府添设“土弁”等基层官员，“其苗弁、土弁名目，系嘉庆二、三年间，于铜仁、松桃、思南等府厅及兴义、安顺、贵阳、大定等府，先后添设，均有稽查苗寨、约束苗众之责”。⑧ 这些土司机构中的“土目”“土弁”长期在少数民族地区

---

① （清）爱必达、罗绕典：《黔南识略·黔南职方纪略》，杜文铎点校，贵州人民出版社，1992，第 101 页。
② （清）爱必达、罗绕典：《黔南识略·黔南职方纪略》，杜文铎点校，贵州人民出版社，1992，第 316 页。
③ （清）爱必达、罗绕典：《黔南识略·黔南职方纪略》，杜文铎点校，贵州人民出版社，1992，第 102 页。
④ （清）爱必达、罗绕典：《黔南识略·黔南职方纪略》，杜文铎点校，贵州人民出版社，1992，第 102 页。
⑤ （清）爱必达、罗绕典：《黔南识略·黔南职方纪略》，杜文铎点校，贵州人民出版社，1992，第 102 页。
⑥ 《清高宗实录》，卷 363，乾隆十五年四月下，中华书局，1986 年影印本，第一三册，第 1006 页。
⑦ 《清高宗实录》，卷 363，乾隆十五年四月下，中华书局，1986 年影印本，第一三册，第 1006 页。
⑧ 民国《贵州通志·土司·土民志》，贵州省文史研究馆点校，贵州人民出版社，2008，第 243 页。

生活，熟悉地方民情，又有较高的汉文化水平，而且土司机构中的基层官员，本身即熟悉地方政府运作程序，能够马上着手处理政务，是新设“土弁”的重要来源，清政府正是采取这一方式来缓解地方治理压力。此外还设置大量通事，“因苗人不通汉语，地方官审理词讼，令其传供，俾无讹误，立法之始，必期各司其事”。① 在土民和少数民族熟练使用汉语之前，依靠通事来解决语言不通的治理难题。为加强地方治理，糜奇瑜还着手制定了一整套土弁、通事等基层土著官员的管理条例和奖惩规定，得到中央的认可。道光三年（1823年）谕内阁：“前据糜奇瑜条奏……又苗弁、土弁名目，均有稽查约束之责，倘查无苗众悦服之人，遇缺应行允补者，著照历年裁汰之案，具奏办理。该土司、土弁等，于所管寨内，果能化导有方，准其分别奖励。倘有抢窃命盗案件，随时记过责革，并将额设通事，酌量裁减。”② 烂土长官司等机构作为沟通国家与土民的重要媒介，各级政府官员均明确加强对土司的控制。乾隆十五年（1750年）贵州巡抚爱必达即规定：“若土司、目等，敢有索诈欺凌，许苗人赴控究治。”③ 这无疑是《信照条约》中土民能与土司对抗的底气来源。

烂土长官司正是在这样的背景下历经数次改土归流仍旧延续下来。按独山州知州刘岱的《独山州事宜条陈议》记载，“惟查独山一缺，名为旧疆，人文蔚起，苗民男妇渐有华风，实与镇宁等州业经改归内地者无异，惟地属土司分辖，自应因地制宜，庶于化民成俗之道有裨”。④ 因此在保留土司、土目的基础上，刘岱提出应制定一系列管理规定，诸如“土吏土差宜一体定以名数，造册稽查”，“土权一项宜永远革黜”，“实征粮册宜仿照旧疆查造”等，尤其是要求“土司、土舍等官一体讲读律令”，因为“小民犯法，多为无知而误犯”，“地方官言语不通，虽牧斯土者每逢朔望谆谆讲说，而彼茫然不解其何谓也”，⑤ 因此需要土司派遣土目或通晓苗语的生员在场市等地宣讲国家法律。

由此，嘉庆年间烂土长官司机构得以存续，完全是地方治理需要借助土司力量的结果，土司的职权范围已经被地方政府严格限制，地方政府对土司的管理规定也日渐完善。从现存的契约、碑刻等民间文献来看，道光、嘉庆年间的土司以及新设的土目、土弁的职权范围相比雍正初年之前已经大为缩小。土司等基层官员多处理民间的“钱粮细故”纠纷，重要的刑事命盗案件则由流官署理。因此烂土长官司的《信条照约》中提及的土司处理诉讼的规定，并未明文涉及刑事案件的处理。这一点在中华人民共和国成立初期的民族调查资

① 民国《贵州通志·土司·土民志》，贵州省文史研究馆点校，贵州人民出版社，2008，第243页。

② 《清宣宗实录》，卷49，道光三年二月，中华书局，1986年影印本，第三三册，第880—881页。

③ 《清高宗实录》，卷363，乾隆十五年四月下，中华书局，1986年影印本，第一三册，第1006页。

④ 乾隆《独山州志》，卷9《艺文》，巴蜀书社，2006年影印本，第24册，第210—213页。

⑤ 乾隆《独山州志》，卷9《艺文》，巴蜀书社，2006年影印本，第24册，第210—213页。

料中也有实证。① 总的来看，由于高昂的治理成本以及语言差异、文化隔膜，直至嘉庆、道光年间，清政府对烂土长官司等地的治理仍仅限于社会治安以及赋税征收这两项重点事务，对于民事纠纷则由土司、土目等传统权威来解决。土司、土目处理民间纠纷多依照地方传统“法俗”，② 随着土民汉文化水平逐渐提升，王朝国家权威不断深入土司地区，为适应新的社会变化，传统“法俗”也在不断地发生变化。

三、土司在流官与土民之间的周旋

土司与土民达成妥协也与当时的社会情境有着密切关系。烂土长官司张氏，先世为明代进入贵州的卫所屯军，“皆因先世曾著微劳，故虽改土归流，仍令伊等承袭世职，以为钤束”。③ 作为传承数百年的地方精英，土司一方面要与代表王朝国家的流官沟通，另一方面则要直接面对辖区的少数民族群体。土司在这两方之间不断周旋达成妥协，是其得以存续的重要保障。

雍正初年鄂尔泰主持西南地区改土归流时，出发点便是“剪除夷官，清查田土，以增赋税，以靖地方”，土司是改土归流的首要对象。明代与清初改土归流相对被动，多针对举兵谋反、土民仇杀或无人承袭等特殊情况来进行，属于解决地方纠纷的临时手段。雍正四年（1726 年）开始的大规模改土归流，是在西南少数民族地区与王朝国家的联系大大加强，土司与土民、中央王朝的矛盾越发尖锐的前提下进行的。面对土民与周围汉移民的改土归流呼声，清王朝准备彻底解决土司问题，掀起了大规模改土归流浪潮。康熙二十一年（1682 年），清王朝借张氏内部争袭之际，将烂土长官司一分为二，在境内重新设置“普安土舍”，仍由张氏后人承袭。雍正二年（1724 年）为加强地方控制，设三脚坉州同于烂土长官司，驻千总一员。清王朝考虑到烂土长官司还有助于地方治理，没有彻底将其改土归流。土司本身也在积极听从调遣，缴纳赋税，甚至在开辟苗疆、平定叛乱时领兵助战，借以谋求继续承袭。但如果辖境内的土民主动到官府控诉土司不法行为，烂土长官司的裁撤便难以挽回了。这在烂土长官司周边地区有不少实例，例如康熙四十五年（1706 年），清王朝即以“兹土苗人民俱愿改土归流，应如所请”将清平县凯里土司杨国兴裁撤，粮赋划归流官

① 《关于三都县烂土土司制度的调查》，载贵州省水家学会编印：《水家学研究（四）论文集》，2004，第 286—295 页。

② “法俗”这一概念，参见杜文忠：《法律与法俗：对法的民俗学解释》，人民出版社，2013。

③ 民国《贵州通志·土司·土民志》，贵州省文史研究馆点校，贵州人民出版社，2008，第 242 页。

管理。① 康熙五十七年（1718年）以定番州属大华司土官“难以约束部苗，别无应袭之人”，② 将其彻底裁革，土司钱粮由定番州管理。

雍正、乾隆年间改土归流、开辟苗疆之后，对土司的管控进一步深入。嘉庆四年（1799年）六月“得旨：黔省苗民甫定，宜严禁土司横征科敛并汉民重利盘剥等事。若土司不知体恤穷苗，诛求无已，奸民加利放债，算及锱铢，是上困于本官，下困于汉奸，进退维谷，有不激而变者乎？此朕所深知，汝应留意焉”。③ 同一时期进退维谷的不仅只有土民，土司在这一时期同样上下交困，“历年苗民应上条银，皆由土司交地方官转解藩库，近则以土司浮收，纷纷控省，求改归地方官征收及准理饬办。苗民又相率抗粮，地方官传案不到，仍责成土司。土司不得不为之代垫。若欲催科归款，则又以事归地方”。④ 一旦土司出现“浮收钱粮”的现象，土民能够直接控诉到官府以取消土司特权。地方政府在赋税征收过程中遇到阻力时，土司又是第一追责对象。因此在国家与土民的上下冲击之中，土司不仅要留心行政以防止触犯国家法令，更要与治下的土民达成一致，维护自身统治权的延续。

具体到独山州，知州刘岱的《独山州事宜条陈议》中提到，乾隆年间贵州全省上下都有不许差役擅入少数民族地区滋扰的禁令，如此一来不少行政事务需要依靠土司、土目来执行。“第土司地方，凡有催征差徭，及缉拿拘提之事，俱责成土司，流官差役不过在于各该管土司家内坐守，是土吏土差所关尤重。若辈与各民苗声息相通，语言相习，土官贤则为善有余，土官不肖则为不善亦有余。”⑤ 因此在刘岱的《独山州事宜条陈议》中对土吏行为、钱粮征收额度、土司公产保护、苗寨教师教授词讼以及土司、土舍接受法律教育等几个方面均予以明文规定。在刘岱看来，“顾土官之设，所以抚苗蛮，抚之有道，则苗蛮世世奉土官之约，以上奉汉官之约，一失其道而人心散去”。⑥ 拉墙一带苗村，原属烂土司管辖，“该地苗民不胜其累世苛索之苦，控经大宪批行，前署州郑牧勘详归州，不经土司管辖，苗民便之”。⑦ 而十六水家一带，同样“数年控告，亦欲归州，当时仅准其赴州纳粮，虽仍令其属烂土司管辖，而昔时威权已无所用，亦可惧已”。⑧ 官府打压和土民反抗双重压

① 《清圣祖实录》，卷227，康熙四十五年十月至十二月，中华书局，1985年影印本，第六册，第281页。
② 《清圣祖实录》，卷277，康熙五十七年正月至二月，中华书局，1985年影印本，第六册，第710页。
③ 《清仁宗实录》，卷47，嘉庆四年六月下，中华书局，1986年影印本，第二八册，第588页。
④ 民国《贵州通志·土司·土民志》，贵州省文史研究馆点校，贵州人民出版社，2008，第245页。
⑤ 乾隆《独山州志》，卷9《艺文》，巴蜀书社，2006年影印本，第24册，第210—213页。
⑥ 乾隆《独山州志》，卷6《土官》，巴蜀书社，2006年影印本，第24册，第89页。
⑦ 乾隆《独山州志》，卷6《土官》，巴蜀书社，2006年影印本，第24册，第89页。
⑧ 乾隆《独山州志》，卷6《土官》，巴蜀书社，2006年影印本，第24册，第89页。

力之下，烂土长官司的统治权、承袭权已经岌岌可危，不得不让渡部分权力与土民达成妥协。

因此在《信照条约》制定之时，首要强调各地土民头人对土司的“协力同心”“忠贞辅佐”，这既是对土民的褒扬之辞，也符合当时的实际情况。土司在这一地区的统治权，十分依赖各地土民的直接支持。这是由于国家治理逐渐深入以后，苗民进学读书参加科举的禁令相继取消，土民的汉文化水平逐渐提升，已经能够独立与地方政府沟通往来。改土归流以后地方政府的一系列改革，使得土司与土民的人身依附关系开始解除，土民通过购置田产等方式，逐渐增强了自身的经济实力。由此一来，土司对辖区土民的控制力度也在不断减弱。这就要求土司一方面不仅要谨慎制定各项治理措施、约束自己与家族成员的行为，另一方面还要将土民中的精英、代表纳入土司机构当中。烂土长官司衙署中的大目、小目、差役等属员，多数是由当地的土民头人充任。他们不仅有着较高的汉文化水平与经济实力，而且熟悉与地方政府的往来事务，有能力借用地方政府与流官的权威来限制土司行为。《信照条约》的制定便直接体现了这一点，这部分土民头人通过条约的形式，对土司机构在司法程序、人事安排等重点领域的权力进行严格限制。为实现自身延续，土司不得不与下辖的土民达成妥协。从这一角度来看，《信照条约》是官府与土民上下合力的结果。

四、土民的权益诉求及其实现过程

《信照条约》中的条款，绝大多由土民头人们商议制定，他们通过制定这一条约实现对土司机构权力的限制。但这些群体即便有着较高的经济实力与汉文化水平，也仍旧选择保留土司机构而不是推动改土归流，使土司区融入流官统治阶序当中，在这背后同样有着深刻的社会原因以及利益考量。

从经济层面上看，保留土司机构有助于维护土民的经济利益。官方文献中的记载证明官府对此并非完全不了解，独山州知州刘岱在《独山州志》中提到其查访土司辖区时的见闻：“余于四司二舍所辖村落，问其田赋，则各司、舍征之，以起解于州也。问其徭役，则各司、舍调之，以听命于州也，问其园林货谷，大半系土民恒产……所谓人与人相畴，家与家相畴，世同居，少同游，居同乐，行同和，守则同固，战则同强者，其法甚善。”① 由于田赋、徭役均为各土司负责，具体征收、摊派方式地方政府并不熟悉，但又不能直接仿照内地，“若据照内地清查备造鱼鳞细册，尤恐滋扰”。所以刘岱建议只需要“查明某寨头

① 乾隆《独山州志》，卷 3《村落》，巴蜀书社，2006 年影印本，第 24 册，第 89 页。

人某某田若干、秋粮若干、条马若干、新垦若干总数。则每年该土目等经管征收，该头人等经手交纳，自有定数。按照抄录，事不烦而民不扰”。① 在这样的赋税征收形式影响下，土司与土民能够革除赋税缴纳过程中的各种陋规，减轻负担。根据《关于三都县烂土土司制度的调查》② 中的描述，土司区的田亩数据以及赋税额度往往是土司设立之初的数目，清初规定土司代征辖区土民应上缴国家的赋税，但总体数额未曾发生太大变化。由于土司区的田土在上百年的时间里被大规模开垦出来，这部分田土官方难以清查、统计，因此土司区的平均税赋较低，定居于此的土民能够减省大量钱粮。例如“烂土街上，十挑田纳一升粮（一升＝41斤），即1000斤纳4斤，如白朝坤家，种40挑田纳粮一斗（十升为一斗），离烂土20多里的后齐寨（均系水族），全寨100多户，仅纳粮3斗”。③ 正税之外，各个村寨均象征性缴纳种类不同的实物税，或是为土司服劳役，这些数额都被土民头人限定在自己的接受范围之内。一旦改土归流完全推行开来，地方政府无疑会重新清查田亩，这对土民自身利益同样不利。

与官方文献记载明显不同，在与汉移民、官府的赋税争端中，土司与土民的利益有时会趋于一致。清中期以来江浙、湖广各省无地流民纷纷涌入西南少数民族地区，不仅土司区大量田地没有被开垦出来，迁徙至土司区的移民也没有被立刻录入官府的户籍清册中，他们能够逃避官府的赋税和徭役，因此土司区对外来移民具备很强的吸引力。这一过程并非完全是和谐有序的，早在雍正初年云贵总督高其倬的奏疏中，就出现“土司贫苦往往将所管之田作为无粮之土，卖与绅衿商民，以至完纳无资，每至派累苗户”的问题。④ 直至道光年间常有贵州地方官员奏称外来客民“盘剥苗人、土司田产”，或是在土司、苗民有争讼案件时为之“包揽词讼，借贷银两”，这些土司、土民“皆以田土抵债”。⑤《信照条约》中的烂土长官司张氏，很有可能就是因此丧失土司公产，以至于长期亏欠赋税。因此朝廷也在三令五申，不许客民擅自购买土司田产。

清代中期贵州常有客民唆讼以侵占土司、土民的田土，而官方常常不能公平审判，以至于土司、土民产业逐渐变为客民所有。道光十八年（1838年）十一月“谕军机大臣等：至田土案件，如有汉人霸占苗业，及夷苗诬控平民，务当公平听断，治以应得之罪，

① 乾隆《独山州志》，卷9《艺文》，巴蜀书社，2006年影印本，第24册，第210—213页。

② 《关于三都县烂土土司制度的调查》，载贵州省水家学会编印：《水家学研究（四）论文集》，2004，第286—295页。

③ 《关于三都县烂土土司制度的调查》，载贵州省水家学会编印：《水家学研究（四）论文集》，2004，第286—295页。

④ 《清世宗实录》，卷31，雍正三年四月，中华书局，1985年影印本，第七册，第473—474页。

⑤ 《清宣宗实录》，卷316，道光十八年十一月，中华书局，1986年影印本，第三七册，第934—935页。

毋得任听胥役诈索，客民唆讼。以杜侵越而靖边陲。将此各谕令知之”。① 如若直接改土归流，面对大量迁徙进来的移民群体，土民群体的利益势必会受到影响。

此外，土司区地方传统组织的影响力还十分深厚，《信照条约》中代表土民一方的“各姓埲、上下两屯地方头人以及十六五百水地方头人”便是典型。这些传统组织还保留着相对完善的“议榔制”残余，有不少由传统“榔规”发展而来的地方规约。这些规约常常被官府视为“土例”。相比整齐划一的国家法令，源于地方传统的“土例”更能解决地方实际问题，已经达到“事事有例”的水平，在民间被大量运用。赵翼在乾隆三十六年（1771 年）途经贵州时有明确记载：“土民事事有土例。如出夫应役，某村民自某塘送至某塘，欲其过一步不肯也。凡交官粮及杂款，旧例所沿，虽非令甲亦输纳惟谨，彼固不知有所谓朝制，但祖父相传，即以为固然也。有流官不肖者，既征数年，将满任，辄与土民约：某例缴钱若干，吾为汝去之。谓之‘卖例’。土民欣然敛财馈官，官为之勒碑示后。后官至，复欲征之，土民不服，故往往滋事。”② 从这一记载来看，这些“土例”与国家法令并不冲突，但土民遵照“土例”行事却不是因为“朝制”，而是基于“祖父相传”。在赵翼的见闻中，这些土民谨守法令，按照地方传统输粮纳赋，倒是“不肖流官”为一己私利破坏既有“土例”，以至于出现争端，地方不靖。从这一角度来看，《信照条约》的制定，很有可能是从这类“土例”的基础上发展而来。

从土司机构的人事安排来看，烂土长官司共计六大目、十四小目，辖区的土民头人在土司机构中担任各类土目、寨头，他们自己便是土司机构的重要成员，属于土司区的上层群体。但是改土归流以后的不少地区，则出现了“土司与汉民每有田土互争之案，辄被胥役勒索，客民从而包揽教唆，借贷银两，动以田土抵偿”的情形，③ 烂土长官司中的土民头人们显然不能接受这种情形。此外，不少苗民很难接受与汉民一样的管理体系，“至黔中苗人应徭役，一家出夫，则数家助之，故夫役尤多。第不肯与汉民同办，必分日应差，恐汉民不公，或被虐使云”。④ 官府胥吏与土著“夷目”相互勾结往往是地方诉讼不断的重要原因，清代贵州地方官员熟知这一点，“然夷目之所以敢于争讼者，以吏胥通其声息也，欲绳夷目，当绳吏胥。使吏胥无所售其奸，则夷目何敢逾于法”。⑤ 即便没有改流，如果任用外来客民在土司机构当中担任土目的话，同样有可能出现对各土民的苛索、欺压等行为。

---

① 《清宣宗实录》，卷 316，道光十八年十一月，中华书局，1986 年影印本，第三七册，第 934—935 页。

② （清）赵翼：《檐曝杂记》，卷 4《土例》，李解民点校，中华书局，1982，第 69 页。

③ 民国《贵州通志·土司·土民志》，贵州省文史研究馆点校，贵州人民出版社，2008，第 244 页。

④ （清）赵翼：《檐曝杂记》，卷 4《滇黔民俗》，李解民点校，中华书局，1982，第 69—70 页。

⑤ （清）爱必达、罗绕典：《黔南识略·黔南职方纪略》，杜文铎点校，贵州人民出版社，1992，第 204 页。

因此对于烂土长官司各地土民头人来说，维持土司机构继续存在，由他们在其中担任大小土目，可以有效防止改流之后出现胥吏欺压、讹诈等不法行为，维护自身权益。因此《信照条约》中明确规定，土司机构中的差役必须在本地各姓中选出，不许招用“外来新籍”。各寨的“寨头”负有催收钱粮的责任，虽由土司任命，但也必须由本地头人作保，这是土民头人们控制土司机构的主要方式。

五、《信照条约》与王朝国家边地秩序的重塑

《信照条约》有效调和了地方政府、土司、土民之间的关系，三方之间达成的稳固政治协议一直延续至民国初年才被彻底废除。从地方政府、土司、土民之间的关系来看，《信照条约》是王朝国家、土司、土民三方力量相互博弈达成妥协的结果。没有国家司法权威的不断深入作为支撑，土民很难具备与土司对抗的实力和依据，遑论剥夺土司的世袭统治权。土民维护土司机构存续的原因之一是出于自身利益的考量，所以《信照条约》是土民与土司达成的政治契约这一观点没有考虑到条约背后的外在压力，忽略了土民背后国家力量的巨大影响力。《信照条约》也不是土民单方面剥夺土司权力的“判决书”，而是流官、土司、土民三方相互妥协的结果。从流官的角度来看，土司在地方治理中还有存在价值。对于土民来说，土司威权完全崩解、土司区完全融入流官管理阶序当中对土民同样不利，因此才会出现为土司代偿钱粮以维护土司机构继续存在的特殊行为。土司要实现自身发展延续，需要获得王朝国家的认可和辖区土民的支持，以至于他们可以让渡世袭职权与土民达成妥协。从《信照条约》的制定与推行来看，它并不是土司社会内部自然形成的习惯法规，其性质和内容既不同于国家法律，也不同于单纯的民间法或乡规民约，其背后是土司威权衰落、国家司法不断深入、土民法律意识不断增强的结果。这需要放到清代边疆法律治理的角度去认识和理解。

从清代对贵州边地的法律治理来看，《信照条约》并不是唯一的特例。由于在贵州改土归流以后，社会经济变革速度加快，汉移民大量迁入少数民族地区，人口迅速增长，导致基层行政、司法资源严重不足，清王朝只得把土司、传统社会组织、民间规约等具备社会治理功能的地方资源都积极利用起来。因此，边地法律治理并非仅依靠国家成文律典，凡是能够平衡各类人群权益、调解纠纷、维护公共秩序的社会规范和传统习俗都被纳入其中。从现存的碑刻、诉讼文书等资料来看，清代地方官员重点关注的是赋税征收、社会治安这两项维系政府运转的工作，其余的轻微案件或寻常纠纷便由地方社会来解决，官方只需要监督和推动这些地方社会治理机制合法、有效运转。从这个角度来看，正是国家法治的深

入推行，重构了边疆少数民族地区社会组织，推动了传统权威逐渐变革，对边疆地区社会秩序的维护产生了根本影响。

因此，在王朝国家司法权威不断深入的背景下，即便没有土司及土司机构的存在，少数民族群体同样能够基于国家法治的支撑制定地方规约，借以管理公共事务以维护地方秩序和自身权益。与《信照条约》不同，现存于都匀市文物管理所的“乡禁”碑为我们展现了另外一种地域性的社会规范是如何被制定出来的。该碑于道光二十五年（1845 年）三月由两套地区（即原都匀市基场、阳和、奉合三个水族乡）近百个村寨共立，所议乡规条款适用于整个套头水族地区，包括杂居于该地区的苗、布依等民族的人民。① “乡禁”碑开篇即言明，“乡禁之设，乃各方之乡规”，“先皇乾隆、嘉庆年间，吾等地方三年皇册一次，盗家磕索者少，地方富户者多，是以地方清静”。但道光初年以来，皇册连年苛派，每年达三四次，加上本乡滥棍勾结外匪，无牌无票苛索良人，导致本地民众毁家破产。因此召集各寨头人公议论，制定乡规十条。② 内容包括将苛索乡里的盗人送官究治、禁止窝藏盗贼匪类、集体搜捕盗贼、处理毁田伐地以及规范姻亲关系等五个部分，多为官方法令难以涉及的领域。这一乡规由具有传统“议榔制”色彩的地缘性“公议”来组织制定，其内容来源既包括水族地区的传统习惯法，也涵盖周边少数民族的社会规范，具有鲜明的地域性特征。“乡禁”碑中对于危害较小的违规行为多采取“罚银入公”等方式处罚，危害较大的犯罪则直接“送官究治”，官方法律权威与地方政府是其背后的实施保障。在“乡禁”碑的规定中，这些“头人”“寨老”已经认可官府的权威，愿意并善于用官府来解决争端，维护地方社会秩序。这也证明同时期地方政府已经具备直接管理少数民族基层社会组织的能力，流官司法权威进一步深入到少数民族群体中间，王朝国家对地方社会的控制显著增强。

从《信照条约》的制定与实施来看，清代边地治理体系中国家法令、地方政府政令与地方传统之间的关系十分复杂。在边地社会治理体系的实际运行过程中，国家法令与地方具体施行的规则不一定直接关联，而是在其中发挥潜在的主导作用，尤其是内容固定的法令难以直接管理风俗习惯多样的族群与飞速发展变化的地方社会时更是如此。除去刑事案件与赋税征收等重要事务仍由官府来管理以外，由于地方风俗和传统的多样性，许多直接规范日常社会生活的规则并非是由国家意志任意专断制定的，而是各种力量和关系共同作用形成的，并且在实际施行过程中呈现出了较大的差异性，这种差异产生的根源在于国家、社会内部本身结构性差异的长期存在。地方社会同样需要一套程式来为地方风俗与传统惯

① 贵州省地方志编纂委员会编：《贵州省志・民族志》，贵州民族出版社，2002，第 589 页。
② 贵州省地方志编纂委员会编：《贵州省志・民族志》，贵州民族出版社，2002，第 589 页。

例获得合法性，将国家法令与地方规则有机融合，这一点在边地社会群体与王朝国家的互动过程中尤为重要。因此王朝国家与地方传统权力集团在制定社会规范的过程中既有冲突也有互动，在不断冲突和互动的过程中重塑了地方规则。这样的地方规则有着强烈的地域色彩，尤其是在“钱粮细故”等纠纷处理上具有较强的地方性特征，并且形成比较稳固的社会治理格局。以《信照条约》为核心的社会规范在烂土长官司一带推行上百年，已经构建了独具特色的地方社会治理体系。直到民国初年“民主共和”观念逐渐深入边疆少数民族地区，作为“封建特权”代表的土司丧失了存在的法理依据，这一地方治理体系与权力分配格局才重新构建。

《信照条约》作为难得的土司地区法制史料，展现了清代边地法律治理在深入推行过程中衍生出的地域形态与民间形态，尤其是其深入少数民族地区后表现出来的复杂结构与多元景观。不论是土司区的长期存续，还是地方政府对土司、土例的管控与运用，抑或是边地少数民族维护自身权益的努力和探索，都证明在认识边地法律治理的推行过程与实施成效时，不能忽视王朝国家成文法规与地方实际政治活动之间的差异。边地治理并非仅有宏大的历史叙事，同样也表现在这样的细枝末节当中。研究者将这两点统筹结合起来，着眼于边地社会内部发展变迁的具体案例来认识边地治理是一条可行路径。将国家律典、官方档案与契约文书、碑刻等民间文献相结合进行综合性研究，能够进一步充实、完善我们对古代边地法律治理发展变迁历程的认识。

明清司法官员利用城隍侦讯的惯例研究

——以 110 个案件为例

雷博慧[*]

摘　要　阅读明清时期记录司法活动的文献，道教神祇城隍神频繁出现在司法官的办案过程中。比如，官员遇到疑难案件无法侦破时赴庙祷告，或者利用民众对城隍神的畏惧，威慑案犯吐供。梳理 110 个实践案例可知，官员一般会在重大命案和重大盗案的侦破过程中利用城隍神。常见的方式有祷神祈梦、祷神求签、祷神自首与神迹破案、神庙窃听、借神诈供、祷神后继续侦查等。上述破案模式背后有两套运作机制：其一，官员在无法破案的时候赴庙祷告，祷神后求得的签诗与梦境作为安慰剂，缓解官员难以破案的焦虑感，从而增强其破案的信心。此时，处于冷静状态的官员更容易打破推理过程中的僵局。其二，官员能较为准确地预判案犯面对鬼神的心理变化，借其对神威的恐惧收集口供。

关键词　明清司法；城隍神；破案；机制

一、学术回顾

虽然传统中国的司法秩序并没有被宗教统治，① 但不可否认的是，传统中国的司法官

---

* 雷博慧，中山大学法学院博士研究生。

① 参见［美］亨利・查尔斯・李：《迷信与暴力：历史中的宣誓、决斗、神判与酷刑》，X. Li 译，广西师范大学出版社，2016，第 269 页；［英］梅因：《古代法》，沈景一译，商务印书馆，1959，第 14 页。

员因疑难案件无法侦破而求助于城隍神的行为，是法律依赖宗教的另一种形式。① 从诸多史料可知，以城隍神信仰为背景的神判遗迹的确影响了世俗的司法实践。② 城隍神不仅是官员的祷告对象，还是辅助审判的工具。③ 比如官员利用案犯对城隍神的信服用谲，④ 抑或令服判的两造在城隍神前出具干结。⑤ 然而，与中世纪神判结果的不可测知性⑥不同的是，城隍司法是以“神判”为表象的“人察”，⑦ 是富含理性的破案方式，⑧ 是统治者通过培养民众的道德自觉⑨实现社会控制的神道设教。⑩ 除此之外，现有研究还表明，城隍神亦是民众的申冤对象。⑪ 比如，民众会用赌咒、盟誓、告阴状的方式解决纠纷。赌咒、盟誓是指“在没有确证证明当事者为恶，而他又不愿意招供时，就带他至神前，以立誓表明自己的清白，若违誓，则遭病厄”。⑫ 诅咒的方式有：指天诅咒、对神诅咒、刑鸡诅咒等。告阴状是指当民众“有理无处说，有冤无处诉”时，在城隍神、东岳大帝、地藏王菩萨和大众爷等冥界神明前告状的行为。⑬ 赌咒、盟誓、告阴状反映汉人对地狱司法体系的信心，即使无法透过官方的司法体系获得公正的裁判，仍然可以诉诸善恶终有报的地狱司法体系。⑭ 总体而言，城隍神对传统中国的司法场域的影响是正面的，⑮ 不过鬼神参与司法可能存在正义无法彰显的隐患。⑯

---

① 瞿同祖：《中国法律与中国社会》，商务印书馆，2010，第290页。

② 徐忠明：《凡俗与神圣：解读“明镜高悬”的司法意义》，《中国法学》2010年第2期。

③ 张明敏：《宗教文化对中国传统司法审判制度的制约与影响》，《政法论丛》2010年第3期。

④ 吴元元：《神灵信仰、信息甄别与古代清官断案》，《中国社会科学》2006年第6期；另见刘志松：《清代州县官司法对民间信仰的主导、借用与转化——对〈鹿洲公案〉中假神断狱现象的功能性解读》，《宗教学研究》2020年第4期。

⑤ 赵娓妮、里赞：《城隍崇拜在清代知县司法中的影响》，《四川大学学报（哲学社会科学版）》2013年第6期。

⑥ ［英］罗伯特·巴特莱特：《中世纪神判》，徐昕等译，浙江人民出版社，2007，第97页。

⑦ 郝铁川：《中华法系研究》（增订本），商务印书馆，2021，第391页。

⑧ 王谋寅：《道教与中国传统法律文化》，中国政法大学博士学位论文，2009，第41页。

⑨ 荣真：《中国古代民间信仰研究：以三皇和城隍为中心》，中国商务出版社，2006，第336页。

⑩ 尤陈俊：《聚讼纷纭：清代的“健讼之风”话语及其表达性现实》，北京大学出版社，2022，第387页。

⑪ 徐忠明：《情感、循吏与明清时期司法实践》，上海三联书店，2009，第189页。

⑫ ［日］增田福太郎：《台湾汉民族的司法神——城隍信仰的体系》，台北古亭书屋编译，台北众文图书股份有限公司，1999，第71页。

⑬ 参见 Paul R. Katz, *Divine Justice: Religion and the Development of Chinese Legal Culture*, Routledge, 2009, p. 5。

⑭ ［美］康豹：《从地狱到仙境——汉人民间信仰的多元面貌》，台北博扬文化事业有限公司，2009，第210页。

⑮ 参见周顺生：《清代台湾城隍信仰的法制意义》，台湾中兴大学硕士学位论文，2010，第82页。

⑯ 朱声敏：《鬼神笼罩下的“明镜高悬”——鬼神报应与明代司法吏治》，《云南社会科学》2014年第4期。

值得说明的是，城隍神在诞生之初并不是人间的司法神。由于统治者的不断敕封，① 使其治理体系形成类似官府的结构，城隍神在不断靠近政权的过程中与地方治理产生密切关系，② 有关地狱审判的思想也渗透到了传统中国的司法实践当中。③ 那么传统中国为什么会出现城隍司法的现象呢？一方面是神道设教的震慑作用的确可以解决现实中的法律问题，④ 另一方面则源于民众对公正法律秩序的憧憬。⑤ 为了在司法实践的机理中展现官员利用城隍神侦讯的原貌，本文将在前人的研究基础上，继续挖掘相关材料，利用官员年谱、官员文集、官箴书、方志中的实践案例，展示官员利用城隍神侦讯案件的多面图景及其运作机制。

二、利用城隍神侦讯的案件类型

仔细研读 110 个样本案例以后，笔者发现明清时期，尤其是清代，官员利用城隍神侦讯的案件在案件类型、涉案人数、城隍介入案件的方式等方面有其特殊性。为方便讨论，此处将案例量化处理。在 110 个样本案例中，共有命案 83 件，约占案件总数的 75.5%。命案主要分为盗劫杀（21 例）、强奸杀（8 例）、复仇杀（6 例）、通奸杀（5 例）与其他杀⑥（43 例）。除命案数量占比较大以外，涉案人数量也相当可观，⑦ 有 15 例案件的被害人超过

---

① 有关城隍神的起源与发展问题，清代以来的学者已经做出过梳理，见（清）赵翼：《陔余丛考》，卷 35，栾保群点校，中华书局，2019，第 992 页；邓嗣禹：《城隍考》，《（燕京大学）史学年报》1935 年第 2 期；张泽洪：《城隍神及其信仰》，《世界宗教研究》1995 年第 1 期。就特定历史时期的城隍神发展问题而言，唐代的城隍信仰已经十分普遍，统治者也有敕封城隍神的行为，参见 David Johnson, The City-God Cults of T'ang and Sung China, *Harvard Journal of Asiatic Studies*, 1985, Vol. 45, No. 2；王涛：《唐宋时期城市保护神研究：以毗沙门天王和城隍神为中心》，中国社会科学出版社，2012，第 64 页。宋代的统治者更是将城隍神纳入官祀神的范围，参见王颋、宋永志：《宋代城隍神赐额封爵考释》，《河南大学学报（社会科学版）》2006 年第 3 期。到明清时期，统治者从制度上强调城隍神在国家祭祀体系中的重要位置，城隍信仰也在世俗化的过程中达到顶峰，并融入城市商业化活动中，参见［日］滨岛敦俊：《朱元璋政权城隍改制考》，《史学集刊》1995 年第 4 期；［日］滨岛敦俊、沈中琦：《明清江南城隍考——商品经济的发达与农民信仰》，《中国社会经济史研究》1991 年第 1 期；申浩：《〈明清江南城隍考〉补证》，《中国社会经济史研究》1999 年第 4 期；王永谦：《土地与城隍信仰》，学苑出版社，1994，第 181 页。

② 屈小玲：《〈聊斋志异〉与清代地方政府的神灵崇拜考察》，《明清小说研究》2009 年第 1 期。

③ 陈登武：《地狱·法律·人间秩序》，台北五南图书出版股份有限公司，2009，第 123 页。

④ 张守东：《城隍神的构造原理：法律与宗教互动的古代中国经验》，《财经法学》2020 年第 2 期。

⑤ 范依畴：《民间司法公正观念的神话表述及其特征——明清文学中"城隍信仰"的法文化解读》，《法学》2013 年第 1 期。

⑥ 为方便统计，笔者将数量较少的械斗杀、采生杀以及材料中未指明案件性质的案例归入其他命案类。

⑦ 涉案人指包括被害人、被告人、嫌疑人在内的总人数，4 人以下 58 例，4 人以上 10 人以下 19 例，10 人以上 5 例，连续作案 7 例。

两人，更有全家惨遭灭门杀害的案例。[①] 清代法律在人命卷中规定，“凡杀一家，凌迟处死，财产断付死者之家”。[②] 其刑罚的严厉程度足以见得罪行之不可饶恕。除被害人数量较多以外，有16个案件的被害人是凶手的五服亲，甚至是凶手的父亲或者母亲，[③] 抑或双亲。[④] 在“以孝为本”“孝治天下”的传统中国，这类犯罪已构成十恶不赦的“逆伦”重罪，清律课以凌迟处死的刑罚。[⑤] 还有两起由通奸和盗劫引起的连环杀人案[⑥]，也比较特殊。

相对于命案，盗窃案与抢劫案的比重较低，仅15例，约占总数的13.6%。虽比重虽小，犯罪情节却较为严重，盗劫标的分别是官银、[⑦] 官钞、[⑧] 饷银、[⑨] 牛、[⑩] 官盐、[⑪] 数额巨大的银子、[⑫] 典藏经籍[⑬]等。就当时的社会经济而言，上述失窃物多为贵重的流通货币与生产生活资料。除涉案标的数额较大以外，有些案件的涉案人员也较多，甚至是有组织的团伙经年累月频繁作案。[⑭] 在这15个盗劫案中，负责审理的知县赴城隍庙祷告的目的主要有三：寻找赃物、确定嫌疑人和抓捕案犯。除83例命案与15例盗劫案，样本案例中还有

---

① 案例28、86、87、90。案例28，光绪《广州府志》，卷108《宦绩五》，载《中国方志丛书·广东省广州府志》，台北成文出版社有限公司，2003年影印本，第2册，第800页；其余案例的出处，参见下文引用处。

② （清）三泰修：《大清律例》，卷26，张荣铮等点校，天津古籍出版社，1993，第449页。

③ 案例11、16、23、95。案例11，（清）彭洋中：《古香山馆存稿》，卷1，载《清代诗文集汇编》，上海古籍出版社，2010年影印本，第613册，第508页；其余案例的出处，参见下文引用处。

④ 案例23，《江苏常熟海虞曾氏家谱》，卷四，民国十三年铅印本，第191页。

⑤ （清）三泰修：《大清律例》，卷26，张荣铮等点校，天津古籍出版社，1993，第440页。

⑥ 案例10、18。案例10，乾隆《上杭县志》，卷7《名宦》，载《中国地方志集成·善本方志辑》（第二编），凤凰出版社，2014年影印本，第27册，第163页；案例18出处，参见下文引用处。

⑦ 案例34，道光《济南府志》，卷49《人物五》，载《中国地方志集成·山东府县志辑》，凤凰出版社，2004年影印本，第2册，第530页。

⑧ 案例43，（明）张辅等：《大明太宗文皇帝实录》，卷271，载《原国立北平图书馆甲库善本丛书·大明太宗文皇帝实录》，国家图书馆出版社，2013年影印本，第2456页。

⑨ 案例61，雍正《广西通志》，卷80《乡贤》，载《中国地方志集成·雍正广西通志》，凤凰出版社，2010年影印本，第2册，第646页。

⑩ 案例32，嘉靖《常德府志》，卷15《人品志》，载《天一阁藏明代方志选刊·嘉靖常德府志》，上海古籍书店，1981年影印本，第56册，第718页。

⑪ 案例60，雍正《浙江通志》，卷156《名宦》，载《中国地方志集成·雍正浙江通志》，凤凰出版社，2010年影印本，第4册，第346—347页。

⑫ 案例103，（清）毛奇龄：《西河文集》，载《清代诗文集汇编》，上海古籍出版社，2010年影印本，第87册，第523—525页。

⑬ 案例57，（清）臧庸：《拜经堂文集》，载《清代诗文集汇编》，上海古籍出版社，2010年影印本，第484册，第126页。

⑭ 案例67，光绪《桃源县志》，卷7《职官志》，载《中国方志丛书·湖南省桃源县志》，台北成文出版社有限公司，1970年影印本，第262页。

12 例较为特殊的案例，分别是通贼案、① 重囚越狱案、② 对高级官员犯罪的会审、③ 诽谤妇德、④ 土匪滋事案、⑤ 讹诈案、⑥ 灵异案件、⑦ 重狱案、⑧ 动物伤人案⑨等。

总而言之，司法官员利用城隍神侦讯的 110 个案件中，命案占较大比例，且呈现被害人众多、身份为五服亲的特征。盗劫案件占比较小，多为标的额巨大的案件。之所以呈现出上述特征，显然是因为地方官员对这类案件的侦破、缉拿、审断负有全面的司法责任。如若官员不能在法定时限内侦破、缉拿和审断这类案件，他们将受到惩罚，⑩ 这些严苛的司法责任犹如悬在官员头顶的达摩克利斯之剑，轻则罚俸、降职，重则革职，从而迫使他们利用案犯对城隍神的惧怕侦讯案件。

三、城隍神介入的几种常见侦讯模型

梳理案例以后，可以概括出官员利用城隍神侦讯的几种模型：祷神祈梦、祷神求签、

---

① 案例 21，光绪《重修安徽通志》，卷 195《人物志》，载《中国地方志集成·光绪重修安徽通志》，凤凰出版社，2011 年影印本，第 3 册，第 513 页。

② 案例 59、64。案例 59，雍正《浙江通志》，卷 148《名宦》，载《中国地方志集成·雍正浙江通志》，凤凰出版社，2010 年影印本，第 4 册，第 202 页；案例 64，嘉庆《芜湖县志》，卷 12《宦绩》，第 4 页，清嘉庆十二年重修，1913 年翻印。

③ 案例 107、108。案例 107，（清）宋朝立：《缄斋府君年谱》，载《北京图书馆藏珍本年谱丛刊》，北京图书馆出版社，1999 年影印本，第 88 册，第 562 页；案例 108，（清）法若真：《黄山年略》，载《北京图书馆藏珍本年谱丛刊》，北京图书馆出版社，1999 年影印本，第 72 册，第 699—700 页。

④ 案例 77，光绪《湖南通志》，卷 228《人物志六十九》，载《续修四库全书》（史部·地理类），上海古籍出版社，2002 年影印本，第 667 册，第 301 页。

⑤ 案例 104、106、110。案例 106，（清）王锡九：《王兰史自订年谱》，载《北京图书馆藏珍本年谱丛刊》，北京图书馆出版社，1999 年影印本，第 148 册，第 651—654 页；案例 110，（清）李榕：《十三峰书屋全集》，载《清代诗文集汇编》，上海古籍出版社，2010 年影印本，第 677 册，第 8—11 页；其余案例的出处，参见下文引用处。

⑥ 案例 105，（清）彭鹏：《古愚心言》，载《清代诗文集汇编》，上海古籍出版社，2010 年影印本，第 146 册，第 475—476 页。

⑦ 案例 109，（清）李慈铭：《越缦堂日记》，广陵书社，2004 年影印本，第 10 册，第 6798—6801 页。

⑧ 案例 20，（清）马士龙：《青棂山房诗钞》，卷 11，载《清代诗文集汇编》，上海古籍出版社，2010 年影印本，第 483 册，第 90 页；“重狱”指材料记录者未说明案件类型，仅用“重狱”指代。

⑨ 案例 38，乾隆《鄞县志》，卷 17《品行考六》，载《中国地方志集成·善本方志辑》（第一编），凤凰出版社，2014 年影印本，第 75 册，第 340 页。

⑩ 有关州县官员的司法责任问题，具体来说，绞斩监候以下案件，“州县三个月解府州”；斩绞立决案件，“州县两月解府州”；逆伦重案如“卑幼擅杀期功尊长”“杀死三命、四命之案”等，“承审官限一个月内审解，府、司、督抚各限十日审转具题”。见（清）昆冈等撰：《清会典事例》，中华书局，1991 年影印本，第九册，第 1093—1094 页。因案情重大“故律例特严其审限，从速审结，使人犯不致久稽显戮”。州县官员如果超过承审分限，“至限满不结，该督抚将易结不结情由，详查注明题参，照例议处”；如果该承审官员被初参后“尚有延迟”，则将处以“罚俸三个月”或者“罚俸一年”；如果案件逾期后仍不能审结，则由“该督抚将何官易结不结之处，查参革职”。见那思陆：《清代州县衙门审判制度》，范忠信、尤陈俊校，中国政法大学出版社，2006，第 136 页；另见李凤鸣：《清代州县官吏的司法责任》，复旦大学出版社，2007，第 17—27 页。

祷神自首与神迹破案、潜伏窃听、借神诈供、神庙会讯、① 祷神后继续侦查。必须指出，官员对上述侦讯方式的使用并不是非此即彼的，为了方便研究，本文拟将有类似特征的侦讯方式归为一类。

（一）祷神祈梦②

祷神祈梦是官员经常使用的破案方式。具体而言，在面对疑难案件毫无头绪的窘境时，官员会沐浴斋宿，然后赴城隍庙行香祈祷，回到居所后，便会在当日的睡眠中进入一个具有启示性的梦境。据年谱、方志记载，官员在祷神后的梦境中会获得重要的破案线索：或是在梦中找到真凶，洗刷无辜之冤，如“夜僧奸女藏尸”案，③ 官员“虔祷于城隍神，夜梦神曰：杀女者某寺某僧，首在废佛腹中，搜佛腹，果得首，坐僧死，舅得释”；或在梦中找到尸所，如“逼奸杀仆碎尸案”，④ “梦神告以尸所，至旦，潜游某寺中，寺于生后园，

---

① 案例14、22、88、89、91、94、101。案例14，（清）薛宁廷：《洛间山人文钞》，卷2，载《清代诗文集汇编》，上海古籍出版社，2010年影印本，第343册，第666页；案例22，（清）李炳奎：《常惺惺斋诗集》，卷10，载《清代诗文集汇编》，上海古籍出版社，2010年影印本，第572册，第637页；案例88，（清）袁学谟：《居易堂文集》，卷6，载《清代诗文集汇编》，上海古籍出版社，2010年影印本，第224册，第196页；案例89，（清）鲁九皋：《鲁山木先生文集》，卷8，载《清代诗文集汇编》，上海古籍出版社，2010年影印本，第378册，第133页；案例91，雍正《河南通志》，卷78，载《钦定四库全书》（史部），杭州出版社，2015，第544册，第528页；案例94，（清）刘青霞：《慎独轩文集》，卷3，载《清代诗文集汇编》，上海古籍出版社，2010年影印本，第205册，第146—148页。“神庙会讯”指在城隍庙审讯犯人，包括对普通案犯的审讯与对高级官员的审讯，笔者拟另行撰文说明。

② 案例1、6、10、24、25、26、27、35、36、37、38、39、40、41、42、56、82、90、93、103。案例1，（清）杨翰：《先德录》，载《清代诗文集汇编》，上海古籍出版社，2010年影印本，第650册，第8—11，519页；案例6，同治《玉山县志》，卷8上《人物志》，载《中国方志丛书·江西省玉山县志》，台北成文出版社有限公司，1975年影印本，第986页；案例24，雍正《陕西通志》，卷57下《人物三》，载《中国地方志集成·雍正陕西通志》，凤凰出版社，2011年影印本，第3册，第173页；案例25，光绪《广州府志》，卷115《列传四》，载《中国方志丛书·广东省广州府志》，台北成文出版社有限公司，2003年影印本，第3册，第56页；案例26，（清）张廷玉等撰：《明史》，中华书局，1974，第16册，第4897页；案例27，康熙《仁和县志》，卷17《人物》，《中国地方志集成·浙江府县志辑》，上海书店出版社，2011影印本，第5册，第353页；案例37，道光《兰州府志》，卷12《杂记》，《中国方志丛书·甘肃省兰州府志》，台北成文出版社有限公司，1976年影印本，第991页；案例39，（清）陈兆仑：《紫竹山房文集》，卷13，载《清代诗文集汇编》，上海古籍出版社，2010年影印本，第293册，第166页；案例40，（清）佟世思：《与梅堂遗集》《耳书》，载《清代诗文集汇编》，上海古籍出版社，2010年影印本，第176册，第639页；案例41，光绪《嘉兴县志》，卷21《列传一》，载《中国地方志集成·浙江府县志辑》，上海书店出版社，2011年影印本，第15册，第475页；案例42，宣统《高要县志》，卷18上《人物篇》，载《中国方志丛书·广东省宣统高要县志》，台北成文出版社有限公司，2013年影印本，第3册，第944—945页；案例56，（清）朱彝尊：《曝书亭集》，卷78，载《清代诗文集汇编》，上海古籍出版社，2010年影印本，第116册，第578页；案例93，（清）张桂林：《笏珊年谱》，载《北京图书馆藏珍本年谱丛刊》，北京图书馆出版社，1999年影印本，第176册，第616页；其余案例的出处，参见下文引用处。

③ 案例35，同治《苏州府志》，卷118《烈女六》，载《中国方志丛书·江苏省苏州府志》，台北成文出版社有限公司，1970年影印本，第2781页。

④ 案例36，《福建福州通贤龚氏支谱》，《志铭》，清光绪九年刻本，第83页。

接武因谛观，园侧泥土如新，屡诘生，生不承，命掘地二尺许，果得半尸，旋复得其半于厨侧”。

这类简单的记载或许会给人留下破案乃神意使然的结论，若不是城隍神暗示托梦，按照寻常路线搜索凶手与尸所显得尤为困难，但如果仔细观察其他类似案例，或许会得出不同结论。“田思问杀孤子案”① 是由族内宿怨引起的复仇杀人案，“邑集有田思问与其族人廷沛有夙怨，乘晚引其四龄孤子至其家，偕母及妻，以足蹑其胸，手掩其口，用绳缢杀之，令佣工王道移置其尸”。时任知县鲍治对涉案人员询问以后，已然明白，真凶是与被害人父母有仇的田思问，但苦于没有证据，不能定罪。就在案件无法推进之时，鲍治祈求城隍神指点迷津，遂“斋宿牒告城隍”，祷神以后果然梦得城隍爷遣“青衣使者授公片纸”，上面写着“死斯明”三字。根据材料对案情的记载，我们可以推测知县鲍治将“死斯明”理解为“田思问死，真相即明”的含义。

如何让田思问“死”，是摆在知县鲍治眼前的问题。在案件没有具结的前提下，知县不仅不能处死案犯，反而要保护案犯的生命安全。既然生理性死亡不能实现，鲍治只能安排田思问假死——即传播田思问已死的消息。首先，狱卒假装通报田思问因城隍神索命而亡的消息，并假传田思问遗言“城隍爷爷，实是我杀了，乞留命”；其次，请大夫入监，假装看诊，确证田思问已死的消息，通过监狱内的狱卒与监狱外的大夫之口，坐实田思问已死的事实，至此田思问因神谴而亡已成共识。此时，知县派遣衙役通知田思问之妻前来监狱收尸。在田妻即将进入监狱之时，知县鲍治就对她说：“汝夫死，已抵命，讫汝宜实道其事，不然城隍又将及汝。”看似好言相劝的一句“将及汝”，已如晴天霹雳震慑了田妻。此时田妻依然不承认犯罪事实，而后知县“以威相逼”，使得田妻如池鱼幕燕般战战兢兢，神谴与刑讯的双重心理压力，迫使田妻最终说出与丈夫共同杀人的犯罪事实。此后知县又在监狱内提审“被死亡”的田思问，知县对他说：“汝不服，汝妻已供招矣。”通过双向诈供的方式，最终完成案犯口供的收集工作。

整个案件当中，我们看到的是知县对案犯内心的准确预判，以及对案情推进节点的把握，通过伪造遗言“城隍爷爷，实是我杀了，乞留命”营造出神前来索命的假象，让田思问之妻误以为丈夫因神谴而亡，从而错误判断案件的进展情况，使其误以为罪行暴露而放弃抵抗。得到田妻的口供之后，又用该口供引出田思问的口供。知县用错误的信息引导共犯的意识，犹如多米诺骨牌，顺着共犯招供的线索，引出案件的真相。如果说是祷神梦得“死斯明”指引了案件走向，那么根据梦的内容设计欺骗田思问之妻，则具有钩隐抉微之

① 案例 82，道光《巨野县志》，卷 21《金石志中》，载《巨野县旧志集成》，线装书局，2017，第 872—873 页。

效。如果知县鲍治没有将“死斯明”理解为使“田思问死”，案件的处理结果可能是另一个版本；又或者，田思问之妻在进监狱之前没有招供，没有惧怕神谴与知县的刑讯，案件也不会进展得如此顺利。可以说，这是知县鲍治以疑犯田思问夫妇畏惧城隍神降罪惩罚的心理为依托，运用多重博弈策略，才获得了案件真相。

（二）祷神求签①

“求签”是一种问吉凶的占卜行为，根据不同的习俗与信仰，信众会选择不同的庙宇、佛寺、道观去占卜。不仅普通民众会求吉问凶，② 读书人也会求签问功名，比如嘉庆年间的拔贡区龙光便赴华光庙求签占卜，预测乡试是否会中，③ 地方乡绅亦会求签祷雨。④ 司法官员会为侦破疑难案件而赴庙求签，有的去关帝庙，⑤ 有的去城隍庙。明成化年间，山西万泉知县崔明审理了一起疑案。韩城人胡材因行奸被判死刑，知县崔明认为案犯胡材一直住在被害人家中，被害女子也已不是少年，胡材与受害人之间很有可能是两情相悦而不是行奸。心怀质疑的知县崔明在难以做出判断之时赴城隍庙求签，果然求得“男女婚姻和好之签”，⑥ 随后即决定将胡材的弃市刑减为杖刑，将其遣还韩城。再如，乾隆年间陕西临潼知县于霈也用求签的方式激发灵感，找到了案犯的藏匿地点。⑦

阅读方志中的记载会给人一种错觉，即签诗主导了案件的侦破。但若仔细观察类似案件在官员年谱中的记录，则会得出另一种结论，即案件在没有签诗指引的情况下，依然可以侦破。道光十二年（1832年），47岁的信阳州知州杨炳坤，⑧ 在农历八月时接到捉拿匪徒张二虚及其党羽的指令，几番搜捕都没能将匪徒捉拿归案。无计可施的知州杨炳坤决定

---

① 案例68、69、104。案例69，乾隆《临潼县志》，卷5《职官》，载《中国方志丛书·陕西省临潼县志》，台北成文出版社有限公司，1976年影印本，第397页；其余案例的出处，参见下文引用处。

② 民众意图做生意，赴城隍庙占卜［（明）陆人龙：《型世言》，覃君点校，中华书局，2002，第28页］；婚嫁与否亦赴城隍庙占卜［（明）冯梦龙：《醒世恒言》，中国华侨出版社，2019，第106页］。

③ 民国《罗定县志》，《旧闻志第二》，载《中国方志丛书·广东省罗定县志》，台北成文出版社有限公司，1974年影印本，第3册，第910页。

④ 民国《台州府志》，卷47《山水略八》，载《中国地方志集成·浙江府县志辑》，上海书店出版社，1993年影印本，第44册，第746页。

⑤ 官员愈噪为抓捕匪首蔡扬，赴关帝庙求签占卜，民国《开阳县志稿》第11章，载民国《开阳县志稿》，贵州人民出版社，2019年影印本，第二册，第727页。

⑥ 案例68，民国《万泉县志》，卷6《文类》，载《中国方志丛书·山西省万泉县志》，台北成文出版社有限公司，1976年版影印本，第2册，第502—504页。

⑦ 案例104，乾隆《临潼县志》，卷5《职官》，载《中国地方志集成·陕西府县志辑》，凤凰出版社，2007年影印本，第15册，第99页。

⑧ 杨炳坤，道光元年（1821年）被任命为密县知县。后历任息县知县、邓州知州、汉阳知府、湖南布政使等职。案发当时，杨炳坤任信阳州知州，（清）杨炳坤：《中议公自订年谱》，载《北京图书馆藏珍本年谱丛刊》，北京图书馆出版社，1999年影印本，第140册，第490—497页。

赴城隍庙祷告求签，求得“一般行货好招邀。断语云，问信音当在递”与“不是虎头人一唤，全家谁保汝重欢。断语云，逢寅字事渐亨”两句签诗。知州杨炳坤的幕友认为，签诗的意思是指被派出抓捕张二虚的差役的姓氏应包含“虎字头”，比如卢（盧）姓、虞姓。随后，杨炳坤按照幕友的解释派出了抓捕队。数月后，张二虚被“虎头队”差役抓捕归案。

接下来的问题是，什么原因导致了张二虚被抓获？是因为签诗的指引吗？按照签诗派出“虎字头”抓捕队与抓获张二虚有因果关系吗？笔者尝试回答上述问题：假设将本案的抓捕队伍称为“虎头队”，另遣一支“无虎队”，该队成员的体格、缉捕经验、灵活应变能力以及抓捕所需的时间和经费，都一如“虎头队”，也由杨炳坤统一指挥，二者的区别在于“无虎队”队员不具备包含“虎字头”的姓氏，那么“无虎队”会因为没有带有虎头姓氏的队员而抓不到张二虚吗？笔者认为，在当时的条件下，如果派出的是“无虎队”，依然能抓到张二虚，理由如下：其一，杨炳坤已经将340名张二虚的同党抓获，对同党的审讯一定会获得相关线索，如张二虚可能藏匿的地点、生活习性、家庭背景以及经济状况等。其二，杨炳坤面临被革职的危险，会尽可能地加大搜捕力度，按他自己所言“州差仅止百人，此一行已差遣十之五六”。此外，为了此次抓捕，资金的投入也超乎寻常。所有的抓捕费用、口粮、赏金都由杨炳坤一人捐办，费用共计七千余金。清代知州的俸禄据官方通报是“五品八十两”，① 知州的养廉银且算一千二百两，② 此外还有其他规费收入。杨炳坤在这么短的时间内，为抓捕一个犯人花费了七千两银子，相较于其明面上的收入而言，实为一笔巨额经费，足以见得他已为此倾尽全力。

本案中的确可以看到祷神与破案之间的时间关系，但是，破案不是因为神助，签语对抓捕结果的肯定性预测对杨炳坤而言是一种心理安慰，他在求得正向激励的签诗后，破案信心倍增，因而重整旗鼓，加大人力、财力的投入，最终将张二虚抓获。虽然官员主观上“试图影响超自然的实体或力量”③ 来达到破案的目的，然而，实际上是官员自己冷静的思考与强力度的抓捕推进了案件的侦破。设想，如果肩负破案压力、面临革职风险的杨炳坤求得了否定性预测的签诗，会因此而抓不到张二虚吗？从道光元年到道光十二年，杨炳坤已经做了十二年的知县，不言宦海浮沉，也定然历经不少官场风浪。因而，强压之下他不会坐以待毙，而会痛定思痛、倾其所有、全力抓捕，直到张二虚归案。综上，肯定性预测

① （清）张廷玉等撰：《清朝文献通考》，浙江古籍出版社，1988年影印本，第一册，第5243页；另见（清）蒋良骐：《东华录》，卷九，鲍思陶、西原点校，齐鲁书社，2005，第139页。

② （清）庆桂等：《清实录》，中华书局，1986，第一七册，第1070页。相关研究见岁有生：《清代州县经费研究》，大象出版社，2013，第22—25页；［美］曾小萍：《州县官的银两：18世纪中国的合理化财政改革》，董建中译，中国人民大学出版社，2020，第214页。

③ ［英］麦克·阿盖尔：《宗教心理学导论》，陈彪译，中国人民大学出版社，2005，第136页。

会传递信心，否定性预测会增强压力。所以，无论签诗的内容是什么，带来的信心抑或是压力，都会驱使官员侦破案件。

（三）祷神自首①与神迹破案②

祷神自首指官员祷神后，案犯自行吐供，或者逃犯主动投案的情形。神迹破案指官员祷神以后，在神迹的指引下拿获案件真凶。这类案件有一个固定模式，即知县祷神后案犯主动自首，③ 或是自愿招供，④ 抑或神迹显现，⑤ 真相即明。“陈氏灭门案”⑥ 发生于光绪年间，该案是由抢夺鸦片引发的命案。钟倭子等4人为抢夺陈荫堂的鸦片，将陈荫堂夫妇、儿子、儿媳4人杀害，案发后，3名从犯全部捉获且招供，唯独首犯钟倭子逃遁。嗣后，恰逢钟倭子又在邻县作案，才被抓捕归案。但是，钟倭子“历询七十二堂之多，坚不认”。县令钟寿康“以人命重大”，没有口供就算是“众供确实”也不敢草率定案。在“计穷”之时，知县决定“虔诚祷于城隍”。果然“是夜又提审，钟倭子自愿承认”杀害陈荫堂一家的犯罪事实。

每一次堂讯都有招供的可能，为什么在错过七十二次机会以后，在县令祷神的夜晚，钟倭子果断吐供呢？据县令钟寿康记载，钟倭子自愿承认，是因为钟倭子之母“命其姊夫

① 案例7、18、46、48、50、53、54、71、78、79、86。案例46，嘉靖《曲沃县志》，卷4《古迹志》，载《天一阁藏明代方志选刊续编》，上海书店，1990年影印本，第4册，第483页；案例48，（清）张家栻：《陶园年谱》，载《北京图书馆藏珍本年谱丛刊》，北京图书馆出版社，1999年影印本，第104册，第382页；案例53，（清）张贞：《杞田集》，卷10，载《清代诗文集汇编》，上海古籍出版社，2010年影印本，第147册，第514页；案例54，（清）左辅：《念宛斋文补》，载《清代诗文集汇编》，上海古籍出版社，2010年影印本，第430册，第282页；案例71，光绪《新宁县志26卷》，卷20《列传三》，第17页，清光绪十九年刻本；案例78，光绪《顺天府志》，卷97《人物志七》，载《中国地方志集成·北京府县志辑》，上海书店出版社，2002年影印本，第3册，第38页；案例79，（清）徐宗干：《斯未信斋主人自订年谱》，载《北京图书馆藏珍本年谱丛刊》，北京图书馆出版社，1999年影印本，第148册，第459页；案例50，（清）闵萃祥：《式古训斋文集》，载《清代诗文集汇编》，上海古籍出版社，2010年影印本，第771册，第486页；其余案例的出处，参见下文引用处。

② 案例19、31、33、58、59、61、64、70、74。案例19，同治《分宜县志》，卷10《杂类志》，载《中国地方志集成·江西府县志辑》，江苏古籍出版社，1996年影印本，第35册，第623页；案例31，康熙《安庆府志》，载《中国地方志集成·安徽府县志辑》，凤凰出版社，2010年影印本，第10册，第318页；案例33，同治《南昌府志》，卷41《人物》，载《中国地方志集成·江西府县志辑》，江苏古籍出版社，1996年影印本，第2册，第463页；案例58，民国《考城县志》，卷13《人物列传》，载《中国方志丛书·河南省考城县志》，台北成文出版社有限公司，1976年影印本，第801页；案例70，光绪《丰润县志》，卷6《政事》，载《中国地方志集成·河北府县志辑》，上海书店出版社，2006年影印本，第25册，第329页；案例74，《黄氏家乘》，卷4，清道光二十七年广州纯渊堂刻本，第42页；其余案例的出处，参见下文引用处。

③ 案例7、18、50、86。

④ 案例46、48、53、54、71、78、79。

⑤ 案例19、31、33、58、59、61、64、70、74。

⑥ 案例86，参见（清）钟寿康：《文叔公自著年谱》，载《北京图书馆藏珍本年谱丛刊》，北京图书馆出版社，1999年影印本，第187册，第353—356页。

来监相告，谓神明之官，务须从实承招”。其招供以后提出了三个要求，“一，老母无人奉养，求赏制钱数串，以供母食；二，管监陈爷待我不薄，欠其酒食之资已十余千，求赏，当堂归还；三，供认之后，每天须食肉二斤”。事后钟寿康问责监狱看守私放重犯的亲属探监一事，狱卒皆答复无人出入，且犯人钟倭子之母已经过世三月有余。如果狱卒没有私放亲属探监，那么钟倭子为什么说在狱中见到“姊夫”？除神迹之外，当然还有一种可能，即看守的狱卒因害怕自己的违规操作受到惩罚，遂隐瞒探监之事的真相。从钟寿康“犯之供，城隍之灵”的记录可知，他认为案犯招供是祷神的结果，最后发出“神可不敬哉!”的感叹。

那么问题是，是城隍神指使犯人之母劝告犯人招供吗？如果不是，那是什么原因让案犯最终决定认罪且从容赴死呢？虽然年谱将招供之功归于神灵，但是也能从中看出些许端倪。其一，钟倭子是为了抢夺鸦片而杀害 4 条人命，可见其对鸦片的迫切需要，其本人或可能是“瘾君子”；其二，在此案尚未平息之时，钟倭子又在邻县二次作案，可在一定程度上佐证上述猜想；其三，抓捕归案以后审讯七十二次，钟倭子都没有招供，在“刑求合法”的清代司法体制之下，主审官钟寿康必不会有七十二次耐心好言相劝，刑讯一定存在。综上，或许可以得出这样的结论，一个视死如归、油盐不进的吸毒者，在身体极度虚弱、精神极端抑郁的恍惚之际，最终难以抵抗城隍神谴的精神压力，最终选择招供。

反观其他案例，上述推理或许会得到补强。“张良璧采生案”中，① 张良璧采取生人的精魄，并分割其肢体，以法术合药诈敛钱财，经主审官钱楷“昼夜亲讯二十日”，仍不吐供，但在官员的“太夫人”祷于城隍神的第二天却吐供了。试想，年已七十有余的张良璧，被连续日夜审讯 20 余日，最后不招供的可能性会很小。因此，与其说祷神是压死骆驼的最后一根稻草，毋宁说是在 20 多天的“疲劳”审讯或者“熬审”后，恰巧在祷神的后一天，案犯扛不住身体的不适感而招供。再如“漳州连环情杀案”，② 漳州民郑某之妻与邻居黄某通奸之事被发觉，郑某不满妻子红杏出墙而怀恨杀妻，奸夫黄某因郑某故杀情妇而怒杀郑某。这一桩连环情杀案，在身有痼疾的黄某承受不住内心的煎熬，癫狂之际走入城隍庙焚烧纸币祈求宽恕被人察觉后才显露真相，黄某最终无奈招供。黄某在为情人报仇之时，如果是激情杀人，那就可以理解他作案后的癫狂状态与看到城隍爷皂隶的错觉，且黄某自身

① 案例 7，（清）钱楷：《绿天书舍存草》，载《清代诗文集汇编》，上海古籍出版社，2010 年影印本，第 457 册，第 530—531 页；“采生”，见（清）昆冈等撰：《清会典事例》，中华书局，1991 年影印本，第九册，第 786 页。另“凡采生折割人者，凌迟处死，财产断付死者之家。妻子及同居家口，虽不知情，并流二千里安置”，见（清）三泰修：《大清律例》，卷 26，张荣铮等点校，天津古籍出版社，1993，第 452 页。

② 案例 18，乾隆《上杭县志》，卷 12《杂志》，载《中国地方志集成 · 善本方志辑》（第二编），凤凰出版社，2014 年影印本，第 1 册，第 321 页。

有基础疾病，身体虚弱，极有可能在杀人心虚的情况下产生幻觉。

事实上，因身体状况不佳而引起幻觉的现象，在宗教心理学上已得到证实。据学者对公元600年到1300年间，英国和法国的基督徒生平资料、教会资料和其他资料记载的134次宗教幻象体验的研究所示，这种幻象有一半出现在人的机体半睡半醒之时，另一半发生在人体处于发烧、饥饿的情况之下。① 学者们认为，身体状况的不佳会加速幻象的产生。上述案犯都是在连续疲劳审讯以后招供的，如果狱卒的说法可信，并没有亲属探监，那么钟倭子的确有可能看到了“姊夫”的幻象；而黄某在杀人泄愤后，因抵抗不住神谴的精神压力，拖着病体走入城隍庙烧纸时，确实可能看到“城隍右边第三皂隶，持链锁走入庙”的幻象。

通过对上述案例的分析，可以看出祷神行为与破案这一结果仅仅是时间上的先后关系，并不是因果关系。然而，在时人的信念中，城隍信仰是一种意识上的共识。换言之，人们将难以解释的现象归于神迹符合彼时民众的期待。当城隍神频繁出现在人们的日常生活中时，城隍神就成为最容易联想到的神。“当人们的经验超过所能理解的正常范围，不对它做一种超越的解释就不能被接受和理解时”，② 时人意识里的城隍神就“显灵”了。

（四）神庙窃听③

神庙窃听，是指官员将两个案犯，或者一个案犯与一个证人关押在城隍庙内，派亲信潜入城隍庙窃听上述人员之间的对话，从而获得案情的相关线索。发生于光绪年间的“袁氏兄弟杀表氏五妇人案”，④ 审理者福建上杭知县贺沅也使用拘犯人于城隍庙“暗使人听所言”的方法证实了自己对案情的猜想，锁定真凶。距离上杭县城八十里地的白沙村，村民袁叙卿家一夜间六人被杀（两名妇女、三名幼童、一名胎儿），接到报案后的知县贺沅立马奔赴现场勘查五尸六命的重案。经过勘查，排除了盗杀的可能。贺沅认为被害人是妇女与幼童，他们皆深居简出，且案发时间是太阳快落山之时，凶手大概率是村中民众。因而贺沅令村中所有成年以上的男丁赴县城候讯，经过审讯，嫌疑人的范围缩小至被害人同村亲戚袁海中兄弟三人。

为证实自己的猜想，贺沅将袁海中之兄袁丙中与袁林中拘押在城隍庙内，并在城隍庙内安排亲信监听上述二人的对话。不出贺沅所料，“夜深，一人曰：‘噫！兹事卒败于阿三

---

① ［英］凯特·洛文塔尔：《宗教心理学简论》，罗跃军译，北京大学出版社，2002，第98页。

② ［英］麦克·阿盖尔：《宗教心理学导论》，陈彪译，中国人民大学出版社，2005，第80页。

③ 案例11、12、85、87。

④ 案例87，《河北武强贺氏家谱》，民国贺氏朱丝栏抄本，第300—303页。

已矣。'" 随后贺沅即在衙署中的观音堂审讯袁丙中、袁林中及袁海中三人。起初袁丙中与袁林中坚决否认杀人事实，忽然间袁海中惊呼"与我无干，杀汝者某某"，① 袁丙中及袁林中见无法抵赖，最终吐供。

再如山东郯城知县黄六鸿便是在城隍庙窃听了犯罪嫌疑人与其父的对话后，② 确定所办命案的真凶就是嫌疑人（被害人之夫）。"民戕母诬陷弟妇案"，③ 也是以同样的方式锁定嫌疑人。"秦瞎子与某妇通奸杀夫案"，④ 知县唐惟明"锁二人于城隍庙柱，夜窃听之，尽得实情"。当命案没有进展，或者被告人屡次翻供时，将所有被告人关押在城隍庙内，夜深人静之时派人潜入窃听被告人之间的交谈，仅仅只言片语就足以作为新的破案线索或是证实知县对案件的预判。梳理上述案件，运用城隍庙窃听之法需要具备三个条件。首先，共处一室的两个涉案人。其次，窃听对话之人。据材料可知，窃听之人一般为知县的家童与门子等亲近信任之人。再次，官员突然离开，让犯人误以为官员离开以后，在庙内只有"自己人"，没有外人在场。这种情况下，涉案人在神前的对话最有可能为真。正所谓"官亦诘问数语，忽令人持帖，称有客拜会，官则谕令将门锁闭，待会客毕，再来审讯。犯等见室内无人，必彼此言语，是真是假不难立得"。⑤

（五）借神诈供

借神诈供主要分为"神已告我"的语言诈供⑥与"装神弄鬼"的行为诈供。⑦ 语言诈供意指官员通过言语营造城隍神在场的情境，如"唱名捉凶案"，⑧ 漳州通判范廷"不知正犯

---

① 民国《上杭县志》，卷 33《名宦传》，载《中国地方志集成·福建府县志辑》，上海书店出版社，2012 年影印本，第 36 册，第 455 页。

② 案例 85，（清）黄六鸿：《福惠全书》，周保明点校，广陵书社，2018，第 263—267 页。

③ 案例 11，（清）彭洋中：《古香山馆存稿》，卷 1，载《清代诗文集汇编》，上海古籍出版社，2010 年影印本，第 613 册，第 508 页。

④ 案例 12，道光《遵义府志》，卷 34《列传二》，载《中国地方志集成·贵州府县志辑》，巴蜀书社，2016 年影印本，第 33 册，第 140 页。

⑤ （清）刘衡：《蜀僚问答》，载刘俊文主编：《官箴书集成》，黄山书社，1997 年影印本，第六册，第 156 页。

⑥ 案例 3、8、9、13。案例 9，民国《涿县志》，第 5 编《选举职官第二卷》，载《中国方志丛书·河北省涿县志》，台北成文出版社有限公司，1968 年影印本，第 377 页；案例 13，（清）李文藻：《南涧文集》，卷下，载《清代诗文集汇编》，上海古籍出版社，2010 年影印本，第 369 册，第 118 页；其余案例的出处，参见下文引用处。

⑦ 案例 2、15、16、17、83、84。案例 15，乾隆《安溪县志》，卷 10《杂记》，载《中国地方志集成·福建府县志辑》，上海书店出版社，2000 年影印本，第 27 册，第 653 页；案例 17，（清）王植：《崇雅堂稿》，卷 4，载《清代诗文集汇编》，上海古籍出版社，2010 年影印本，第 254 册，第 538 页；其余案例的出处，参见下文引用处。

⑧ 案例 8，乾隆《鄞县志》，卷 17《人物》，《续修四库全书》（史部），上海古籍出版社，2002 年影印本，第 706 册，第 377 页。

为谁，乃祷于城隍祠，斋宿三日，即于祠中集诸囚，谓之曰：'神已告我矣。'唱名次至一人神色惶遽，诘之立吐实"；又如"吴姓女被奸毙案"，① 河南舞阳县知县高业成勘验、询问以后，初步确定此案"必猾吏所为"，随后即刻"率众役，祷于城隍庙"，知县命令"众役环列"后，"忽厉声曰：'杀人贼，即在此乎，宜速承，勿隐。'"话音刚落，便"有伍姓役，闻之色变，跪曰：'此事与小人无与。'"随后，"业成呵之吐实，遂判如律"。上述案例中，承审案件的知县，先锁定嫌疑人的范围，即"必猾吏所为"，然后厉声喝道"杀人贼，即在此乎，宜速承，勿隐"，此时凶手猝不及防而"闻之色变"。这种下意识的惊慌会引起官员的注意，从而形成一个合乎逻辑的假设，这就是诈供的运作原理。

除了"以谎击谎"的语言诈供以外，另一种"装神弄鬼"的行为诈供显得更为生动，如"常姚氏被杀案"，② 姚谏之将案犯"夜鞫于城隍庙，饰鬼妇，为索命状，遂得实"。③ 另一起咸丰年间争夺田产的案件也用类似的方法侦破。④ 吴某与子女常年在外贸易，家中的田产一直由老家的族人帮忙打理。然而，天不假年，吴某不幸殒命，其子女也在父亲身亡后走散。某日，有一对男女声称是吴某的子女，要拿回属于父亲的田产，然而族人不愿意将田产归还。此事闹上公堂以后，吴某的族长也为陌生男女作证，知县雷寿南难以判断谁是谁非，便赴城隍庙祷神，决定在城隍庙将吴某的"魂"招来一审究竟。让雷寿南没想到的是，招魂仪式刚开始，这对主张田产所有权的男女和作伪证的族长已然神情慌张，随后这对男女便承认自己谎报身份主张田产所有权的计谋。

嘉庆年间发生在湖北汉阳县的一例依尸图赖案也被官员利用"招魂"的方式侦破。"有某甲与某乙争湖械斗，其父受伤未殊，甲因而弑之，以斗死讼"。⑤ 本案的主审官周向青为查明案件真相，先赴城隍庙祷告，而后于当天夜里在神案前审理此案。知县命人将柴草捆成甲父生时的模样，并"衣以生时衣"，"冤魂"制作完成以后，就剩招魂的仪式。"集甲与其妻及两弟妇跪阶下"，随后"令吏唱名，牵以入"。知县看到草人以后，假装与冤魂交谈应酬。此时，"甲与其妻及两弟妇跪阶下"，看到亡者归来后，"观者悚然，甲色变。其弟妇先吐实，证甲，甲不能置辩，遂具服论如法"。

---

① 案例3，光绪《荆州府志》，卷49《人物志三》，载《中国方志丛书·湖北省荆州府志》，台北成文出版社有限公司，1970年影印本，第615页。

② 案例2，《安徽桐城麻溪姚氏宗谱》，《先德传》卷3，民国十年木活字本，第23页。

③ （清）赵尔巽：《清史稿》，卷478《循吏三》，中华书局，2020，第13059页。

④ 案例84，光绪《靖州直隶州志》，卷7《秩官》，载《中国地方志集成·湖南府县志辑》，江苏古籍出版社，2002年影印本，第64册，第504页。

⑤ 案例16，光绪《武昌县志》，卷12《官师二》，载《中国地方志集成·湖北府县志辑》，江苏古籍出版社，2001年影印本，第33册，第541页。

（六）祷神后继续侦查①

除方志中一笔带过的案件②，诸如“尝有腐尸浮水，祷城隍祠，遽得主名”③ 这样的记载以外，还有一类记载，仅提及祷神一事，并无有关祈梦、求签、诈供的记录。这类案件中，祷神行为的确存在，但是观察多个案例会发现，祷神是破案过程中寻求心理安慰的“插曲”，而不懈的追捕以及所发现的重要人证、物证才是破案的关键。比如汾阳知县袁学谟在侦办“刑元殴毙伊母案”时，④ 一面在城隍庙焚烧“城隍缉拿凶犯牒文”，⑤ 一面广差

---

① 案例4、5、28、34、43、45、49、57、62、80、81、92、95、96、97、98、99、100、102。案例5，民国《杭州府志》，卷118《名宦三》，载《中国方志丛书·浙江省杭州府志》，台北成文出版社有限公司，1974年影印本，第10册，第2293—2294页；案例49，（清）唐祖价编：《陈恪勤公年谱》，载《北京图书馆藏珍本年谱丛刊》，北京图书馆出版社，1999年影印本，第88册，第615页；案例62，乾隆《石屏州志》，卷5《艺文志》，载《中国方志丛书·云南省石屏州志》，台北成文出版社有限公司，1970年影印本，第141页；案例80，（清）嵇璜等：《续通志》，卷534，浙江古籍出版社，1988年影印本，第三册，第6312页；案例81，民国《宁晋县志》，卷10《艺文志》，载《中国方志丛书·河北省宁晋县志》，台北成文出版社有限公司，1969年影印本，第1259—1263页；案例92，（清）汪辉祖：《病榻梦痕录》，卷下，江西人民出版社，2012，第71—72页；案例97、98、99、100分别见（清）袁学谟：《居易堂文集》，卷8，载《清代诗文集汇编》，上海古籍出版社，2010年影印本，第224册，第287—288、289—290、290—291、288—289页；案例102，（清）彭鹏：《古愚心言》，载《清代诗文集汇编》，上海古籍出版社，2010年影印本，第146册，第423—430页；其余案例的出处，参见下文引用处。

② 材料中一笔带过的祷神案件有，案例20、21、29、30、32、44、47、51、52、55、60、63、65、66、67、72、73、75、76、77。案例29，光绪《广州府志》，卷128《列传十七》，载《中国方志丛书·广东省广州府志》，台北成文出版社有限公司，2003年影印本，第3册，第274页；案例30，光绪《永嘉县志》，卷10《秩官志二》，载《中国地方志集成·浙江府县志辑》，上海书店出版社，2011年影印本，第60册，第235页；案例44，道光《兰州府志》，卷12《杂记》，载《中国方志丛书·甘肃省兰州府志》，台北成文出版社有限公司，1976年影印本，第991页；案例47，民国《杭州府志》，卷120《名宦五》，载《中国方志丛书·浙江省杭州府志》，台北成文出版社有限公司，1974年影印本，第10册，第2334—2335页；案例51，（清）金德嘉：《居业斋文稿》，卷15，载《清代诗文集汇编》，上海古籍出版社，2010年影印本，第121册，第358页；案例52，（清）彭定求：《南畇文稿》，载《清代诗文集汇编》，上海古籍出版社，2010年影印本，第167册，第388页；案例63，嘉庆《高邮州志》，卷10《人物志》，载《中国地方志集成·江苏府县志辑》，江苏古籍出版社，1991年影印本，第46册，第339页；案例65，道光《泰州志》，卷23《人物仕绩》，载《中国地方志集成·江苏府县志辑》，江苏古籍出版社，1991年影印本，第50册，第253页；案例66，同治《贵溪县志》，卷六《职官志》，载《中国地方志集成·江西府县志辑》，凤凰出版社，2013年影印本，第24册，第204页；案例72，乾隆《昌化县志》，卷17《名宦》，载《中国方志丛书·浙江省昌化县志》，台北成文出版社有限公司，1983年影印本，第823页；案例73，民国《鄢陵县志》，卷8《建制三》，《中国方志丛书·河南省鄢陵县志》，台北成文出版社有限公司，1976年影印本，第772页；案例75，同治《贵溪县志》，卷6《职官志》，载《中国地方志集成·江西府县志辑》，凤凰出版社，2013年影印本，第24册，第204页；案例76，乾隆《济源县志》，卷10《人物》，载《中国方志丛书·河南省济源县志》，台北成文出版社有限公司，1976年影印本，第347页；本注释其他案例见引用处。

③ 案例55，光绪《湘潭县志》，卷8《人物第八·列传一》，《中国方志丛书·湖南省湘潭县志》，台北成文出版社有限公司，1970年影印本，第1085页。

④ 案例95，（清）袁学谟：《居易堂文集》，卷8，载《清代诗文集汇编》，上海古籍出版社，2010年影印本，第224册，第289—290页。

⑤ （清）袁学谟：《居易堂文集》，卷8，载《清代诗文集汇编》，上海古籍出版社，2010年影印本，第224册，第287—288页。

兵丁，四处搜捕。通过不懈的追捕，终于将逃逸4年的案犯抓获。再如“高密商人被盗案”,① 本案的主审官崔恭在祷神的同时并没有停止案件的侦查，沿着侦查过程中找到的线索顺藤摸瓜（本案捕快发现了赃物踪迹），最终锁定真凶。

另一起“张父杀赘婿案”,② 李氏男子入赘张家后“与其妻不谐，妻谋于父，父令婿出猎，无所获，箠楚遂死”。本案的主审官为破命案而赴城隍庙祷告，然而推动案件侦破的重要证据乃是证人证言，即被害人的邻居张宽目睹了整个案发过程，证明张氏父女合谋将女婿杀害。再如“失藏金案”,③ 官员杨盈为找到丢失的钱财赴庙祷告，但是锁定盗贼的关键乃是捕快在盗贼住所附近找到的包装藏金的封纸。上述案例中都包含祷神行为，但是，从案情推进来看，与案件事实相关的抓捕行动以及所发现的人证、物证才是破案的关键，而祷神之举更多是一种渴望求得好兆头的心理安慰手段。

四、官员引入城隍神侦讯的运行机制

总览实践案例，引入城隍神侦讯的运行机制可分为宗教救济和侦讯手段两种模式。其一，官员在疑难案件毫无头绪、计无可施、题参在即的情况之下，会消极地期待城隍神的奇幻力量改变困境。因为“宗教的心理麻醉作用，增强了人的心理承受能力，减少以至于消除人们在艰难逆境中的恐惧和迷误，有助于心理平衡，保持情绪宁静”。④ 其二，借助神庙窃听、借神诈供等方式，以城隍神为侦讯工具帮助破案。表面上是城隍神让案犯吐供，实际上是官员在构建城隍爷的神威，通过误导案犯，让其亲身体会到城隍神的存在，影响其判断与决策。此时，官员躲在神威之后观察案犯的言行举止，抑或窃听案犯与证人的对话，进而对案情做出判断。

（一）神作为心理慰藉

仪式、签诗、梦境能缓解官员的焦虑感，让官员得以冷静地思考，增强破案的信心。赴城隍庙祷告有一套固定的仪式，即洗心涤虑，致斋三日，然后于夜间焚烧牒文，宿庙叩

---

① 案例4，康熙《广宗县志》，卷12《艺文志》，载《中国地方志集成·善本方志辑》（第一编），凤凰出版社，2014年影印本，第8册，第530页。

② 案例45，雍正《河南通志》，卷55《名宦中》，载《河南历代方志集成》（省志卷），大象出版社，2016年影印本，第16册，第299页。

③ 案例34，道光《济南府志》，卷49《人物五》，载《中国地方志集成·山东府县志辑》，凤凰出版社，2004年影印本，第2册，第530页。

④ 胡春风：《宗教与社会》，上海科学普及出版社，2004，第55页。

求。这一仪式要历经数天来完成，从官员决定要祷神开始，就进入准备阶段——沐浴、斋饭、宿庙、撰写请托的牒文，到最后在神前焚香、告解、焚烧牒文。这一系列祈祷的仪式，在一定程度上弥补了官员“计窘”的无助感，甚至可以帮助官员重获破案信心，所谓祈祷“通过引导认知观念，使祈祷者在感情上感觉更好来发挥作用”是也。① 官员遇到能力范围以外的案件时，对着神虔诚地祈祷，这种方式是官员认为摆脱焦虑最有效的办法。

实际上，明清时期的官员在很多庶务中都会求助于城隍神。② 在官员虔诚祷神的记录中，可以看到祷神与破案之间的关系。这种关系不是由神助引起的，而是祷神的仪式、梦境、签诗作为心理安慰剂增强了破案的信心。在“刑元殴毙伊母案”中，③ 为了将逃遁许久的案犯刑元抓获，知县袁学谟每一次祷神都“致斋三日”。“梁成福案”中，④ 知县为了找到犯罪嫌疑人曹世富行凶的证据，先后三次赴城隍庙祷告，写下四篇“牒文”，⑤ 最后知县是否找到了实质性证据，史料并无记载。但是，虔诚祷神的仪式必然在一定程度上缓解了官员的焦虑感。

值得强调的是，祷神所获得的心理慰藉容易被误认成破案的关键因素，换言之，祷神与破案之间的时间逻辑更易被误认成为因果逻辑，这种逻辑上的错误使得人们“对一些在我们看来对事件的产生具有重要而直接影响的原因视而不见，这些原因被它们当作巧合甚至与该事毫不相干，而另一些似乎与事情扯不上联系的小意外反而成了有效的原因”。⑥ 如果误将心理慰藉当成破案的关键，就会忽视破案的真正原因，比如人证、物证、逻辑推理、

① ［英］凯特·洛文塔尔：《宗教心理学简论》，罗跃军译，北京大学出版社，2002，第 38 页。

② 官员日记、年谱也对城隍神参与庶务有诸多记载，光绪年间任广东省陆丰县知县的李钟珏的上任誓词，完整呈现了官员在神前宣誓就职的仪式，见（清）李钟珏：《且顽老人七十岁自叙》，载《北京图书馆藏珍本年谱丛刊》，北京图书馆出版社，1999 年影印本，第 183 册，第 349—354 页；官员在主持编审新旧丁粮时，为保证编审的公证，也要“于将审之先，敬制誓文，斋戒沐浴，率诸里胥户长等，虔诣城隍神案前，宣读誓词”，见（清）黄六鸿：《福惠全书》，周保明点校，广陵书社，2018，第 166 页；每逢初一、十五，知县要率领衙役于城隍庙行香祭祀，见（清）胡具庆：《庚复日记》，载《历代日记丛钞》，学苑出版社，2006 年影印本，第 27 册，第 33 页；在遇到蝗灾、旱灾、淫雨、积水、虎患、妖邪扰民等妨害乡民生产生活的事情之时，官员也要在城隍神前虔诚烧香祷告，或是沐浴斋宿。

③ （清）袁学谟：《居易堂文集》，卷 8，载《清代诗文集汇编》，上海古籍出版社，2010 年影印本，第 224 册，第 283 页。

④ 案例 96，参见（清）袁学谟：《居易堂文集》，载《清代诗文集汇编》，上海古籍出版社，2010 年影印本，第 224 册，第 289—290 页。

⑤ “再宿隍庙牒请尽获凶犯文”，（清）袁学谟：《居易堂文集》，载《清代诗文集汇编》，上海古籍出版社，2010 年影印本，第 224 册，第 289—290 页；“拘梁成福凶犯牒众神文”，（清）袁学谟：《居易堂文集》，载《清代诗文集汇编》，上海古籍出版社，2010 年影印本，第 224 册，第 291 页；“宿庙拘杀梁成福凶犯票稿”，（清）袁学谟：《居易堂文集》，载《清代诗文集汇编》，上海古籍出版社，2010 年影印本，第 224 册，第 292 页；“三牒城隍擒凶文”，（清）袁学谟：《居易堂文集》，载《清代诗文集汇编》，上海古籍出版社，2010 年影印本，第 224 册，第 290 页—291 页。

⑥ ［英］迈克尔·波兰尼：《科学、信仰与社会》，王靖华译，南京大学出版社，2020，第 21 页。

不懈的抓捕行动等。

（二）神作为侦讯工具

清代诸多学人认为，引入城隍神的侦讯是“神道设教”之举。顺治年间的无神论学者熊应龙认为：“今之县令，遇难决命案，密访得人，往往斋戒宿坛，托城隍神梦告，指名获之，一鞫而服者。此以神道设教，托言神语，愚夫畏服，非真梦中见鬼神也。捕役祷神缉盗，亦然。”① 孤石老人纪昀亦认为：“祷神祈梦之说，不过慑伏愚民，给之吐实耳。若以梦寐之恍惚，加以射覆之揣测，据为信谳，鲜不谬矣。古来祈梦断狱之事，余谓皆事后之附会也。”② 哪怕是策划城隍侦讯的知县，也会认为“神道设教，吏之耻也”。③ 这样看来，这种侦讯方式或许只是权力的外衣，是“消逝已久的社会的精巧设计之历史遗迹”而已。④ 如果“神道设教”的结论是合理的，那么这种手段是如何对案犯奏效的呢？

首先，官员能较为准确地预判案犯对鬼神的态度。明清时期的官僚选拔机制决定了官员在认知上的优越性，至少在办案时，其摄悟案情的能力要强于案犯。官员对官箴书的学习抑或常年办案的经验，更强化了这种差距。上述论断是基于受审的案犯并不是连续作案的“专家”这一前提，基于认知上的高屋建瓴之势，官员才有可能把握案犯的心理活动。另外，已成为共识的城隍信仰是侦讯得以实现的重要前提。明清时期的民众，上至知识分子，下至普罗大众，普遍笃信城隍神是鉴察功过、褒善罚恶的神灵。一方面，民众相信城隍神能看到人们在日常生活中的行为与行为动机；另一方面，民众也认为城隍神会根据人们的行为来实施报应，褒奖善行，惩罚恶行。通俗地讲，如果做了好事，一定有好报，而做了坏事也必然招致厄运。他们认为，此生之所得，无论祸福，皆为报应。知县王植在侦查“黎亚日盗杀亚享案”时就利用“粤人信鬼”的普遍社会信念找到真凶。⑤ 换言之，信鬼神的信念系统使得“讼有不决，辄祝诅于城隍神”⑥ 成为可能。

与此同时，官员能借城隍神策略性调整案犯的认知。伯奇是周朝的上卿尹吉甫的嫡子，伯奇的继母为了诬陷伯奇对其有不轨之心，故意将有毒的蜜蜂放在衣领上，让伯奇帮忙赶

---

① （清）熊伯龙：《无何集》，中华书局，1979，第138页。

② （清）纪昀：《阅微草堂笔记》上，韩希明译注，中华书局，2014，第220页。

③ 案例101，（清）袁学谟：《居易堂文集》，卷8，载《清代诗文集汇编》，上海古籍出版社，2010，第224册，第445—447页。

④ ［英］罗伯特·巴特莱特：《中世纪神判》，徐昕等译，浙江人民出版社，2007，第2页。

⑤ （清）王植：《崇雅堂稿》，卷8，载《清代诗文集汇编》，上海古籍出版社，2010年影印本，第254册，第688页。

⑥ （清）程鸿诏：《有恒心斋文集》，卷11，载《清代诗文集汇编》，上海古籍出版社，2010年影印本，第678册，第269页。

走衣领上的蜜蜂。而在远处观望的尹吉甫，便将伯奇赶走蜜蜂的动作误以为是非礼之举，从而相信儿子确实对继母有不轨之心，遂将伯奇流放。① 继母已然在尹吉甫的意识中灌输了继子对其图谋不轨的意识，而孤男寡女的“动手动脚”之举，则更让人倾向于得出“非礼之举”的结论。面对伯奇与继母二人呈现出来的画面，伯奇之父会瞬间回忆起有关亲密动作的经验，从而看到注意力焦点上的“非礼行为”；而“非礼”较之于“驱赶蜜蜂”，在当时的场景下更有说服力。伯奇继母对尹吉甫认知的策略性调整正如官员对案犯认知的调整一般。在深夜让案犯对着貌似被害者的草人，抑或示意案犯城隍神早已将真相和盘托出，都是在意识上引导案犯相信亡魂会前来纠缠，城隍神将会施谴，希望能使案犯放弃抵抗。

五、结语

对引入城隍神参与侦讯的案例进行整体分析后，大致可以得出如下结论：第一，在疑难案件、社会危害性较大的案件中，官员引入城隍神的概率更大，至少能看到前者与后者的相关性。第二，官员求助于城隍神的方式有几种常见的模式，如祷神祈梦、祷神求签、祷神自首与神迹破案、神庙窃听、借神诈供、祷神后继续侦查等。第三，利用城隍神侦讯的方法背后存在两套运作机制：其一，当官员将城隍神作为宗教救济时，仪式、签诗、梦境能增强官员破案的信心，从而使官员在冷静的状态下推理案情；其二，以城隍神作为侦讯工具时，官员用自己的知识优越性误导案犯的认知，即在没有“外人”的城隍庙引导案犯对“自己人”说出真相；“神已告我”与“装神弄鬼”的行为，则让案犯误以为神已将真相告诉承审官员，冤魂也会前来索命；官员营造的神在场的假象，对“提供虚假证据的犯罪嫌疑人能够在心理上给予一定的威慑”，② 让案犯快速露出马脚。案犯的表现，又反过来启发官员的推理。

---

① （汉）蔡邕：《琴操》，吉联抗辑，人民音乐出版社，1990，第12页。

② 郑显文：《中日古代神明裁判制度比较研究》，《比较法研究》2017年第3期。

主题研讨三：

转型时期的法律与社会

跨国合作：中外条约硬法下作为国际软法的清末奉天万国鼠疫研究会议决*

颜丽媛**

摘　要　1910—1911 年之间的晚清爆发了起源于中俄边境地区，沿着西伯利亚铁路在中国境内的中东铁路线迅速南下，遍布中国东北三省全境，造成约六万人死亡的严重鼠疫。在这场鼠疫即将结束之际，清政府外务部联系各国选派医学专家在中国奉天（沈阳）举办了为期约一个月的万国鼠疫研究会（International Plague Conference）。这是世界历史上第一次国际肺鼠疫会议，也是中国历史上第一次国际科学会议。万国鼠疫研究会在报告基础上形成了具有国际软法意义的两份重要议决文件，即有关流行病症医学说明的十一款《议决条款》与有关防疫措施科学建议的四十五款《议决条陈》。这为中国突破由不平等的条约硬法束缚的东北地缘政治现实，寻求在鼠疫及流行病等医学研究方面的跨国合作并参加国际卫生会议，发展中国及世界公共卫生事业提供了依据。

关键词　国际软法；公共卫生；万国鼠疫研究会议决

自从隶属于联合国的世界卫生组织（World Health Organization）于 1946 年成立以来，在持续修订完善《烟草控制框架公约》《国际卫生条例》《国际疾病分类法》等少数条约性文件的硬法（Hard Law）的同时，通过建议（Advice）、决议（Resolution）、指南（Guide-

* 本文系国家社科基金后期资助项目“近代中国‘不平等条约’观念史”（项目号：20FFXB007）的阶段性研究成果。

** 颜丽媛，中国海洋大学法学院副教授。

line）及标准（Standard）等各类非条约性文件的软法（Soft Law）极大地促进了各国在国际公共卫生领域的发展及合作。① 实际上，早在首次国际卫生会议于1851年在法国巴黎召开之后，世界卫生组织的前身国际联盟卫生组织（Health Organization of the League of Nations，1920—1946）成立之前，国际社会就曾举办过多次国际会议并形成会议文件，② 包括中国在内的各国已经开始以国际会议的形式制定非条约性文件的国际公共卫生软法，同时在国际公共卫生软法的指导下制定国内政策来应对霍乱、鼠疫等流行病。

近代中国积极参与国际公共卫生领域的交流可以跳过国际联盟及联合国时代的卫生组织，③ 直接追溯到清政府对1910—1911年庚辛鼠疫的防控及随后于1911年4月在奉天（沈阳）主办的由十一个国家的医学代表参加的万国鼠疫研究会（International Plague Conference，又称国际鼠疫会议，4月3日—28日）。本文拟结合中外原始史料，④ 在以往科技、医学、社会史或政治史研究万国鼠疫研究会的基础上，⑤ 从法律史出发挖掘研究会的专家学者基于报告集体向清政府提交的共计十一款的《议决条款》即有关流行病症的医学说明（附录1）与共计四十五款的《议决条陈》即有关防疫措施的科学建议（附录2）在推动清末中国突破不平等的条约硬法下东北地缘政治的残酷现实、开展跨国合作的国际软法意义。

---

① 参见龚向前：《试析国际法上的"软法"——以世界卫生组织"软法"为例》，《社会科学家》2006年第2期；陈海明：《国际软法论纲》，《学习与探索》2018年第11期；何志鹏：《逆全球化潮流与国际软法的趋势》，《武汉大学学报（哲学社会科学版）》2017年第9期；Guzman Andrew T., Meyer Timothy L. International Soft Law, *Journal of Legal Analysis*, 2010, 2(1), pp. 171—225; David P. Fidler, *International Law and Infectious Diseases*, 1st ed., Clarendon Press, 1999.

② David P. Fidler, *International Law and Infectious Diseases*, 1st ed., Clarendon Press, 1999, pp. 23—24.

③ 张大庆：《国际联盟卫生组织与中国公共卫生事业》，《医学与哲学》1994年第11期。

④ 主要参考的中外史料包括 Richard P. Strong, *Report of the International Plague Conference Held at Mukden, April*, 1911, 1st ed., Bureau of Printing, 1912；理查德等：《奉天国际鼠疫研究会报告》，张士尊译，中央编译出版社，2009; Wu Lien Teh, *Plague Fighter: the Autobiography of a Modern Chinese Physician*, 1st ed, W. Heffer & Sons LTD., 1959；伍连德：《鼠疫斗士——伍连德自述》，程光德、马学博译，王丽凤校，湖南教育出版社，2011—2012; K. Chimin Wong, Wu Lien—Teh, *History of Chinese Medicine: Being a Chronicle of Medical Happenings in China from Ancient Times to the Present*, 1st ed., National Quarantine Service, 1936；奉天全省防疫总局：《东三省疫事报告书》，奉天图书印刷所，1912；《北洋官报》《奉天官报》《中西医学报》等民国报纸；等等。

⑤ 相关史学著述中涉及万国鼠疫研究会的研究。参见 William C. Summers, *The Great Manchurian Plague of 1910—1911: The Geopolitics of an Epidemic Disease*, 1st ed., Yale University Press, 1999；［美］班凯乐：《十九世纪中国的鼠疫》，朱慧颖译、余新忠校，中国人民大学出版社，2015；［日］饭岛涉：《鼠疫与近代中国：卫生的制度化和社会变迁》，朴彦、余新忠、姜滨译，社会科学文献出版社，2019；焦润明、焦婕：《清末奉天万国鼠疫研究会考论》，《辽宁大学学报（哲学社会科学版）》2011年第4期；程龙：《防疫与博弈：清末鼠疫背后的大国外交》，《读书》2020年第7期；谷永清：《1910—1911年东北肺鼠疫的政府防控与民间应对》，《东岳论丛》2020年第7期；等等。

一、国际性质的庚辛鼠疫

一般从时间上命名的话，本次鼠疫由于爆发于1910年即旧历庚戌年冬，结束于1911年即旧历辛亥年春，因此被称为庚辛鼠疫。① 庚辛鼠疫可以认定为国际公共卫生事件主要基于万国鼠疫研究会报告及议决中提供的以下三点信息：其一，爆发地点在边境地区，鼠疫最先在中国蒙古北境即中俄东北边境地区，然后才向东南方向扩展至中国东北境内；其二，扩展路线的延伸线通往国外，鼠疫沿着中东铁路（东清铁路）线向中国东北境内扩散，该铁路线是连接欧亚大陆东西两端的西伯利亚铁路的一部分；其三，多个国家人员感染，鼠疫波及范围甚广，染病者除了中国人外，还有俄国、日本、朝鲜等外国国籍人士。

鼠疫之所以会最先爆发于中俄东北边境地区，可以归因于当时有关土拨鼠（旱獭）的国际皮毛贸易。20世纪初逐渐成为貂皮等稀有皮毛重要替代品的獭皮，在欧洲和美洲的国际市场上需求量猛增、价格昂贵，使得很多“闯关东”的关内劳工（山东人居多）前往西伯利亚、蒙古草原加入了猎杀旱獭的队伍。这些捕猎者及皮毛商人的重要聚集地即是中俄交界处、中东铁路的起点满洲里，也就是中国境内第一例中国感染者发病的地方。至于第一例感染者是否由病獭传染，其实万国鼠疫研究会议决并没有给出定论，仅是指出旱獭病与满洲（中国东北部）至俄属贝加尔省及中国蒙古东北境此前所见的肺疫有密切关系。

1910—1911年庚辛鼠疫爆发前后，东北亚地区已经形成了以哈尔滨为中心的国际铁路网，庚辛鼠疫能够迅速向中国东北境内扩张与俄国西伯利亚（赤塔一符拉迪沃斯托克）铁路在中国境内的中东铁路线建设密切相关。中东铁路于1903年基本完工，西东两头分别连接俄国境内的赤塔与双城子一符拉迪沃斯托克。1904年日俄战争后，根据《日本和俄国和平条约》即《朴茨茅斯和约》，中国东北境内中东铁路线以哈尔滨为节点被分割为俄国负责的中东铁路东西线（满洲里一哈尔滨一绥芬河）和日本管辖的中东铁路南北线（哈尔滨一长春一旅顺）即南满铁路。1907年中国京奉（北京一奉天）铁路通车与南满铁路相连接。鼠疫在中东铁路线起点满洲里爆发后并未向东进入俄国军港符拉迪沃斯托克或者向东南深入不久前被日本吞并的朝鲜境内，而是在1911年1月30日中国农历春节前后随着滞留在东北的关内劳工、商客乘坐火车南下返回家乡发展到了高峰。作为交通枢纽的哈尔滨也成为疫情最重的地方。清政府商函日、俄分管的主要车站紧急暂停火车、实施了交通阻断，并在陆路设置关卡进行检验检疫，希望能够控制疫情在中国东北地区乃至关内的进一

① 参见董虹廷：《庚辛鼠疫与东北社会传统习俗改良》，《西安文理学院学报（社会科学版）》2019年第2期。

步扩散。①

从1910年9月出现未被官方统计的零星感染者到1911年4月疫情减退的7个月期间，以满洲里为起点向南直到山东济南的区间内，由黑龙江省、吉林省、奉天省（辽宁省）三省，旅顺及大连两个租借地城市，京奉、京汉铁路线，北京经直隶（河北）、山东到浦口沿途连接成的疫区，整体统计下来鼠疫死亡人数总计为52462人（如果计入漏报的死者，死亡总人数至少达60000人；俄国当局报告其病死者为476人）。② 根据官方统计，满洲里的肺鼠疫从1910年10月12日开始到11月28日结束共有294人染病，其中有10名俄国人（死亡9人，存活者为1名父母染病去世的3岁幼童），其余为中国人且均死亡。③ 南满铁路及附属地感染肺鼠疫的患者中除5864名中国人之外，还有2名日本人、19名朝鲜人、1名俄国人。④ 可以想见，如果庚辛肺鼠疫没有在1911年4月得到有效的控制，对于整个国际社会而言都将是一场更大的灾难。

二、医学说明的议决条款

面对日趋严峻的鼠疫情势，外务部右丞施肇基担心若不使用科学方法及时扑灭鼠疫会招致已经虎视眈眈的日俄两国的政治压迫，于是联合外务部尚书、大学士那桐推举拥有英国剑桥大学医学博士学位，曾在英国、法国和德国从事过细菌学研究，时任陆军军医学堂帮办的伍连德前往疫区开展调查。⑤ 伍连德的助手林家瑞即是陆军军医学堂的高年级学生。该军医学堂前身为袁世凯1902年在天津创办的北洋军医学堂，于1906年隶属于陆军部军医司，以后扩展为国民政府时期唯一的军医学校。⑥ 伍连德来到在哈尔滨近郊的傅家甸，

① 锡良：《奏报东三省疫死人数并防卫困难情形电》，宣统三年正月十八日（1911年2月16日），载奉天全省防疫总局：《东三省疫事报告书·奏章》，奉天图书印刷所，1912，第21—24页。

② 理查德等：《奉天国际鼠疫研究会报告》，张士尊译，中央编译出版社，2009，第40页。

③ 伍连德：《鼠疫斗士——伍连德自述（上）》，程光德、马学博译，王丽凤校，湖南教育出版社，2011，第39页。会议报告却使用了另一组数据：满洲里从1910年10月12日开始到12月25日结束共392人丧生，其中有4名俄国人（两名负责车厢隔离营的医生，一名妇女，一名住在獭皮店的少年），其余死亡者为中国人。理查德等：《奉天国际鼠疫研究会报告》，张士尊译，中央编译出版社，2009，第33页。

④ 理查德等：《奉天国际鼠疫研究会报告》，张士尊译，中央编译出版社，2009，第288页；Richard P. Strong, *Report of the International Plague Conference Held at Mukden, April*, 1911, 1st ed., Bureau of Printing, 1912, p. 243.

⑤ 伍连德：《鼠疫斗士——伍连德自述（上）》，程光德、马学博译，王丽凤校，湖南教育出版社，2011，第13页。

⑥ 1902年直隶总督兼北洋练兵处大臣的袁世凯在天津创立的北洋军医学堂，后更名为陆军军医学堂，1912年陆军军医学堂更名为陆军军医学校，1918年迁入北京，1933年奉令南迁南京，1934年更名为军医学校，隶属于军事委员会军医署，是当时中国唯一的军医学校。陈邦贤：《中国近百年医学卫生教育史料补遗》，《医事公论》1936年第3卷第8期。

发现当地医疗情况不容乐观，仅有李鸿章1893年在天津创办的北洋医学堂毕业的姚、孙两位西医医师临时组织四五名护士进行防疫，当地游方郎中或中医的治疗未起到显著作用，①甚至在疫病流行期间见诸报端的“猫尿可以防鼠疫”的偏方直接引爆了中医存废问题的第一次大讨论。② 1911年4月7日在万国鼠疫研究会第四次会议正式开始前，与会代表一致通过以万国鼠疫研究会的名义向当天举行第一次毕业典礼的北京协和医学院拍送电报表示祝贺。③ 这所晚清学部（教育部）在1906年5月29日批准立案的医学堂④的12名毕业生、12名高年级学生、8名外籍医生加入了清政府招募的抗击鼠疫的志愿者行列，其中2人献出了生命。

伍连德及助手于1910年12月24日到达哈尔滨，27日在傅家甸（哈尔滨）得到了一次难得的解剖机会来进行细菌学研究。伍连德及助手非常迅速完成了第一例肺鼠疫患者尸体解剖，取得了血液、心、肺、肝和脾等标本，经过细菌培养、高倍显微镜观察，发现鼠疫杆菌及肺部的轻度污染现象，证明了此次鼠疫是肺鼠疫而非在欧洲常见的腺鼠疫，而且家鼠并不介入，完全由人到人传播，需要建立隔离营收容接触者并建立鼠疫医院。⑤ 伍连德将基于解剖结果的建议发送电报给清政府，并告知了南满铁路派来调查鼠疫的日本同行，但是这位日本医师仍坚持按照教科书内容用老鼠做实验。直到受聘于北洋医学堂，同样错认为该鼠疫为腺鼠疫的法国首席教授梅尼（Gérald Mesny）因未听伍连德的劝阻，没有戴上口罩，也未采取其他防护措施而感染鼠疫离世，这位日本医师才选择终止实验并离开。梅尼教授之所以感染是因为他前往一家俄国传染病医院进行考察，而这家医院的年轻负责人哈夫金（Dr. P. Haffkine）博士对其叔叔研制的哈夫金疫苗过于自信，并不鼓励来访者做任何有效的防护。伍连德及中国医师在疫区前线的观察研究显然更加科学严谨及实事求是，他们在奉天万国鼠疫研究会上分别做了相关报告，分享了包括无症状感染者在内的典型案例。⑥

---

① 伍连德：《鼠疫斗士——伍连德自述（上）》，程光德、马学博译，王丽凤校，湖南教育出版社，2011，第10—11页。

② 路彩霞：《中医存废问题的第一次大论争：清末天津中医与〈大公报〉笔战事件考察》，载余新忠主编：《清以来的疾病、医疗和卫生：以社会文化史为视角的探索》，生活·读书·新知三联书店，2009，第216—233页。

③ “国际鼠疫会议共祝协和医学院今天举行第一次毕业典礼。我们欢迎贵院毕业生加入到医学行业中来，并祝愿他们前程似锦。”理查德等：《奉天国际鼠疫研究会报告》，张士尊译，中央编译出版社，2009，第69页。

④ 与协和医学堂相关：1903年北京设立协和医学校；1917年北京协和医学校在纽约州立案，为医科大学。其他著名医学院：1904年济南设立齐鲁医学校；1908年德人宝隆设同济医院于上海等。陈邦贤：《中国近百年医学卫生教育史料》，《医事公论》1936年第3卷第6期。

⑤ 伍连德：《鼠疫斗士——伍连德自述（上）》，程光德、马学博译，王丽凤校，湖南教育出版社，2011，第14—15页。

⑥ 理查德等：《奉天国际鼠疫研究会报告》，张士尊译，中央编译出版社，2009，第236—238页。

最终万国鼠疫研究会吸纳了伍连德及中国医师在疫区前线的观察研究，《议决条款》第一款即认定了庚辛鼠疫人传人的特征，第二款描述了无症状但却可以传染的情况。《议决条款》在总体上定性庚辛鼠疫不是腺鼠疫而是肺鼠疫的事实，并进一步给出了关于肺鼠疫传播途径、潜伏期、传染性等各方面的流行病学解析。① 具体而言，肺鼠疫以呼吸道炎症为主要症状，相较于淋巴腺发炎的腺鼠疫而言，两种病毒的毒性相差不大，但是因为寄居繁衍于人体的不同器官，肺鼠疫可以通过飞沫传播，能够人传人，潜伏期更短，传染性更强，死亡率更高，而且至今还未发现有效的治疗方法，仍有待研发疫苗。

三、科学建议的议决条陈

万国鼠疫研究会共计四十五款的《议决条陈》的核心内容是区分鼠疫零星发现未盛行（早期）与鼠疫盛行（高峰期）两种不同情况下防疫措施的科学建议。其中，第十一款特别强调在鼠疫零星发现未盛行的早期就要对染疫确诊者、疑似者及接触者采取必要的隔离、遮口鼻等措施；造册记录挨户排查出的已病或已死者并做细菌学及病理学诊断；以及运用简易明白的方式向百姓普及防疫知识。其他多数条款则全面规定了在鼠疫盛行的高峰期需要采取的报告诊验、遮断交通、清洁消毒等各项措施建议。

清政府在万国鼠疫研究会召开期间拟定的共十八款的《防疫章程》② 与研究会总结的《议决条陈》所涉及的相关防疫措施高度一致。这在疫区前线的火葬疫亡者与教堂聚集性感染两个事件中得到了印证。1月间，哈尔滨染病死亡人数激增，导致墓地的棺材及尸体未能及时处理，成为威胁公共安全的隐患。伍连德在赢得当地的地方官员、士绅领袖及商会人士支持的前提下，又通过外务部拿到了朝廷恩准火化的谕旨后，于1月31日开始迅速火化尸体并在疫区各地推行。哈尔滨及其周边地区的死亡人数在火化尸体后开始减少，整个2月间都呈递减趋势，直到3月1日达到零死亡率。《防疫章程》第十四款③与《议决条陈》第二十二款除规定如何掩埋尸体之外，都提及火葬；而且，东北三省在制定详细的清洁消毒规则时直接写道“参照研究会（万国鼠疫研究会）报告以火葬为最善”。④ 从中可知，一

① 《章程类（第十二集）：万国鼠疫研究会议决条款》，《北洋官报》1911年第2857—2861期。

② 《外务部、民政部、邮传部议定往来验疫章程并订立防疫规则折》，宣统三年三月十九日（1911年4月17日），载奉天全省防疫总局：《东三省疫事报告书·奏章》，奉天图书印刷所，1912，第17—23页。

③ 第十四款：“患鼠疫病故者经医官检验消毒后即于距离城市较远处所掩埋，非经过三年不得改葬，火葬者不在此限。”《外务部、民政部、邮传部议定往来验疫章程并订立防疫规则折》，宣统三年三月十九日（1911年4月17日），载奉天全省防疫总局：《东三省疫事报告书·奏章》，奉天图书印刷所，1912，第22页。

④ 奉天全省防疫总局：《东三省疫事报告书·第二编》，奉天图书印刷所，1912，第21页。

方面，清政府治理疫区的有益经验被吸纳进万国鼠疫研究会《议决条陈》中；另一方面，研究会结束后，东三省制定详细规定时又反过来直接援引《议决条陈》。与此同时，抗疫期间，傅家甸的学校、旅店、戏院、妓院等其他公共场所需要接受严格的卫生督查；哈尔滨则直接关闭了学校、戏院等，作为公共聚集场所的教堂也不能例外。一座罗马天主教堂的法国神父拒不上报疑似病人，依然定期举行礼拜，导致教堂内聚集的300多人在两周内死亡约100人，直到政府强行干预才挽救了幸存者。因此，伍连德感慨道，"与鼠疫抗争的医务人员，不但要与由于无知与未受教育而形成的宿命论斗争，还要和宗教盲从较量"。① 《防疫章程》第六款特别强调不得以宗教异同为借口抗拒医师检验；万国鼠疫研究会《议决条陈》第十二款则详细规定了在人口密集、容易感染的公共场所严格防控的措施。

此外，东北三省在1910—1911年防疫期间设立了以地方的民政、警务及交涉等部门官员为主力，亦有医院、军队及行政长官参与的体系完备的防疫机构。以奉天为例，内部共有奉天防疫总局、奉天省防疫事务所、奉天省城乡镇防疫事务所、北部防疫分局四个主要机构。奉天防疫总局由民政使和交涉使负责，特别成立细菌研究室与防疫讲习所；奉天省防疫事务所由省城警务局联合卫生医院共同设立，紧急成立病人户口调查部、捕鼠部、微生物实验部及隔离部；奉天省城乡镇防疫事务所由巡警承担义务，专门负责消毒隔离等事务；北部防疫分局由淮军统领及知县组织，主要任务是阻断交通。这些防疫机构内部都设有关于医生、药物、消毒、埋葬等方面的分支组织。由于万国鼠疫研究会《议决条陈》第四十二款建议"应设一永立中央卫生院，一遇疫气发见，立时可以扩充办事，并将医员衔名先行注册以便临时遣派"，万国鼠疫研究会结束后不久，东三省防疫事务总处（北满鼠疫防疫处，1912—1932年）即宣告成立，成为近代中国第一个常设的防疫机构。

四、疫区背后的条约硬法

当疫情最严重的城市哈尔滨的疫情在3月初得到有效控制，整个疫区情况开始好转的时候，伍连德收到了外务部右丞施肇基发来的电报，委任其到奉天负责万国鼠疫研究会的组织工作。施肇基作为本次国际会议的朝廷特使在开幕式演讲词中提道，不仅是经济方面的原因也是出于人道主义考虑，清政府决心用所获得的最先进的科学知识武装起来战胜鼠疫，同时通盘考虑与会专家学者的意见并尽最大可能付诸实践。② 引人注目的是，包括东

---

① 伍连德：《鼠疫斗士——伍连德自述（上）》，程光德、马学博译，王丽凤校，湖南教育出版社，2011，第46页。
② 理查德等：《奉天国际鼠疫研究会报告》，张士尊译，中央编译出版社，2009，第5—9页。

三省总督锡良的致辞及其宣读的摄政王载沣的贺电都尽量排除政治因素，畅谈科学研究、近代医学及卫生学的发展，人类的道义、博爱及福祉。但是，在这种弘扬超越国别的国际人道主义精神的背景下，列强特别是毗邻中国的日本、俄国，却凭借条约硬法在中国东北境内向清政府施加压迫。

1895 年日本迫使中国签署《马关条约》以切断中国与朝鲜之间的传统宗藩关系并强占中国的台湾、澎湖列岛以及辽东半岛。这严重侵犯了其他列强的在华既得利益。于是俄国、德国与法国又迫使日本放弃辽东半岛并与中国缔结《辽南条约》，史称“三国干涉还辽”事件。但是三国列强在这种形势下以功臣自居，向中国索取更大的报酬。1896 年李鸿章出使俄国期间在莫斯科与俄国签署“中俄秘密条约”即《御敌互相援助条约》，给予俄国在中国的黑龙江、吉林建造铁路的权利，随后中俄据此在柏林签署《合办东省铁路公司合同章程》，并于 1898 年在圣彼得堡签署《东省铁路续订合同》，即以俄国为主要的股东来兴办中国东北境内的铁路。[①] 1898 年中俄还签署了《旅大租地条约》，[②] 使俄国租借中国东北境内的旅顺、大连湾。德国与法国则分别与中国签署双边条约，使德国占据中国山东的胶州湾，法国强要滇南的猛乌和乌得两土司地方。[③] 此外，1898 年中英签署《中英议租威海卫专条》，使英国租借威海卫，后又强租九龙。美国随即于 1899 年绕开中国向主要列强提出了承认各国已经取得的在华利益，要求机会均等的门户开放政策。[④] 这样各国在中国取得了诸多利权，形成势力范围，导致中国必至瓜分且不至瓜分不止。

八国联军击败义和团及清政府后，除 1901 年十一国列强代表共同作为一方与清政府缔结《辛丑条约》之外，各国在中国竞争利益的主要方式仍然是分别与清政府缔结双边条约，以此形成条约硬法来约束中国，实现在华利益。列强彼此之间也会订立诸种协议来保持权力平衡。为了洗刷“三国干涉还辽”的耻辱，日本寄希望于进一步提升国力与国际影响力，与英国从 1902 年开始缔结《同盟条约》，卧薪尝胆十年后换来了日俄战争（1904—1905 年）的胜利。1905 年日俄战争后，日俄代表在美国总统西奥多・罗斯福调停[⑤]、中国代表缺席的情况下，缔结了《日俄和约》即《朴茨茅斯条约》。[⑥] 该条约迫使战败的俄国不仅将在中

① 《合办东省铁路公司合同章程》在开列具体条款前写道：“中国政府现定建造铁路，与俄之赤塔城及南乌苏里河之铁路两面相接，所有建造、经理一切事宜派委华俄道腾银行承办。”王铁崖主编：《中外旧约章汇编》，生活・读书・新知三联书店，1957，第一册，第 672—673 页。

② 王铁崖主编：《中外旧约章汇编》，生活・读书・新知三联书店，1957，第一册，第 689—691 页。

③ 参见古永继、李和：《清末滇南猛乌、乌得割归法属越南事件探析》，《中国边疆史地研究》2015 年第 1 期。

④ 参见陶汇曾：《对华门户开放主义》，商务印书馆，1925。

⑤ 参见颜丽媛：《拒签和约之后：和平解决山东悬案的国际法预案》，《国际法研究》2020 年第 5 期。

⑥ 世界知识出版社编辑：《国际条约集（1872—1916）》，世界知识出版社，1986，第 254—259 页。

国租借的旅顺、大连转让与日本，而且将中东铁路南北线的宽城子（长春）—旅顺线即南满铁路及其支线也交由日本管辖经营，俄国势力范围退缩至哈尔滨，仅保留中东铁路东西线。同年，日本与中国缔结《会议东三省事宜正约及附约》，① 确认了上述《日俄和约》规定的日本从俄国那里取得的中东铁路权益。日本进一步整修了从奉天向东延伸到丹东（安奉铁路）的铁路支线，使之与朝鲜铁路线相连直达釜山港。随着 1910 年日韩合并，经过 1931 年九一八事变到伪满洲国（1932 年 3 月 1 日—1945 年 8 月 18 日）傀儡政权建立，日本逐渐在清帝逊位后、第二次世界大战结束前，取得了中国东北全境的实际控制权。

1910—1911 年清政府抗击庚辛鼠疫期间，面对的正是美国、英国、德国、法国等主要列强环伺中国的情况下，日本实力上升、俄国势力未退，两国在中国东北地区为寻求优势地位竞争白热化的政治现实与中国东北主权危机。清政府严重受制于中日、中俄以及日俄乃至日英之间涉及中国东北地区的不平等的条约硬法。

五、作为国际软法的议决

参加万国鼠疫研究会的十一个国家②的医学代表最后集体向施肇基提交议决，即《议决条款》和《议决条陈》的时候写道："呈请台端转进贵国政府按此次研究事项，悉遵阁下开会演词所载宗旨办理，设使将来再遇类乎此次所以开会之事故，则医员等深望所具条陈有裨贵国政府之采用也，肃此敬请查照施行。"③ 这次通过万国鼠疫研究会达成的议决条款及条陈在中外不平等的条约硬法之外，确实促成了中国与各国，尤其是与日本、俄国、美国等国家的医学专家在卫生领域的合作，以及中国对相关国际卫生会议的参与。

东三省总督锡良在清政府决定召开万国鼠疫研究会之前，曾在奏报关于日本关东都督大岛义昌希望设立中日防疫会议并愿意助款④的提议时表示，虽然已经以本国政府会全力筹款为由婉拒了日本借助款项的提议，但是对于相互扶助的防疫会议不方便拒绝，所以请旨看是否可行。军机处及外务部回复认为防疫会议主旨在于采纳各国的研讨意见尽快扑灭鼠疫，无碍国权（主权），属于世界人道主义，可以相互讨论防疫的权限及办法。于是，中

① 王铁崖主编：《中外旧约章汇编》，生活·读书·新知三联书店，1957，第二册，第 313—316 页。

② 中国、俄国、日本、美国、英国、奥匈帝国、法国、德国、意大利、墨西哥、荷兰十一个国家的专家学者参加了万国鼠疫研究会，主要提交论文的是前五个国家，其他国家专家学者也积极参与了讨论。

③ 《督院张准外务部函送万国鼠疫研究会议决条款缘由行东巡警道查照文》，《两广官报》1911 年第 9 期。

④ 锡良：《奏日本关东都督大岛义昌请立防疫会议并愿助欵请旨裁夺电》，宣统三年正月十五日（1911 年 2 月 13 日）；《续请日本要求立防疫会议电奏》，宣统三年正月十九日（1911 年 2 月 17 日），载奉天全省防疫总局：《东三省疫事报告书·奏章》，奉天图书印刷所，1912，第 25—26 页。

日防疫会议从1911年2月28日至4月3日万国鼠疫研究会召开前，至少通过八次研讨达成了五十余款防疫办法。随着医官伍连德奔赴哈尔滨防疫，陆军围守傅家甸阻断交通并与东三省总督锡良竭力协调各项事宜，疫情在3月减退之际，清政府选择在中日防疫会议之外，再单独主办万国鼠疫研究会，并派遣外务部右丞施肇基到奉天接待准备参加会议的各国代表。万国鼠疫研究会召开后，日本的医学专家依旧活跃于东北三省疫区，奉天防疫总局的防疫讲习所就特聘日本医师讲授相关课程。

由于疫情缘起于中俄两国边境地区，因此《议决条陈》第七款规定中俄与此次鼠疫均有关系并负有研究的责任，应当即刻进行实地研究。① 万国鼠疫研究会的主席也是成功阻止疫情进一步发展的中国代表伍连德，在研究会结束后婉拒了东三省总督锡良与外务部右丞施肇基联名推荐的升迁，而是保留陆军军医学堂帮办的职务，欣然接受专门防治鼠疫的工作。他拜访了参加完研究会后仍滞留在哈尔滨的中国鼠疫俄国调查委员会主任扎博洛特内（D. Zabolotny）教授，并促成了当年7—9月间中俄两国医学专家的首次联合考察。② 根据考察结果写成的论文《旱獭（蒙古旱獭）与鼠疫关系的调查》发表于1913年8月的世界权威医学杂志《柳叶刀》。③ 伍连德代表中国参加1913年在英国伦敦举办的万国医学大会（International Medical Congress，国际医学大会），④ 并且宣读了此文。

1917年受聘于东三省防疫事务总处的美国细菌学家埃伯松（Frederick Eberson）加入了伍连德在奉天关于旱獭（黄鼠）的鼠疫实验，实验结果以“旱獭之间肺鼠疫与败血性鼠疫的传播”为题目发表于1917年2月的美国《传染病杂志》。⑤ 由伍连德主导的相关跨国合作研究明确了旱獭与肺鼠疫之间的关系以及肺鼠疫的传播特征，解决了万国鼠疫研究会《议决条款》中提出的相关疑问。伍连德作为中国代表参加了1914年在美国巴甫洛城举办的万国学校卫生研究会（International School Health Conference，国际学校卫生会）⑥ 的相关研讨后不久，即向已经替代清政府的中华民国政府上呈了重新整合中西医、改革全国医

---

① 第七款：“中俄两国于此极有关系考察此事，应各自分任其责。”《章程类（第十二集）：万国鼠疫研究会议决条款》，《北洋官报》1911年第2857—2861期。

② 伍连德：《鼠疫斗士——伍连德自述（上）》，程光德、马学博译，王丽凤校，湖南教育出版社，2011，第103—107页。

③ Wu Lien—Teh, G. L. Tuck M. A., Investigations into the Relationship of the Tarbagan(Mongolian Marmont) to Plague, *The Lancet*, 1913, 182(4695), pp. 529—535.

④ 参见苏静静、张大庆：《国际医学史学会的建立与历史演进》，《医学与哲学》2017年第6期。

⑤ 伍连德：《鼠疫斗士——伍连德自述（上）》，程光德、马学博译，王丽凤校，湖南教育出版社，2011，第108—110页；Frederick Eberson and Wu Lien Teh, Transmission of Pneumonic and Septicemic Plague Among Marmots(From the Plague Prevention Service, Harbin, Manchuria), *The Journal of Infectious Diseases*, 1917, 20(2), pp. 170—179.

⑥ 《政府代表伍连德赴万国学堂卫生第四次研究会之报告》，《奉天公报》1914年第653期。

学教育的条陈①，推动了新一轮的近代医学教育改革。这与万国鼠疫研究会的《议决条陈》最后一款②，即“在中国筹办实用医科教育”的建议密切相关。

《议决条陈》第三十四款专门建议，中国政府应效仿1903年巴黎国际卫生大会所订办法，即1903年的《国际卫生公约》（International Sanitary Convention），与有关系的国家商定国际通行的办法来办理北省各通商口岸卫生留验事宜。因此，当法国准备于1912年在巴黎召开国际卫生会议（International Sanitary Conference，Paris，1912）讨论修订1903年《国际卫生公约》的时候，清政府于1911年6月即决定派遣正在参加德国德累斯顿万国卫生博览会（International Hygiene Exposition，Dresden，1911）的时任内城巡警总厅厅丞的章宗祥就近参加，同时拨发了中国加入法国巴黎国际公共卫生会的入会费。③ 作为内城巡警总厅厅丞的章宗祥之所以可以参加国际卫生大会，与清末中国包括卫生在内的警务系统改革密切相关。④

六、结论

万国鼠疫研究会的各国专家学者根据会议报告提交给清政府的议决包括两份具有国际公共卫生软法意义的文件。一份是《议决条款》，即有关本次鼠疫的起源及消失、流行及扩散、病症及治疗等多方面的科学论证及医学说明。另一份是《议决条陈》，即总结在发现鼠疫的早期、疫情的高峰期如何分别防控、如何具体地隔离、消毒及预防，倡导建立卫生防疫机构并统一检验检疫标准，鼓励医学教育及研究等多项措施及科学建议。这些议决虽然作为国际公共卫生软法文件没有法律上的强制约束力，但却是关于鼠疫及公共卫生的国际共识，既肯定了疫区的实践又提出了更高的要求，有着科学、道德甚或政治上的重要影响力。

俄国与日本借助条约硬法管辖着中国东北三省境内的主要铁路线及附属地并不断扩大势力范围，导致清政府可以控制的范围逐渐缩小且受到严重威胁，东北疫区治理面临着复

---

① 伍连德：《公牍条陈：上政府拟改全国医学教育之条陈》，《大同报（上海）》1914年第14—15期。

② 《章程类（第十二集）：万国鼠疫研究会议决条款》，《北洋官报》1911年第2857—2861期。

③ 章宗祥还受命就近参加了意大利罗马国际公共卫生博览会。《奏议录要：民政部会奏法义两国举行万国卫生会派员就近与会请拨经费折》，《北洋官报》1911年第2825期；Internationale Hygiene－Ausstellung Dresden 1911，*Chemische Revue*，1911，18（2），p.42.

④ 京师内外城巡警总厅设卫生处、各省巡警道设卫生课、州县佐治官设警务长一员掌卫生事宜。中央机构层面上，1905年清政府将“卫生科”置于新设立的巡警部警保司之下，次年改巡警部为民政部，卫生科升为卫生厅。曹丽娟：《试论清末卫生行政机构》，《中华医史杂志》2001年第2期。

杂的政治形势及严峻的主权危机。清政府通过积极防控鼠疫、独立承办万国鼠疫研究会，邀请包括日本、俄国在内的多国医学专家学者参与研讨，掌握了主动权，避免了潜在的政治冲突，保证了疫区的稳定及人民的权益。研究会的议决软法不但在形成过程中参考吸纳了中国在疫区的多项有益举措及实践，在完成之后又进一步推进并指导了中国在相关领域的工作及改革。因此，中国医学专家在研究会结束后，得以继续在鼠疫及流行病学等研究领域与日本、俄国、美国等国家的同行开展跨国的交流合作并参加相关国际卫生会议，推动了近代中国及世界的公共卫生事业的发展。

相对于具有法律约束力的国际硬法而言，国际软法本身因为不具有法律效力，所以更加开放、灵活，更具潜在的渗透力及影响力。这为在没有世界卫生组织及国际联盟卫生组织之类国际组织、晚清政府受制于中外不平等的条约硬法的历史情境下，理解并诠释奉天万国鼠疫研究会的议决条款及条陈的重要意义提供了可能。从鼠疫的起源、传播及规模等跨国因素进行评估，均可以认定庚辛鼠疫为国际公共卫生事件。面对这一国际公共卫生事件，清政府积极开展科学防控工作，将近代医学放置于重要的位置。万国鼠疫研究会的议决条款及条陈又进一步确认了近代医学的关键作用及中国发展医学教育的必要性。总体而言，1911年万国鼠疫研究会的议决可以归属于国际公共卫生软法范畴，其对于中国乃至世界的意义足以媲美1851年欧洲范围内的巴黎国际卫生会议的公约。

经过两次世界大战后，全球范围内有关条约及公约的国际硬法逐步在注重形式规范的同时关心实质价值。时至今日，尽管全球化与逆全球化仍在博弈较量，但是在隶属于联合国的世界卫生组织这类专门机构的主持下，当世界各国再次面对国际公共卫生事件的时候，全世界相关领域专家通过国际学术研究会议的形式，共同协商、相互研讨，形成具有科学性及指导性的国际软法仍然不失为良策。

附录

附录1《万国鼠疫研究会议决条款》十一款

本会所收各处防疫报告图件现经公同审查既毕，暂定《议决条款》如左［下］：

一、此次疫气流行乃自蒙古北境渐而蔓延东南路径极为明晰，所经大都旅行之路而铁轨大道暨航路所经者为尤甚，其症之传染乃径由人各自相传，至其初起之原因无论如何惟当此症蔓延各处之时齿兽之类未查有同时发现传染症之据，故此疫症流行并非旱獭之为媒介也。

二、此次疫症传染之所以能消灭者，大抵以所施行防护章程乃因采用医学成规或因人民力求自卫所致，其或谓因水土气候有间接、直接之感所致亦未为不可，惟据事实以证则尚未能决定，至谓疫气消灭乃缘疫虫之毒力消减则非是也。

三、各城乡之受此传染者因有人实已染患此症或染而未发现者带之而入也。

四、按传染病理学而言，并无确实凭据可指此症之传染由于衣服货物抑或别种无生气类之物件为之媒介。

五、此症之散漫由于同居之人拥挤者众自属确实无疑，盖拥挤者众则接触传染之机会自多。

六、此种流行症染之者初皆尽见肺瘟，其既染未发之间隐伏之期例皆自二日以至五日，其最早之现象往往可诊察者为热度增高与脉息增速，惟非俟痰中已见此类血迹则其是否为疫不能诊断，若欲预先诊断确凿，只有考验痰内有无疫虫一法，其有肺脘染受别种微生虫者不得与此并论。此次疫症既依证据决定均成血瘟，若以显微镜验血或以汤育法验血，则诊断自可较有把握，若仅参肺之现象则觉泛无把握且觉过迟，况按肺之现象有时病已甚重而现象则甚轻也。

七、当此次疫气流行之时，既经受症鲜有能生存者，则此症实属异常凶险。

八、此种病症迭经试验均无法以疗治，惟以射种血清间有可以苟延残喘者，闻有一二人或称因用血清之功而得疗治云。

九、此次疫虫种类与从前他处所得之疫虫种类大致无甚异。

十、此次疫症传染之媒迭经详细调查，现惟知其仅为染疫者所吐之痰耳，染之者多半吸入痰星内所含之疫虫所致其始则总气脘与气脘之下受证。

十一、其因吸气而受传染之险者，则视其所立之地与病人远近及时之久暂为比例以判重轻。

附录 2《万国鼠疫研究会议决条陈》四十五款

一、此次疫气发起之处常有肺瘟核瘟发见历经多年，惟其究竟确实由何起始尚无十足证据以凭判定。

二、据俄医报称旱獭中有种兽类传染症，此症似即瘟疫，惟其是否瘟疫至今尚无以虫［细菌］学考验之实据。

三、人之染受此种疫气起初是否即由己［已］病之旱獭所传尚无一定凭证，然揆诸理想可信此种旱獭症与满洲暨俄属萨拜喀勒省及蒙古东北境所见肺瘟有切近之关涉，是以与此次流行症有所关涉也。

四、兽类传染症在旱獭中暨齿兽之类是否均有发现者应当依法查究，如果均有应将其传染症之本原研究的确。

五、研究此事应派专门考察齿兽染疫之人，督率办理研究时应将该兽全体解剖兼以虫学考证，凡遇察见虫类均须详细认明。

六、此种齿兽中有无疫症发见应当预为侦查并须预为防备其传过考察之人。

七、中俄两国于此极有关系，考察此事应各自分任其责。

八、凡在满洲里境内猎取旱獭者应设法令其遵医检验，当其从事猎取之时检验尤应注重并应就此种猎户聚居之处设立隔离所与病院。

九、骡驴狗类染受肺瘟应当作一问题专考其如何亦能染受此症之理。

此项牲畜染受肺瘟虽有报告到会，然未能详晰，自应再加考究。

十、各城各乡清洁卫生事宜，自以一律改良为是，其居住拥挤一层尤当注意。凡遇死亡之人，应由医士发给验照。凡遇传染病症应由医士发出通知令人周知。此等医士应按西法新学卒业者充当。上开两项事宜一俟能办之时自应照办。

十一、将来设遇肺瘟再见尚在零星未盛之时，应将下开章程立即施行：

甲、凡已染疫病或疑似染疫暨与染疫者接触之人一律迫令隔离，其已染疫者暨疑似染疫者应令其带用合宜口鼻罩。

乙、挨户检查，若遇人家或街道中有已病或已死之人，应即具报其症之情形。应以考验疫虫法诊断，如能办到，更以考验病理法诊断，并应妥筹善法将病死情形逐细注册，其附近城乡各处应当搜寻有无染疫暨疫死之人至为紧要。

丙、应用演说或以浅白文字解讲防卫之法，刊印小书单纸广为传播藉以开导百姓。

十二、设遇疫气盛兴将有蔓延之势，则应照下开办法办理：

甲、设遇应办之时则设立卫生警队随医严行检验并施［行］留验五日章程。

乙、凡学堂、礼拜堂、戏馆、市场等类为人民丛聚，最易传染疫症之处，均应一律关闭；其他若客店、茶馆、栖流所应时时留心查验，缘此等地方按报册所载染疫之人最多。凡制造厂，若在厂内或附近地方并无随时检验所用工人之预备者亦应一律关闭。

丙、轨道公车坐客甚杂，带有传染之力极大，应视为危险，但人力车与骡车不必停止。

丁、设遇某城乡中仅有某区地方染疫或该区较他区疫气更盛，则宜限制该区人民不得前往他区，亦不令他区人民擅入该区之内。如此方可限制疫气广传。设遇疫气流行极盛之时，应将该城或乡分为数区阻令各区人民互相往来并施行留验章程。

十三、凡染受肺瘟者必须隔离为迫不可缓之举，故应预为建造隔离疫病院以备不时之需，院中应有单间房屋，俾病人得以各居一室，造屋之法必使鼠类无隙出入且使易于消毒为要，该院基地务宜广大、多有富裕以备临时添造之用，该项添造房屋应预为规画［划］

地址、备立基础为妥，疫病院中空气光亮宜多。

十四、疑似疫病院应与疫病院相近，方便院中隔离之人各居一室最为紧要。庶使实未染疫之人不致有传染之虞。凡在疑似疫病院隔离察看之人，若非诊出实系染受疫病不得轻率移送疫病院内。

十五、接触疫病者之留验所，其建造管理之法务以早能侦察留验者是否染疫为目的，其居住之室以能令各自隔别为妥，其本境某某等人暨外来入院者之隔离所亦应照此建造，照此经理。

十六、此种房屋造法以区分小间卧室，使居者彼此不通为最相宜。

十七、住院病人所用衣服铺盖应用消毒药水或蒸或煮或浸至透方可无患，若系无价值者大可烧毁，其与疫病接触者之衣服铺盖应用消毒药水或蒸或煮或喷洒至透方可无患，若恐因用此法致被物件毁坏，则当用袱毛林（即蚁醛水）蒸汽或烘烤再在日光晒过三日亦可无患，惟须将各面翻复晒到。

十八、房屋应照下开之法消毒：

染疫者或疫毙者一经移出即将房屋封闭数小时之久。

以极亮灯光遍照各处搜寻有无明显血痰等迹，如有之应立即消毒或刮下用火焚烧。

然后再将房屋用消毒药水喷洒洗刷，土地之上可以石灰水洒遍，若屋内可以封闭不令通气则用袱毛林熏蒸。

车辆消毒可照房屋办理或用蒸汽亦可。

一切家具可留在屋内与屋同时消毒或另熏蒸或用日光晒透均可。痰盂必须消尽毒气，炕席暨无用之物应当烧毁。

房屋如揆度情理可以消毒者，自不当焚毁。

十九、贸易货物除破布旧衣外，无须消毒。惟既知其曾沾疫气者则应消毒。

二十、消痰污之毒应用加播泐酸［石炭酸］或参以皂或硷［碱］即名几苏按，几苏药料制法颇多，各有专名，非经化验知其有消毒之用者不可信用。

此外，如钙氯粉、石灰水、袱毛林［福尔马林］、汞、氯均有消毒之功用，惟汞、氯气并非用以消痰毒者。

二十一、以上各项消毒事宜非有熟手多人不足以敷办事之用即不能实见功效，最善之法由各省城预先组织消毒队各将队工教练熟习以备临时应用。

二十二、设若查见疫死尸身应以粗布单浸透消毒药水，将尸包裹放在有顶篷之车内，然后移去埋葬。所用有顶篷之车，车内应以洋铁皮镶裹，专为装移疫尸之用。埋葬疫尸工队应用无尖铁钩钩移疫尸较为便捷。

疫死尸身存留日久，仍能传染疫气，若用火葬乃为最速最妥而且最省俭之法。

火葬之法宜在距城或乡稍远之处，择选方便地处，挖成大坑，以木柴煤油合并焚之。

二十三、各处行政机关应设定一卫生局组织一卫生队，设遇疫气发见之时，立可扩充并办扑灭事宜。至所办卫生事宜，应由中央政府订定通行章程，俾令一律遵守，自为更妥。卫生队员役住所，如酌量可行，宜与居民住处隔离为要。

二十四、俟将来查出新法再行改用，此时防慎之法卫生队员役应仍于开办防疫之先都种疫浆。

因查此次传染皆由吸氧所致，卫生员役宜令一律带用同样口鼻罩并教其如何带用方为合式。

罩之样式最美者以纱布两片作三角带尾形，中铺细棉带于口鼻之上，每次用后即应烧毁或按法消毒方可再用。

卫生队员役应带手套并披周身遮满之罩衣，此衣应用不透水之材料做成。

卫生员役中有须与染疫病人接触者除上开各件外，应加带遮风眼镜。

每于办事后各人均应洗澡，其办事时所穿带之衣服等件均须在防疫所消毒。

卫生员役每日应听医员查验两次其身体热度填入表内。

二十五、考证统计册表核疫一症，以种浆防其传染定有几成可靠。

二十六、是以防染肺瘟之法以射种药浆为第一层理由。

二十七、惟考证此次肺瘟流行之统计，事实以射种药浆，防此种肺瘟传染是否实能有益则医员等尚不能决定。

二十八、预防染疫之法，会中提议者颇多，均经本会研究，按所提议各法，其中有数种用于人者已广，其余则仍在试验。

甲、其已见广用者分类如左［下］：

子、已死疫虫制成之浆计有二种，其一为肉汤所育之质；其二为海菜所育之质；

丑、核脭浆；

寅、已死疫虫［灭活菌］参和血清之浆。

乙、其仍在试验者分类如左［下］：

子、减毒活秴［核］（按西医名词秴即育微生虫所得者）；

丑、活秴参和血清。

二十九、已经疫虫制成之浆其制法简易，其以上列两种法所制者，环球各国用之甚广。此种药浆多经考证，于防染核疫［腺鼠疫］可有几成效用，其海菜育质法，有制作迅速之益，现按本会多数会员之意以种浆防护染疫，此时惟用死秴为最简最善之法。本会虽有此种意见发表，然于他种防疫药浆或参和血清之浆，倘用之有益，自应照用，本会并无因此不认其有效用之意。

三十、意医路士迪及嘎雷佑迪所制药浆，此种药浆以之试种于畜类其成效似属美善，其妥当能用，与别种药浆相同，此外尤可以干质存储，不失其效用之益，至为方便。

三十一、美医特朗制浆法，此法应当留心考究，其曾经以之试种人身及畜体，所得成效殊觉奇艺，亟应多方考证其法是否安妥以广其用。

三十二、兹将试验药浆之法开列于左［下］：

（一）先以畜类实验以吸氧法，令小金猪、白鼠及猴吸入以视何种药浆能于肺瘟有至好成效。

（二）将来设遇肺瘟发见即用以上各法，按印度成法择人试种，惟须恪遵医法办理。

三十三、满洲境内暨直隶山东等省之各铁路公司应互相联络于各铁路一带筹画防疫划一办法，凡有关系之铁路公司应协同设一铁路卫生局，有中央办事处一所专以办理留验卫生为目的，订立章程。若遇疫气或别种病症传染盛行，以便约束往来客商以及货物。

三十四、各通商口岸留验章程现经本会查明未能一律。推其所以有严有不严之故，殆以各埠章程本由各埠医员自行酌定，中国政府应与凡有关系之国会同商酌订一万国通行划一办法以为北省各通商口岸办理卫生留验事宜，该项事宜应仿西历一九零三年法京［巴黎］大会所订办法办理。

三十五、疫气盛兴之时，设欲使水陆贸易货载搭客统归限制，无轻重不齐之弊，则上开之公设铁路卫生局应与上之通商口岸万国卫生会彼此竭力协同办理以为公益。

三十六、设欲使凡由旱路及由海道旅行之小工，易遵限制，则应设法招引俾其以改乘火车及通行各口之轮船为便，所订章程务使一面能收约束实效，一面能令旅行者鲜有窒碍。

三十七、疫气盛兴之时，其在染疫各境凡步行或乘车往来客商应由该处地方官派员检察，凡客店及贫民院、栖留所等处亦应察看往来客商应带有康健凭照过境时呈请该处地方官批验。

三十八、旅行客商及小工等因由乘坐民船不到通商口岸而在沿海地界起岸者，故遇疫气盛兴之时，应在渤海边岸一带稽查此项起岸之客较前更严为要，其江河往来之客亦应查验有无疫症。

三十九、肺瘟流行之时，据本会审查运载货物以及邮件，除旅客行李外，均无须加以限制，将来设遇老鼠传染此疫，则各口岸及各船只所有鼠类应设法一律除灭，岸上之鼠严防入船，船中之鼠疫严防登岸，船货中如有米粮等类易引老鼠者须订立专章以为防慎。

四十、疫气盛行之时，运载灵柩应令禁止。

四十一、防疫事宜暨所有章程应立速编纂成书，定为条诫颁布各省。一遇疫气发见，俾地方官有所遵守。

四十二、应设一永立中央卫生院，一遇疫气发见，立时可以扩充办事并将医员衔名先行注册以便临时遣派。

四十三、瘟疫流行为患极大，民间知之者少，自应设法开导，使知一切防疫章程均为人民之益并保全人民生命而立。

四十四、设欲以上各项条陈实有效用务以组织中央卫生医院为先，盖以该院有关系办理各传染病症发见之通告一层尤为紧要。

四十五、设欲扶助上款所开办法，务以速在中国筹办实用医科教育为要。

（说明：1. 以《万国鼠疫研究会议决条款》《万国鼠疫研究会议决条款（续）》，《北洋官报》1911年第2857—2861期为准；2. 参酌中国第一历史档案馆编：《晚清国际会议档案·第10册》，广陵书社，2008，第5759—5781页；3. 由本文作者句读标点、繁异体字改简体字、中括号备注。）

理想与现实的背离：清末天津地方自治考察

柴松霞*

摘　要　在清季救亡图存的大背景下，地方自治思潮蓬勃发展。天津作为近代地方自治的首个“实验田”，成为全国学习和示范的样本。考察天津地方自治的内容和运转机制，可以深入理解精英在公共领域扩张和国家权力指导之间的中介角色及二者之间的矛盾和冲突。地方自治作为清末新政的延续和预备立宪的重要内容，折射出的是国家、精英、公共空间、大众文化这些因素的交互影响和作用。地方自治与国家之间存在相互依赖与制约的关系，因此，在地方治理方面存在“自治”还是“官治”的争论。如果能把两种社会治理模式扬长避短，实现其有机结合和互动，无论是从国家现代化还是个人民权落实的角度，都不失为社会治理的良方。

关键词　清末；天津；地方自治；公共领域

地方自治，是欧美资产阶级反对封建专制，要求参政和参与国家管理所提出来的。地方自治作为清末一股重要的社会思潮及预备立宪的一项重要内容，其形成的历史原因是多方面的，其中最重要的一点是，有识之士要求通过地方自治达到救亡图存的目的。而清末天津县地方自治是晚清政府地方自治改革的“实验田”，属当时全国首创，是当时全国地方自治的样本，独具首发性、开创性和官办背景深厚等特点。

---

* 柴松霞，天津财经大学法学院副教授。

官治与自治两种社会治理模式如果能各扬其长实现有机结合和互动，无论是从国家现代化还是个人民权落实的角度，都不失为社会治理的良方。因而，关注天津县地方自治运作中官治与自治的复杂关系，有助于了解基层自治运作的复杂性，厘清社会转型期地方士绅与政府、社会间的纠结。

之所以考察清末天津区域自治的个案情况，是因当前对基层县镇村自治运作的呈现比较模糊，以县为单位的基层自治怎样运作，中央政策与地方政府运作、社会运作之间如何衔接，官治与自治在改革运作中如何厘清关系、存在哪些纠结，都是至今值得进一步关注和探讨的问题。从学术角度而言，了解清末天津自治对近代中国政治转型产生哪些内生性影响，以及如何实现国家治理从基层延伸，有助于深入挖掘清末立宪改革的复杂面相。

一、清末天津地方自治的政治背景与理论思潮

清末的地方自治思潮兴起于中国思想界诉求建立现代民族国家的大背景下，自治也是晚清政府筹备立宪的一个重要措施。“中国创行自治以为立宪基础”，① “论立宪之预备其最要者凡四，一曰司法行政，二曰地方自治，三曰国民教育，四曰征兵”。② 对于清末自治运动的研究历来是史学界的热点，然而这些研究大多致力于对自治运动的事实考察，对于自治作为预备立宪运动中一项重要的改革内容和一种社会思潮，它的兴起与发展的外在过程与内在逻辑，尚缺乏法律史视野下的关照和社会学角度的考察。“对清末‘自治’思潮作一观念史的系统考察，既可以弥补地方自治社会史研究的不足，又有助于研究晚清公共舆论的基本态势。”③

通过地方自治变革中国政治、救亡图存进而使中国走向进步与兴盛，清末思想界对地方自治的这种历史作用的认识和理解是相当深刻的。首先，地方自治可培养国民的公民意识，使人民增强责任心。这种认识以康有为为代表，其认为地方自治是培养公民意识的一种重要方式。他说欧美各国之所以富强，“皆以民为国故也。人人有议政之权，人人有忧国之责，故命之曰公民”。④ 其次，地方自治可“养人民之政治思想，炼人民之政治能力”。⑤民众有了政治能力之后，才能通过自治而最终治理国家。再次，地方自治可伸张民权。梁

① 《说地方自治制之性质》，《大公报》1907 年 9 月 27 日，1873 号，第 2—3 版。

② 《论地方自治为预备立宪之根本》，《东方杂志》第四卷第一号，1907 年 3 月 9 日，第 1 页。

③ 冯峰：《清末“自治”思潮的两个方向》，《史林》2006 年第 5 期。

④ 康有为：《公民自治篇》，载张枬、王忍之编：《辛亥革命前十年间时论选集》第 1 卷上册，生活·读书·新知三联书店，1978，第 180 页。

⑤ 攻法子：《敬告我乡人》，《浙江潮》1903 年 3 月第 2 期。

启超指出："抑民权之有无，不徒在议院参政也，而尤在地方自治，地方自治之力强者，则其民权必盛，否则必衰"，故地方自治者，"民权之第一基础也。"① 最后，地方自治为立国之本，强国之路。梁启超认为，"以地方自治为立国之本，可谓深通政术之大原，而最切当今中国之急务"。②

在内忧外患和西学东渐的大背景下，为变革中国政治，使其走向兴盛，20 世纪初，地方自治思想迅速在中国传播，"地方自治之议论日触于耳"，③"举国中几于耳熟能详"。④ 为推行预备立宪，清廷派出以载泽为首的官方考察团出使东西洋考察宪制，五大臣归国后也是苦口婆心地上奏朝廷，表示各国之所以强盛，其原因就在于地方自治之完密。如英国之制，其乡官都由地方议会公举。考察大臣在上奏中，就着重指出英国立宪政治的特色："至其一国精神所在，虽在海军之强盛，商业之经营，而其特色实在地方自治之完密，全国之制，府分为乡，乡分为区，区有长，乡有正，府有官司，率由各地方自行举允，于风土民情，靡不周知熟计。凡地邑民居、沟渠道路、劝工兴学、救灾恤贫诸事，责其兴办，委曲详尽，纤悉靡遗。"⑤

在他们看来，地方自治一度也成为欧美乃至日本强大的根源，"考欧美各国所以成治化致富强之故，实以地方自治发达为本。近百年来，科学实业发达之盛，进步之速，无一不得诸地方自治之力。日本仿而行之，于今才三十余年，社会之教育、经济之程度，十百倍于其锁港绝市之前，自治功效之伟大，尤可想见"。⑥ 载泽等在奏请宣布立宪折中提出当时宜举办的三件事中，第二便是"布地方自治之事"。奏折中写道："今州县辖境，大逾千里，小亦数百里，以异省之人，任牧民之职，庶务丛集，更调频仍，欲臻上理戛乎其难。……宜取各国地方自治制度，择其尤便者，酌定专书，著为令典，克日颁发，各省督抚，分别照行，限期蒇事"，以使"我圣清国祚，垂于无穷"。⑦

以官方为代表的主张得到清政府的肯定，朝野上下围绕着什么是自治、地方自治的权限如何展开论争。对于自治的理解有两种趋势：一种相对于立法和司法权而言，专指行政治理，此为德语中自治的含义；另一种则指与国家统治（包括立法司法行政三权）完全不

① 梁启超：《答某君问德国日本裁抑民权事》，载《饮冰室文集》之十一，广智书局，1902。

② 梁启超：《公民自治篇按语》，《新民丛报》1902 年第 5 号。

③ 攻法子：《敬告我乡人》，《浙江潮》1903 年 3 月第 2 期。

④ 《政闻社宣言书》，《政论》1907 年第 1 期。

⑤ 《清末筹备立宪档案史料》上册，中华书局，1979，第 11 页。

⑥ 《清末筹备立宪档案史料》上册，中华书局，1979，第 397 页。

⑦ 中国史学会：《政闻社宣言》，载《辛亥革命》（四），上海人民出版社，1957，第 25—26 页。

同的地方自治，此为英语自治含义。[①] 德语中自治是与文官制度相联系的，而英国自治权限范围较为广阔，且偏重于社会相对国家的自主力。当时论者一般倾向于后者，“自治二字，地方行政之通用语也”。[②] 就自治作为筹备立宪的一项重要内容，袁世凯对于载泽等的上奏解释说：“此必须多选循良之吏为地方官，专以扶植善类为事，使公直者得各伸其志，奸匿者无由治施其计，如是，始可为地方自治之基础也。”[③] 因此，他首先在天津建立自治局并使其成为全国的典范，也是基于对地方自治有较为深刻的认识。

“自治”思潮沿着两个方向发展：其一，就其内在逻辑来说，它是现代国民体现自尊、自主、自由的一种能力，进而表现为一种国民精神。其二，就其社会实践来说，地方自治是重建强大中国的必由之路，中国不仅适宜于地方自治，而且必须实行地方自治。许多有志之士主张“自治”先于“立宪”：“急谋地方自治，必以地方议会，造成议员之资格，预备宪法之基础，三年或五年后，不患宪法之不成也”，“是故改革不能进行，在无国会以为之由，而所以致病之源，则人民程度未及之说为梗也”。[④] 也就是说，先“自治”以培养人民之能力，然后“立宪”方可期于成功。他们以德国人伯伦知理的理论为依据，认为地方自治才是立宪之基础，“宪法之成立，必以地方自治为之基，不知地方自治之义务者，不足以有立宪国民之资格。地方能自治则政府虽顽陋亦无如民何。居今日之中国而欲议改革政体者，不必言立宪，研究自治之道，为尤要矣”。[⑤]

为什么能在天津成立首个自治机构？因为中国的国家政策很少可整齐划一地应用于全国，就算靠自上而下强制推行于全国，无论如何也很难产生一致的效果。旧的联合或习惯可能在官方宣布变革之后仍然维持下来，或是反过来影响取代它们的社会类型。其实，帝国政治制度的基本政治权威构架是精英主义的，统治者与被统治者、官员与平民之间的区别无论在理论上还是在实践上都泾渭分明。传统封建的中国的权威结构，把皇帝及其官僚集团置于等级制的顶点，也有人认为：“帝国制度是按家庭的方式建立的，它通过维持秩序、行使宗教职能和维护传统的美德来服务于社会。”[⑥] 在专制集权模式下，国家不承认自己的行动受到任何法律或制度上的限制，谁（包括自治机构）都无权提出或维护特殊的利益，国家权力的行使也不存在“宪法性”的保障。

---

① 《劝告亟行地方自治理由书》，《河南》1907年第6期。

② 思群：《论地方自治》，《四川》1906年第2号。

③ 《立宪纪闻》，载《辛亥革命》（四），上海人民出版社，1957，第16页。

④ 《自治论》，《江苏（东京）》1903年第6期。

⑤ 关于德国伯伦知理著、无锡嵇镜译《自治论》一书的广告，载《江苏（东京）》1903年第6期。

⑥ ［美］詹姆斯·R·汤森、［美］布莱特利·沃马克：《中国政治》，顾速、董方译，江苏人民出版社，2010，第28页。

但天津作为晚清地方自治的首个“实验田”，是有其实现的基础的。天津自治局由直隶总督袁世凯开办。1900年八国联军占领天津后组成都统衙门，设立了司法部、巡捕局、卫生局和公共工程局等机构。1902年袁世凯接收天津时，受《辛丑条约》规定的周围20里内不得驻军的约束及都统衙门《有关交还天津行政权力的通牒》中“中国政府必须承认天津都统衙门会议的一切行为”及“必须赋予这些法令以权威和效力”的要求，① 不仅恢复了府县衙门等原有的官署，更重要的是承继了都统衙门的一整套机构和法规，强化了地方政府的管理。袁世凯受社会舆论影响，也为了响应自治风潮，在整顿吏治的同时，饬令直隶州县尚未赴任实缺各员，无论内选外补，“先赴日本游历三个月，参观行政及司法各官署并学校、实业大概情形，期满回省，然后饬赴新任”。②

袁世凯将此提升到政体改革和地方自治的高度，即“非行地方自治，无以补守令之缺失，通上下之悃忱”，而“今之识时务者，辄忧民智之不开”，“欲求民智之开，非由官绅入手不可。开智之道，年少英俊者使之游学，年长更事者使之游历，二者分途并进，多历年所，收效必宏”，故官绅游历“为目前行政改良之渐，即将来地方自治之基”。③

二、清末天津自治机构的设置及运转情况

天津地方自治的内容，主要包括建立筹办机构、制定章程、培养人才和宣讲自治知识，最终通过选举成立自治机构。清政府视天津自治机构为全国自治首创和样本，以图渐次推广全国。它的推行改变了清末基层行政体制，带动政治体制的变革，通过它能更好地了解清末的基层行政体制的变迁；同时作为清末以来中国社会转型和民族国家建构中的一个重要社会政治局面，地方自治的实践体现出一种树立现代国家与社会关系的征兆和显影。④ 它与清末立宪改革中的官制改革相衔接，是清政府探索官治与自治融为一体的尝试。⑤ 因此，地方自治是观察社会转型期政府治理与民间治理互动关系的一个窗口，透过地方自治可以对晚清社会转型中的政府与社会有更完整的认识。

天津地方的自治机构主要是指天津自治局及内设机构自治研究所、自治宣讲处等，还包括天津县议事会和董事会的设立。

---

① 倪瑞英等译：《八国联军占领实录——天津临时政府会议纪要》，天津社会科学院出版社，2004，第622—623页。

② 《北洋公牍类纂》，卷3，京城益森印刷公司，1907，第3页。

③ 廖一中、罗真容整理：《袁世凯奏议》，天津古籍出版社，1987，第1520、1161—1162页。

④ 周青松：《上海地方自治研究（1905—1927）》，上海社会科学院出版社，2005，第1页。

⑤ 魏光奇：《官治与自治——20世纪上半期的中国县制》，商务印书馆，2004，第83页。

1906年8月，袁世凯委派天津知府凌福彭和曾经留学日本的金邦平等设立了天津自治局。该局“调集留学日本法政学校官绅入局”，“以准备地方自治为宗旨”，① 下设法制课、调查课和文书课。袁世凯要求地方自治“非先以预备，则不能实行”，制定章程“为他日宪政先声，至关紧要”。② 所以，自治局主要任务是制定章程、培养人员、宣传自治和建立自治机构。该局设立了自治研究所，会聚留日法政学校毕业官绅，集中学习外国的自治和选举法等制度，并研究地方自治学理和法则。清廷宣布预备立宪后，敦促袁世凯面谕凌福彭和金邦平：“地方自治事关紧要，饬从天津一县先行试办议事会、董事会，以备实行地方自治，并限一个月内即行开办。”凌福彭等立即成立了天津县自治期成会，认为“创设议事会、董事会，非先定法制不可”，经过19次修改，制定了《试办天津县地方自治章程》。③

该自治章程1907年3月经袁世凯批准颁布，随即自治开始进入选举阶段。同时，袁世凯还强调宣传自治，“立宪之基础始于地方自治，而地方自治之基础始于人人皆有普通之智识”，要达到“家喻户晓，振聋发聩”。④ 因此，自治局设置的自治研究所、自治宣讲处和自治期成会等都是培养和宣传的中心。自治研究所专门负责培训骨干，从天津府所属各州县遴选六至八名“品学较优，富于经验，而孚于乡评之绅董入所”，学习四个月毕业后，回原籍“筹设自治学社，为定学社通则，以研究所得者传习之”。⑤ 自治宣讲处主要是选派留日习法政者为宣讲员在城乡宣传地方自治，编印法政官话报和张贴广告。这些举动营造了推行地方自治的声势，得到袁世凯的赞许，亦在全国开了培训地方自治人才之先河。

自治研究所是天津自治局的附属机构，主要任务就是培训有能力的自治人才。一般此机构在从天津各处招募六到八位留日法政人才后，政府会将人选们聚集到自治研究所，由专人向他们传授英美等先进国家的自治制度和议会制度。在学习四个月之后，再将他们送回家乡，⑥ 使他们在天津各处传授西方自治思想，进一步研究理论学说，为天津县议事会正式成立后的立法等活动奠定基础。

为解决反对立宪官员所提出的当时国内民众文化水平低，长期受封建王朝中央集权制度的压迫，保持着“臣民”思维，难以接受西方现代政治体制，实现“自治”属于天方夜谭等方面的质疑，天津还设立了自治宣讲处。袁世凯在开始要推行地方自治后，派出举人高振鋆、赵宇航、步以韶、高振伟这些曾经学习过西方政治、法律方面的知识，有开放的

---

① 《天津府自治局章程》，《大公报（天津）》1906年9月2日。

② 天津府自治局：《天津府自治局文件录要初编》，天津府自治局，1907，第1页。

③ 天津市档案馆等：《天津商会档案汇编（1903—1911）》，天津人民出版社，1998，第2288页。

④ 廖一中、罗真容整理：《袁世凯奏议》，天津古籍出版社，1987，第1520页。

⑤ （清）甘厚慈：《北洋公牍类纂》，卷1，天津古籍出版社，2013，第74、95页。

⑥ （清）甘厚慈：《北洋公牍类纂》，卷1，天津古籍出版社，2013，第74、95页。

眼光，可以接受地方自治思想的地方精英担任自治宣讲处宣讲员。除此之外，他们作为本土人士具有得天独厚的优势，熟悉天津地区的风土人情，比较容易和天津当地的百姓进行交流。宣讲员主要向天津各地的百姓讲解何为地方自治，以及地方自治对国家和个人的种种益处。这种普及方式在“开民智”上起到了重要的作用，也为接下来推行议员选举，设立天津县议事会打好了民众的基础。

通过选举建立自治机构，是天津地方自治的创举。1907 年 8 月 18 日，这个日期对于中国国民政治权利、自治权利的发展具有特别的意义。在这一天，中国历史上第一次选举活动在天津举行，这也是天津县议事会成立前的第一次选举。但在当时的历史背景下，民众的受教育水平普遍不高，因此只有符合严格要求的天津本地人才能获得珍贵的被选举资格。

最初的试办章程规定了选举人和被选举人资格。为实施选举，自治局依照巡警区划确定了 8 个选区，设立了选举总分课，由自治研究所毕业学员分别调查选举人和被选举人情况，以统计选票和被选举人数量。《治理天津县地方自治章程》中规定的条件不仅有学历上的，例如小学以上的学历，私塾学堂的在读生，具有科举考试的资格；还包括经济能力、社会地位上的要求，例如要求曾经担任过官员，身家财产高于两千元，担任过公益类的工作。能符合以上条件中任意一条的人在清朝末期的天津都不占多数。在当时天津的四十一万人口当中，具有选举权利的人士只占 3%，可以被选为议员的人更是少之又少，仅占 0.6%。这充分体现了当时选举制度的局限性，也和如今的政治制度产生了巨大的对比——当今国民由宪法赋予权利，年满十八岁，未被剥夺政治资格的精神正常者都具有选举权与被选举权，民主的程度和范围是清末自治人士难以料想的。

从 1907 年 6 月起，自治局按照章程在天津城与四乡开始组织选民投票选举议员。这在中国是第一次通过选举选出议员。尽管经过广泛的宣传，民众的认同感仍然十分有限，自治局发出 7 万余张选票，经过登告白和知县“亲至各乡镇演说”，最后仅收回 13567 张。参加投票者，城内 1700 余人，四乡约 7000 人，总共 8759 人，其中有被选举资格者 2572 人。① 最终选出了 30 名议员，成立了天津县议事会。翌年 7 月，天津县董事会成立。在天津县议事会成立大会上，直隶提学使代表袁世凯致贺词，称赞天津试办地方自治的议会“为议院之先声”，“一以使养成公德心，对于地方上事不视作旁观派，则渐起其爱国心矣；一以练习政治上识见”，使得以后开设议院不患缺乏人才。②

在天津县议事会的众多议案中，最多的是和公款有关的调查案，因为议事会在成立之

---

① 天津府自治局：《天津府自治局文件录要三编》，天津府自治局，1908，第 20 页。

② （清）甘厚慈：《北洋公牍类纂》，卷 1，天津古籍出版社，2013，第 117 页。

初首先要解决的就是资金来源问题。为了解决资金筹集的难题，县议事会曾经通过将寺庙、尼姑庵等宗教场所得到的香客们捐的善款纳入公款，并将场地改为学堂等公共设施的议案。这是议事会最具有价值的议案之一，但依旧存在不合理之处。此举虽然维持了自治机构的运转，但却未免过于激进，没有重视民众的传统信仰，没有给教徒们应得的尊重，致使一大批僧人和尼姑流离失所，引起了他们的不满。

除了将宗教机构所得收归公有的举措以外，天津县议事会还致力于平衡税收。清末时期政府除了向列强赔偿大量款项，还要负担贵族阶层和大臣们的奢靡生活，为此，民间的苛捐杂税数不胜数，政府也推出“分税制”，即国家税和地方税分别征收。天津作为直隶总督管辖的地区，直接由巡警局下属的税务科征税。除了官员以外，还有很多田地或住房的承包人，参与进横征暴敛的狂欢中。议事会成立之后，为了调整这一乱象，推出取消税务科和承包人征税资格的议案，但最终由于政府的反对也并没能付诸实施。

董事会在现代意义上一般为执行机构，但天津县董事会在设立时没有将执行功能和决议功能明确地区分开来，而是二者并行。董事会成员是从天津县议事会的成员中选举出来的，董事会的会长作为管理地方行政事务的唯一官员由天津县的知县出任。在天津实行地方自治期间，任董事会会长的正是曾经前往日本留学的知县张寿龄。为了防止董事会借自治名义滥用权力、破坏民主，直隶总督和知府作为董事会会长的上级官员，有权力监督其决议和执行。

事实上，董事会成员并不完全是在任的议事会议员，其中不乏一些曾经担任过议员的人士，自然也都对应当执行的任务了若指掌。成员当中有以副会长石元士为代表的商业翘楚，他一生乐善好施，在天津地区享有盛名，获得“石善人”的美誉。在天津实行地方自治的起步阶段，正是这样一批充满家国情怀的有识之士成了地方自治的中流砥柱，利用他们在天津地区的号召力和影响力，让民众认识到自治相比于传统官治的诸多益处。

由此，自1907年开始，天津县率先拉开了清末直隶地区地方自治改革的序幕。在清政府《城镇乡地方自治章程》《府厅州乡地方自治章程》两个章程的指导下，直隶各地全面推开地方自治改革，清政府希望地方自治能成为辅助官治的良方，实现“官民共济”的社会治理目标，既充分吸纳科举制度废除后释放出来的大批绅士的社会力量，又顺应绅民对立宪改革的期望，保持政府社会治理的平衡。然而，随着朝廷章程的变更和直隶总督的更替，地方自治经费筹集方式由官治补助过渡到就地筹款，自治经费负担向普通百姓转移，城镇乡地方自治接受上级和地方官监督，在后期的自治运行中出现了地方自治议员“以公权谋私利”、受贿和贿选及利用就地筹款政策加征课税等弊端，地方自治与社会乡民产生冲突，引起民变。

当时，天津府自治局还曾经试办社会调查。在《天津府自治局试办调查简章》中规定，专派法政毕业官绅分赴天津府各属进行六个月的调查，调查分为必要、推广、密查、附加等四类，范围十分广泛，包括工农商业、户籍人口、教育风俗、道路交通、军事治安以及土娼赌场、土豪劣绅等。虽然社会调查结果不得而知，但从调查的内容不难看出，实施者的目的是借此更加详尽地了解县以下地方社会的政治、经济和社会等现状。至1911年，直隶迁安县因地方自治士绅实施清政府调查户口的新政措施引起“迁安之乱”，永平县因盐斤加价激起“永平之乱”，豊润县因地方筹办席捐引起乡民反抗，时称“豊润之乱”。一年之中出现三大乱端，时人直呼：“不知当道诸公将急筹防乱之策抑为改良自治之计耳。”①

清政府之所以反复强调“自治能辅官治之所不及，以通上下之悃忱”，②“自治者乃与官治并行不悖之事，绝非离官治而孤行不顾，自治与官治乃有合则双美，离则两伤”，③ 是因为其对官治与自治的设计目标是官治与自治的结合和“共赢”。然而，制度设计与实践运行的分离，利益纠结产生的诸多冲突和抵牾，使官治与自治走向“官与议会争权，议会与官争利，两失之”④ 的困境。

就全国而言，地区之间、社会阶层之间、城市和农村之间，在生产率、富裕程度、资源、教育、人口等方面都存在差别。在各地区中，以亲缘关系、民族和其他社会纽带为基础的地方社区之间可能存在尖锐的矛盾和冲突。自治机构如果能充分发挥出应有的作用，通常比中央政府更能赢得地方民众强烈的忠心。面对官方渗透或遣散他们的行动，自治机构往往表现出维护自身团结和权益的强大韧性。

三、自治与官治的张力及原因解析

清末地方自治之所以难以实现“补官治之不足”“与官治相济”共生共美的理想关系，究其原因，往往是基层地方自治直系社会治理的末端，“牵一发而动全身”，屡屡激起民变或维权事件。清末一方面强调地方自治，另一方面又试图予以监督控驭，表现出新旧进退交叉、纷然杂陈的过渡性特点。

天津兴办地方自治的模式，与西方国家的自治相比区别很大，不仅未能反映地方社会

---

① 《自治乎自乱乎》，《大公报》1911年1月12日，2686号，第二张1版。

② 廖一中、罗真容整理：《袁世凯奏议》，天津古籍出版社，1987，第876页。

③ 《宪政编查馆奏核议城镇乡地方自治章程并另拟选举章程折》，载《清末筹备立宪档案史料》下册，中华书局，1979，第725页。

④ 王守恂、高凌雯纂修：《民国天津县新志》，上海书店出版社，2004，第81页。

力量的增强和对行政管理的参与，反而看到了国家中央集权的延伸。总体来看，天津地方自治依旧属于“治民”，而非“民治”。并且，当时各地社会力量实力相对薄弱，城市中绅商等参政议政的意识和自觉性也较为淡薄，一般民众对地方自治的认知还相当肤浅，难以有效地承担倡办自治和设立机构之任，也难以长期与政府保持均衡的关系。在这样的环境下，天津的模式恰恰迎合了清廷从加强统治和整合社会力量的角度实行地方自治的统治需求，被立为兴办地方自治的模范，进而推动了全国地方自治的开展。

地方自治作为清末“新政”的延续和预备立宪的重要内容，实则折射出的是国家、精英、公共空间、大众文化这些因素的交互影响和作用。公共空间或称“公共领域”是指既非个人又非官方而处于两者之间的社会空间。在西方各国从传统社会向近代社会的过渡过程中，公共空间发展成为与国家权力对立的一种社会力量。新政及预备立宪政策是中央下达的，由地方官具体实施执行。在自治运动思潮下，一些非官方的公共组织在地方管理中扮演了重要角色，这些组织包括自治会、城会、镇会、乡会以及城乡镇的董事会。它们性质独特，虽由地方士绅组织，实际上属于公共领域，但它们可运用地方官僚行政的权力。地方自治就是晚清国家权力转移的最好证据。

清末天津地方自治带有“自上而下”的特点，与上海地区“自下而上”模式相比较，整体还属于以袁世凯为主导的统治体系。由于官治色彩强大，地方自治机构没有切实参与政治管理，自治机构应当发挥何种作用最终还是要听命于实际控制者。袁世凯在天津自治局成立之初，把重心放在自治思想的宣传和教育上，这是颇有成效的。天津诞生出一批肯于接受西方政治理念的优秀人士，正是在他们的宣传下，一直受君主专制制度压迫的民众也终于有机会了解自治的概念和好处。除了宣传和教育，为了选举天津县议事会成员而进行的中国历史上第一次选举同样让人耳目一新，无论组织者的最终目的有多么复杂，但是确实让“民主”初现端倪，民选官，这毕竟是旧日封建社会中的普通百姓无法想象的。

可除去这些以外，在天津县议事会和天津县董事会成立以后，这两个机关所办的事务屈指可数。例如在前文中提到的天津县董事会曾经想取消税务科和承包人的征税资格，但实际上税务科属于巡警局，所征收钱财都由政府人员层层剥削，最终落在朝廷的钱袋中，如果税务科被取消，则无法支撑官员的生活；而承包人一般是地主阶层，与政府人员利益交织，贿赂是常有之事，如果切断承包人的财源，最终还是会减少政府的收入。所以处在地方政府压制下的天津自治机构始终没有办法真正决定触及政府利益的事务，在“官办”的环境下扮演着傀儡的角色。

作为地方精英代表的士绅是在我国长久以来小农经济为主导的条件下诞生出的特殊阶层，他们有一定的财力，富甲一方，通过科举考试取得功名，已经为官或是有做官的资格，不用再靠农事劳动来维持生计。由于此阶层的人士在地方具有一定的综合实力，自明朝后期，政府对于士绅一直抱有笼络态度。但在清朝末期，属于立宪派的士绅阶层和清政府衍生出了诸多矛盾，归根结底是因为二者多方面的冲突。天津在实施地方自治的过程中，并没有延续过去笼络士绅阶层的做法，而是重用从日本留学归来的学者，自治机构更是成为富商大贾的主场，这打乱了中国传统中重农抑商的秩序，通过科举考试获得功名的士绅阶层失去了实权。这引起了士绅阶层主导的立宪派和清政府之间的冲突进一步加重，士绅阶层越来越失去对政府的信任，为几年后清王朝的覆灭埋下伏笔。

地方精英承认在道义上有义务建立对民意做出反应的公正的政府，但政府的强化取决于政治录用程序，它宣称仅仅选择那些具有高尚美德的人，以及可在官僚集团内部实现的义务。简言之，传统的政治体制相对来说可以自由地聚集并行使整个权力。① 事实上，美国有学者认为，“中华帝国政府并未最充分发挥其潜在权力”，② 由于重要条件的限制，它容许某些地方自治方式，对此它不坚持直接加以控制，而且还容忍某些特殊利益渗入官僚程序之中。比如，官方权威并不直接加于民众头上，而是通过地方的中介——绅士和其他较低级别的权威人物。但这并不会导致乡村民主，因为地方权力结构是严格由权威和地位标准决定的。严格来说，这不是真正的地方自治，因为政府坚持握有在任何时候、出于任何原因干预地方事务的大权。

因此，很多自治机构的设置，吸收乡绅等精英参与地方治理的举措，只是一种操作上的安排，主要是出于行政管理效率和不愿轻易更改“祖宗之法”的理由而设置。不可否认，由无私的、受过良好教育的、经过考试而不是依据出身或财产选拔出的精英组成政府，这一理想对传统中国具有深远的影响。但财富可以起作用，因为官职和官员身份是可以购买的。而个人的义务和忠诚，特别是对家庭成员、对来自同一个家族、地区或学校的成员的忠诚，有可能破坏官员的公正性。但这个制度在一定程度内容忍这种亲疏关系，因为它没有什么选择的余地，构成这一制度的人们毕竟持有可支持这种亲疏关系的价值观念。

中国古代政治权威的合法性更多的是建立在对以儒家为主的道德学说的理解上，而不是依据财富、地位、权力或特殊利益的表达。因此，儒家意识形态成了一种整合力量，用以论证政治统治，确定国家的目标，提出精英的共同价值观，以及调和社会中的各种利益。坚持从道义上赢得政治权威并通过捍卫道德学说来表达这种权威，是帝国制度运作的根本因素。由于缺乏对政府权力的制度上的牵制，那用什么来阻止权力的滥用并保证政府会真

① 参见［美］C·维特福格尔：《东方专制主义：整体权力的比较研究》第4章，耶鲁大学出版社，1957。

② ［美］詹姆斯·R·汤森、［美］布莱特利·沃马克：《中国政治》，顾速、董方译，江苏人民出版社，2010，第29页。

正为社会服务？儒家认为那就是靠“好人”，即依靠为官者的个人素质，而不是依靠规则或体制结构。由此可知，就算成立自治机构，只要带有半官方的性质，必然最终会走向“流产”，无法真正自治起来。

由天津自治局的运转可以看出，公共领域的扩张在很大程度上是官方推动的结果，地方精英、官僚和国家之间有一种密切的关系。他们相互依赖去达到各自的目的，尽管这些目的经常各不相同甚至彼此对立。地方精英充分利用国家对公共领域发展的支持去扩大他们在社会的影响力。预备立宪活动的确扩大了地方精英的社会影响，他们逐渐依赖各种措施作为许多社会和政治活动的基地，部分国家权力也被转移到地方士绅手中，比如天津自治局、清末各地商会就明显地介入和接管了地方司法的权力。在新政初期，地方精英充分利用官方的支持去扩张公共领域和他们自己的权力；至少在预备立宪宣布之前，国家机构强化和公共领域之间没有根本的冲突。这反映在地方管理上，也产生了到底是自治还是官治的纠结。

必须强调的一点是，虽然国家承认和支持公共领域，但不意味着公共领域可以完全自由地扩张。实际上，它仍然处于国家指导的限制之中，通过天津地方自治的运转可以看出来。公共领域如果没有国家的支持和扶植，其发展是很困难的，因此，公共领域的扩张不可避免地要与国家合作。国家依赖地方精英与地方社会发生联系，精英由此在国家和地方社会之间扮演了一个中介角色。而公共领域又是社会稳定的基础，国家在很大程度上依靠公共领域去实施地方管理。而地方精英也认为，公共领域是他们建立自己社会影响和地位的最佳舞台，于是他们会利用国家的支持去竭力发展公共空间。但当地方精英力图争取更多的权益时，或者国家为限制地方精英权力并试图收回已授予的部分权力时，冲突就不可避免。

四、余论

地方自治是社会治理中的重要课题，是当代民主国家青睐的治理方式。中国对地方自治的探索肇于清末，作为立宪的基础，它对近代中国的政治转型有着至关重要的作用，成为中国政治体制革新历程中的一次有益尝试。① 但没有一个因素可以单独解释在社会转型过程中，推行法律近代化所处的困境的深度和复杂性。尤其当清政府统治的合法性权威衰落之后，其必然靠粗暴的武力和金融权力填补真空，所以各地起义、革命不断，资本主义经济发展也受到某种程度的阻碍和影响，很难形成所谓的“市民空间”。

---

① 马小泉：《国家与社会：清末地方自治与宪政改革》，河南大学出版社，2001，第1页。

虽然当时内忧外患，西方价值观的渗透也促进并加剧了对传统的否定，一定程度上有助于激发中国进行变革，但这种“解放”的实际程度非常有限。毕竟，由于贫穷、文盲以及传统上与政治隔绝，普通老百姓受到鼓动去接受他们身边发生重大转折和变化的可能性微乎其微。而清末天津的地方自治根本不可能去发动群众，只是自上而下的变革而已，况且就在统治阶级、精英阶层内部，对于这种变革也有分歧和争斗。

还有一个重要因素不得不提，那就是清代人口增长的变化。虽然历史学家指出，随着人口规模的扩张，清代的商品经济和货币经济有了明显的发展，比如土地交易和土地流转甚为频繁，但人口与资源之间的紧张关系也凸显，并加剧了社会竞争，使得社会内部越来越动荡和不安定。这种情况表现在法律上，便是诉讼频仍和地方行政的不堪重负。本来地方自治的要求和目的不是对人民实施直接统治，甚至也不以促进经济发展为要务，因而其人力、财力非常有限，如此根本不足以应付社会的实际需要，而官治这种正式体制以外的发展，同时必然会带来很多弊端，使固有的问题更加复杂难解。

关于县级基层地方自治中官治与自治的关系，国外学者存在两种说法：一是认为清政府通过地方自治控制政治规划程序，把地方精英重新纳入国家机关，实现了国家行政向基层社会渗透以及官治向自治渗透。① 二是以日本学者黄东兰为代表，据他考证研究并进行比较，天津自治定位在官治之外，补官治之不足，未能和日本一样被官治吸纳，与官治融为一体。② 官民相隔导致地方精英介于官吏与民众之间，非官非民的角色没有本质变化。③随着科举的废除，利益的转变带来地位的改变和角色的转变，清末地方自治士绅转向“介乎官绅之间”，身份和政治角色的转变，使其既难以延续传统“官绅合一”的角色，也难以维持“绅民一体”的角色，在地方自治的平台中，地方自治士绅不仅与清政府官治产生诸多抵牾，和社会士绅、乡民亦是轇轕难清。身处社会转型背景的清末地方自治士绅已很难真正完成“以地方人办地方事，以地方财谋地方人民之幸福”的传统任务。

清末地方自治运动是随着国人对西方宪制文明理念认识的逐步深入，一步步从纯粹的理论走向实践的。尽管在这一过程中，由于传统文化、社会政治经济水平、国民素质等原因，地方自治运动反映了新兴资产阶级参与政治决策和社会管理，分享公共权力的强烈愿望，在当时专制色彩浓厚的国家背景下历史性地实现了带有一定民主色彩和公民意识的选

---

① 参见杨念群：《中层理论——东西方思想会通下的中国史研究》，江西教育出版社，2001，第 182 页。

② ［日］黄东兰：『近代中国の地方自治と明治日本』，汲古书院，2005，参见国家清史编纂委员会编译组编：《清史译丛（第七辑）》，中国人民大学出版社，2007，第 145－172 页。

③ ［日］黄东兰：《清末地方自治制度的推行与地方社会的反应——川沙“自治风潮”的个案研究》，《开放时代》2002 年第 3 期。

举和参政，并且对后来中国的法治建设产生了深远的影响。

在史学研究中，存在两种不同的学术倾向：研究政治史的学者往往注重重大事件和风云人物的活动，而社会史学者则钟情于人们社会生活的细枝末节。所以，社会史和政治史有时在所关注的问题上，存在明显的鸿沟。但实际上，两者在任何历史阶段、任何区域以及任何历史侧面，都有着不可分割的联系。如果能发现和研究这种联系，实则是为政治史和社会史的研究拓展了空间。以评价清末立宪的结果为例，多数史学者认为随着辛亥革命的发生，清政府自己埋葬了其统治权而失败。而在研究角度方面，政治史学者认为辛亥革命是精英革命，往往忽略民众在革命中扮演的重要角色。如果把研究方法从政治史转向社会史，把焦点从精英革命转向民众革命，将有助于进一步理解和分析清末预备立宪结果形成的政治土壤和社会根基。

同时，“学术研究要立足国情和为现实服务”，① 当代中国面临全球化和政治民主化浪潮的冲击，政治民主化是大势所趋，有效的社会治理能为国家政治民主化提供有效的保障；同时我国正处于深化体制改革的节点，基层县治成为改革的基本单元，地方自治是基层民主的直接体现，它的实践能将民主渗透到社会生活的各个方面，直接影响民众的利益和中央政策在基层的对接。中国的民主政治发展程度，基层民主是重要指标。作为最小的基层治理单位，村民自治和自治民主最能反映基层的治理状况和民主程度。

天津自治这一个案，实则反映了“自治”思潮在清末沿着两个方向发展：其一是把自治理解为国民的一种能力，这种能力可以使国民保持其独立与自尊的地位，免于受国家的强制，进而形成一种具有自治力的国民精神；其二是把地方自治作为一种政治理想，试图以地方自治来奠定中国立国的基础。而官绅之间利益各异，对地方自治改革缺乏共识。因此，地方自治改革需要凝聚各方共识，以此作为动力。任何一项改革都必然引发争议，怎么改、改哪里，等等，因为改革总是牵涉利益的调整和变动，就如列宁指出的利益触动每个人的神经。然而，争议有时会带来阻力，也会带来动力，成为新共识产生的基础。面对争议就需要政府调节各方利益，服从改革大方向需要，不能只是获得某一方的掌声，才能为改革的推进创造更大空间。

地方自治改革需要突破制度瓶颈，以制度化实现政策的有效化。但是，政策有力与否和对症与否，需要时间检验。清末地方自治顺乎政府需要，也合士绅民心，却政出多方，政策不断变更，从《试办天津地方自治章程》到《城镇乡地方自治章程》《府厅州县地方自治章程》，从《天津县地方自治选举章程》到《府厅州县自治选举章程》，官治统合政策的

① 彭剑、周波、段君峰：《首届辛亥革命研究青年学者论坛综述》，《湖北社会科学》2008 年第 3 期。

意向很强，无奈士绅分化、官绅分化，制度变更使得各方对政策解读多元化，导致政策与实践的脱节，直隶督宪不断变更加剧了地方自治政策的交接摩擦，造成无法以制度化推动政策有效化的最大症结。因此，当今在推行基层治理时，一定要处理好自治与代表国家层面的法治之间的关系，提高民众的法律意识和参政意识依然是基层地方治理当中非常重要的一环。而官治与自治之间的张力与纠结，也恰好为法治建设提供了新出口。

从“舌人”“仲伊”到法院“通译”：近代西康司法翻译人员职业化研究

刘子璇*

摘　要　西康地区民族众多、语言殊异，各群体之间交流须借助翻译人员为中介。长期以来，这类翻译人员群体被称为通事。早期西康通事多以上下操纵、趁机舞弊的负面形象出现在大众视野，通事凭借语言优势参与司法审判、干扰诉讼的情形也较为常见。1937年西康司法筹备处成立，拟在西康地区实施司法近代化改革，推动西康建省工作的有效开展。其中，培植司法翻译人员、重视通译员的司法参与是近代西康司法改革的重要举措。在民刑事诉讼法律《西康民刑事特别法草案》方面，通译作为重要诉讼参与人贯穿程序始终。制度层面，西康通事经历了从“舌人”“仲伊”“通司”到“通译”的转变，体现了近代西康司法翻译人员职业化转型的过程。而司法实践中，西康全省各级法院专职通译员数量极少，基层司法实践中通译仍多由民间通事担任，翻译人员职业化尚未实现。

关键词　西康；司法改革；通译；职业化；近代转型

西康，古康藏卫三区之一，地处我国四川、甘肃、云南、西藏之间。康藏之于川滇，具有“川滇之咽喉”、川滇之“藩篱”“门户”① 等重要地理意义，长期以来就是连接内地与边疆地区的枢纽。民初，北洋政府在西康地区设川边特别区，川边镇抚使尹昌衡推进西

---

* 刘子璇，四川大学法学院博士研究生。

① 傅嵩炑著，陈栋梁重刊：《西康建省记》，中华印刷公司，1932，第3页。

康建省工作。1928 年国民政府任命二十四军军长刘文辉为川康边防总指挥。至抗日战争爆发，西康成为抗日战争时期的战略大后方，届时西康建省工作正式展开。为推动西康建省工作顺利进行，1937 年，西康省司法筹备处成立，拟在西康各地全面推行司法改革，设立地方法院，颁布特别法规。在西康司法改革过程中，司法制度的近代转型和司法人员、司法建置等各方面的改革，不仅推动国家权力进入西康基层，也给西康传统基层权力结构带来冲击，从而带动西康整体政治格局的变动。① 从 1939 年西康建省，至 1955 年西康省行政区划撤销并入四川省，前后共计 16 年。近代以来西康地区社会变革剧烈，行政区划及名称多次改变，为便于叙述，本文统称为西康。

西康地区聚集汉、藏、彝等多个民族，各民族之间语言不同，文字殊异。近代以来，西康作为边地与内陆的重要枢纽，翻译群体作为各方中介，具有信息沟通、事务协调和地区向导等职能。在推动西康司法近代化改革的过程中，通事还成为审判活动中不可或缺的司法辅助人员，是近代西康地区司法审判重要诉讼参与人之一。在制度层面，西康通事经历了从“舌人”“仲伊”到“通译员”的转变，即身份到职业的转型。这一过程伴随着西康翻译人员职能单一化、知识专业化的转变。在司法领域，作为重要的诉讼参与人，通译员的语言水平、专业能力、职业道德等均对法律知识的传播、司法制度的落实及司法审判产生直接影响。

关于中国少数民族通事的既有研究主要集中于民族学、历史学，其中以川边康区通事的研究成果更为集中。研究内容涉及少数民族通事制度的历史流变、通事群体的社会功能、国家与地方的权力话语等多个命题。② 近代法律史的研究对于边疆少数民族地区法制转型关注略显不足。清末以来，从川边到西康省，西康经历了从地域概念到行政区划的转变，是政治、经济、文化全方位的整合与转型。深受传统地方势力和宗教文化的影响，西康法制改革起步较晚，国家司法制度推行阻力更大，国家法与地方习惯的冲突尤其明显。关于西康近代法律制度转型相关研究，主要包括法律转型背景下西康习惯法与国家法的互动、③

① 詹悌：《民国时期西康司法的近代化进程——侧重司法统计的分析》，《法律史评论》第 18 卷，社会科学文献出版社，2022。

② 参见彭福荣：《话语即权力：通事何能参与中国土司政治》，《青海民族研究》2021 年第 4 期；王挺：《通事在汉藏交流中的作用分析》，《民族史研究》第 15 辑，中央民族大学出版社，2019；朱映占、张媚玲：《通事在近代康区治理中的作用及思考》，《云南师范大学学报（哲学社会科学版）》2017 年第 3 期；朱映占：《语言、通事与近代西南边疆族际交往演进》，《思想战线》2018 年第 2 期；等等。

③ 苏洁：《略论国民政府时期国家法与习惯法的冲突与融合——以西康司法改革为视角的考察》，《甘肃政法学院学报》2015 年第 5 期。

近代西康法制改革、① 民国法治实践与西康社会治理②等几个方面，侧重于西康司法近代化转型的制度设计及其影响因素的考察与分析，而其中对于司法人员配置情况尚缺乏关注。近代西康民族语言翻译人员在西康司法审判中、在国家法律在基层传播与适用的过程中起到重要作用，却在司法实践和法律史研究中成为边缘化群体。本文拟在近代西康法制转型的背景下，着眼于少数民族语言翻译群体，在这一新视角下，探究西康翻译人员职业化转型对于西康司法近代化改革的影响。

一、作为近代西康对外交流重要参与者的通事群体

（一）近代西康通事概述

西康作为少数民族与内陆地区接触地域，语言不通问题长期存在，文化互动、民族交流须借助翻译实现。这类在各群体之间的互动中提供翻译服务、促进交流沟通、协调各项事务的人被称作通事或通司。“通事”一词，古已有之，至元明清时期已形成了健全的通事选任和人才培养制度，以实现族际语言的翻译和文书译写，在跨文化传播“接触地带”实现国家权威向地方的有效传递。③ 长期以来，地方通事主要分为两种，一种是中央政府培训专职翻译人员，另一种是产生于各民族交往交流需要的底层通事。早期西康通事以后者为多，凭借自身的语言优势为不同群体服务，是近代西康与外界政治、经济、文化交流的重要参与人，也是西康近代化转型与社会变迁的重要见证者。

西康通事主要工作为不同民族间的语言交流、文书撰写等。西康地区翻译人员因分工不同，称呼也有所差异。其中，粗通各族语言，不识文字，仅能进行口头语言交流的被称为“舌人”。舌人在西康地方治理中起到重要作用，以至于“大凡知县履任，皆须用舌人三、二名，以利宣传”。④ 舌人多来自民间，均非在编的县政府工作人员，也不以语言翻译作为唯一的工作，除县府的翻译工作外，也从事其他杂事以谋生计，身份较为低微。“官亦

---

① 参见扎洛：《清末民族国家建设与赵尔丰在康区的法制改革》，《民族研究》2014 年第 1 期；苏洁：《论民国时期边疆司法改革原则——以西康司法改革为例》，《贵州社会科学》2014 年第 11 期；吉正芬：《民国西康省司法改革的尝试：〈西康民刑事特别法草案〉》，《西藏大学学报（社会科学版）》2016 年第 2 期。

② 参见吴治繁：《南京国民政府的边地战时金融及其法律规制——以西康省为例》，《贵州社会科学》2016 年第 11 期；吴治繁：《近代中国宪法实践中的西康建省及其法治价值》，《社会科学研究》2015 年第 3 期。

③ 参见彭福荣：《话语即权力：通事何能参与中国土司政治》，《青海民族研究》2021 年第 4 期。

④ 徐金源：《川边游记》，北平著者书店，1932，第 68 页。

以奴隶畜之”① “人亦以贱役待之”② 是西康地区大多数通事生存状况的真实写照。另一类既能从事口译又能进行文字翻译、撰写文书的通事被称为“翻译”“通司”或“仲伊”，社会地位较优于舌人，但仍属社会下层。内地文人较多从事翻译一职，翻译在西康地区地方治理中也属于必不可少的工作人员。“各县知事公署，皆设翻译房，其中或一人，或三五人不等，凡文告批禀，必用汉文而副之以藏文，以证其无误，然后乃发于外。”③ 西康建省之前，各地司法审判均为县长兼理，亦无专职司法人员，通事也多为临时指定。对于翻译人员的迫切需求以及翻译人才的稀缺长期成为近代西康建设的主要矛盾之一。

（二）西康通事社会形象建构

尽管对近代西康社会起到不可或缺的作用，但事实上西康通事却常与“唯利是图”“欺上瞒下”等负面评价挂钩，通事舞弊更是西康历任管理者都无法忽视的问题。在近代西康的社会调查、游记中，通事舞弊形象多次出现，甚至成为社会共识，以致其正面的社会功能常被忽略。

西康通事出身社会底层，职位低下，薪资微薄，社会地位极低。有调查称，“通事之地位，亦与厮役等，常使之任捧茶递烟诸事项，大有一为通事便用不得跻于上流之概，通事既自甘居下流，而人亦以贱役待之”。④ 基于以上原因，常有通事仰仗对于语言知识的垄断地位，为自己牟取不当利益的情形。中央官员与地方少数民族语言不通，交流困难，通事即便当面勒索钱财也毫无障碍。清末边务大臣赵尔丰所雇佣之通事，在德格向当地土司喇嘛索取银钱数千两之多，又在贡觉将偿还康人牛马数百支，私行提留变价。届时所雇通事“舞弊者多”“无不需索”。⑤ 另有通事在转译过程中随意编造，牟取私利，将赵尔丰辱骂土司的话语，译为要求缴纳狐皮。⑥ 通事的不当行为极大阻碍了各族间的交流，激化了各族之间的矛盾。

当时的西康调查人员普遍对当地通事评价极低，认为通事“皆不学无术、目不识丁之流”且工作中常“上下操纵，故弄玄虚”⑦ “贪图小利而颠倒是非”⑧，或称通事“多属亡命

---

① 徐金源：《川边游记》，北平著者书店，1932，第 68 页。
② 宋济元：《建设新西康首应解决翻译人材问题》，《康导月刊》1939 年第 1 卷第 5 期。
③ 徐金源：《川边游记》，北平著者书店，1932，第 68 页。
④ 宋济元：《建设新西康首应解决翻译人材问题》，《康导月刊》1939 年第 1 卷第 5 期。
⑤ 傅嵩炑著，陈栋梁重刊：《西康建省记》，中华印刷公司，1932，第 129 页。
⑥ 任乃强：《西康图经》，西藏古籍出版社，2000，第 415 页。
⑦ 宋济元：《建设新西康首应解决翻译人材问题》，《康导月刊》1939 年第 1 卷第 5 期。
⑧ 徐金源：《川边游记》，北平著者书店，1932，第 68 页。

无赖，惟利是图，当面欺蒙，官莫能查”，① 在西康地区一度形成了以精通康语为人翻译为耻的社会风气，一度对通译人员的培养与选任工作造成严重的负面影响。

（三）近代边区开发与西康语言人才的培养

历任西康管理者均对西康语言人才培养问题予以高度重视，一方面培养专业民族语言人才，从事边疆地区的教育和翻译工作，另一方面旨在提升西康行政人员的语言能力，推动西康政策施行，同时形成对通译人员的制约。

1906年，赵尔丰率先对理塘、巴塘地区施行改土归流。而此地与内陆语言不通，行政工作大有窒碍，翻译人员成为推进边政建设的关键性因素。为大量培植边地办事译员与各种实业教习人员，赵尔丰遂于四川成都华阳县设四川藏文学堂，该学堂被认为是当时训练边务人才的唯一场所，尤以为西康建设培育师资力量为首要目标。藏文学堂于1906年开办，开办的两年中共毕业93名学生。② 后委任吴嘉谟充学务总办，聘川中文士在康区各县创办小学200余所，教授汉文，但在边区语言人才培养方面，收效甚微。1911年，四川都督尹昌衡调任川边经略史，在成都开办殖边学校，教授藏文和垦殖之学。殖边学校培养效果并不理想，“学生之藏文程度，仅能写读字母而已”。③

1928年，国民政府任命刘文辉为川康边防总指挥。刘文辉接防西康，锐意边事，于成都创办边政训练所，并于西康各县开办边政训练所，④ 主要学习科目包括藏语、国文，⑤ 以培植西康边区语言人才。但因培训时间太短，能够掌握粗浅藏语的毕业生不及半数，毕业生就任后，仍无法与西康本地人有效交流。

综上，尽管近代西康历任管理者均采取措施培植翻译人才，但康区专业翻译人员稀缺问题并未有效解决。长期以来，西康司法审判中的语言交流、文书撰写工作仍多由民间通事处理，成为国家法律在西康地区的传播与适用、司法制度构建的重要影响因素之一。

二、近代西康地区通事的司法参与

民国时期法律所称通译，是指在诉讼中承担翻译工作的人，是司法审判中重要的辅助

---

① 任乃强：《西康图经》，西藏古籍出版社，2000，第414页。
② 张敬熙：《三十年来之西康教育（上卷）》，商务印书馆，1939，第49—50页。
③ 任乃强：《西康图经》，西藏古籍出版社，2000，第413页。
④ 邹德高：《川康藏边事报告书》，《蒙藏委员会公报》1929年第8期
⑤ 《通令军区各县颁发设立边政训练所布告文》，《边政》1929年第1期。

人员之一。民初司法审判中的翻译人员被称为翻译官，至 1935 年统一称为通译。1935 年《法院组织法》规定“法院为通译之必要，除临时指定者外，得置通译委任”。长期以来除极少数法院设置通译外，绝大多数法院均未设置通译。通译的设置存在较为明显的区域差异，与涉外诉讼的地域分布基本一致。通译员多集中于上海、山东、广东等涉外诉讼较为频繁的地区，内陆地区除甘肃、陕西高等法院个别年份设有一名通译外，各地法院均未设置通译。西康地处西南内陆，涉外诉讼并不常见，但族际间诉讼催生了对翻译人员的需求。

（一）西康基层司法通事概况

1935 年国民政府决议西康建省，成立建省委员会，任命刘文辉为建省委员会委员长。建省委员会颁布《西康各县政府组织规程》，规定各县司法审判相关事务。1938 年 9 月，康定、泸定两地成立司法处，各设审判官一员，县长自兼司法行政及检察事务，受理第一审案件。西康各县“县府公务人员多系汉人，且精通康语者甚少，交流障碍颇多”,① 西康地区基层诉讼中文书翻译撰写、审判过程中的语言交流，无不需要通译的辅助。其中，除泸定县汉人较多，本地少数民族汉化程度较深，审判过程并无语言隔阂无需通司翻译外，其余均须通晓汉藏双语的通译人员在旁辅助。②

在西康各县的审判实务中，各类法律文书依当事人情况均可使用少数民族语言。起诉分为言词诉讼和书面诉讼，起诉状用汉文藏文均可，各县司法处基本能保证以书面起诉为原则。康定司法处以书面起诉为原则，通用中央制定状纸，诉状汉藏文字并用；甘孜县状纸也为汉藏文字并用；道孚、炉霍等县则根据诉讼当事人需求，文字不定，藏汉均可，如有藏文诉状则需征收一定的通译费用。③

西康案件庭审也无法脱离司法通事独立运行，以致“人民讼事，堂讯对质时，赖有通事以互相翻译”。④ 诉讼过程中，“舌人则侍立于案侧，以汉语对官，以蛮语对讼者”。⑤ 部分县司法处审理案件时，不仅需通事翻译，还配有通晓汉藏语言之其他人员旁听，以形成针对通事的监督机制。如在雅江县，审理诉讼需由通事翻译，遇有重要案件，还须请县府其他精通康语人员从旁监督。另有石渠县政府，更派熟悉汉康语之士兵旁听，以免通事趁

---

① 萧文哲：《改进西康司法之商榷》，《东方杂志》1938 年第 35 卷第 6 期。

② 参见郑独嵘：《西康各县司法实况》，《康导月刊》1938 年第 1 卷第 4 期。

③ 《西康司法调查报告书》，载李文海主编：《民国时期社会调查丛编（法政卷上）》，福建教育出版社，2014，第 458 页。

④ 徐金源：《川边游记》，北平著者书店，1932，第 7 页。

⑤ 徐金源：《川边游记》，北平著者书店，1932，第 68 页。

机颠倒是非、干扰司法程序。① 诉讼当事人如为少数民族，判决书也多用汉藏语言。诉讼文书以及判决书的翻译均需通事在旁辅助。

（二）通事的选任与待遇

西康建省前后，边区事务繁重，翻译人才供不应求。各县政府机关，均需通晓汉康语言之通事。通事本应由具有专业知识的人才担任，但由于专业翻译人员培植不足，翻译人才稀缺，西康各县通事的选任并无固定标准，对其专业能力更无明确要求。

在西康各县，能通康语、识汉字者皆可充任通事，“纵品行不佳者，亦不得不破格录用”。② 参与司法诉讼实践中的通事，绝大多数不是委任的司法人员，以临时指定为多。各地教育水平不同，通事专业知识、工作能力参差不一，各地通事的司法参与情况差距较大。个别地区通事受到专业训练，具有一定法律常识，且家境富裕，少有流弊情形。大多数通事为社会边缘人群，未受到专门教育，有些甚至无法进行正常的语言互译。大多数县通事“均明不学无术、目不识丁之流，只能做最普通最浅显对话之翻译，遇有稍含学理及从未习闻之事务，即瞠目结舌，莫知所云矣。有时纵请求重加解释，亦囫囵吞枣，混译一通”。③ 通事选任标准低，基本的语言翻译尚无法保障，对于法律知识的掌握更是无法奢求。翻译人员整体素质低下，在极大程度上阻碍了近代法律知识向边疆地区的传播。

在待遇方面，西康地区通事待遇相较于其他地区普遍较低，且各县并无统一标准。1937 年南京国民政府公布《暂行法官及其他司法人员官俸表》，其中对各级法院通译人员官的官等以及官俸做了详细规定。此表规定各级法院通译官俸在 85 元到 200 元不等。根据 1938 年的调查报告，康定县司法处通译月支法币 16 元，甘孜政府支甘孜县通事法币仅 6 元，④ 与法院司法人员规定之数额相去甚远，而与当地厮役相当。除此之外，多县无专任司法人员，司法处人员均为县政府职员兼任，亦无专门薪金，通译人员报酬仅来自每案征收通译费用。如炉霍县民事案件每案征收通译费用藏洋 3 元，该费用归属通译员，刑事案件亦多按此标准。⑤ 瞻化县每案征收收翻译状纸费用藏洋 4 元，⑥ 而雅江县的通译费用仅为藏洋 1 元。1938 年 5、6、7 三个月内，炉霍县司法处未收一案，雅江县司法处仅收两案，

---

① 郑独嵘：《西康各县司法实况》，《康导月刊》1938 年第 1 卷第 4 期。

② 宋济元：《建设新西康首应解决翻译人材问题》，《康导月刊》1939 年第 1 卷第 5 期。

③ 宋济元：《建设新西康首应解决翻译人材问题》，《康导月刊》1939 年第 1 卷第 5 期。

④ 《西康司法调查报告书》，载李文海主编：《民国时期社会调查丛编（法政卷上）》，福建教育出版社，2014，第 441 页。

⑤ 《西康司法调查报告书》，载李文海主编：《民国时期社会调查丛编（法政卷上）》，福建教育出版社，2014，第 458 页。

⑥ 郑独嵘：《西康各县司法实况》，《康导月刊》1938 年第 1 卷第 4 期。

期间司法通事报酬微薄可想而知。即使早期县府第一号大通事，最高饷给不过藏洋 20 元，甚至 10 余元，① 报酬极为微薄。

（三）通事舞弊在基层司法中的体现

西康通事职位低下、薪金水平不高，通事凭借语言优势操控诉讼，趁机舞弊获得不正当利益的情形在所难免。除少数县通事家境丰厚、任职时间长少有舞弊外，甘孜、瞻化、白玉、炉霍等地县司法处诉讼中均有较为严重的通事舞弊现象。②

西康各县县长及司法处审判人员均为汉人，多不通本地语言，无法形成对通事的监督和制约。诉讼过程中通事凭借自己汉藏语言知识的垄断，从中暗自操控。“惟夷人中亦有能汉语者，对案时，本可以汉语出之，直接了当，不待通事之宣传，以省周折，乃偏不用汉语。可见通事于堂讯时，必有从中舞弄，而夷人亦有欲恃通事之从中袒庇者。”③ 另在一寺庙产业案件中，堂讯当日，寺庙僧人迟迟不肯出庭，县属通事催促再三仍不出庭，只得延期堂讯。县属通事参与其中，方才发现是委员通事编造事实，要求僧人呈送委员一定银钱，方可免于出庭受辱，同时还编造其他理由收受另一方银钱，阻碍诉讼程序正常进行。④

各县通事舞弊情况有所不同，泸定县以汉人为主，少数民族仅四十余家，且皆已汉化，县内诉讼并无语言隔阂，故不必另置通事。在九龙县，诉至司法处的案件两造大都为汉人，即使有康人诉讼也多通汉语，诉讼中通事并无舞弊操纵的空间。⑤ 此类地区，通事对于案件影响不大。在甘孜县，因康人多不识汉文，在判决后常有通译自由翻译的情况，以致颠倒是非在所难免。在炉霍县，如县主管官员不能恪尽职守，通译舞弊也在所难免。道孚县和康定县通译因受到过正规教育且具有一定的法律常识，具备担任通译的职业素养，水平较高，两地绝少有通译舞弊情形。⑥

（四）西康通事司法参与情况原因分析

近代西康司法通事种种问题长期未能得到有效解决，其原因可以分为以下几点：

---

① 宋济元：《建设新西康首应解决翻译人材问题》，《康导月刊》1939 年第 1 卷第 5 期。

② 《西康司法调查报告书》，载李文海主编：《民国时期社会调查丛编（法政卷上）》，福建教育出版社，2014，第 443 页。

③ 徐金源：《川边游记》，北平著者书店，1932，第 7 页。

④ 任乃强：《西康图经》，西藏古籍出版社，2000，第 415—417 页。

⑤ 郑独嵘：《西康各县司法实况》，《康导月刊》1938 年第 1 卷第 4 期。

⑥ 《西康司法调查报告书》，载李文海主编：《民国时期社会调查丛编（法政卷上）》，福建教育出版社，2014，第 443 页。

第一，西康整体司法制度不够完善，司法人员缺乏。国家法律制度在西康适应性差，国家司法改革对地方实践的影响不够深刻。近代西康司法人员配置不完善，司法人员缺乏，担任通事的人本多属于社会下层，专业化的通译人才在当时无疑是凤毛麟角的存在。绝大多数司法通事仍为雇佣来的熟悉汉藏语言之人。通事的社会地位、社会形象并没有发生改变，通事舞弊之事在所难免。

第二，近代少数民族地区语言规范问题未得到解决，语言翻译问题缺乏一定的规范标准，即使培训语言人才，亦难以有所收益。针对此问题，在1943年西康省临时参议会第二届第一次大会上，格桑悦希参议员等提出规范翻译语言在汉康交流中的重要作用。在康区施政中即使有通事在沟通，但翻译内容缺乏标准，“本省康区，改流未久，军政官吏与地方人民之间，除雇佣通事可传言达意外，覆于文字翻译，则漫无标准，音译互乖，流弊兹甚”,① 应尽快设立专门的翻译机关，解决翻译语言的规范化、标准化问题，遂“建议省府筹设汉藏语文编译馆”，以规范语言使用。

第三，西康受传统地方势力与宗教文化影响较深，司法审判在地方的纠纷解决机制中占比不大。尽管通事具有不可或缺的重要意义，但近代西康司法体制完善的过程中通事的参与程度并不高。中央司法制度的建立、法律法规的制定，以及制度的具体实践和法律的真正适用，往往存在时滞，中央制度和地方实践的背离在西康地区体现尤为明显。受传统地方势力的影响和宗教文化的制约，法院、司法处仅为西康地区处理诉讼纠纷的一个环节，土司、喇嘛解决诉讼纠纷仍为常态。

西康地区少数民族诉讼多归土司喇嘛管理，土司及喇嘛寺在西康当地是主要的纠纷处理机构。虽然土司制度早已废除，土司名义也多有改易，但实权仍在，在地方仍具有较高威望。根据调查，西康地方之民刑事件，经土司、喇嘛审理者，大概在90%以上，县府则是几乎终年不问案。② 从1938年5、6、7月的收案情况来看，康定、泸定、瞻化三个月收案数量相对较多，也仅为32件、67件和14件，其余各县均收案10件以下，多数县的收案量仅为1—2件，甚至部分较为偏远地区，三个月内未收案一件。③

与此同时，在西康各县，若涉讼当事人双方均为少数民族，鲜有直接诉诸县司法处的情形，多先由土司或头人处理。喇嘛间涉讼或少数民族与喇嘛涉讼，多直接交由喇嘛寺或

① 《请建议省府筹设汉藏语文编译馆案》，载西康省临时参议会编：《西康省临时参议会第二届第一次大会汇编》，1943年，第54页。

② 子惠：《西康司法近况及其改进方针》，《戍声周报》1937年第51期。

③ 《西康司法调查报告书》，载李文海主编：《民国时期社会调查丛编（法政卷上）》，福建教育出版社，2014，第435页。

由土司会同喇嘛共同处理。[①] 如不服土司或寺庙裁判则可继续诉至县府或由地方长官报由县府处理，县司法处实质上成为地方势力处理纠纷的救济机关。另外，诉至县府的多为汉人与汉人或极少数汉康纠纷的诉讼。

也就是说，近代司法制度尚未深刻影响到西康地方的诉讼习惯和诉讼文化。西康地方诉讼实则形成了康藏本地人和外来汉族人的两个体系，土司、喇嘛寺多用以处理康藏纠纷，而县司法处、县政府等机构多用以处理汉人纠纷，故基层司法机关的通译员在县域纠纷中的作用和影响力体现并不明显。与此同时，翻译人员在西康基层司法中起到的作用也较为有限。

三、身份到职业：近代西康司法翻译人员职业化转型

（一）司法筹备与培植司法翻译人才

经历民初一系列司法改革工作，国家法律体系、司法制度已日趋完善。届时国家法律主要矛盾已经从中西法律制度的冲突转化为了中央法律规则、司法制度与基层司法实践的冲突，[②] 这在边疆少数民族地区尤为明显。

1935 年为推动西康建省事宜，司法近代化改革工作全面开启。1937 年 12 月 13 日，司法院同意西康设立司法筹备处。这一时期政府就西康司法制度的完善、司法人员的设置采取诸多措施，其中就包括了司法翻译人员的培养与选任工作。

1939 年国民参政会第四次大会通过《川康建设方案》，在改进川康边区司法方面，提出制定少数民族特别法规、以少数民族语言文字翻译法典、培植边区司法人才、统筹边区司法经费等方案与措施。在培植边区司法人才方面，该方案特别提到了培养翻译人才对于边区司法改进的重要性和紧迫性，“边区民族复杂，情形特殊，任司法职务者，非特别了解边情，并通晓边民语文，即难免翻译通司，从中舞弊，更无从收其实效”。该方案认为在培植川边法律人才的过程中应当对语言问题予以一定的重视，提到“从速特别设所训练边区司法人才，使能粗通边民语文，谙悉边区情形，习于边地生活，庶可推进边区司法”。[③]

1943 年召开的西康省临时参议会第二届第一次大会，对于培植“通司”“仲伊”提出了议案。会议提及“康区施政，‘通司’、‘仲伊’（藏文书记）为主要之媒介，而此辈之不绪

---

① 《西康司法调查报告书》，载李文海主编：《民国时期社会调查丛编（法政卷上）》，福建教育出版社，2014，第 438 页。

② 刘昕杰：《后民法典时代的法律实践：传统民事制度的法典化类型与民国基层诉讼》，《四川大学学报（哲学社会科学版）》2020 年第 1 期。

③ 《川康建设方案全文（下）》，《康导月刊》1939 年第 2 卷第 4 期。

法制，缺乏知识，恐比比皆是，至贪得与蒙蔽，尤其录事……提前训练此两种人才，严格考选，精密训练，再鼓励之、试习之、监督之，使为纯粹之补助干部，否则一切新政，仍不免假手渠辈，恐良好政治，亦不能施展于康区，而徒见其失败立至，故训练'通司'、'仲伊'，实为目前切要之图"。① 该议案提议于省训练团筹设训练班，训练康区各县"通司""仲伊"，考选深通汉藏语言并有志于服务边疆的人员加入训练班受训，以及提高通事地位待遇。会中，此议案予以通过。

（二）通译人员法律规范

1941年，国民参政会建议拟具西康特别法草案，此提案经立法院法制委员会函请司法院，最终交由司法行政部拟具了《西康民刑事特别法草案》。此草案虽最终未能颁行，但其内容对于了解西康近代法制转型仍有一定助益。其中，为保障少数民族使用本民族语言的权利，推进法律在西康地区的具体落实，草案规定诉讼各阶段均需通译作为司法辅助人辅助审理案件。从文书撰写、侦查、庭审到判决等各环节均有通译的辅助，同时草案规定了对于通译的监督机制和惩罚措施，以防止通译借助语言知识垄断地位趁机舞弊、干扰诉讼的情形。

关于通译人员的司法辅助工作，该草案要求，法院为便利诉讼当事人，得设诉讼辅助人办理通译文书或语言事项；诉讼关系人在诉讼中，也可自带通译到场辅助。在刑事审判中，对于笔录之朗读或阅览，如受讯问人不通晓所用之文字与语言者，法院或检察官应用通译。在司法文书方面，也应对少数民族语言问题有所关照。该草案规定公务员于职务上之文书，付与诉讼当事人者，如诉讼关系人不通普通所用之文字，应将文书内容之要旨，附以该地通用之文字。

关于对通译人员的制约与监督，草案中规定，庭审过程中，审判长得邀通晓汉语和当地语言的人到庭旁听，于通译译述错误时，经审判长许可，得予以更正，以达到监督通译、防止通译舞弊的作用。除此之外，草案还对违法通译人员规定了严格的处罚，草案第三十三条规定"执行审判职务之公署审判时，或于检察官侦察时，经公署委任之通译于案情有关系之事项，而为虚伪陈述者，处无期徒刑或十年以上有期徒刑得并科一万元以下罚金"。

在民刑事诉讼法律《西康民刑事特别法草案》方面，通译作为重要的诉讼参与人贯穿程序始终，法院翻译人员成为一种专门化的职业，实现了由"舌人""仲伊"向法院通译的职业化转型。

---

① 《请省府训练各县"通司""仲伊"以利推行政务案》，载西康省临时参议会编：《西康省临时参议会第二届第一次大会汇编》，1943，第44页。

（三）司法改革后西康通译情况

随司法改革的快速开展，通译人才的需求本应有所增加。与司法制度快速建成完善相伴随的是司法人员的稀缺，职业化的通译人员仍是凤毛麟角。

自 1939 年建省起，截至 1946 年，西康共计设立高等法院 1 处、高等法院分院 2 处、地方法院 10 处，县司法处 27 处。①随着法院的快速建立和司法改革措施的稳步推进，专职司法通译人员数量虽有所增加但整体数量较少。1939 年，全西康法院专职通译人员仅 1 人，②至 1944 年西康司法通译人员也仅有 2 人，③ 1945 年通译人员最多时仅为 4 人。④ 与此同时，全省区域内县级司法机关均未设置专门通译人员，⑤ 县级司法机关中的通译仍以雇佣当地兼通汉藏语言之人为主。

在制度设计上，通译在西康的司法改革、审判工作中是不可或缺的司法辅助人员，相关制度不仅对其职能进行了详细规定，甚至建立了完善的监督机制和严格的处罚措置。但由于司法改革不够完善、专业化的人才培养不力，关于通译的规定在司法实践中难以落实。司法翻译人员的职业化转型一时难以实现。

四、结论

近代以来，西康作为边地与内陆的重要枢纽，翻译群体作为各方中介，成为沟通双方的重要纽带。在西康各县司法程序中，通事参与到诉讼程序的始终。翻译人才的培养问题也得到了西康历任管理者的重视。但在制度运行和司法实践中西康司法通事却成为边缘化群体，与此同时，是职业化通译人员缺失以及通事舞弊等情况的大量存在。事实上，在近代司法改革的制度设计方面，西康司法通事实现了由“舌人”“仲伊”“通司”到“通译”的转变，体现了近代西康司法翻译人员职业化转型的过程。但在实践中，法律制度地方适应性弱、司法人才的缺乏，加之传统地方势力与宗教文化的影响，国家司法制度与基层纠纷解决实践的冲突难以根除。这一系列因素导致西康各级司法机构专业通译数量极少，基层司法中的翻译工作仍主要由传统民间通事承担，司法翻译人员职业化难以实现。

---

① 国民政府主计处统计局编：《全国统计总报告（中华民国三十六年辑下册）》，1947，第 343 页。

② 田奇、唐红霞选编：《民国时期司法统计资料汇编》，国家图书馆出版社，2013，第十九册下，第 317 页。

③ 国民政府主计处统计局编：《全国统计总报告（中华民国三十四年辑上册）》，1945，第 44 页。

④ 国民政府主计处统计局编：《全国统计总报告（中华民国三十六年辑下册）》，国民政府主计处统计局，1947，第 343 页。

⑤ 国民政府主计处统计局编：《全国统计总报告（中华民国三十四年辑上册）》，国民政府主计处统计局，1945，第 46 页。

民国时期救灾机制的基层实践

——以 1936—1937 年旱灾的荣县应对为例*

明　晨**

摘　要　在民国时期灾害频发的时代背景下，地处四川盆地南部的荣县也未成为例外，层出不穷的灾害给荣县民众带来了难以描述的苦难。作为国家政治权力在基层集中表现的县级政权，荣县政府为应对 1936—1937 年旱灾实施了一系列举措，成立专门救灾机构并出台制度力图救济灾荒并维持社会秩序，最终的结果却事与愿违。本文通过考察荣县在此次旱灾中开展的一系列救灾实践，对民国时期救灾机制在基层的实践提出反思，为灾荒史与法律史相结合的研究提供了一个新的视角。

关键词　荣县；旱灾；基层实践；机制

每一次灾害的发生，都会给千千万万家庭的普通老百姓造成难以计数的生命、财产损失，关于灾情的高度形容和概括，常有“灾情严重”“饥民遍野”“饿殍满途”等词，而其背后，融涵着数不尽的血泪、辛酸和苦难。① 夏明方曾指出：“一部中国近代史，特别是 38

* 本文系国家民委“一带一路”国别和区域研究中心“日本应急管理研究中心”重点项目“中日应急管理法律体系比较研究”（项目号：RBYJ2022—002）的阶段性成果。

** 明晨，四川大学灾后重建与管理学院博士研究生。

① 李文海：《论近代中国灾荒史研究》，《中国人民大学学报》1988 年第 6 期。

年的民国史，就是中国历史上最频繁、最严重的一段灾荒史。”① “这一时期，兵连祸结，战乱不已。有军阀之间的混战，有国民党中央政权同地方势力的争夺，有日本帝国主义发动的侵华战争，还有国民党政权挑起的反人民内战。天灾与战祸，往往交相叠见，使人民雪上加霜，遭受着双重打击。”② 在抗战初期的四川省，发生了百年未有的特大旱灾，全省共有 140 县受灾，受灾灾民在 3000 万人左右，其中重灾县份 26 个，次重灾县份 46 个。

此次 1936—1937 年的四川旱灾，引起了学者们的诸多关注。夏明方等通过图片和翔实的数据描述了旱灾的严重情形。③ 袁文科认为随着旱灾的持续，产生了粮价陡涨、灾民抢粮、盗匪激增、卖子食人等诸多严重的社会问题，给社会秩序和伦理道德带来严重危害，四川各级政府和华洋义赈会、川灾救济会等组织机构采取拨款、工赈、平粜、发行赈灾公债等措施进行救济，缓解了灾荒带来的危机。④ 彭家贵认为此次灾情实被夸大，川省对中央及外界报灾都呈不断扩大宣传的趋势，且无暇查灾，后经中央实地勘查灾情确不像川省当局所言之重，实际灾情的最重之处是受战争重创的川北，说明影响这次灾害的不完全是自然因素。⑤ 敬淼春认为在灾情严峻的形势下，政府与民间展开了系统的救灾行动，从治标、治本两方面救济灾荒，在一定程度上阻止了天灾向人祸的蔓延，但囿于时代的局限性，救荒并没有取得良好成效。⑥ 肖雪指出省外川人建立了一大批川灾救济组织，积极进行宣传与筹款，扮演极为重要的救济角色。此外，省外川人周旋于刘湘、蒋介石之间，既帮助川省府获得中央经济上的支持，又一定程度上成为中央牵制川省的帮手，扮演了重要的政治角色。⑦ 徐海凤对此次旱灾的概况、成因及其影响，以及灾荒救助制度等进行了介绍，认为限于当时的生产力水平和科技水平，加上严重的贪腐问题，大批灾民丧生。⑧ 刘平认

---

① 夏明方：《民国时期自然灾害与乡村社会》，中华书局，2000。据夏明方统计，从 1912 年到 1948 年的 37 年间，全国各地（不含新疆维吾尔自治区、西藏自治区和内蒙古自治区）总共有 16698 县次（旗、设治局）发生一种或数种灾害，年均 451 县次，按民国时期县级行政区划的最高数（1920 年北京政府时期有 2108 个，1947 年国民政府时期为 2246 个）计算，即每年约有 1/4 的国土笼罩在各种自然灾害的阴霾之下，而其极值年份如 1928 年、1929 年，竟高达 1029 县或 1051 县，几乎占全国县数之半，其打击面不可谓不大。

② 参见李文海、林敦奎和程啸等：《近代中国灾荒纪年续编（1919—1949）》，湖南教育出版社，1993。

③ 夏明方、康沛竹：《天府之国乎？饥馑之国乎？——1937 年四川大旱灾纪实》，《中国减灾》2008 年第 4 期。

④ 袁文科：《1936—1937 年四川旱灾及其救济》，《防灾科技学院学报》2018 年第 4 期。

⑤ 彭家贵、王玉娟：《抗战前夕四川大旱灾的报灾与查灾》，《社会科学研究》2002 年第 2 期。

⑥ 敬淼春：《南京国民政府时期的荒政研究——以 1936—1937 年四川大旱为中心》，《内江师范学院学报》2017 年第 9 期。

⑦ 肖雪：《省外川人与 1936—1937 年川省旱灾之救济》，《重庆交通大学学报（社会科学版）》2015 年第 5 期。

⑧ 参见徐海凤：《灾荒与社会救助——以 1936－1937 年四川旱灾为中心的研究》，四川师范大学硕士学位论文，2008 年；徐海凤：《1936－1937 年四川旱灾原因探析》，《乐山师范学院学报》2008 年第 1 期；徐海凤：《1936－1937 年四川省大旱灾述评》，《乐山师范学院学报》2008 年第 4 期。

为此次旱灾虽然因天旱不雨而起，但其实质上是人事所致。① 以上可见，学者对民国时期灾害与救灾的关注涉及多个方面，但对于四川省及其县级基层政权的救灾制度及其实践情况研究，至今仍鲜有学者予以关注。

本文通过考察荣县应对1936—1937年旱灾的一系列举措，侧重于考察灾害发生后基层政府的救灾组织与制度安排，考察救灾过程中发生的贪腐及处置，旨在通过对基层救灾法制与实践的微观探究，从一个新的角度探讨国家和基层在“救灾”这一民生重大问题上的应对和互动。

一、1936—1937年旱灾的灾情概况

（一）全省的受灾情况

关于1936—1937年旱灾中四川省的受灾情况，据学者统计，1936年自春迄冬，四川各县相继亢旱，收成至薄，民食告竭，哀鸿遍野，灾区达125县；1937年四川继上年旱灾后，本年春旱仍极严重，且瘟疫流行，被灾141县，灾民达3500万，死亡人数日以百计，损失惨重。② 从时任四川省政府秘书处处长邓汉祥与省政府派往各县查赈人员的谈话中可知当时四川省旱灾的情况：全省共有140县受灾，受灾灾民在3000万人左右。其中重灾县份26个，约有灾民600万人；次重灾县份46个，约有灾民1300万人；轻灾县份68个，估计灾民不下1000万人；荣县被四川省划定为次重灾县份。邓汉祥称“据省府粮食调查委员会派员视察宣汉、江安等35县之报告，各县粮食至多足用两月，截至秋收以前，所差食粮每县约五六万石，虽有外粮入境，饥民皆无力购食，若本年秋收仍复荒歉，则前途将不堪设想矣”。③

对于1936—1937年四川的受灾情况，《四川通史》记载了其严重情形：“早在1935年，四川各地已经出现不同程度的干旱，特别是川东北梁山、达县、万源等10余县夏秋两月无雨，收成减至二至四成。1936年，旧历丙子年，旱区扩大达川西、川南地区，开始是春旱，

---

① 参见刘平：《乱世灾患：全面抗战前夕四川旱灾与地方社会（1936—1937年）》，山东大学硕士学位论文，2020。作者认为：“川省爆发的这一次特大旱荒，其被灾面积之广、持续时间之长、受灾人口之多，实为百年所未见；其所造成的影响，既深且巨。旱象因天不降雨而起，但旱灾实为人事所致，且非朝夕之故。揆诸民初以来的川省政局与社会，军阀割据、防区林立催生了连年的战乱和繁重的苛政，加之各类灾荒的发生，早已使社会与民众不堪重负，以致无力应对，故而因旱成荒。”

② 参见李文海、林敦奎和程啸等著：《近代中国灾荒纪年续编（1919—1949）》，湖南教育出版社，1993，第478、494页。

③《四川省政府、振务会、荣县政府等关于振灾的训令、办法》，四川省荣县档案馆藏民国荣县政府民政科档案，档案号1—2—17。

继之以夏旱，持续无雨到秋冬。直至1937年旧历丁丑年春夏，连月亢阳无雨，泉干井涸、田土龟裂，颗粒无收。草根树皮食尽，既而采掘白泥，饥民络绎于途，死者填塞沟壑。南江县二日饿死2000余人，巴中县饿死800余人，万源县灾后人口仅存2/3。通江、巴中、北川、阆中、苍溪、南江、涪陵等地，每天死亡人数从数十到数百，出现吃人肉现象。"①

近代报纸和杂志对于此次川省旱灾也给予了诸多关注。据《申报》1937年3月14日记载，四川省赈务会在向上级呈请拨款赈济的呈文中陈述了川省的受灾情形："孰意去年苦旱，积至今年一月二月之交，始获短期小雨，入土不过二寸余，转瞬仍阳光薰灼，于事毫无所济，田土龟坼，荞麦枯萎，播种不生，甚至水源亦绝，民间饮料，无从觅取，春荒之象，较上年十倍，此真川人无妄之大劫也。自去年八月迄今，各县文电交驰，日必数十起，摄具照片，制成表册，驰寄来会，披阅之下，五内如焚，焦灼万状，职责所在，寝馈难安，尤可虑者，人民既不能生，必不畏死，成群劫食，虽官府亦无如之何……"② 据当时杂志记载："自秋徂冬，滴雨未降，秋收既已无成，小春又未播种，被灾区域，达一百廿四县之多，灾民约三千万之众，其荒旱川北最甚，川东次之，川南又次之，比较稍好者，仅川西成都附近二十余县因有都江堰水灌田，幸免灾害，但出产有限，并不能调剂灾区，即欲设法运输，而交通不便，至感困难……"③《东方杂志》记录了四川旱灾受灾县区的图片影像，此外还有《时代批判》《蜀风月刊》《国闻周报》《建设周讯》等诸多杂志对四川省旱灾情况做出了详尽的报道。④

（二）荣县的受灾情况

关于荣县1936—1937年的旱灾灾情，据《荣县志》记载："民国二十五年八月起，大旱，持续到励翌年夏，田土龟裂，塘堰干枯，山林原险，土壤焦结，粮食大减产，饥荒严重，俗称'丙子干丁丑'。"⑤ 据《荣县民政志》记载："全县受灾面积1237平方公里，灾民86229户，434052人；受灾63个联保，其中重灾33个，次灾23个，灾情奇重，饿殍满途，

---

① 参见贾大泉、陈世松：《四川通史》（卷七民国），四川人民出版社，2018，第507页。

② 参见《申报》1937年3月14日，第8版。

③ 参见任望南：《四川旱灾之悲惨报告》，《中国公论》（南京）1937年第1卷第9期。

④ 相关资料参见邹影如：《四川旱灾》，《东方杂志》1937年第34卷第10期；黄仲英：《春荒后的四川旱灾》，《时代批判》1936年第7期；安治：《四川旱灾的赈济问题》，《蜀风月刊》1937年第2卷第3—4期；《四川旱灾：饥饿难耐》，《国闻周报》1937年第14卷第18期；周朝阳：《四川旱灾之真相及救济办法》，《建设周讯》1937年第1卷第11期。

⑤ 参见四川省荣县志编纂委员会编纂：《荣县志》，四川大学出版社，1993，第75页；据《荣县志》记载，荣县全县总面积为1954平方公里，1923年全县有48.1万人；1935年有男31.66万人、女29.59万人，总计61.25万人；1942年全县总人口为48.63万人；1949年全县总人口为57.56万人。

草根、树皮剥食无遗，甚至有盗食死尸，杀人卖肉者。”① 根据荣县政府于1937年9月派出的第三科科员调查的受灾情况可知（表1），此次旱灾自1936年7月起至1937年10月止，荣县共有重灾区33个，其中第一区10个，第二区9个，第三区3个，第四区7个，第五区4个；次重灾区20个，其中第一区8个，第二区3个，第三区3个，第四区2个，第五区4个。据此可知，此次旱灾，荣县全县乡镇几乎全部受灾，受灾区域广泛，受灾人口众多。②

表1 荣县1937年度灾荒调查表

区署	重灾区	次重灾区	又次灾区
第一区	10个：东兴场、墨林场、同心保、附城东保、附城北保、双石桥、镇安场、鸦雀冲、石碓窝、铁厂铺	8个：汪家滩、附城西保、附城南保、乐德镇、过水坳、杨家场、文昌宫、杜家井	/
第二区	9个：程家场、张家场、李子桥、道澄寺、白庙寺、荣边村、敦睦乡、贡井、艾叶滩	3个：桥头铺、龙潭场、鼎新寺	/
第三区	3个：牛尾河、莲花场、李家堰	3个：五宝镇（一、二联保）、河口（四、五联保）、古文场	/
第四区	7个：董家场、老龙场、李家场、保华场、永兴场、镇紫场、新桥场	2个：雷音寺、金花殿	1个：古家场
第五区	4个：刘家场、台观场、复兴场、踏紫山	4个：观山场、余家场、来牟铺、竹园铺	2个：长山桥、双古坟

二、1936—1937年旱灾的荣县应对

（一）荣县救灾机构的组设与救灾实践

在应对1936—1937年罕见旱灾的救灾工作中，四川省政府、省赈务会及其他职能机构先后实施了多项救灾举措，并下达了多项训令，予以开展查灾、发放赈款、管理灾民等救灾活动，包括急赈、农贷、免粮、缓征、平粜、工赈、收容老弱、捐薪助赈等。作为基层政权机构，荣县政府在应对旱灾的实践中，先后根据本地情况加强救灾工作。根据四川省政府及省赈务会相关训令及制度规定，四川省赈务会荣县分会（简称为“荣县赈务分会”）

① 参见荣县民政局志领导小组编印：《荣县民政志》，1988，第45页。

② 《四川省政府、振务会、荣县政府等关于查发赈款、公务员奖惩、灾民收容的训令、条例、报告、调查表》，四川省荣县档案馆藏民国荣县政府民政科档案，档案号1—2—18。

作为荣县专门办理救灾事务的机构，于 1937 年 2 月 1 日开始办理赈务工作。① 由县长兼任赈务分会主席，聘请黄书云为副主席，罗文述、黄仲礼、丁硕章、张志高、张孝矩为常务委员。② 荣县赈务分会于 1937 年 2 月 22 日召开第一次大会，对于筹集赈款和办理赈务，③荣县赈务分会第一次大会拟具了详细的实施办法，具体如下：

关于筹集赈款：

> 1. 呈报灾情，请省府拨发赈款。现正呈请免粮，如必不能避免时，即请拨粮办赈；2. 请拨征局扣存二十五年秋冬季粮税项下之善后公债一万一千余元；3. 请拨田赋公债余款二千余元；4. 请借拨学、积、社、义各仓仓谷约九千余石；5. 议收回各镇乡微息贷款一万六千九百余元；6. 清理城镇乡慈善团体会款，移作此次赈灾之用；7. 议将昔年赈灾会所置产业年收租谷二百四十石变卖，约可得法币一万七八千元；8. 丁册募捐。

关于办理赈务：

> 1. 请县府严令平定米价，勒令存谷限期出售；2. 待赈人数统计后，速办平粜；3. 各场分设流民收容所（以老弱残废为度）；4. 贫民以挑运柴炭为生活者，议设柴炭平价收买，所以调济贫民；5. 待赈人数中之壮丁，议拨在荣井公路做工；6. 统制粮食案（提案人吴伯让先生），此案合并在办理赈务案第 2 项内讨论；7. 拨款储煤救济劳工案（提案人吴伯让先生），此案合并在办理赈务案第 4 项内讨论。对于以上各项救灾议案，荣县赈务分会相应函请荣县政府查照分别办理，以维系赈务工作而救济灾荒。④

作为专职办理赈务工作的机关，荣县赈务分会在 1936—1937 年的旱灾发生后，积极承担了多项救灾工作，在救灾实践中帮助了受灾民众，维护了社会秩序，保障了一方社会稳定。但是因灾情过于严重，灾民日益增多，赈款、赈谷等救灾钱款和物资有限，实在难以

---

① 《四川省振务会、第二区行署、荣县政府等关于振灾、拨款、募捐、公债发售、任职、所得税的训令、办法、函》，四川省荣县档案馆藏民国荣县政府民政科档案，档案号 1—2—223。

② 《四川省政府、第二区行政公署、荣县政府、救济院关于新生活运动概况、保甲状况调查、民政、保安工作的指令、调查表、月报表》，四川省荣县档案馆藏民国荣县政府民政科档案，档案号 1—2—148。

③ 《四川省政府、第二区行政公署、荣县政府、救济院关于新生活运动概况、保甲状况调查、民政、保安工作的指令、调查表、月报表》，四川省荣县档案馆藏民国荣县政府民政科档案，档案号 1—2—148。

④ 《四川省振务会、第二区行署、荣县政府等关于振灾、拨款、募捐、公债发售、任职、所得税的训令、办法、函》，四川省荣县档案馆藏民国荣县政府民政科档案，档案号 1—2—223。

普惠灾民。在全省、全县遍地饱受旱灾的情况下，可以想象荣县政府及受灾民众的艰难情形。

（二）荣县救灾实践中的灾民管理举措

为了维持灾区治安，1937年3月8日，荣县政府决定征调壮丁成立巡查队，并制定了具体办法如下：

> 1.近查春雨衍期，各地旱象环生，邻县饥民纷纷越境就食，诚恐不肖之徒乘机思逞扰乱治安，本府为防微杜渐、维持治安计，特令各区组织巡查队维持当地治安；2.本队定名为荣县第某区队巡查队，人数限二十名至五十名，由各联保抽调，所调壮丁每名每月需米二斗，由各联保向殷实住户筹集，并限一次筹足三个月数量，所需枪支、子弹、服装等概由壮丁自带；3.此项巡查队限本月十五日尅速组织完善，由本府派员点验；4.各联保酌量地方情形，记所在地壮丁十名至二十名长期驻处，听候遇事调遣；5.其有电线经过之保，并仰责成当地保甲切实保护，用维交通而灵消息。该办法通过训令向各区区长下达，要求分别遵照办理并将办理情形向荣县政府报告备查。①

对于遭受旱灾的饥民管理，荣县第一区区长贺映福提出了饥民管理暂行办法，其在呈文中指出："窃查本年入春以来，曒日丽天，大地尽成焦土，睹此灾黎嗷嗷待哺于途者，不知凡几。近日以来，秩序未免紊乱，若不设法管理，诚恐成群妄动，四处滋扰，对于治安前途何堪设想，兹特拟定饥民管理暂行办法，呈请钧府俯予鉴核备查，用安饥民而维秩序。"第一区指定的饥民管理暂行办法共包含6项措施，其具体内容如下：

> 1.本办法系遵省府颁发救济办法乙项五条之规定订定之；2.本办法应由各联保主任负责督饬办理；3.限各联保于四月五日以前转饬各保将保内饥民，分别男女登记造册，以期明了应行救济人数，除遵照救济办法救济外，并应予以管理，用维秩序；4.各保应将各甲饥民交由该甲长妥为管理，如恤呈述灾情及请求赈济，只能推选代表一人，请同保甲长呈述或请求之；5.各保饥民如有成群妄动情事发生，即以各级保甲人员是究，如有不良份子从中煽动者，即应由该管各级保甲人员查明确情，报请惩处；

① 《四川省政府、振务会、荣县政府关于灾情调查、赈济、严禁米价飞腾的训令、调查表》，四川省荣县档案馆藏民国荣县政府民政科档案，档案号1—2—16。

6.各联保对于各保甲管理饥民是否认真应予切实考核，并呈请上峰酌予分别奖惩，其各联保主任之是否认真，则由区署考核，呈请县府奖惩之。①

荣县政府认为第一区拟定的饥民管理暂行办法尚属可行，随即向各区署、各乡镇下达训令："查本年天旱为灾，情形异常严重，地方治安极关重要，该区长所拟管理饥民暂行办法尚属可行，亟抄发原呈，令仰该区长、主任即便遵照该办法切实管理，勿得滋扰用维治安为要。"

通过前文可以看出民国基层政府在对受灾民众的管理方面，一定程度上具备制度意识，同时，这些制度安排也充分体现了民国基层政府管理的严苛，为了维护社会秩序，置受灾民众的死活于不顾，层层传导压力，最终受苦受难的仍是基层民众。

（三）荣县救灾实践中的贪腐及处置

在民国时期的救灾实践中，最容易滋生贪污腐败的是查放赈款工作。为此，四川省政府、省赈务会、省第二区行政督察专员公署等先后出台了多项规定予以规范。1937年4月，四川省第二区行政督察专员公署转发了四川省政府关于办理赈务的要求，训令指出："查本省近因灾区日益辽阔，灾情愈形严重，决非中央及本省有限赈款所能济事，曾令饬各县就地筹集，或劝募款项，遵照先后提示各项救灾办法，以其互助而谋自救各在案。现据呈报自筹有款县份，已属不少，但办理既应得法，开支尤贵核实，各该管专署者，负有直接考核之责，自应切实监督，不得稍事宽假，致滋流弊。"随即，四川省第二区行政督察专员公署将各县办理赈务应当遵行的通则向辖区各县予以下达。通则的具体内容如下：

1.各县自筹之款，预定数目若干，已收及未收各若干，及其办赈方法如何，除电令各县查报外，应仍分别详报备查；2.官绅办赈，均为无给职，不得任意开支；3.须求实惠及民，有敢从中侵蚀者，加倍罚赔，并依法重办；4.赈款无论多寡，不得以分厘移作别用；5.办赈得力，及热心捐助者，准分别呈请照规定给予奖章。②

虽然民国政府颁布了详细的奖惩法令，四川省政府等也先后多次就查放赈款下达训令

---

① 《四川省政府、振务会、荣县政府等关于振灾的训令、办法》，四川省荣县档案馆藏民国荣县政府民政科档案，档案号1—2—17。

② 《四川省政府、振务会、荣县政府等关于振灾的训令、办法》，四川省荣县档案馆藏民国荣县政府民政科档案，档案号1—2—17。

要求、提出办赈注意事项，并派出专人前往各县担任查赈长监督赈款发放工作，然而违规发放赈款、侵蚀赈款、握存赈票等贪腐案件，在荣县的救灾实践中依然时有发生。1937年6月，荣县赈务分会接到验放员严章森的相关报告，报告中陈述了牛尾河乡一二九保保长代泽民侵蚀赈款一案相关情形。其呈称：

> 章森于6月25日赴牛尾河验放急赈，三区一二九保长代泽民未到。该保灾民虽有多人，而未持有赈票，究其原因，该保赈票23张全数握于保长代泽民手，以致无从散放，当时并有灾民称该保长虚报灾民，冒领入私。于26日早，章森在莲花场，保长代泽民来晤会，称灾民已齐，请速散放。当对之云，灾民实在否，如不实在，可请示赈分会派人复查后，再行散放。该保长坚称实在，并负全责，如有虚假，甘愿受罚。章森叮咛再三，该保长始终要求速放，章森不得已，始允其请，当时实放散洋30元。俟至傍晚，有灾民杨映怀之子东波报称甲长王洪奉保长之令，饬映怀所领之赈款2元，交还保长。东坡不允，章森即着人将代保长请来问明有无其事，于是查得下列事实：1.灾民杨德三由伊妻领得2元，已由甲长杨志堂追还，转交代保长；2.张益廷领2元实无此人，由甲长杨少如冒领，交与保长；3.灾民杨富三由甲长杨泽轩代领2元，交保长，灾民向银武领2元，由代保长追去；4.黄材、林材二人实无此人，由刘海云冒领4元，交甲长杨少如转交保长；5.彭春三1元，实无其人，由杨二兴冒领，交甲长杨少如，转交保长；6.杨少章领2元，由甲长杨志堂追去，转交保长。以上各情均系当事人当面口称，质之代保长，亦自认收回17元不虚。①

根据验放员报告的以上情况，荣县赈务分会向县政府函报："查此次急赈赈票，应由查赈员发交灾民亲往承领，除明白令告外，曾迭函贵府分令各区转饬各保遵照有案。该保长代泽民握存赈票，早已有违规定，兹又捏名冒领，并对领赈灾民，又敢派人追索。似此藉势冒领，威迫灾民、吞蚀赈款，诚属毫无良心，禽兽不如。其平时之豪霸残酷，自已不问可知，相应备文函请贵府烦为查照赈灾奖惩规定，撤职拘案，从严罚办，以维赈务，以济灾黎，再该保长代泽民已由验放员严章森交由该管区署押管在案，合并函明。"

对于保长代泽民侵蚀赈款一案，荣县政府批复："先将保长代泽民撤职拘案，依法严办。"随即，荣县政府向第三区区长下达训令："查该保长代泽民敢于藐视功令，侵蚀赈款，

① 《四川省政府、振务会、荣县政府等关于查发赈款、公务员奖惩、灾民收容的训令、条例、报告、调查表》，四川省荣县档案馆藏民国荣县政府民政科档案，档案号1—2—18。

殊属不法已极，应予撤职拘案究办，除派警签拘外，合行令仰该区长即便遵照，先行管押为要。”同时，要求警察前往立即将该保长拘案究办，不得借签需索、贿从干咎。对于该保长侵蚀的赈款28元，根据其本人供述，已经散发给原来查核的23户灾民，并有周必祥等予以证明。

通过贪污侵蚀赈款的案件可以看出，在基层的救灾实践中，对于救灾奖惩和管理制度的执行，往往会呈现出因人、因时、因地而异的状态，各项法令往往很难得到落实。民国学者也曾指出：“赈灾并不是一件简单的、容易的事，也许政府拨发了巨额的赈款，而灾民沾不到涓滴的恩惠，又或筹集赈款的结果，加深了人民所感受的痛苦。我们知道在过去办理赈务，常常发生很多的流弊，地方当局可以利用灾情作‘政治宣传’，勾结粮商，投机牟利……”①

三、民国时期荣县救灾实践的反思

民国时期，中央政府试图建立一套从中央到地方的专门救灾机构，但受制于经费短缺，机构的组建往往在各地呈现出较大的差异，机构的日常运行经费也得不到有效保障。例如，关于各县赈务分会的平时工作，部分县份错误地认为没有赈务工作时即停止工作。四川省赈务会随即下达训令重申“县赈务分会在未办理赈务时，平时事务由县政府兼办，所需经费在县政府额定经费内开支，以节省经费”，并指明“各县赈务分会应为常设机关，未成立者，应速照章组立，已成立者，无论何时，不得撤销”。② 根据1943年《四川省临时参议会第一届实录》记载，关于救济工作，四川省临时参议会在工作报告中指出：“本省救济工作，有省振会之设置，振济会原为一被动之机关，又因预算经费有限，政府财政支绌，以致本省救济工作未能普遍开展。政府年来，亦曾注意及此，力谋发展，各县市救济院所，亦已先后成立，惟以初具规模，且以物价高涨，经费不敷，救济事业未能按照原定计划全部推行。”③ 可见，即便救灾组织体系根据法令要求进行了组设，但受财政经费的影响，并未能全面开展救济工作，这种现象在全省亦是大同小异。

透过1936—1937年旱灾荣县的救灾实践可以看出，虽然民国政府先后出台了多项救

---

① 溱庐：《如何防止灾荒消灭灾荒》，《舆论周刊》1937年第1卷第4期。

② 《四川省政府、振务会、荣县政府关于灾情调查、赈济、严禁米价飞腾的训令、调查表》，四川省荣县档案馆藏民国荣县政府民政科档案，档案号1—2—16。

③ 四川省临时参议会秘书处：《四川省临时参议会第一届实录》，1943，第61页，资料来源：抗日战争与近代中日关系文献数据平台。

灾、救济法令，初步建立了一个相对全面的救灾、救济法律制度体系，到了地方尤其是县级一层，基层政府因为政令和事务繁多，且救灾事务紧急、迫切，往往会无暇顾及救灾法律的具体规定，救灾相关的法律制度得不到有效落实。例如：民国政府制定了一套完整的救灾流程，包括报灾、勘灾、查赈、放赈，就灾情的呈报与勘查而言，民国对《勘报灾歉条例》进行了多次修改完善，详细规定了报灾与勘灾的具体流程，但在荣县具体的实践中，各乡镇和保甲办赈人员往往各行其是，忽视了报灾与勘灾这一基础性工作的法律规定。

此外，由荣县的此次救灾实践可以看出，虽然中央和四川省制定了一整套勘灾、放赈制度，但由于办赈人员和赈务经费不足，在全县广阔灾区普遍受灾的情况下，需要数量有限的办赈人员在较短的时间内，承担着勘查各保甲灾民受灾情况、并逐户发放赈款的重任，加上时局动荡、民生疾苦、人人难以自保，为了按期完成勘查灾情和发放赈款的任务，势必会有办赈人员从中贪污腐败、偷工减料、敷衍应付了事，最终的救灾结果必然难如初衷所愿。

四、结语

“灾荒不仅是一种常见的自然现象，同时也是一种特殊的社会因素，参与了历史的发展和社会的延续。”① 1936—1937年四川旱灾中，民国中央政府及四川省政府、荣县政府等先后出台各项办法推进救灾工作，包括急赈、农贷、免粮、缓征、平粜、工赈、收容老弱、捐薪助赈等。这些有的是在继承传统救灾举措基础上进行了发展，也有创新性的办法，一定程度上体现了民国救灾体制近代化转型的特征；但是，旱灾最终的形成及后果，不仅深受政府救灾机制、经济社会发展水平等因素的影响，更是时局动荡与社会秩序混乱交织在救灾领域的延续。②

不可否认的是，作为漫漫历史长河中的一部分，1936—1937年四川旱灾中荣县形成的基层救灾经验和教训对后人无疑是具有借鉴意义的。考察民国时期荣县救灾的实践，一方面有助于考察民国救灾法律制度在基层的具体实施情况，进而增进对转型时期民国救灾制度建设的认识；另一方面，对民国荣县救灾制度的考察，也为灾荒史与法律史相结合的研究提供了一个新的思路；此外，通过梳理内容丰富而生动的地方档案材料，考察基层救灾实践，不仅能够为进一步研究民国时期基层救灾制度提供难得的史料，也探索了一个新的研究视角。

---

① 刘平：《乱世灾患：全面抗战前夕四川旱灾与地方社会（1936—1937年）》，山东大学硕士学位论文，2020。

② 有学者认为：“近代中国的灾荒绝不只是对社会生活产生影响，也深深地嵌入了政治领域。这方面的显著表现是，许多次严重灾荒都与近代中国的重大政治事件发生了复杂的互动关系，从而成为理解这些事件走向的内在要素。”朱浒：《近代中国的灾荒与社会变局》，《近代史研究》2022年第2期。

学术评论

清代州县审断中的城隍影响考论

朱汉杰*

摘　要　清代州县官有时会借助城隍来审断疑难案件。在命盗重情的审理中，州县官多借之威慑案犯，以获得口供，顺利结案；至于民间细故，则是令两造至城隍庙举誓，以明确事实，解决纠纷。城隍确实深深地介入了司法程序，但其效力的限度也很明显。州县官自述不无吹嘘自夸之嫌，城隍在其笔下往往是被动的角色，且几乎不见于正式公文。南部县的个案显示，司法实践中确有城隍的参与，却无法决定诉讼结果。笔记小说中城隍神判的负面叙述，也显示出民间书写中城隍威力动摇的端倪。近代以降，城隍参与司法的现象屡见报端，在“反迷信”的大潮下遭到批判，前所未有地出现许多失败案例。这既可以反证该现象的普遍性，也进一步彰显了其效力的限度，并提示我们，城隍参与司法的效力，关键在于整体社会结构的支撑。

关键词　清代；州县审断；城隍；民间信仰

一、绪论

如今的中国法律史研究中，清代州县审断问题已成热点，研究者越来越注重通过多样、确切的史料研究具体问题，新论迭出，尤其是“情理法”等一系列问题聚讼纷纭。但是，

* 朱汉杰，中国社会科学院大学历史学院博士研究生。

当我们热火朝天地讨论“情理法还是依法断案”之时，似乎多将目光聚焦于审断中的“断”这一部分，而对“审”有些忽视。事实上，正如光绪时人李祖年称赞雍正时期的名士徐士林时所说的：“握一狱之关键，晰众口之异同，而折以是非之至当。揆之天理而安，推之人情而准，比之国家律法，而无毫厘之出入。”① 可见，融天理、人情、国法于一体进行断案固然重要，但其前提乃是能够“晰众口之异同”，审清事实。

概括来说，古人治狱的基本手段有三：

> “凡推事有两：一察情，一据证。审其曲直，以定是非。”据证者，核奸用之；察情者，擿奸用之。盖证或难凭，而情亦难见，于是用谲以擿其伏，然后得之，此三事是也。②

一般而言，州县官会根据案情，采取查勘、检验、传唤、拘提等常规措施，以查明案情，进而断案。但面对一些疑难案件时，常规手段往往不足以澄清案情，我们可以更多地看到州县官灵活地“用谲”审案，借助城隍即为其中一种选择。

城隍信仰源远流长，在唐宋时期城隍神格提升，成为常驻民间的阴司判官。③ 城隍自明代被正式纳入国家祭祀体制，而在清代，城隍的职权与时俱进，司法职能更为突出。④ 从法律史的角度出发，探讨清代城隍与现实司法之关系的研究已有不少。神鬼参与司法曾因事属“迷信”而被斥为荒诞、愚昧。如今，越来越多的学者认为需要回到历史语境来理解这一现象。神判法在中国虽早已绝迹，但在相当长的一段历史时期，城隍在地方至关重要，州县官经常召城隍来协助进行更公道的司法审判，⑤ 民众也会自发求助城隍。⑥ 这是有积极意义的：州县官可借此弥补侦查技术的不足，弄清案情、排解纠纷；在民众心中，城隍也可起到弥补世俗法律秩序缺憾的作用，各种传说也强化了其效力。南部县档案显示，

① （清）李祖年：《序》，载（清）徐士林：《徐雨峰中丞勘语》，清光绪三十二年武进李氏圣译楼本，第2页。

② （宋）郑克编纂：《折狱龟鉴》，载杨一凡、徐立志主编：《历代判例判牍》，中国社会科学出版社，2005，第一册，第454页。

③ 陈登武：《从人间世到幽冥界：唐代的法制、社会与国家》，台北五南图书出版股份有限公司，2006，第361页。

④ 郝铁川：《灶王爷、土地爷、城隍爷：中国民间神研究》，上海古籍出版社，2003，第233页。

⑤ 瞿同祖：《中国法律与中国社会》，中华书局，1981，第254—256页；瞿同祖：《清代地方政府》（修订译本），范忠信、何鹏、晏锋译，法律出版社，2011，第259—262页。

⑥ ［美］康豹：《汉人社会的神判仪式初探：从斩鸡头说起》，《“中央研究院”民族学研究所集刊》1999年第3期。

城隍介入了具体诉讼活动，影响到诉讼的程序，甚至可以决定诉讼的结果。①

不过，也有一些学者认为现实司法与城隍神有相当的距离。鬼神辅助司法多充斥于文学作品中，对实际案件的作用很少，清代士人抱有一种既不重视但又摆脱不了的矛盾心理，而清代司法机关对此的认可，是为了加强社会控制。② 一些地方官员会利用城隍迫使罪犯招供，但不会在判决中描述，神祇被隔绝于司法程序之外。③ 与笔记小说不同，内阁刑科题本这类官方文书排除神判叙述，具有理性的法制精神。④

双方的观点基于特定的史料、语境，均有可取之处，也有进一步分梳与调和的空间。本文基于地方档案、官员判例、笔记小说和报刊等不同层次的史料，从多元视角出发，以“众端参观”的方式，⑤ 进一步分析具体案例，重审清代州县审断中城隍的参与，切实体认州县官如何面对和回应信仰与政务的交融，发掘其所显示出的地方司法状况的种种讯息，借此定位城隍在当时司法运作中的具体位置，展示出当时法律秩序的复杂面貌，并试图在一个较长的时段中理解历史变迁，“瞻前顾后”，以增进我们对清代法律史的贯通理解。

二、州县判例中的自我言说

瞿同祖在讨论清代州县官借助城隍来协助司法审判时，提及了三个案子。其中，雍正五年（1727 年）广东潮阳知县蓝鼎元审理的“幽魂对质案”、乾隆五十四年（1789 年）湖南宁远知县汪辉祖审理的“刘开扬案”这两案，李俊丰已有深入的对比、分析，而康熙年间山东郯城知县黄六鸿审理的“任某杀妻案”，也很值得我们继续考察。该案载于《福惠全书》，而此书无疑是清代官箴书中的典范之作，传播范围之广，畅销时间之久，影响力之

① 参见吴元元：《神灵信仰、信息甄别与古代清官断案》，《中国社会科学》2006 年第 6 期；李文军：《论鬼神观念对中国传统司法的积极意义》，《河北法学》2009 年第 7 期；周顺生：《清代台湾城隍信仰的法制意义》，台湾中兴大学硕士学位论文，2010；范依畴：《世俗法律秩序缺憾的神祇弥补——古代中国城隍神信仰的法律史初释》，中国政法大学硕士学位论文，2011；李俊丰：《清代官员的鬼神信仰及其司法实践——从汪辉祖“刘开扬案”和蓝鼎元“幽魂对质案”的比较出发》，《西南政法大学学报》2012 年第 6 期；赵娓妮、里赞：《城隍崇拜在清代知县司法中的影响》，《四川大学学报（哲学社会科学版）》2013 年第 6 期；徐忠明：《情感、循吏与明清时期司法实践》，上海三联书店，2014，第 187—197 页；赵世瑜：《中国传统社会中的寺庙与民间文化——以明清时代为例》，载氏著：《狂欢与日常：明清以来的庙会与民间社会》，北京大学出版社，2017，第 63—64 页。

② ［美］卫周安：《清代中期法律文化中的政治和超自然现象》，张少瑜译，载［美］高道蕴、高鸿钧、贺卫方编：《美国学者论中国法律传统（增订版）》，清华大学出版社，2004，第 428—449 页。

③ ［法］巩涛：《法律地狱：关于中国宗教正义观念和法律的比较》，孙家红译，载［法］吕敏、［法］陆康主编：《香火新缘：明清至民国时期中国城市的寺庙与市民》，中信出版社，2018，第 69—97 页。

④ 赖惠敏：《但问旗民：清代的法律与社会》，中华书局，2020，第 217 页。

⑤ 参见邓建鹏：《文献多样性与清代地方司法研究》，《史学理论研究》2021 年第 4 期。

大，被“初仕者奉为金针”，[①] 而其中记录的审案情形更是具有普遍意义。

该案中，任某之妻王氏私奔未成，躲于三官庙。任某寻至，与来庙烧香的高某起衅，大骂离去。高某则与庙中道人一起将王氏送回。当夜，任某将熟睡中的王氏掐死，并计划嫁祸高某。任某抛尸路旁，在乡间散布传言，说是高某与王氏有奸，又将其杀害，于是来县喊控。堂审中，黄六鸿初因人言，以为高某为凶手无疑，于是瞋目厉声，备好刑具，想要使其畏惧而吐露实情。但高某侃侃而谈，理直气壮，任某之父所言亦能与之印证，高某之妻曹氏所供也让黄六鸿觉得可信，遂心知高某与此案无涉，王氏应为任某所杀，只是未能肯定。

次日，黄六鸿单骑来村踏勘，详细查看了任某居所、尸场，并唤邻人、巡更讯问情况。种种迹象，让他了然自信：王氏确实为任某所杀。回衙后，黄六鸿令一家童潜匿城隍殿后寝宫窃听，随即：

> 命皂役持朱签监钥吊任姓父子至，以铁索系殿左右两柱，鸿举香朗祷于神曰：“神昨夜告我任姓妻子致死情由，已悉之矣。但其死时情景，鸿尚未尽明，愿神详以示我。”更默祝数语，再拜而起，并谕任姓父子曰：“我今命汝神前忏悔，当亟自省也。”出封其庙门。诘旦黎明，鸿至启门，谢神，仍送任姓父子入监，童子随归。问之，童子曰：“其父每询子：‘汝妻果何以死，不然县主素明，何以独袒高耶？’子皆不答，惟以手槌胸曰：‘总之我该死耳。’绝无一语及高某。”鸿笑曰：“得之矣。”

显然，任姓父子的对话印证了黄六鸿的推测。再次堂审，任某叩头不言，黄六鸿笑称“汝纵不言，神皆告我矣”，便将其杀妻经过娓娓道来，令任某折服。至此，该案事实清楚，两造皆服，结案也就顺理成章了。[②]

黄六鸿借城隍之力神道设教，拘任姓父子于庙中，诈称神言，派人暗中窃听，一方面是利用人们的城隍信仰，诱使招认，[③] 同时也是为了验证心中对案情的推测，在堂审时更有底气。无论如何，城隍这一因素在其中都扮演了关键角色，帮助黄六鸿在审断案件时迅速慑服任某，巧妙地获得口供。而这一点之所以重要，不仅在于清代司法首重口供，几乎是无供不能定案，更在于需要服众。

---

① 杜金：《明清民间商业运作下的“官箴书”传播——以坊刻与书肆为视角》，《法制与社会发展》2011年第3期。

② （清）黄六鸿：《福惠全书》，周保明点校，广陵书社，2018，第263—267页。

③ 瞿同祖：《清代地方政府》（修订译本），范忠信、何鹏、晏锋译，法律出版社，2011，第262页。

本来黄六鸿已通过踏勘、传唤等手段，基本查清了案情。如此，对任某加以刑求在当时亦属合情合理，即使其熬刑不供，众证情状也已明确，据此定拟亦无不可。不过，州县官对使用刑讯的态度有所不同，黄六鸿以“任某杀妻案”为例正是想告诫州县官对于疑狱应“细心审度，密加体访，未可自恃聪明，严刑煅炼，枉累无辜”。更重要的是，堂审之前，乡里已经哄传高某奸杀王氏，如果置高某不顾，刑讯任某，“是纵凶身而严苦主”，不仅原告不服，“又无以孚众论”。① 清代允许百姓观审，如果显失公平，大众愤怒，不听公差弹压，倾轧公堂，县官难辞其咎。② 此案首次堂审后，围观群众就对黄六鸿做出任姓父子收监、高某等押保的决定甚感愕然：“黄公平日廉明，岂今颠倒若是耶？抑亦高某营求而为情面所屈也？”在这种情况下，黄六鸿若不是巧妙地借城隍之力神道设教，“暗质所言，然后明斥其奸，使彼悚然知神之可畏，而俯首无辞耳”，③ 或许不太容易顺利结案。

与黄六鸿此案相较，蓝、汪两案的书写营造出了一种更富戏剧性的气氛。蓝鼎元在“幽魂对质案”中乘“阴晦凄风惨淡”之鬼景，带两造齐集城隍庙，“排场森森凛凛，令人毛发悚竖”，称已经请城隍神提出受害者鬼魂，令其与嫌犯对质，凭空略语谓有“手捧心、血染红衣者”之冤鬼，还能与之交流。④ 汪辉祖记叙的“刘开扬案”则更玄，他两次祷城隍神，使得真正的凶手遭鬼摄而自行投案。⑤ 根据李俊丰的研究，汪辉祖确实相信城隍神会显出神力，助其断案，而蓝鼎元则纯粹是在审断案件时“利用鬼神”威吓案犯，本身不相信鬼神之力，即便有时出于官员职责所在，会到城隍庙行祈禳之事，但从其祭文“止顾享祀之牺牲，弗恤民间之饥馁，吾不知其于神职谓何矣”等语中，不难看出他对城隍毫不客气。⑥

蓝鼎元这样的做法并非个例。康熙年间山西交城知县赵吉士在其《祭城隍文》中也说过类似的话：“苟不其然，是神受百姓黍稷而无功于民也。不能捍大灾、御大患也，其何灵爽之有，则吉亦将归过于神，神其鉴焉。”⑦ 对于求神之事，他这样认为：

---

① （清）黄六鸿：《福惠全书》，周保明点校，广陵书社，2018，第263页。

② 参见瞿同祖：《清代地方政府》（修订译本），范忠信、何鹏、晏锋译，法律出版社，2011，第192—193页；里赞：《晚清州县诉讼中的审断问题：侧重四川南部县的实践》，法律出版社，2010，第75页。

③ （清）黄六鸿：《福惠全书》，周保明点校，广陵书社，2018，第264页。

④ （清）蓝鼎元：《鹿洲公案》，载沈云龙主编：《近代中国史料丛刊续编》第41辑，台北文海出版社，1977年影印本，第35—39页。

⑤ （清）汪辉祖：《学治臆说》，载王云五主编：《丛书集成初编》，商务印书馆，1939年影印本，第892册，第21—22页。

⑥ 参见李俊丰：《清代官员的鬼神信仰及其司法实践——从汪辉祖“刘开扬案”和蓝鼎元“幽魂对质案”的比较出发》，《西南政法大学学报》2012年第6期。需要提醒的是，在司法实践中存在“利用鬼神”的工具性做法，并不就等于说其必然是不信仰鬼神的，而信不信鬼神之“力”与信不信鬼神之“事”也存在区别。

⑦ （清）赵吉士：《祭城隍文》，载《牧爱堂编》，郝平点校，商务印书馆，2017，第46—47页。

> 神之于人，其果无闻乎？吾不得而知也。然则神之于人，其果有闻乎？吾亦不得而知也。有闻无闻，皆不可知，故人之求神，不可以为常也。然有闻无闻既皆不可知，则人之求神不可以为常者，亦未可以为怪也。①

神能否回应人的请求，赵吉士以为皆不可知。因此，人有求于神，不能作为一种常用的手段，但也不必彻底排斥，求之亦不失为一种特殊的手段。所以在公开晓谕民众时，他能够言辞凿凿地断言："明则王法，幽则鬼神；上则天理，下则人心。"② 在时局江河日下之时，信仰会起到教化所不及的作用："是教化所不得而及者，鬼神皆得而及之，所谓彰善瘅恶，可以感善心，惩逸志，其用归于使人回心向化，革薄从忠而已矣。先王神道设教，意在斯乎？意在斯乎！"③ 确如高万桑所言："官员们的意图是很明确的，他们希望百姓畏惧神灵，特别是城隍神及其下面的神司判官，这样可以使其活动顺利进行。"④ 审断案件，自然也在其中。

黄六鸿的态度可能与赵吉士相仿。当然，他祭祀城隍神更为虔敬，丝毫没有不敬之语，斋宿、谒神等流程走得也端端正正，似乎也相信"冥冥之中，有鬼神播弄"，"纵免王诛，难逃鬼罚"，"鬼神有知，岂能逃冥冥之察"等事。⑤ 但应注意，作为州县官，祭祀等乃其应尽之政务，"冥冥之中"等语意在告诫州县官要谨操守。鬼神出现在模范州县官的谆谆教诲中，并不奇怪。

而在"任某杀妻案"的审断中，黄六鸿直接自陈采取此种神道设教的办法，是"不得已而为"，⑥ 显得借助城隍参与审断颇为无可奈何。可以想见，如果能以人力解决，黄六鸿不会求诸城隍。他"熟练地将城隍神的威慑力转化为侦查的便利"，这是"一种很实用主义的方式，并没有显示出对神性介入的任何信任"。很多类似的案例中，"神灵的角色即便是显著的，却被弱化为被动的存在"。⑦ 也就是说，审案的最终依靠，仍然应该是人间的州县官，城隍介入与否，也是官员的主动选择。

---

① （清）赵吉士：《祷雨说》，载《牧爱堂编》，郝平点校，商务印书馆，2017，第34页。

② （清）赵吉士：《谕河北都民示》，载《牧爱堂编》，郝平点校，商务印书馆，2017，第303页。

③ 道光元年《东岳庙碑》，载《北京图书馆藏中国历代石刻拓本汇编》，中州古籍出版社，1989，第七十九册，第10页，转引自赵世瑜：《东岳庙故事：明清北京城市的信仰、组织与街区社会》，载氏著：《小历史与大历史：区域社会史的理念、方法与实践》，北京大学出版社，2017，第311—312页。

④ [法] 高万桑：《城隍庙中变化的权力平衡（1800—1937）》，孙琢译，载 [法] 吕敏、[法] 陆康主编：《香火新缘：明清至民国时期的中国城市的寺庙与市民》，中信出版社，2018，第32页。

⑤ （清）黄六鸿：《福惠全书》，周保明点校，广陵书社，2018，第67、575页。

⑥ （清）黄六鸿：《福惠全书》，周保明点校，广陵书社，2018，第267页。

⑦ [法] 巩涛：《法律地狱：关于中国宗教正义观念和法律的比较》，孙家红译，载 [法] 吕敏、[法] 陆康主编：《香火新缘：明清至民国时期中国城市的寺庙与市民》，中信出版社，2018，第89页。

即使在某些情况下很难替代、可以起到良好效果，但似乎在不少州县官看来，审断案件的种种手段之中，借助城隍这一措施的优先级要低一些。光绪时陕西臬司樊增祥非常喜欢属下县令杨调元的一番话："恶人所以犹有忌惮者，天上有雷公，地上有板子。"① 考虑到这是为了论证笞杖刑罚的合理性，这句话还是意在强调后者。即便冥冥中有鬼神威吓，然而对州县官来说，身边还是得有他们唾手可得的刑具。

其实，我们也没有必要过于纠结州县官们到底信不信城隍神。此类信仰问题，本来就是有信有不信，信者自信而不信者自不信，在信与不信的程度上也会因人而异，不必穷诘究竟。不过，通过以上考察，我们不难看出，对于日理万机的州县官而言，将城隍引入审断过程，更好地解决一些疑难案件，不失为一种不错的选择。

州县官的判例判牍中较少显露城隍的踪迹，而在省级以上的材料中就更难找到州县官在审断中引入城隍的交代。在严谨、郑重的审转程序中，汇报案件掺杂鬼神之事似乎并不合适。嘉庆年间的李毓昌案中，鬼神显灵就难以作为定罪证据，皇帝还曾批评两江总督铁保把精力过度集中到鬼神的材料上。② 同治时方大湜任湖北宜昌知府，曾处理东湖县一起"冤鬼报仇案"。他认为"鬼能为厉，确凿可信然"，对此案为冤鬼附体杀人深信不疑，但因为这种事"不经见案关题达，亦未便叙入正详"，最后将其作为疯病杀人叙供通报。不过，在给上级的"另禀陈明"中，方大湜还是坚持冤鬼杀人的说法。为了增强说服力，他旁征博引，从经传史籍，到清代会典，再到《刑案汇纂集成》中的类似故事，表示自己已经"审讯得实"，力图说明"鬼能为厉，确凿可信"。③ 这大概一方面印证了巩涛所言中国地狱表述更偏向行政性和法律性，司法程序中人为隔离开了城隍等充满宗教色彩的社会背景。④ 即便不是完全隔离开，至少也存在一种在正式公文体系中竭力回避谈及鬼神的态度。另一方面也显示出，从皇帝到官员，再到普通士人中，存在着对于另一个世界重要性的不完全重视又不得不考虑的矛盾心理，而对其的认真回应也有着便于社会控制的考量。⑤

上述案件皆为杀人重情，而在民间细故的审断中，我们也可以看到城隍的参与。不过，

---

① （清）樊增祥：《批韩城县张令瑞讥词讼册》，载《樊山政书》，卷 18，那思陆、孙家红点校，中华书局，2007，第 499 页。

② ［美］卫周安：《清代中期法律文化中的政治和超自然现象》，张少瑜译，载［美］高道蕴、高鸿钧、贺卫方编：《美国学者论中国法律传统（增订版）》，清华大学出版社，2004，第 447 页。

③ （清）方大湜：《冤鬼附体报仇》，载《平平言 桑蚕提要》，吴克明点校，湖南科学技术出版社，2010，第 153—155 页。

④ 参见［法］巩涛：《法律地狱：关于中国宗教正义观念和法律的比较》，孙家红译，载［法］吕敏、［法］陆康主编：《香火新缘：明清至民国时期中国城市的寺庙与市民》，中信出版社，2018，第 95—96 页。

⑤ 参见［美］卫周安：《清代中期法律文化中的政治和超自然现象》，张少瑜译，载［美］高道蕴、高鸿钧、贺卫方编：《美国学者论中国法律传统（增订版）》，清华大学出版社，2004，第 447—449 页。

这类情况似因案情微小、平平无奇，所以在州县官的自我言说中更为难觅。但正因细故更多，且总是为官所轻，不会将其作为范本而大书特书，常常是在无意中留下痕迹，这些案件审断中涉及的城隍参与或许更接近地方司法实态。陕臬樊增祥的以下记录就是一例。

光绪二十六年（1900年），陕西省泾阳县县丞李麓峰在郃阳县查赈，期间收受万炳煌银两，答应为其子万松年代捐县丞。然而几年过去，李麓峰事未办妥，又不还银。于是万炳煌将其告上公堂，并呈出李麓峰收银三百两之亲笔信件为证。樊增祥将李麓峰撤任，此案交由长安县令胡启虞审理。据胡启虞汇报，李麓峰被撤后，深感悔惧，已将当日收捐百两及饭照费十六两退回。但万炳煌仍据所谓的亲笔信件，讨要三百七十两。直到李麓峰将其拉往都城隍庙各自向神发誓收银数目，万炳煌才无话可说，甘结销案。①

案情至此已很清楚，本是李麓峰骗赖万炳煌，但转而成万炳煌骗赖李麓峰，口供、证据真假相参，很难审清。但一拉到城隍庙中对神发誓，让城隍参与其中，效力立显，万炳煌敢于欺瞒州县官及臬司，却不敢对神虚誓，于是真相立刻水落石出，顺利结案。不难看出，至少这两位是信仰且敬畏城隍的。有意思的是，此案不是州县官引入城隍助审，而是被告李麓峰为证明自己所述是实，主动偕同原告至城隍庙发誓为证。可见，借助城隍之力来明确事实颇具效力，不仅为州县官审断所用，也是人们私下裁断纠纷的一种手段。

三、地方档案中的审断实践

除了考察州县官的自我言说外，我们还有必要探讨地方档案中城隍参与审断的案例。赵娓妮与里赞从四川南部县档案中找出了三个知县借助城隍参与审断的案例，认为城隍已然介入具体诉讼活动，影响到诉讼的程序并决定了诉讼的结果。② 从已经整理出版、较为完整的南部县档案汇编中，我们还可以进一步看到此三案的前情后续，它们则展现出了一些与前文所述不一样的情况。

户婚田土这些民间细故情变百出，人证物证都不一定可靠，审断起来并不比命盗重情简单。雍乾时期具有丰富知县任职经验的袁守定曰："词讼情变百出，苦难凭信：如证佐可凭也，而多贿托；契约可凭也，而多伪赝；官册可凭也，而多偷丈；族谱可凭也，而多栽占。"③ 方大湜也说："案情不一，有证佐者居多。证以人尚恐有串通之弊。""券约等项，

---

① （清）樊增祥：《札泾阳县》《牌示》，载《樊山政书》，卷8，那思陆、孙家红点校，中华书局，2007，第221—222、224—225页。

② 赵娓妮、里赞：《城隍崇拜在清代知县司法中的影响》，《四川大学学报（哲学社会科学版）》2013年第6期。

③ （清）袁守定：《听讼》，载（清）徐栋辑：《牧令书》，卷17，清道光二十八年刻本，第23页。

无一不可诈伪。据笔迹断案者，必须处处留神，切勿稍涉大意。”① 在南部县的这三个案子中，我们就可以看到，两造来案供情各执，皆称有证佐有契约，州县官难以定断，只好借力城隍，让两造至城隍庙，对神发誓，以明事实。虽然案例中显示，民众都非常信仰且敬畏城隍，不敢虚誓，但案件仍然无法简单地依此解决，最终仍需仰赖州县官。

（一）董天寿案

光绪二十一年（1895 年），孀妇范母氏具告董天寿，称董天寿故父于道光年间借范母氏故夫范大兴钱三百五十串，并“有借字为据”。但董天寿否认，并反诉范母氏诬告。② 堂审中，范母氏当堂呈出借约，但年代久远，代笔已亡，中证亦称不知情，知县认为“无凭定断”，于是判定：“著中证刘玉龙同原差押，令两造集城隍祠，将全家性命对神盟誓。若董天寿可以举誓，范母氏不得向董天寿等索讨；如不盟誓，此钱仍饬董天寿等归还。”③

但此案尚未完结，很快，范母氏又来要求复讯，称：

> 董天寿们故父早借小妇人故翁钱三百五十串，有簿有约，并非无凭。连年讨要，至今分文未还。讵料他们辄乘年久，居心昧撇，抗不认还。惨小妇人刻下贫难，兼前放有账目数万，人皆效尤，外账难收。小妇人故来案呈恳复讯求作主的。④

知县对此案已经做出判断，最后是否还钱以是否向城隍举誓为准。然而，范母氏此来却绝口不提城隍盟誓之事，强调借钱一事证据充分，并称自己如今处境贫难，且另有外账，如果董天寿不还，只怕其他人都效仿不还。

董天寿则讲出了另一个故事：

> 小的们遵示。下去当催刘玉龙邀范母氏们集城隍祠盟誓，孰知范母氏自觉情虚，

---

① （清）方大湜：《据证》《据笔迹涉讼须处处留神》，载《平平言 桑蚕提要》，吴克明点校，湖南科学技术出版社，2010，第 119、104 页。

② 《为范母氏具告董天寿等借钱昧骗抗还事》，载四川省南充市档案馆编：《清代四川南部县衙门档案》，黄山书社，2015，第 132 册，第 559 页。

③ 《为讯得范母氏具告董天寿等借钱昧骗抗还事》，载四川省南充市档案馆编：《清代四川南部县衙门档案》，黄山书社，2015，第 132 册，第 566 页。

④ 《为范母氏具告董天寿等借钱昧骗抗还事》，载四川省南充市档案馆编：《清代四川南部县衙门档案》，黄山书社，2015，第 132 册，第 562 页。

抗不从场，亦不举誓。小的们无法，又才来案求复讯的。①

原来是董天寿愿意盟誓，而范母氏拒不举誓。这样看来，事实似乎已经很清楚，此案很可能是范母氏恃老健讼，借钱一事或属讹赖，所以不敢以全家性命在城隍面前举誓，又试图以苦情打动知县。既然在城隍面前，案情已经水落石出，知县即应照原判，董天寿不必还钱。但复讯之下，知县又断："范母氏具控董天寿等账项一案，念系远年之事，且伊家贫不能全还，只酌断还钱六十串，限六月以内缴清，如延，押追不贷。"② 还是判定董天寿还钱，只是在数额上少了很多。

如此审断，在樊增祥看来是要予以处分的："大凡讹索刁控之案，断不可以断钱。查来册穆夏氏、陈林兴两案皆是讹赖，而一断钱十八串，一断钱五串，意在悯其贫穷，而实则赏其无赖也。此端一开，人人乐得欺讹。审实以后，不惟不坐诬，而反可以受赏。本司实无从索解。以后再有此等谬断，定行查取委员职名记过停委不贷。"③ 董天寿此案，大抵即属范母氏讹赖，但借城隍之力审实之后，知县或许悯其贫穷，怜其年老子故孙幼，或许又怕蔓讼，累民累官，于是让董天寿花钱了事。不过，无论如何，城隍在此案中扮演的角色，只是参与审断，帮助明确事实，虽然也很重要，但并非能够决定最后的结果。

（二）敬子扬案

光绪二十三年（1897年），温洪才具告敬子扬，称自己因无嗣，两年前过继堂弟温恭元之子温金川，使其承祧两房，又欲为其再娶一女，方便并受二业。凭媒人说娶敬子扬之女，并开庚书、纳聘银。到婚期后，敬子扬却拒绝迎亲，又不退银，还将媒人拷打殴辱，逼写退婚文约。④ 敬子扬则称当时温家和媒人都说温金川未曾婚娶，今年方才查明其已有妻室，不愿其女做妾，故不发亲。⑤

此案堂审中，知县认为："婚姻为人伦之始，应由两愿，亦不屈从强逼联婚。敬子扬既

---

① 《为范母氏具告董天寿等借钱昧骗抗还事》《为讯得范母氏具告董天寿等借钱昧骗抗还事》，载四川省南充市档案馆编：《清代四川南部县衙门档案》，黄山书社，2015，第132册，第562—563页。

② 《为讯得范母氏具告董天寿等借钱昧骗抗还事》，载四川省南充市档案馆编：《清代四川南部县衙门档案》，黄山书社，2015，第132册，第563页。

③ （清）樊增祥：《批咸宁县刘令自理词讼月报清册》，载《樊山政书》，卷6，那思陆、孙家红点校，中华书局，2007，第145页。

④ 《为具告敬子扬套银掣拿悔抗事》，载四川省南充市档案馆编：《清代四川南部县衙门档案》，黄山书社，2015，第153册，第434—435页。

⑤ 《为具告温恭元等谋婚有伤风化事》，载四川省南充市档案馆编：《清代四川南部县衙门档案》，黄山书社，2015，第153册，第439—440页。

不允婚，准将伊女择户另字。”两造又对应退订婚财礼之数存在争执。这和董天寿案中借钱有无系远年旧事一样，两造各执一词，难以审清，“各有礼物，多寡殊难凭信”，于是知县定断：“均集城隍祠，仍凭原证，确查两家礼物，均各退还，免滋讼端。如有隐瞒，神灵鉴察。”① 这又是乞灵于民众对城隍的信仰，借以明确礼物多少，各自退还，以便结案。

值得注意的是，在来案具告前，双方已到城中神祠，约请他人见证，齐集理论。众人站在温洪才一边，认为“既已纳聘开庚三年之久，不应悔退”，原定第二天晚上立约取和，然而敬子扬本已应允，转又不肯，所以互控在案。② 这里的“神祠”很可能就是城隍神庙。无独有偶，前述陕西李麓峰案中也出现了这样的情况。看来，民众主动到城隍庙中，在神的监督下解决纠纷，已经成了一种比较普遍的习惯。③ 只是在此案中，敬子扬与众人在神前协商后，还是转向了州县官，并达成了他的主要目的。

“城隍庙经常是地方上最大的庙宇，也是城市中最大的公共空间”，④ 而城隍在众人的期待中无所不知，是奖善惩恶、纲纪严明的信仰象征，所以除了借之帮助审断案件之外，还被赋予了见证的职能，似乎在城隍面前大家就都能虚心为公。如黄六鸿就说他曾“传请绅衿于城隍祠公议”，来完成采办任务。⑤ 在南部县还有两例因钱账不清，知县命两造齐集城隍庙凭神算明的记载。这两案中，一则“连算三日”，仍纠缠拖延；一则“碍难核算清楚”，互认“不由公算”，最后都仍求知县复讯究断。⑥ 这适足证明城隍庙已是官民、民众之间互动的重要场所，在城隍的见证下集议、论事成为相当普遍的习惯。在此，我们要意识到潜在许多已由城隍解决的纠纷，而这些自然不会记录在县衙档案中。但另一方面，已有的案例确实提示我们城隍在“见证”职能上的限度。

（三）李凤芳案

光绪二十二年（1896 年），罗兴顺具告李凤芳，称自己买虫包回乡，李凤芳腿插短刀，

---

① 《为温洪才具告敬子扬套银掣拿悔抗事》，载四川省南充市档案馆编：《清代四川南部县衙门档案》，黄山书社，2015，第 153 册，第 455 页。

② 《为具诉敬子扬套银掣拿悔抗事》，载四川省南充市档案馆编：《清代四川南部县衙门档案》，黄山书社，2015，第 153 册，第 445 页。

③ 汉人社会中人与人之间产生纠纷，在私下调解失败而未上公堂之前，流行举行一些神判仪式，往往在一座和地狱司法体系有关的神明寺庙中，请神作为法官或者见证人，以解决纠纷。参见［美］康豹：《汉人社会的神判仪式初探：从斩鸡头说起》，《“中央研究院”民族学研究所集刊》1999 年第 3 期。

④ ［法］高万桑：《城隍庙中变化的权力平衡（1800—1937）》，孙琢译，载［法］吕敏、［法］陆康主编：《香火新缘：明清至民国时期的中国城市的寺庙与市民》，中信出版社，2018，第 32 页。

⑤ （清）黄六鸿：《福惠全书》，周保明点校，广陵书社，2018，第 563—564 页。

⑥ 《为禀复何仕登等具控何现玙等霸吞废祀案内情形恳讯究结事》，载四川省南充市档案馆编：《清代四川南部县衙门档案》，黄山书社，2015，第 170 册，第 146 页；《为武生敬长清等具禀罗玉玺等放筏毁桥抗赔行凶事》，载四川省南充市档案馆编：《清代四川南部县衙门档案》，黄山书社，2015，第 256 册，第 381 页。

逼其同船而归。途中船坏，虫包落入河中，为人捞起，李凤芳冒取虫包，据为己有，还持刀逼其投河，幸而遇救，来案追讨。① 而李凤芳随后诉称一路与罗兴顺无干，是其诬告。②此案集讯，知县认为“无凭定断，饬令两造凭神举誓完结”。但几天后，两造又来要求复讯，李凤芳方面称：

民凤芳遵断，不敢抗延，相邀兴顺齐集城隍词［祠］，先燃香烛，求伊举誓，童等赔伊虫子，兴顺情虚畏举。童等开生庚全家尽丧字句举誓盟心，兴顺口称神灵鉴察等语搪塞，各自出庙。童等家贫母老，本欲具结回家，又奈兴顺刁藐抗结，居心拖害，为此禀明。③

而罗兴顺所言恰恰相反：

小的遵谕，当即赴庙开具生庚年月日时，入庙凭神盟誓。孰料他坚听李天培刁唆主谋把持，抗不盟誓，又不赔虫，□差押搕仍然狡骗。④

干证马锡康、王启昌则禀称：

兴顺当邀生等赴房开庚，入庙焚香。兴顺已举全家死绝之誓，凤芳誓词狡诈，自认虽拿虫九包，并未全得，被仪民汪老五分去三包。伊弟李发兴邀生等，劝伊赔虫六包，其余兴顺归请汪老五理问息讼。奈虫上树，虫在新镇壩每包值钱九串余。生等劝兴顺让伊只赔买价、路费钱共四十八串，凤芳不从，反称以钱赔虫，不如以钱控案，久计拖累。兴顺犹再三哀言折本难归，况汪老五得虫三包，本属在凤芳手内分去，固欲凤芳照新镇坝市价全赔，故未说好。生等一属凤芳邻戚，一属兴顺亲谊，不忍二比

① 《为具告李凤芳等谋骗估拿虫包等事》，载四川省南充市档案馆编：《清代四川南部县衙门档案》，黄山书社，2015，第138册，第295—297页。

② 《为具诉罗兴顺等唆搕控诬事》，载四川省南充市档案馆编：《清代四川南部县衙门档案》，黄山书社，2015，第138册，第298—300页。

③ 《为恳恩准结罗兴顺具控李凤芳谋骗估拿一案事》，载四川省南充市档案馆编：《清代四川南部县衙门档案》，黄山书社，2015，第138册，第305页。

④ 《为罗兴顺具告李凤芳谋骗估拿虫包事》，载四川省南充市档案馆编：《清代四川南部县衙门档案》，黄山书社，2015，第138册，第308页。

缠讼，是以据实呈禀，恳断究结，以省拖累。①

我们看到，两造本因“虫包归谁”这一事实问题而借城隍举誓以明确之。但在齐集城隍庙举誓之后，两造又生出“举誓者谁”或者说“认真举誓者谁”这一新的事实问题，再次回到各执一词的局面。此案堂审中，干证马锡康、王启昌均称是李凤芳情虚，搪塞举誓。所以知县定断：“令照数赔给，限三日李凤芳将钱缴至城隍庙，罗兴顺亲书生年凭神焚化，如数给伊具领。若不，免议。如其欺心，自有神天鉴察。”② 两造这才具结完案。这一方面说明两造均信仰且敬畏城隍，因此自觉情虚者不敢认真举誓，只敢事后在知县面前颠倒黑白，妄指对方不誓。另外则再次印证，如同董天寿案一样，城隍参与审断固然能够帮助明确事实，但最终还是需要靠州县进行最终定断。纠纷越激烈，双方就越趋于仰赖州县官的权威。

那么，为什么李凤芳敢于在知县面前颠倒黑白？知县的判词给了我们提示：“杜洪身充总役，胆敢当堂妄回公事，得受李凤芳钱财，抗不缴钱，大属蠹役。除重责外，并枷号示众。念伊俯首恳保，从宽免究。”③ 知县令两造至城隍庙举誓，一般都要叫上差役、干证等人齐集见证。李凤芳应是贿赂随誓差役，串通妄供，只是最后事败。清代差役为弊，亦属常事。但从中也可见，一些人虽然不敢在城隍神前公然以全家丧尽为代价胡言，却敢于在背后舞弊。如此，清人心目中城隍的神力，可能也没有我们想象中那么至广至大。

四、笔记小说中的审断书写

利用小说等文学史料进行研究，在中国法律史领域中已不鲜见。如柳立言所言：“《夷坚志》虽被视为笔记小说类，但可利用的资讯与《清明集》不相上下，且因其‘说故事’的特色，有不少地方更为坦白和精彩。”而事涉灵异鬼神的案件，有时因故“未能见诸官方记录，故研究者不能单靠法律文献，更须利用文学作品”。④ 清代笔记小说中就有许多城隍参与甚至直接审断案件的故事。

---

① 《为恳断究结罗兴顺具控李凤芳谋骗估拿一案事》，载四川省南充市档案馆编：《清代四川南部县衙门档案》，黄山书社，2015，第138册，第306页。

② 《为罗兴顺具告李凤芳谋骗估拿虫包事》，载四川省南充市档案馆编：《清代四川南部县衙门档案》，黄山书社，2015，第138册，第309页。

③ 《为罗兴顺具告李凤芳谋骗估拿虫包事》，载四川省南充市档案馆编：《清代四川南部县衙门档案》，黄山书社，2015，第138册，第309页。

④ 柳立言：《人鬼之间：宋代的巫术审判》，中西书局，2020，第211、268页。

光绪六年（1880年），江西鄱阳县令汪以诚审理了陈福来、陈福得被杀案，与黄六鸿审“任某杀妻案”非常类似。江西鄱阳县民叶佐恩与陈氏生有福来、福得二子，叶佐恩死后，陈氏再嫁给严磨生。光绪三年（1877年），严磨生接福来、福得回家过年，路上生病，就让二子跟着所住相近、一起赶路的雷细毛先行。到了鸳鸯埒，雷细毛与二子即将分路，让他们在此等候严磨生再一起走。严磨生病愈后，抄近道回到家中，却发现二子不在，最后找到他们的尸体，所带钱米均未丢失。严磨生控告是附近的欧阳发仂、欧阳六毛所杀。而叶氏之族则说是严磨生为了叶佐恩遗留之田而杀害二子，也将其控告在官。此案久未能决。

当时江西诸官认为二子年幼无仇，且所带钱米俱在，都怀疑严磨生是凶手。直到鄱阳令汪以诚到任，着力侦办此案。他派人秘密观察此案各位人证的一举一动。民间传言彭玉麟将来审断冤狱，欧阳发仂听说后屡屡向丁役探听消息。后又听说彭玉麟审案得实即以军法斩之，于是欧阳发仂疑心生暗鬼，更为害怕，梦中呓语，连称不好。汪以诚得知，确信杀人者一定是欧阳发仂。但他没有直接质审欧阳发仂，而是：

> 乃于密室供城隍神之位而祷焉，夜梦至一处，闻尸臭而不见尸，有一人以身覆之，视之，发仂也。及旦，躬率诸囚，诣神庙而讯之，谓发仂曰：“尔实杀人，神已告我矣。”发仂虽不即承，而神色大变。越日，又讯于城隍庙，诸囚皆号哭，求神明昭雪，发仂无一言。夜将半，则大呼曰：“吾不敢欺神明，请吐实。”①

和“任某杀妻案”一样，此案亦是案情复杂、证据难寻的一桩疑狱。而汪以诚也像黄六鸿一样，在已经根据种种蛛丝马迹找出真凶的基础之上，巧妙地利用民众对城隍的信仰和敬畏，使其自投罗网，顺利结案。彭玉麟对汪以诚解决此冤案大为称赞：“数年郁结，为之顿释，望空遥拜，为两冤魂叩谢贤令君。天下多覆盆，而有司安得如此尽心欤！”② 可以看出，虽然一般来说只有遭遇疑难案件时，州县官才会借助城隍参与审断，但这一手段似乎非常有效，屡试不爽。而且，正如彭玉麟所言提示我们的，能够花大力气，用尽各种方法审清案情，已是积极有为、颇为难得的好官。此案若依常理，像当时江西诸官那样，推出严磨生杀害二子似亦合情合理。这类城隍助力审断故事的传颂，根植于民众的城隍信仰，实为赞颂尽责的州县官，是民众渴望苍天有眼、寄寓正义理想之所在。

笔记小说中更多的是城隍神直接进行审判的故事，更凸显出了城隍的神力。比如《城

① 《陈福来陈福得被杀案》，载（清）徐珂编撰：《清稗类钞》，中华书局，1984，第3册，第1143—1145页。
② 《陈福来陈福得被杀案》，载（清）徐珂编撰：《清稗类钞》，中华书局，1984，第3册，第1145页。

隍神诛李司鉴》中，李司鉴因打死妻子，正被查审，忽然持刀奔入城隍庙中，对神而跪，自行割耳、剁指并自阉。① 这一幕冥诛场景极具戏剧性，也相当血腥残酷，简直就是城隍庙中所刻画的酷刑图像的生动再现。在清人的期许中，城隍确实是这样一个因果必报、酷刑惩恶的神灵，相比人间司法要准确、痛快得多，城隍承载了他们对正义理想的追求，作为一种世俗法律秩序缺憾的神祇弥补而存在。②

而另一些幽冥界中城隍审案的故事，则更多折射了人间世的司法情况。

乾隆三十二年（1767年），镇江城隍庙修缮，严、高、吕三人主事，设簿募资。一妇来庙捐银，不留名字，只请记明所捐银数。然而，该妇离开之后，高、吕二人认为："登簿何为？此时无人知之，三人分得，似亦无害。"严止之不听，不得已而去，高、吕则平分其银。

几年后，高、吕相继死去，严也没有将此事告知他人。乾隆四十三年（1778年）春天，严患病卧床，昏沉中"见二差持票"拘至城隍庙中。原来是老妇死后，高、吕贪银事发，城隍查察原委，拘严前来对质。审后，城隍认为："事干修理衙署，非我擅专，宜申详东岳大帝定案，可速备文申送。"便令差押送至东岳大帝处，投递文书，上前听判。高某被判"应照该城隍所拟，枷责发落"，吕某则因"生前包揽词讼"，"除照拟枷责外，应命火神焚毁其尸"。如此审结之后，严某才被送还阳，而吕某尸身果遭火焚。③

从这个故事来看，冥界城隍几乎完全是人间州县官的翻版。高、吕眼中，城隍并非全知全能，也在"无人知之"的范畴之内，十多年后才得知此事。而从差役持票拘人和押解、公文投递流转与公堂设置、城隍与东岳大帝之间审级划分等处看来，阴间司法也几乎完全是人间司法的翻版，可谓"神自人出"。当然，此类故事整体还是在宣扬善恶必报的因果观念，传播也相当广泛。光绪年间刑部主稿唐烜就深受《新齐谐》中溺鬼讨债、夙冤积孽故事的影响，以此解释官员的意外身故。④ 这些故事的大量流传，与清人对城隍的信仰与敬畏，可能恰恰是互为因果的。

不过，人间世的司法情况不如人意，既然"神自人出"，笔记小说中阴间司法并不公正的故事也不在少数。《聊斋志异》中席方平的故事就刻画了城隍勾结阎王爷、枉法害人的形象，《新齐谐》中有城隍神受贿革职、酗酒枉法等事，《阅微草堂笔记》载城隍手下的判官

---

① 《城隍神诛李司鉴》，载（清）徐珂编撰：《清稗类钞》，中华书局，1986，第10册，第4781页。

② 参见范依畴：《世俗法律秩序缺憾的神祇弥补——古代中国城隍神信仰的法律史初释》，中国政法大学硕士学位论文，2011年。

③ 《城隍神治高吕之罪》，载（清）徐珂编撰：《清稗类钞》，中华书局，1986，第10册，第4783—4784页。

④ （清）唐烜：《唐烜日记》，1896年12月14日，赵阳阳、马梅玉整理，凤凰出版社，2017，第57页。

贪恋女色遭到诛杀。① 这些负面的叙述，一方面映射出对现实司法的不满，另一方面，它们不同于官方公开的表达，在这些民间书写中，城隍威力的动摇初露端倪。

五、城隍神判的近代变奏

在上述的案例中，无论是哪一方的视角，我们几乎清一色地看到城隍在参与案件审断时发挥出了一定效力。不过，晚清以降，在迈入近代的中国社会，城隍的神力逐渐褪色。在现代化的大趋势下，“反迷信”的话语愈发兴盛，而包括城隍在内的诸多神灵被贴上了“迷信”的标签之后，被传教士、大多数知识分子所批判，更逐渐为国家力量所反对。城隍作为一种曾被纳入国家正祀的民间信仰，在被反对与改造的过程中，虽然在社会层面仍然有所反抗和调适，② 依然得到普通民众较为普遍而又程度不一的信仰，但至少在司法审判这个层面，其在清代本就显得隐而不彰，迈入近代之后，更是逐渐退出了历史舞台。

晚清时期，报刊产生了越来越大的影响。一般而言，这些报刊主要是传教士和“先进”知识分子的阵地，“反迷信”的话语铺天盖地。他们试图宣传科学思想，破除民间“迷信”，迎神赛会、祈雨求晴等活动均在反对之列，那么鬼神涉足司法审判，自然更被激烈声讨。《论告阴状》一文可为其中之典型，值得我们细细分析。

该文作者首先指出“告阴状”这种做法“直同儿戏，不几令人失笑乎，而行之者则犹郑重其事，不敢有丝毫疑似之心”，对此直白地表明了他的态度：“何其愚耶!”并点明当时盛行的告阴状之说，不过是出于乡愚的附会传说，毫无根据。随后，他进一步解释此事官府不禁、民众深信的原因：

> 近来官府虽亦不乏明决之士、折狱之才，然或则黑白倒置，或则是非互淆，有冤者呼吁无门，无辜者牵连不释，狼差之贪狠不如醉皂之模糊，公堂之昏蒙不若木偶之灵验。民曰，与其诉于官，不若诉于神。诉于官，官不能决，犹可原也，而关说苞苴，且有以揉直而为曲；诉于神，神之决与不决，虽不可知，而八行之书、千金之贿，则固可决其必不行。故控官者不能取必于人，而控神者犹可自必于己，又何怪告阴状者视神为神明之宰，而视宰官如土木之偶，其犹能禁之使不行乎？且此等举动不过可笑

① 参见郝铁川：《灶王爷、土地爷、城隍爷：中国民间神研究》，上海古籍出版社，2003，第241—244页。

② 参见庞毅：《“迷信”与“反迷信”：近代中国民间信仰研究省思》，《科学与无神论》2020年第6期。

而已，其他固无患也，不过自惑而已，于人固无患也，夫亦何必禁之哉！①

在该文作者看来，最大的原因在于司法体系的低效、腐败，民众告官不仅耗费钱财，也未必能得到公正的处理，反而不如求神拜佛，尚可为自己求得一些心理安慰。这种作用应当是真实存在的，英国传教士麦高温就观察到，这些人并不奢求真的能弥补损失，但却相信“若能在冥冥之中唤起一种力量，使这种力量永不磨灭，直至那曾迫害他的人得到应有的报应，这会使他感到一点快慰的”。② 有趣的是，该文作者也认为这种行为只是“自惑而已”，没有禁止的必要。“反迷信”在此时还远没有达到与现代化、民族主义联系起来，并为国家力量所推进的程度。

恰恰相反，城隍在民间社会有如此影响，本来就与其作为正祀、清廷大力推广脱不了关系。前文述及，清代州县官面对一些疑难案件，有时会借助城隍之力参与审断。这一点也为《论告阴状》作者所承认：“今之疑案难决者，往往地方官移公案于城隍神祠，再行讯鞫，名曰阴阳会审。阳官有不决之事，亦不得不有藉于阴官，今之告阴状者，盖亦以阴官足以补阳官之不足也，又何怪焉？”首先，该文进一步证明城隍参与州县审断这种现象具有相当的普遍性。其次，按作者的思路，既然城隍能被堂而皇之地请到公堂上来，也就难怪民众自行烧香向城隍告状了。人们“迷信”的最终症结还是在于地方官能力不足：“民有冤抑，地方官不能判决，而听民之奔告于不可知之神，是亦阳官之耻矣。有司得其人，又何待以神道设教为？”③

公允地说，不少州县官之所以借助鬼神之力参与案件审断，可能确实有一种推脱职责的倾向。比如审理董天寿案、敬子扬案的县令似乎就是如此。但是黄六鸿、蓝鼎元这样的州县官，则是以一种相当积极主动的姿态引入城隍这一角色，以使案件的审断更加顺利，有别于前者。④ 许多情况复杂的案件无法用常规手段解决，于是将城隍引入到案件审断之中，这样一种“用谲”的办法，端赖州县官对人情世态的把握，并与当时社会的技术、组织、信仰和民情诸方面相适应。⑤ 这对州县官提出了相当高的要求。但我们没有办法想象，每一位州县官都能够如同黄六鸿这样既有能力又肯尽责，《福惠全书》中的办法产生“降一格”的效应，也在情理之中。

---

① 《论告阴状》，《申报》（上海）第 3082 号，1881 年 11 月 28 日，第 1 版。

② ［英］麦高温：《中国人生活的明与暗》，朱涛、倪静译，中华书局，2006，第 117 页。

③ 《论告阴状》，《申报》（上海）第 3082 号，1881 年 11 月 28 日，第 1 版。

④ 这大概也与案件本身的类型有关。到城隍庙中对神盟誓这一手段从未在命盗重情的审断过程中采用，而只出现在民间细故的处理中。这种截然二分的选择大约也体现出时人对城隍效力范围的自觉。

⑤ 参见梁治平：《清官断案》，载《法律史的视界：梁治平自选集》，广西师范大学出版社，2013，第 322—323 页。

报纸上刊载的不仅有论说文章，也有许多新闻资讯。我们可以在论说文章中看到对城隍参与司法的批判，而在新闻报道中，我们也能体会到城隍神力的松动：

> 本月初七夜，尽将人犯押解吴山城隍庙内神前详审，盖将以神道设教，冀冤魂之来控也。乃是夜研究，更属支吾，不独鬼既无灵，即人亦茫无端绪，问官既神疲力倦，差吏干证人等，亦皆倦眼低眉矣。初十日，龚、宗两守仍在庙中会审半日，未知有无翻异，缘是日扃门下钥，外人不得与闻也。①

此次审案，主审官员就试图仿效黄六鸿、蓝鼎元的做法，将人犯押解到城隍庙中进行审讯，希望借助神道设教，冤魂来控，以获得人犯的口供，这似乎已经成了一种固定模式。不过，虽然看起来官员们能够比较熟练地套用这一办法，但几日审讯下来，毫无收获。而在前述的案例中，几乎无一例外，我们看到的均是城隍一出，则案情水落石出，案件顺利解决。最终，此案还是靠布政使会同臬司道府，在臬署公审时，强行促使犯人画供而定罪结案。②

城隍威灵的失效在报纸上并非孤例。长兴案的主审官员或许只是并不精于此道而导致城隍失效，但在常熟县发生的一起命盗案件中，据称善于神道设教的县令朱秉成也不幸遇挫：

> 大令饬拘福森，叠次刑讯，坚不认承。大令固善以神道设教者，至此虔诣城隍庙，拈香祈梦，毫无应验。爰于深夜设案庙中大殿，与城隍神并坐讯鞫，福森一味叫屈，神固土木偶，岂能剖析案情，大令则惟有默坐沉思，付之太息而已。③

这类反面案例提示我们，或许城隍神判在以前也有失败的可能，并非屡试不爽，其效力本来就有限度。一方面，案犯可能对城隍神并未抱有较深的信仰，那么借其进行神道设教，自然失去了威力。另一方面，这一手段想要发挥效用，显然很考验运用者的能力，需要对世态人情有着深刻的体察与精准的拿捏。两方面因素的可控性都不高，造成了借助城隍参与审断其实是很不稳定的，这也难怪黄六鸿都会感慨是“不得已而为之”了。

当然，我们还是能够看到成功案例，即使到了民国初年也是如此。大冶某个布店开业

---

① 《长兴案复讯》，《申报》（上海）第2159号，1879年5月7日，第2版。

② 《长兴案续闻》，《申报》（上海）第2167号，1879年5月15日，第2版。

③ 《案有端倪》，《申报》（上海）第8271号，1896年4月29日，第2版。

失窃，知事亲往看验，却无迹可察，后在讯问管事时，觉得其情节可疑，但反复追究都没有确定的证据。于是，知事就带他到城隍庙，“设案焚香，城隍案上，知事案旁，抽签问罪，笞押交赃”。不过，作者随后就说：

是知事作主耶？抑城隍作主耶？如系知事作主，知事自有权衡，何待抽签？如系城隍作主，城隍自有显应，何待笞押？要之，知事能察言观色，有兼听之明；城隍为泥塑木雕，无知人之哲。①

这也是一种对城隍进入司法领域的“科学”解释。作者承认其实用性的功效，但同时指出，效用得以发挥，端赖知事的人力，而非并不存在的城隍神力。在这些对城隍参与案件审断正面与反面的论述之下，神秘而强大的城隍威灵不断褪色。

城隍参与司法，不仅是州县官援以审断，也成了民众私下解决纠纷的一种手段。民元以后，这样的做法也延续了下来，并见于报章：

衢县水亭门外某茶肆，日昨上午向渔户买鱼一条，计龙洋一角钱三十文，至下午三时渔户向之取钱，该茶店主云：“当时付以现洋，并未欠账，可［何］能再取？”因此各执一词，双方均向香店同购香纸往城隍庙盟誓。不知城隍菩萨准予受理否。②

这一案例非常像李麓峰、敬子扬等案中的情况，双方均是因一些细故，各执一词，最后前往城隍庙对神盟誓。其实，不仅是普通百姓会求诸城隍，地方绅士也难免从俗。湖南一药栈经理欧阳价人被卷走盐款，一面赴县报案之余，“一面至城隍庙求神，并从俗例，迎接小洞之朗公真人偶像到栈，冀得神力为之追取”。③ 可见，民间处事除了上报县官外，向城隍求助已经成为一种非常普遍的下意识行为，甚至于请其他鬼神也成了一种地方惯例。后来神道不灵，朗公偶像为其子打毁，湘潭、善化、甯乡三县绅士为此大动公愤。不仅欧阳父子被认为是“识见之陋，已觉可笑”，湘绅更被讥为“智识幼稚有如是哉”。④ 而细细品味，衢县一事最后“不知城隍菩萨准予受理否”一语，其实也暗含对这种“迷信”做法的讽刺，这正是占据报纸话语权的新式知识群体对民间鬼神信仰的普遍态度。

---

① 祝干丞：《知事和城隍会审》，《新民报》第2卷第4期，1915年4月，第97页。
② 《城隍作审判官》，《小时报》第65号，1917年1月17日，第1版。
③ 《湘绅誓为木偶伸冤》，《申报》（上海）第12744号，1908年7月24日，第12版。
④ 《湘绅誓为木偶伸冤》，《申报》（上海）第12744号，1908年7月24日，第12版。

暂且对这种讽刺态度置之不论，民间社会对城隍神的信仰可能比我们想象的顽强。新式知识分子对这种“迷信”的批判，恰恰意味着此类行为相当盛行。而像《申报》这类以商业目的为考量的报纸，本身也要迎合读者的喜好，因果劝善、谈狐说鬼确实占了很多的篇幅。① 在报纸上我们就能看到不少城隍神判、因果报应的故事，② 城隍庙在戏曲中也成了断明案情的关键场所。③ 可以体认到，即便在“反迷信”的大趋势下，一些文化习惯、心理结构与社会风俗仍然在调适中得以延续。在这样的情况下，即便破除了对城隍的“迷信”，还可能出现新的“迷信”。如在抗战时期，就有人将孙文当作神像用，像“告阴状”那样，拿着时局问题去哭告总理的在天之灵。④

六、结论

在面对一些情况复杂、难以审断的案件，清代州县官可能会引入城隍参与案件审断。有时是巧妙地利用民众对城隍普遍的信仰和敬畏，威慑案犯，使其自投罗网，顺利结案，这多见于官员的判例中。有时则是令两造至城隍庙举誓，以明确事实，解决纠纷，这更多出现于地方档案的记载上。而笔记小说也大量出现城隍审判故事。一方面，这些故事根植于民众的城隍信仰，更为直接、鲜活地凸显出清人对尽责州县官的赞颂、对司法正义的渴望，也展现出人们对城隍的期许：审案迅速、因果必报、惩恶扬善。另一方面，毕竟“神自人出”，阴司审判折射出人间司法的种种情况，同时流露出民间书写中城隍威力动摇的端倪。

在城隍信仰问题上，州县官态度各异，或是纯粹出于政务需要而应付、利用，或是深信因果报应之说，又或者认为不便写入正式公文。但无论如何，他们都不排斥借助城隍更好地审断案件，这一手段看上去屡试不爽。而且，在州县官的自我言说中，城隍往往被弱化为被动的角色，在司法程序与公文流转中也极少看到神灵的踪迹，似乎可以说神祇被屏斥于人间司法之外。⑤ 但从地方档案来看，实际的司法实践过程中确实有城隍的参与，而

---

① 参见李仁渊：《晚清的新式传播媒体与知识分子：以报刊出版为中心的讨论》，凤凰出版社，2019，第67—86页。

② 如《凶终隙末》，《申报》（上海）第3085号，1881年12月1日，第2版；《阴遣难逃动人猛省》，《申报》（上海）第5211号，1887年10月19日，第4版；《蜃江雁信》，《申报》（上海）第8451号，1896年10月26日，第2版；《神之格思》，《申报》（上海）第8606号，1897年4月4日，第3版；等等。

③ 《胭脂神案》，《申报》（上海）第8046号，1895年9月13日，第6版。

④ 寇惕祸：《闲论告阴状》，《知识与生活》（上海）第1卷第2期，1941年3月25日，第29页。

⑤ ［法］巩涛：《法律地狱：关于中国宗教正义观念和法律的比较》，孙家红译，载［法］吕敏、［法］陆康主编：《香火新缘：明清至民国时期中国城市的寺庙与市民》，中信出版社，2018，第89—96页。

在更上层级的司法文献中也有零星的神灵痕迹可循。应该说，城隍信仰与地方司法之间绝不是界限分明的。而州县官以一种可以说是被默许的状态，在案件审断中援引城隍，或许更多地“体现了国家为使其普遍性的法律更加机动灵活、润物无声地渗透于全国各个角落而做的不断努力”。①

城隍在过去相当长一段时间中被视为封建迷信，而州县官借助城隍审断案件也被视为近乎荒唐。如果我们了解城隍信仰的深厚背景，不难看出清人对城隍抱有相当信仰，而城隍也确实深深地介入到了司法程序中。但若说其决定了诉讼结果，② 则未必成立。城隍能够参与审断案件，帮助明确事实，虽然也很重要，但并非能够决定最后的结果，最终还是需要靠州县官进行定断。而民众虽然也能通过告阴状等手段，在城隍身上汲取一点心理安慰，也会自发地以城隍神前盟誓这样一种较为简便、经济的方式来解决分歧，但在实际争夺货真价实的财产时，纠纷越激烈，双方就越趋于仰赖州县官的权威。③

在地方社会，民众自发地聚集到城隍庙中，在神灵的监督下解决纠纷、处理事务，有时州县官也会参与其中。如此，城隍庙就成为一个民众之间、官民之间互动的重要场所。这都基于清人对城隍相当普遍的信仰和敬畏。不过，到了城隍庙周围，人们可能仍敢于舞弊，而一些故事也体现出冥界城隍越来越像人间州县官，并非那么全知全能。这些现象都暗示着城隍神判的限度所在。

其实，州县官刻印出版的判例判牍均经过精心采择，官箴书中的叙说更不无吹嘘自夸之嫌，官方保存的档案在形成过程中亦难免有所修饰。官方背景下几乎无往而不利的城隍，被近代出现的报刊挖掘和展示出了失效的一面，而这在一些笔记中已经初露端倪。毕竟，借助城隍审案的这种手段虽能弥补侦查技术之不足，④ 却并不稳定，难以有效普及。更兼近代以降，城隍信仰本身经受着“反迷信”大潮的冲击。我们看到，地方官借助城隍之力参与审断案件、但最终失败的事例开始出现，并越来越多。在新式知识群体的推动下，报刊作为“反迷信”的阵地，无论是新闻资讯的报道，还是论说文章的刊载，都对城隍参与司法持反对的态度。当然，报刊上激烈的批判，其实恰恰显示这种现象具有相当的普遍性。而一些文化习惯、心理结构与社会风俗更是仍然顽强地在调适中延续了相当长的一段时间。

---

① ［日］岸本美绪：《冒捐冒考诉讼与清代地方社会》，载邱澎生、陈熙远编：《明清法律运作中的权力与文化》，广西师范大学出版社，2017，第 216 页。

② 赵娓妮、里赞：《城隍崇拜在清代知县司法中的影响》，《四川大学学报（哲学社会科学版）》2013 年第 6 期。

③ 在清水江流域的苗族社会中，我们也可以看到类似趋势，参见［日］武内房司：《在鸣神与鸣官之间——清代贵州苗族林业契约文书中的苗族习俗与纠纷解决方式》，海丹译，载邓建鹏主编：《清帝国司法的时间、空间和参与者》，法律出版社，2018，第 280—281 页。

④ 徐忠明：《情感、循吏与明清时期司法实践》，上海三联书店，2014，第 197 页。

晚清以降的这种变奏，可能意味着城隍神判本来就不是屡试不爽的，作为一种并不稳定的审断手法，其限度被更为明确地彰显出来。城隍在司法中效力的建构，关键在于整个社会体系的支撑：因果报应是熟人社会中道德秩序的基础，城隍庙在国家力量的支持下广为建设，州县官主动援用城隍参与司法，士人笔下的叙说也在形塑城隍的威灵。近代社会处于一个转折与过渡的时期，更突出表明我们应在整体社会结构的变与不变中去理解信仰与司法之间的交融。

权利观念在中国的历史发轫与文化环境

伊　涛 *

摘　要　中国本土到底能否原产现代意义上的权利观念，自晚清以来就颇显含混。通过历史考证可以发现，权利最初诞生在西方，跟宗教信仰相关，还凸显着西方人极力追寻人我两分的个体化定位。反观中国人自古以来的存身经验和精神信仰，以儒家伦理打底，高度重视各种亲缘牵连，难以从中拆解出个体意义的人，因而本土并不存在可以原产权利的文化环境。恰恰就是在晚清以来的社会发展中，本土各界曾借用西方的卢梭学说解读权利，跟历史法学派遥相呼应，更是曾让权利入华与汉代以来的佛教入华分享某些相同的历史经验，促使权利观念在中国发轫。更显紧要的是，外来文化能在中国落地生根的终极缘由实为本土文化极具包容性和开放性。儒家就此又做出了巨大贡献。

关键词　权利观念；中国文化；卢梭学说；佛教；儒家

一、引言

举凡各种受到法律保护的利益或者能获得法律尊重的意志，皆可称为现代意义上的权利。追索它在中国的历史发轫，学界通常认为，始自美国当年的传教士丁韪良在翻译《万

---

* 伊涛，山东师范大学法学院讲师。

国公法》时，以中文“权利”二字对译英文“right”一词，该书刊行于晚清1864年。[①] 毫无疑问，中西文化交接无论如何都少不了语言媒介，翻译堪称首要事项。借用中文语词接应西方的权利观念，的确属于促使权利入华的一种重要方式。关键问题是，如果仅仅只关注语词翻译，恐怕难以全面窥见权利观念在中国发轫的宏阔历史场域和文化环境。现代意义上的权利究竟是如何在西方起源的？中国本土是否全然不存在可以供它发轫的文化土壤？若能针对此类问题展开探讨，无疑能揭示出中西文化颇有差异，权利入华并不容易。

同时，学界还有人认为，本土儒家在先秦就曾提到权利观念。何谓仁？是指把人当人看，无异于认可人人都是权利主体。何谓义？是指合宜或者正当，等同于承认任何人都有权利受到公正对待。[②] 回溯晚清以来的思想史，梁启超在1902年曾指出，权利观念并非本土原产，紧接着却又指陈，先秦杨朱曰，拔一毛利天下而不为。严加考究，人人不利天下乃公德之蟊贼，但人人不损一毫乃权利之保障，故此杨朱乃主张权利的哲学家。[③] 当代学者曾言，梁启超那代人受时代的局限，思想表达前后不一，实属难免。[④] 存在类似问题的还有胡适。他在1933年曾指出，应该把“right”译为义权，中国古代恰恰未必没有义权观念。孟子说得最明白：非其义，非其道，一介不以与人，一介不以取诸人。前半句是指尊重人人所应有，后半句是指尊重他人所应有，都含有权利之意。[⑤] 不难看出，中国本土到底能否原产权利观念，历来颇显含混，因而更有必要廓清权利的西方起源和中西文化差异。

本文将通过翔实的史料考证，说明现代意义上的权利观念出现在中国其实只是西学东渐的产物。第一部分首先展示权利的西方起源跟宗教文化和自然法理论密切相关，一并呈现中国晚清以来学界的相关看法；第二部分重点阐发本土文化，透视出中西到底存在着怎样的差异。以此为基础，再去探讨原产自西方的权利缘何能在中国落地生根。晚清以来的历史和社会发展波澜壮阔，甚至可以看到西方的卢梭学说在中国传播和本土历史上的佛教入华都曾助益于权利入华。凡此种种，相辅相成，便塑造出了权利观念在中国发轫的文化环境。需要自我检讨的是，权利入华涉事复杂，本文写作难免有些松散，理应尽最大努力凝聚主题。

---

① 刘禾：《帝国的话语政治》，生活·读书·新知三联书店，2014，第168—176页；林来梵：《权利概念的移植交流史》，《中外法学》2020年第2期，第402—417页。有的学者认为，权利译语在中日两国几乎是同时产生的，参见［美］安靖如：《人权与中国思想：一种跨文化的探索》，黄金荣、黄斌译，中国人民大学出版社，2012，第128页。而据林来梵考证，权利译语最早的确是在中国诞生的，曾传入日本。

② 陈乔见：《公私辨：历史衍化与现代诠释》，生活·读书·新知三联书店，2013，第198—199页。

③ 梁启超：《新民说》，商务印书馆，2016，第93页。

④ 丁耘：《儒家与启蒙》，生活·读书·新知三联书店，2020，第109—110页。

⑤ 胡适：《民权的保障》，载耿云志编：《中国近代思想家文库·胡适卷》，中国人民大学出版社，2014，第716页。

二、权利的西方起源与历史文化环境

施特劳斯学派的赫伯特曾以古希腊为起点追索权利的起源，但不认为那时早已存在现代意义上的权利观念的发轫。① 分析实证主义法学派的代表人物哈特曾指出，翻阅古希腊哲学家柏拉图和亚里士多德的著作，他们经常强调的只是要做正当的或者应为的（ius/recht/droit/right）事情。② 毫无疑问，即使古希腊已经出现了跟权利（right）紧密相关的字眼，仍是不可仅凭一些语词就轻易认定权利观念开始发轫，而是还需要在思想脉络和文化上做整体把握。历史法学派的代表人物梅因曾指出，古代人看重的身份跟我们当前言说的权利无关，而权利观念最初并不是由古罗马人创造的。③ 历史学家库朗热则强调，无论是在古希腊，还是在古罗马，法律秩序的塑造都围绕着家庭中的家长而展开，当时的学者更喜欢探讨权力、能力和正义问题。随着城邦的兴起，所谓公民便只是意指各家庭的家长乃至父亲。④ 著名哲学家黑格尔更是指出，如果说权利的起源必然内含着人的主体性和自主性的勃发，那就不能追溯到中世纪乃至古代。⑤ 综合审视各种论断，实际上只有等到何时出现了独立于家庭和城邦的个体意义上的人，方能谈论我们当前言说的权利。

政治思想史学者萨拜因曾声明，应该把权利的发轫追溯至宗教改革时期，肇始于当年各界对教会钳制的反抗。⑥ 依循法学领域的常见说法，权利本身存在主客界分。客观权利是指特定领域法律规范的总和，主观权利则是指归属于具体某人且带有主体意志的权利。⑦ 据学者考证，此种界分最早是由中世纪哲学家奥卡姆提出的。尽管他还没有详细阐明作为精确术语的主观权利，但已经开始言说后来主观权利的原型。⑧ 他当时是在为圣方济各会辩护，而圣方济各会被罗马教廷视为了异端，正在遭受指控。⑨ 再至后来，宗教改革家马丁·路德曾言，人们无须把全部事情都交托给信仰中的上帝，有些完全可以由自己做主，

---

① ［美］赫伯特：《权利哲学史》，黄涛、王涛译，华东师范大学出版社，2020，第 78—79 页。

② H. L. A. Hart, *"Legal Rights"*, *in Essays on Bentham: Studies in Jurisprudence and Political Theory*, Clarendon Press, 1982, p. 163.

③ Henry Sumner Maine., *Dissertations on Early Law and Custom*, Spottiswoode and Co., 1883, pp. 365—366.

④ ［法］库朗热：《古代城邦》，谭立铸等译，华东师范大学出版社，2006，第 75—89 页。

⑤ ［德］黑格尔：《法哲学原理》，范扬、张企泰译，商务印书馆，1961，第 185—196 页。

⑥ ［英］萨拜因：《政治学说史：民族国家》（上），邓正来译，上海人民出版社，2015，第 67—94 页。

⑦ ［德］梅迪库斯：《请求权基础》，陈卫佐等译，法律出版社，2012，第 24—25 页。

⑧ Robinson, J. W., *William of Ockham's Early Theory of Property Rights in Context*. Brill, 2013, p. 67.

⑨ Paul Vincent Spade., *The Cambridge Companion Ockham*, Cambridge University Press, 2006, pp. 302—325.

各种思考要依赖自己的理性。[①] 路德在此固然只是提到了有些事情，但已经犹如在浩瀚无缝的夜空中硬是撕开了一道口子，无异于宣告人们有必要排斥教廷和教会主张的应该全盘依赖上帝启示。

就基督教教义来看，据《圣经·历代志下》16:9所言，耶和华的眼目遍查全地，转至《圣经·以赛亚书》8:10又指出，上帝和我们同在。前一句强调的是上帝俯视众生，后一句强调的则是上帝还穿行在人们的身前身后。只要能跟上帝为伴，借此获取心灵归属和温暖，难免就会让人与人的紧密交往从俗世生活中剥离出去。不难看出，抛开基督教内部的各流派纷争，它的信条其实本来就具有贬低尘世建制的寓意，致力于让人追寻上帝所在的天国，摆脱尘世依赖，塑造出各自独立的人我，因而基督教教义完全可以成为现代意义上的权利之发轫的重要思想基础。

同时，著名法学家博比奥曾言，在西方世界，如何由人衍生出社会等各种事物，历来存在亚里士多德模式和霍布斯自然法模式的截然分立。前者坦言，肇始于领土扩张、人口增长、维持安保和生计等需求的出现，发生了由家庭到社会和国家的自然演进；后者则认为，人最初是原子式孤立却又合群的个体化存在，可以通过意志性审议活动和群体同意构造出公民社会和国家。[②] 启蒙运动时期，各种问题全都交汇到了自然法上。[③] 尤其是卢梭，把社会契约论的立论出发点设定在了人作为个体而存在的价值上，契约的缔结便是个体与个体通过各自的意志表达所要完成的审议。[④] 毫无疑问，自然法和基督教教义都认可你我作为个体存在，甚至相辅相成。

更重要的是，徒有权利观念的兴起，并不能解决一切问题，尚需法律提供保障。著名法学家葛兰顿曾指出，现代意义上的权利在后续发展上分为了两脉：一脉在欧陆，受到了卢梭的强力影响，重视协调权利与义务的关系；另一脉则栖息在盎格鲁—美利坚的语境中，格外强调人的意志自由和主动性。二者逐渐搭接上了规范性法律文件，诸如英国1689年的《权利法案》(*Bill of Rights*)、美国1776年的《独立宣言》(*Declaration of Independence*)、法国1789年的《人权与公民权利宣言》(*Declaration of the Rights of Man and Citizen*)

---

① [德]马丁·路德：《奥斯堡信条》，载马丁·路德著作翻译小组译：《马丁·路德文选》，中国社会科学出版社，2003，第59—60页。

② Norberto Bobbio, *The Conceptual Model of Natural Law Theory*, in Bobbio, *Thomas Hobbes and the Natural Law Tradition*, trans. by Gobetti, The University of Chicago Press, 1993, pp. 1—10.

③ Donald R. Kelley, *Law*, in J. H. Burns(ed.), *The Cambridge History of Political Thought, 1450 — 1700*, Cambridge University Press, 1991, p. 89.

④ [法]卢梭：《社会契约论》，何兆武译，商务印书馆，2003，第17—22页。

等，它们全都宣称人人天生就自由平等。① 权利观念受到法律的加持，无疑更易于从西方传出，因为它获得了一种文本的载体，方便各界具体把握，更透视出了它可以借助法律获得落实。

纵观权利观念在西方的起源，有两点需要格外注意：第一，它与宗教信仰紧密关联；第二，西方人致力于追寻你我两分的个体化定位。两方面缺一不可，构成了权利起源的必备要件。因西方古代并不存在我们当前言说的权利，那么传入中国的便只能是最初由奥卡姆造就并且接续他发展而来的权利。且看晚清以来本土学者的回应，梁启超在 1904 年曾指出，近世各国法律不取义务本位说，而取权利本位说，原因是受到了罗马法的感化。法律既以权利为本位，其用并非限制人民自由，反倒要予以保障。② 毋庸讳言，此论前半部分并不准确，但同样认识到了权利需要与法律绑定。

胡适在 1933 年曾指出，基督教倡导有人打你的左脸，你要把右脸一并让他打，逆来顺受，跟主张权利无关，可见西方人的权利观念发达同他们的宗教信条正好相反。③《圣经·马太福音》5:39 的确强调，左脸挨打一并交付右脸。需要说明的是，逆来顺受属于基督教信众的爱意表达，只会指向权利能否落实，并不与权利的发轫直接相关。若因打脸发生侵权，完全可以借用法律解决问题。西方综合法学派代表人物伯尔曼曾指出，法律必须被信仰，否则它将形同虚设。最先让西方人懂得俗世法律是怎么回事的正是教会。④ 借用法律化解侵权，意味着双方要在凡俗世界借用作为权威规范的法律，就如同把信仰问题交托给最具权威的超验上帝。西方人的世俗生活与超验信仰混融难分，由后者孕育出的权利不可避免会在前者落实，前者范围内的事项亦会被打上后者的烙印。胡适明显拆解了权利在西方的发轫与基督教教义的密切关联，更是忽略了权利的发轫与落实原本不是同一回事。

三、中国的原有文化环境与权利入华

追索中国的历史文化发展，据考古显示，距今四五千年以前，文明种类如同满天星斗，历经裂变、撞击和融合，便产生了一条最光亮的地带。它从关中西部起，沿黄河而下，正

---

① ［美］葛兰顿：《美丽新世界：〈世界人权宣言〉诞生记》，刘轶圣译，中国政法大学出版社，2016，“序言”，第 10—11 页。

② 梁启超：《论中国成文法编制之沿革得失》，载范忠信选编：《梁启超法学文集》，中国政法大学出版社，1999，第 175 页。

③ 胡适：《民权的保障》，载耿云志编：《中国近代思想家文库·胡适卷》，中国人民大学出版社，2014，第 717 页。

④ ［美］伯尔曼：《法律与宗教》，梁治平译，中国政法大学出版社，2003，第 52 页。

是中华文明发轫最早的地方，蕴含着中国文化的直根系。① 司马迁在《史记·太史公自序》中曾点评儒家、法家和道家等，到了《史记·五帝本纪》中则重点描述黄帝至尧舜禹，恰恰跟儒家存在暗合。《孟子》全书的末尾追溯儒家的发展曾指出，儒家的传承由尧舜至汤，由汤至文王，由文王至孔子。《孟子·滕文公上》更是直言，“孟子道性善，言必称尧舜”。如果说孟子作为儒家人物自然要为儒家发声，那么《史记》并非纯粹的儒学文本，却同样高度关注儒家，因而可以说中国文化的直根系中必然包括儒家。由满天星斗演变至最光亮地带的造就，无疑能说明最光亮的地带具有感召力，以至于非黄河沿岸的族群皆可慕学，促使包括儒家在内的直根系文化的辐射范围越来越广，不少星斗便逐渐暗淡。

黄河流域四季分明，山水齐备，的确更适合人们长期定居和农耕。中国历来恰恰被视为捆绑在土地上的民族，② 人们通常搭接着血缘、姻缘、业缘等各种牵连获取情感对话和彼此扶助。③ 各种牵连最贴合儒家之论。孟子曾强调，父子有亲，君臣有义，夫妇有别，长幼有序，朋友有信（《孟子·滕文公上》）。观诸五伦，父子指涉血缘，夫妇指涉姻缘，妇之夫亦是子之父，姻缘牵连着血缘。因婚姻缔造需要在两家之间开展，于是还会牵扯出纷繁复杂的亲属和亲戚联系。君臣和朋友则指涉血缘和姻缘之外的人际定位。凡此种种，自古以来不曾发生根本性变化，哪怕君臣一伦至今已经暗淡，其他四伦却仍旧被人们重视。毋庸讳言，中国人的成长条件和存身经验搭接着伦理，难以从中拆解出个体意义上的人。

再来看中国人的精神信仰，《史记·封禅书》的记载可谓五花八门，但儒家看重的葬和祭，依然跟伦理相关。孔子论孝时曾说，父母死后，子女葬之祭之（《论语·为政》）。昭昭此言，透露出子女并不会因为父母去世就要摆脱伦理。孝道以孝行和孝德为内容，后者属于情感和德性认识，发乎内心。在父母去世以后，情感和德性若要化作外在行为，就会使得葬和祭成为必要。孔子还曾强调以祭报恩（《论语·阳货》），祭祀的意义就在于回报父母曾经的怀抱养育恩情。孝道的核心要义正是回报。

如何安葬？孔子曾言，自周公以来祔葬（《孔子家语·曲礼·公西赤问》）。祔葬即合葬。孔子早年丧父，其母丧时，将合葬焉，把坟埋为斧形。坟墓选址，通常需要与后人的日常生活场域保持一定的空间距离，除了可以避免尸骨污染，维护公共卫生，还具有区隔死人与活人的意义指向。选定特定的地点，更是可以方便日后精准祭祀。若要葬入埋有族亲的祖坟范围，甚至还会具有让亡者融入族亲的寓意。诸如此类，无不表明孝子葬其亲的

① 苏秉琦：《中国文明起源新探》，生活·读书·新知三联书店，2019，第106—114页。

② 参见费孝通：《乡土中国 生育制度》，北京大学出版社，1998，第6—11页。

③ 参见翟学伟：《中国人的关系原理》，北京大学出版社，2011，第152—158页。

意义在于让亲人永久性地嵌入伦理关系。

如何祭祀？通常需要跪拜，还要摆设供品等。学者指出，那些其实只是象征性活动，意义在于借助人文设施的铺设和仪式的开展唤起人的自然且真实的情感。① 追索隐含在背后的更深刻的寓意，坟内的父母乃至先祖与坟外的后人之间存在着一条由前到后的血脉传承纵向轴，祭祀的开展首先需要人们认识到自己处在纵向轴的后端，而祭祀本身就是后人发起的一种意在与前人沟通的方式。如何沟通？免不了会表现为回溯自家往事。一旦有所追忆和反思，子女就需要在时间上做往返，既以当下为叙事平台，又以往事为叙事层面。注目于过去，在追忆中回到父母健在时，把潜含在往事中的伦理秩序解读出来，而又在反思中把追忆来的事物放到眼前，实现当下叙事与往事叙事的融合。凡此种种，无不表明儒家式祭祀的意义就是要让人们接受伦理规训，迥异于西方基督教式的上帝和天国叙事。

按照孔子的说法，三年无改于父之道，是谓孝（《论语·学而》）。此言至少具有三层内涵：第一，子女要保留父母生前定下的各种规矩，最起码要留住有益的部分，不能因为父母去世就要更改，即无改于其父之道；第二，子女要保留从其他人那里学来的有益规矩，同时保持住父母健在时因习得两方面规矩而使得自己的举止已然达到的状态，不能因为父母去世就要妄自放纵，即无改于其父在时的自己之道；第三，随着种族繁衍，子女迟早同样会为人父母，前有上一代，后有下一代，以当年的父母作为参考，学到的便是如何作为父母，或者更好地为人父母，即无改于作为父母之道。以三年为期，确保三层内涵能全面内化到心灵深处和行为上，以便于真正实现无改于父之道，甚至形成一定的习惯，再通过习惯来促进子女对伦理品性进行长期传承。三年并非只是意指实际年份，还意指很长时间，足可以指向终生。② 综合来看，无论是种族繁衍，还是在家内家外广泛学习规矩，都表明本土儒家式信仰以维护和巩固人的关系化存在作为底色，断不会成为现代意义的权利的原生土壤。

不能否认，中国文化的主干在历史上曾遭遇撞击。例如元代，包括皇帝在内的绝大多数蒙古贵族在相当长的时间都对中原文化十分排斥，马上得天下，马上治天下，促使元朝早衰，只享国百年。③ 再如清代，满族入关，初期曾发生朝廷颁令剃发易服而汉民抗争的动荡，但随着社会发展，满族汉化越来越明显。以宋明理学为形态的儒学传统绵延了六百余年，在清代并未失踪，而是融化到了经史考证中，④ 可谓实现了对中国文化主干的接续。

---

① 李景林：《教化的哲学：儒学思想的一种新诠释》，黑龙江人民出版社，2006，第154—159页。

② 杨伯峻：《论语译注》，中华书局，2009，第7页。

③ 张帆：《中国古代简史》，北京大学出版社，2015，第248—253页。

④ ［美］余英时：《中国思想传统的现代诠释》，江苏人民出版社，2006，第176页。

学者指出，历史上尽管常用武力统一疆域，但要消弭各种文化成见则是武力所不能的，于是总有人喜欢把甲国祖先算作乙国祖先的父亲，又把丙国神灵算作甲国祖先的父亲，再宣讲一番大家都是黄帝子孙，因分散得远了，情谊便松疏了。如今合为一国，就该化除成见。尽管那是作伪，却能匡济时艰，使得各族群同气连枝。① 毫无疑问，借用黄帝认祖归宗仍是在伦理上做文章。

迄至晚清，哪怕有传教士一直在传播西方文化，但认可的人并不占较高的比例，不妨借用具体事例来透视。时值1890年，山东省阳谷县老唐庄，郭书全之父亡故，族亲吊哀，传教士前来诵经，主张尸不棺殓，掘坑而埋，怎奈郭书全之弟郭书成不允。传教士又阻止，致各不服，口角争闹。办案人员赶来劝言，村民各有信奉，理应听其自便。郭家仍按本土礼俗安葬亡父。② 孤证不立，还可以再举一例。时值1895年，山东省新泰县南王庄，董某私自将闲园地段送给传教士建造教堂。传教士拉运建材到境。村民指出，在该处建房，于车路农作不便。办案人员一再提讯开导，谕以建堂无非劝善，绝无他意，但村民仍难遵照。传教士亦知非官法所能挽回。办案人员最终把地段交由董某母亲耕种。③ 毋庸讳言，外来文化的传播并非只能依赖传教士，还可以借用建筑物，让人们一眼就能看到典型标识。在本案中，既然村民认为在该处建房不方便车路农作，难道留给董母耕种就会方便车路？说明村民哪怕能包容董某与传教士频繁来往，但仍会抵触西方文化在村内大张旗鼓驻扎。

由乡村转入城市，据学者考察，始于17世纪，传教士在中国南北方大量出现，④ 历来被各地居民称为“鬼子大人”。“鬼子”二字是对外国人的侮称，“大人”二字则是对官长、长辈和德行高尚的人的尊称。因观念中作恶的传教士会与现实中行善的传教士发生冲突，于是便兼采两种称谓连用。前者主要是指各地居民时常把传教士与拐卖儿童、挖眼、炼药等恶行联系起来。⑤ 拐卖儿童其实是对慈善机构收留流浪孩子的误解，挖眼则是运用西方医术摘除毁损的眼球，炼药更是涉及医药的西方式制作。中西医初遇，以中国式身体发肤岂可毁损的观念审视西医，引发误识，在所难免。直到1935年，胡适还曾借着为友人的医学译书作序的机会向各界推介西医。⑥ 就此看来，观念冲突会让中国人对西方信仰保持距

---

① 顾颉刚：《〈古史辨〉第四册序》，载顾潮、顾洪编校：《中国现代学术经典·顾颉刚卷》，河北教育出版社，1996，第532—537页。

② 案件来源，廉立之、王守中编：《山东教案史料》，齐鲁书社，1980，第316—317页。

③ 案件来源，廉立之、王守中编：《山东教案史料》，齐鲁书社，1980，第64—66页。

④ 欧阳哲生：《古代北京与西方文明》，北京大学出版社，2018，第543—544页。

⑤ 熊月之：《西学东渐与晚清社会》，中国人民大学出版社，2011，第466—487页。

⑥ 胡适：《〈人与医学〉中译本序》，载耿云志编：《中国近代思想家文库·胡适卷》，中国人民大学出版社，2015，第567—571页。

离，即使在城市，仍不可轻易断言传统文化极易被西方文化冲淡。

若要追索西方文化在中国开始产生影响的时间，应该像史学界一样，把目光投向清代康雍乾年间，那时各界早已不再完全依据本土的传统文化审视眼前的世界，致使本土文化寻求变革的迹象正在夜以继日显露出来，但不意味着西方文化能撼动本土文化，更遑论摧毁。① 两件乡村事例的发生已经极其接近 1900 年，城市中出现的情形何止能覆盖某个年份，它们都是持久存在的，表明中国社会哪怕已经发展到了各界广泛使用现代权利话语的年代，却依旧以本土文化打底。客观评价，中西文化若无晚清以来的交接，原本类似于两条平行线，无论如何都难以交汇，但中西毕竟发生了交接。中国的原有文化环境不同于西方，意味着权利观念的跨语境通行必然和必须要面对中西差异。

四、卢梭学说的中国传播与权利入华

既然现代意义上的权利发源于西方，借西方事物予以审视，原本就属于顺理成章的事。署名为崇实的作者曾于 1907 年在报刊上发表文章指出，如何叫作权利和权利思想，必知如何保守而后才算得自己的权利，必有如何之能力而后才能保守。古希腊神像左手拿着衡，右手拿着剑，那衡就是用来权权利的轻重，那剑就是保护权利的东西。倘若有衡无剑，断然保不住权利。② 其中的“保守”二字，囊括着拥有和守护两层意思。梁启超早在 1902 年就曾做出类似解读，③ 崇实并未交代自己的论断是否引自梁启超。除了古希腊神像，若要追索哪种西方学说曾在当年一度成为中国各界解读权利最重要的理论资源，那就不得不提卢梭。

他被中国人所知，据考证，始自 1878 年，证据是晚清重臣郭嵩焘曾在日记中记有一笔。④ 迄至后来，梁启超曾拿康有为跟卢梭比肩，⑤ 还曾给黄宗羲冠以“中国卢梭”的称谓。⑥ 蔡元培同样把黄宗羲视为了“东方卢梭”。⑦ 梁启超某次出国，马君武为他题诗送行，诗中有一句“春风别卢骚”（卢梭），显然把梁启超视为了卢梭。⑧ 真假卢梭相混，除了说

---

① 萧一山：《清代通史》（下卷），中华书局，1986，第 2005—2020 页。

② 崇实：《说权利》，《云南》1907 年第 8 期。

③ 梁启超：《新民说》，商务印书馆，2016，第 89 页。

④ 王宪明、舒文：《近代中国人对卢梭的解释》，《近代史研究》1995 年第 3 期。

⑤ 康有为：《康南海自编年谱・外二种》，中华书局，1992，第 70 页。

⑥ 梁启超：《〈黄梨洲〉绪论》，载夏晓红编：《梁启超学术文化随笔》，中国青年出版社，1996，第 91 页。

⑦ 蔡元培：《绍兴教育会之关系》，载高平叔编：《蔡元培教育论集》，湖南教育出版社，1987，第 40 页。

⑧ 马君武：《壬寅春送梁任公之美洲》，载莫世祥编：《马君武集》，华中师范大学出版社，1991，第 399 页。

明假卢梭被冠以卢梭称谓就是获得了冠名者的高度赞誉，更能说明真卢梭在当年中国享有盛名。

再来看他的著作，今译《社会契约论》曾以《民约论》的面貌出现在中国社会，最早可追溯至1902年，系留日学生杨廷栋根据日文版本进行了意译，当时由上海开明书店发行。① 刘师培在1904年甚至依据《民约论》重新解读了中国思想史，上讫《周易》下至清末学人，洋洋洒洒共计五万余言，撰成一书，直接题名"中国民约精义"。② 马君武在1917年的一次公开演说中，曾向旅沪各省人士宣传，法国大革命时人人信仰共和，欲以《民约论》代《圣经》。时隔两日，演说内容被刊登在了上海的《中华新报》上。③ 五四运动的参与者曾回忆说，尽管当时他还不太清楚如何去改造社会，但已经知晓"天赋民权"等概念，此前早就读过卢梭《民约论》。④ 据统计，截至1919年五四期间，至少有六七种版本的《民约论》相继问世。⑤ 种种史料足以映衬出卢梭学说在当年中国的传播已经深入人心。

早在1899年，梁启超就曾指出，欧洲近世医国之国手不下数十家，最适合今日中国者，唯有卢梭《民约论》。⑥ 因梁启超曾赴日本，他对《民约论》的了解应该是在留日期间。时至1914年2月，严复在一封书信中曾言，昨日梁启超来信，督促为《庸言报》写一篇通论，已诺之。卢梭《民约论》风行，社会影响颇大，不少人不惜喋血捐生以从其法，然实无济于治，盖其本源谬矣。刻拟《民约平议》一通，以药社会之迷信。此文颇长，不妨择要摘录：

> 卢梭文辞偏悍发扬，语辩而意泽，能使听者入其玄而不自知。民约其实创自郝伯思（Hobbes，即今译霍布斯）和洛克（J. Locke），卢梭只是发挥昌大。其云者，一则民生而自由，在其群则平等，天赋之权利，人人皆同，无一焉有侵夺他人之权利，但赫胥黎尝驳之，所见新生之孩呱呱者，尚安得自由之能力乎？于社会尤无平等可言。二则所谓自然之境在历史中，夫指一社会，考诸前而无有，求诸后而不能，吾不知民

---

① 夏良才：《〈民约论〉在中国的传播》，载袁贺、谈火生编：《百年卢梭：卢梭在中国》，吉林出版集团有限责任公司，2015，第360—361页。

② 刘师培：《中国民约精义》，岳麓书社，2013，第94—95页。

③ 马君武：《在旅沪各省人士欢迎国会议员南下会上的演说》，载莫世祥编：《马君武集》，华中师范大学出版社，1991，第374页。

④ 王一知：《五四运动引导我走向革命》，载北京大学学运史编写小组编：《青年运动回忆录》，中国青年出版社，1979，第291—294页。

⑤ 夏良才：《〈民约论〉在中国的传播》，载袁贺、谈火生编：《百年卢梭：卢梭在中国》，吉林出版集团有限责任公司，2015，第360—361页。

⑥ 梁启超：《破坏主义》，载侯宜杰选注：《梁启超文选》，百花文艺出版社，2006，第17页。

约者约于何世。卢梭误人者，动于感情，悬意虚造。中国孟子曰，物之不齐，物之情。不齐者在人尤甚，卢梭深恶之，以其为一切苦痛之母，则以为坐权利之分殊。权利分殊又莫重于产业。世间一切主产承业之家，皆由强暴侵陵欺诈而得之。今夫社会一切权利，必以约为基，此其说诚无可议，在中国必有所受。①

严复此论并未附和梁启超，而是借赫胥黎发声，恰巧跟历史法学派的梅因遥相呼应。梅因在其1861年出版的《古代法》一书中曾指出，自然法理论带有各种让人难以容忍的假设，但又不得不承认，何止在我们同代学者中，甚至在全世界的历史进程里，都无人能像卢梭在1749年至1762年那样，曾对人类的心灵和知识分子的灵魂产生巨大影响。② 严复在其文内没有提梅因，以他对西学的掌握，哪怕他当年完全不了解梅因，仅凭自己的思考就对卢梭学说产生怀疑，仍不能算是意外，况且他曾借据赫胥黎。紧随严复，章士钊在1914年5月指出，卢梭所说的自由是出于天生，而不是出于人造，犹如心学家所说的良知、直觉和夙慧。赫胥黎和严复由天生之生转入生育之生，理解有误。③ 毫无疑问，章士钊的发声能起到替卢梭辩解的功效。一旦针对人自身展开类似于考古的本性探究和阐发，那又何须再在时空意义上的历史中寻找人类社会的原初形态，只去反思和描述人自身本性的原有样貌便已足矣。

到底能否把权利奠基在人自身的本性上，其实见仁见智，视其来源直接由法律规定者，并不少见。④ 依循严复的思考，卢梭学说哪怕悬意虚造，却能让人动心，文辞还偏悍发扬，悄然就使人入迷，可谓人们面对卢梭学说哪怕只是信以为真，却能引发巨大力量，鼓舞各界依据权利摆脱困苦。严复还指出，权利在中国必有所受。章士钊在1903年强调，盖天赋人权，无一毫之欠缺，充权利思想之所至，一毛不能拔，一毫不能挫，养我浩然之气，使人格完全。⑤ 就此看来，理论上的见解存异并不妨碍双方皆认可权利观念在中国流行，而且他们当年都并非只是对卢梭学说照本宣科。争鸣本身无疑就是消化的过程，故此越是激烈就越能表明卢梭学说曾伴随权利观念在中国的历史发轫，甚至起到了不可低估的推动作用。当年各界的权利观念中何止蕴含着卢梭学说的成分，就五四运动参与者的回忆来看，其心中产生权利观念正是得益于接触卢梭学说。

---

① 严复：《〈民约〉评议》，载王栻主编：《严复集》，中华书局，1986，第二册，第333—340页。

② ［英］梅因：《古代法》，沈景一译，商务印书馆，1959，第57—58页。

③ 章士钊：《读严几道〈民约平议〉》，载章士钊：《章士钊全集》，文汇出版社，2000，第三卷，第25页。

④ 参见［加］萨姆纳：《权利的道德基础》，李茂森译，中国人民大学出版社，2011，第52—64页。

⑤ 章士钊：《说君》，载章士钊：《章士钊全集》，文汇出版社，2000，第一卷，第73页。

权利无论是指利益，还是指意志，在晚清以来的知识分子群体中，其实早已达成共识。见于当时的各种报刊，即可看到相关表达，只是在语词使用上未必一致。署名为陈君贻的作者曾指出，今日天下乃权利之天下！唯有如此，天下之国国和民民，莫不各争权利。权和利，二字相因，有权斯有利，有利斯有权。未有权，安有利？未有利，安有权？① 此言让权字与利字互勘连用，署名为陈惕庵的作者则拆解了二字。且看原文原话：上之人所据以为贵而不肯公之下者，权而已矣，下之人所据以为富而不肯公之上者，利而已矣。② 此言把权字和利字分别配置到了上之人与下之人的身上。稍加追索，上之人不肯公之于下，难道是因为自己曾以权谋私而担心泄露？若是果真如此，那么其权恐怕是公权，而非现代意义上的权利。下之人不肯公之于上，难道是因为担心财富被夺？若是果真如此，那么其权便是现代意义上的权利。

署名为余宝铨的作者曾言，权利乃人身之要素，缺乏则难以生活。③ 此种定义明显把权利视为了人之所以是人的必备构成要件，最是契合比较常见的人权的概念。署名为孟杰的作者则言，权利的行使不受他人干涉，即意志自由。④ 事到如今，尽管无法逐一考证出各位作者是否都曾受到卢梭学说的影响，但起码能说明权利问题在当年确实是热门话题。按照严复的说法，卢梭在中国的影响力何其大，本土学人针对权利无论拿出了多少解说，其实都不能算是意外。

五四运动的参与者还曾提示，受到国内情形的启发，时值 1921 年 1 月 27 日，留法勤工俭学的学生代表曾在法国巴黎的一家咖啡馆召开了一次大会，一致通过了争取吃饭权、工作权和求学权的口号。第二天上午九点钟左右，四百多名学生就包围了当时的中国驻法公使馆。几经交涉，公使馆和法国相关部门不得不拿出一些款子交由学生们充作最低生活费用。周恩来曾详细考察二八运动，写成通讯稿寄回国内，发表在天津的《益世报》上。⑤ 尽管史料中没有交代学生们伸张权利是否依据卢梭学说，但法国是卢梭学说的故乡，至少可以认定中国学生于五四运动前后相近的时间里，在国内和国外让权利观念实现了同频共振。

我国著名文学家巴金曾于 1927 年旅居法国，据其晚年回忆，那段时间常为祖国正在进

---

① 陈君贻：《中国国民对于中国之权利 各国国民对于各国之权利与中国国民对于各国之权利 各国国民对于中国之权利之比较》，《华商联合报·海内外比较杂志》1909 年第 19 期。

② 陈惕庵：《权利论》，《大道》1936 年第 1 期。

③ 余宝铨：《权利》，《西郊学校校友会杂志》1920 年第 1 期。

④ 孟杰：《论权利之滥用与权利之消极享受》，《时事新报》1932 年 12 月 30 日，第 1 版。

⑤ 何长工：《在无产阶级的熔炉里》，载北京大学学运史编写小组编：《青年运动回忆录》，中国青年出版社，1979，第 277—278 页。

行一场革命与反革命的斗争而感到忧虑，便只能站在卢梭的铜像前倾诉心声。“回顾自己五十多年的写作生涯，始终不忘卢梭是我的启蒙老师，我绝不愿意在作品中说谎。”① 就此看来，巴金身在法国却心系中国，让卢梭学说在两国实现了另一种意义上的同频共振，而且卢梭学说还曾对中国的文学创作产生过极其深远的影响。巴金虽然没提权利问题，但卢梭学说的重中之重正是权利问题。甚至可以断定，受卢梭影响者，必然会受到社会契约论和权利理论的影响。诸如此类，无不可以助益于权利观念在中国的历史发轫。

五、佛教入华的历史经验与权利入华

既然现代意义上的权利在西方起源跟宗教相关，那就有必要探讨它在中国发轫是否同样需要跟宗教绑定。张之洞在1898年曾指出，摭拾西说者，谓人人有自主权。此语出自彼教之书，其意是上帝予人以性灵，人人各有智虑聪明，译者竟释为人人有自主权，终是大误。② 不难看出，张之洞认定权利在西方原本与宗教相关，无疑是正确的。摭拾西说者抛开西方信仰，直接认定人人有权，在张之洞看来既然是错误的，③ 那么他无异于想要强调，中国无西方式信仰，因而中国人产生不了权利观念。

相较于张之洞，康有为的态度更显乐观。他曾授意学生陈焕章等，于1912年10月在上海成立了孔教会。追索背后的思考，康有为曾言，尧舜禹汤文武的礼法全都来自孔子的虚构创造，而孔子更是曾编撰六经用于托古改制。历经百家争鸣显示出了优势，表明儒家教义最完备，有必要让孔子成为万世教主。④ 梁启超就此给康有为冠以“孔教之马丁·路德”的称号，并且指出，康先生幼受孔学，屏居西樵时还潜心佛藏，出游又读耶书，不专崇一家，常持三圣一体、诸教平等之论。中国非宗教国，数千年无宗教家，不可不因历史习惯而利导，故以复原孔教作为第一着手。⑤ 就此看来，康有为着眼于印度和西方都有宗教而中国却无，于是便产生了要塑造孔教的想法。在《大同书》中，他接传西学，畅言中国人同样各有权利，且禀天权，意在把诞生在西方的权利放入中国。⑥ 前后结合起来，无异于宣称，权利在中国即使不与西方宗教绑定，仍有必要跟本土的孔教绑定。哪怕眼前没

---

① 巴金：《文学生活五十年》，载《巴金全集》，人民文学出版社，1993，第二十卷，第560—569页。

② （清）张之洞：《劝学篇》，冯天瑜、姜海龙译注，中华书局，2016，第111页。

③ 何启和胡礼垣当年曾批判张之洞见解谬妄。参见何启、胡礼垣：《新政真诠：何启 胡礼垣集》，郑大华点校，辽宁人民出版社，1994，第423页。

④ 康有为：《孔子改制考》，中华书局，1958，第164—193页。

⑤ 康有为：《康南海自编年谱·外二种》，中华书局，1992，第247—270页。

⑥ 康有为：《大同书》，中国人民大学出版社，2010，第310—325页。

有孔教，倒是不妨创造出来。潜台词便是，西方有什么决定着中国必须要有什么，以至于要以西方绑架中国。表面上看去，康有为和张之洞的思考具有极大差异，实际上却存在暗合，即他们的发声都没有摆脱权利和宗教在西方紧密绑定的前提预设。

历史发展中恰恰还蕴含着另一条思路。传教士花之安和林乐知曾强调，耶稣道理与儒教道理同条共贯，但又认为前者远胜后者。① 主张同条共贯，的确可以算是要拉近中西，但在权利原产自西方而非原产自中国的问题上凸显出来的却是中西有别，因而主张中西存异更符合实际。严复在1914年曾言，卢梭大似吾国老庄，皆明自然。② 严格来说，卢梭言表的自然是指人类原有的存在环境和自身智慧，老子和庄子主张的自然则是人们应当追求的一种安身立命之道，即回归自身的自然而然，不宜求于自身之外的世界，前前后后岂能视为近似或者类似。综合审视，无论是断定西学与本土的儒道两家类似，还是同条共贯，核心要义无疑在于比附。此类叙事一经现身，即可显示出晚清以来的西学入华与汉代以来佛教由印度入华分享着某些相同的历史经验。

毫无疑问，晚清以来的西学东渐，在中国历史上的确不是第一次异域文化入华。胡适在1936年就曾借佛教入华指出，本土化是所有文化借鉴中的普遍现象。③ 稍加追索，西晋以来《老子化胡经》广为流传，不少人认为出自道士王浮伪造，学界反倒指出，佛教初来，道家虽早，但道教同样自汉代萌芽，佛道均借老子化胡之说会通教理，可谓相得益彰，分歧势弱。帝王列二氏并祭，臣下则合黄老和浮屠为一，毫不可怪。④ 让佛教搭接上老子，究其功效，一则可以借用道家或者道教的符码辨认佛教到底是何物，二则还能为外来文化争取到可以在本土存身的位置。

更有甚者，迄至五六世纪，佛教还曾把目光瞄向孔子和老子，又因孔子最喜爱的学生是颜回，于是就框定了具有中国色彩的佛教三圣人，⑤ 隐含在其间的又何尝不是比附。北周武帝于建德年间（574年五月），曾下诏废除佛道两教，到了六月竟又下诏设立通道观，定员一百二十，恰恰同时收容了儒释道三家文化人，尽管前后仅仅存在了七年，却成了中国历史上独一无二的合三家于一体的文化机构。⑥ 在更广阔的历史时空中，哪怕曾发生三武一宗灭佛，儒释道三家整体上却逐渐合流。

---

① 章清：《会通中西：近代中国知识转型的基调及其变奏》，社会科学文献出版社，2019，第146—150页。

② 严复：《〈民约〉评议》，载王栻主编：《严复集》，中华书局，1986，第二册，第334页。

③ 胡适：《中国的印度化：文化借鉴的范例研究》，载耿云志编：《中国近代思想家文库·胡适卷》，中国人民大学出版社，2015，第578页。

④ 汤用彤：《汉魏两晋南北朝佛教史》，商务印书馆，2017，第48—50页。

⑤ ［荷］许理和：《佛教征服中国》，李四龙等译，江苏人民出版社，2005，第400—401页。

⑥ 葛兆光：《中国思想史》（第一卷），复旦大学出版社，2017，第406—407页。

禅宗作为儒家与佛教融合的产物，正是最典型的本土佛教。儒家曾言，身体发肤，受之父母，不敢毁伤，孝之始（《孝经·开宗明义》）。信奉佛教则要离家剃发。唐代佛典曾说，佛法在世间，不离世间觉（《坛经·般若品》）。此言点明了无须离家即可修行佛法，还能带发修行。俗语亦有言，以出世的心做入世的事。出世入世便是佛儒混融。宋代佛典更言，非仲尼之教，国无以治，家无以宁，身无以安。国不治，家不宁，身不安，释氏之道何由而行哉？（《中庸子传·上》）此言越发表达出了佛教对儒家的认可，甚至认为崇佛依赖崇儒。诸如此类，皆表明外来文化无论多么殊异于本土文化，都并非不能融入中国社会。

尤其需要引起注意的是，据考察，中国人日常言谈使用的不少语词都来自佛教，诸如世界、实际、如实、现行、平等、刹那、清规戒律、相对、绝对等。① 如果平常使用佛教语汇表达自己想法的人并非只能局限于佛教信仰者，那就说明语词使用完全可以从宗教信仰中剥离出来。同样的道理，言说权利者，并非只能是西方宗教的信仰者。如此一来，就为外来的权利观念在中国落地生根开拓出了一条道路，即它完全可以跟西方信仰脱钩，或者说二者难免会被打散。若能合那便合，不能合还可以各行其道，全然不像二者同在西方总是紧密绑定。权利入华与佛教入华的历史机理并不存在实质区别。

更显巧妙的是，权利观念在中国还能跟佛教语汇接洽。据考证，平等观念在印度出现，其实要早于佛教诞生，但佛教一经问世，就积极宣扬平等。东汉桓帝末期，月氏高僧支娄迦谶大约在167年入华，开启了汉译佛经的先河，译有《无量清净平等觉经》凡四卷，把梵文“sama/upeksa/sanmaya”等语词译成了中文“平等”二字，用来表示无差别的意思。② 宋代佛典记言，若论平等，无过佛法，唯佛法最平等（《古尊宿语录·卷三十三》）。刘师培在1907年曾指出，平等者，你我权利义务无复差别，③ 跟佛教主张的平等并无实质区别。蔡元培在1912年曾说，法律者，矫偏私而纳中正，使人人保其权利平等。④ 此言把权利、平等和法律三者联系了起来。所谓平等，就是要让法律以中正之态矫正偏私。无偏无私的语义其实大致等同于无差别，可见蔡元培言说的平等同样契合佛教主张的平等。如果说佛教论述的平等比较泛化，以至于可以用无差别来考量的事物包罗一切，那么以权利论平等就显得非常具体，而且还要通过法律予以落实。无论是用“平等”二字廓清权利的你我皆有，还是用“权利”二字厘定你我因为皆有而平等，实际上都会让来自西方和出自佛教的

---

① 赵朴初：《要研究佛教对中国文化的影响》，《法音》1986年第2期。

② 秦晖：《传统十论》，复旦大学出版社，2011，第377—387页。

③ 刘师培：《无政府主义之平等观》，载李帆编：《中国近代思想家文库·刘师培卷》，中国人民大学出版社，2015，第345页。

④ 蔡元培：《中学修身教科书》，北京联合出版公司，2014，第94页。

两种语词实现交汇，而佛教用语在权利入华的时代早已是本土的原有事物。

需要补充说明的是，佛教空无理论亦会对平等观念释放特定寓意。唐代佛典曾言，世人妙性本空，无有一法可得。自性真空，亦复如是（《坛经·般若》）。宋代佛典记言，法无所得，设有所得，得本无得（《五灯会元·卷第四》）。据学者分析，一切事物都无中心或者超越中心地形成于横竖无尽的相互关系中。既然无中心，那就可以把一切都视为世界的中心。举凡事物的性质和意义，都不具有绝对固定的本质，而是应该把它们视为根据条件和情境会具有无限的可能性，故此只能说是无或者空。① 以空无指涉一切，那还有什么平等不平等，亦可说是一切原本全都平等，无须刻意强调。权利平等的前提，则是权利本身在世界上属于实际的有，而非无，更非空。由佛法平等到权利平等，其实会让佛教义理实现拓展和延伸。具体言之，在晚清以前，佛教言说的一切空无和平等，还无法用来描述权利，在晚清以后，就可以用来描述。把权利视为空无，恐怕不利于权利观念在本土发轫，但可以让它越发汇入本土原有的佛教话语情境，凸显两种外来文化能在中国接洽。

时值1934年，署名为吴珊的作者曾以权利为题做了一首诗，发表在当时的报纸上："权利是我的权利！在走出古寺的途中，我折了一朵豆花，一朵紫红相间的豆花，从它的根上到我的手中，不过几秒钟。啊！变了！它已经憔悴了！它到我手中是我的权利，怎肯轻易放过。不如让它在我掌中，等憔悴尽了，再把它抛掉。"② 言辞中透露出作者具有极强的权利意识，以至于宣称权利在我，而我怎会轻易放弃，直到对我来说再无意义时，方可言弃。更重要的是，诗文中出现了古寺一词。寺庙或者寺院作为佛教存立在天地间的地理建筑标识，属于人们的日常所见，随时都会对佛教就在人们的身边展开无声的言说。诗文中一并出现佛教事物和权利，说明前者足可以充当人们言表后者的叙事背景，更能说明权利在中国会通过各种方式与佛教接洽。就整体诗文来看，作者恰恰没有把权利视为佛教意义上的空或者无。

六、结语

本土文化的主干囊括着儒家，立基于此，中国人的信仰具有凡俗色彩，以伦理打底，极为重视人际之间的各种亲缘牵连，断然不同于西方人致力于追寻个体化存在，还要借助于基督上帝搭建超验信仰，再以契约的逻辑描摹眼前所见和脑中所想。如是观之，晚清以

① ［日］青井和夫：《社会学原理》，刘振英译，华夏出版社，2002，第168—169页。

② 吴珊：《权利》，《江苏学生》1934年第6期。

来不论是在中国传播和探讨卢梭学说，还是借佛教言表外来文化本土化，在历史发展的脉络中皆属于势之必然。需要强调的是，本土文化环境固然无法造就现代意义上的权利，但儒家不具有排斥异己的倾向，实际上还能为本土接纳外来文化提供助力。

孟子曾说，圣王不作，诸侯放恣，处士横议，杨朱墨翟之言赢天下，天下之言，不归杨则归墨。杨氏为我，是为无君；墨氏兼爱，是为无父。无父无君是禽兽（《孟子·滕文公下》）。孟子在此的确对杨朱和墨家展开了批判，但没有予以彻底扼杀的意思，顶多只能算是在感慨世风日下，潜在用意便是主张社会发展需要由儒家来引领。孔子更是强调，君子和而不同！（《论语·子路》）申言之，不同而和即为君子，和睦相处的前提并非你我必须彼此苟同，而是理应相互包容。由人到文化，塑造出的正是各种学说伴随着纷争的共存景象，而差异和纷争并不会对共存构成致命的威胁。

哪怕杨朱学说、墨家和儒家，还有道家和道教，都属于本土的原生文化，它们又何尝不具有极大的差异，却又共同塑造着中国文化多元共存的格局。甚至可以说，正是因为自古以来一直如此，方才让中国的历史文化传统表现出了丰富多彩的面貌，因而足可以把开放性和包容性评定为本土文化的原有底色。儒家就此做出了巨大贡献。如果本土文化极具封闭性和排他性，恐怕就连佛教自汉代以来能否在中国落地生根都会成为疑问。佛教入华反倒恰恰验证了本土文化具有怎样的底色。权利入华无非只是让中国的各种文化共存实现了再度扩容，更让它的多元性获得了再度拓展。平心而论，就连本来势同水火的儒家和佛教都能融合，权利入华又何尝不能被中国容纳。

因本土文化极具包容性和开放性是外来文化何以能在中国落地生根的终极缘由，假设历史上并不存在佛教入华，迄至晚清，权利入华其实未必不能。在该种层面上，只可确认佛教入华的历史经验对权利入华仅仅起到了不容忽视的辅助作用。至于卢梭学说，它在西方原本就与现代意义上的权利相互绑定，让二者在中国继续绑定，无非只是塑造和建构出了类似于二者在西方的社会文化环境，难免涉嫌以西言西，固然会助益于权利入华，却未必能发挥主导作用。说到底，权利在中国落地生根终究需要以本土文化的包容性和开放性作为依托。

法学期刊与法治现代化的互促

——以近代中国法学名刊《法律评论》为例*

崔明轩**

摘　要　作为近代中国重要的法律知识传播媒介，法学期刊是引导中国法治走向现代化的基础设施和推动力量。《法律评论》具有办刊时间长、影响范围广、内容涵盖多、文章质量高的特点，在民国社会曾风行一时，享有“名闻遐迩，独步法坛”的美誉，在近代中国法学期刊中具有较高的代表性。《法律评论》坚守理实并重、司法改良以救国的办刊宗旨，采取兼顾法理与大众的出版策略，于媒介与法治现代化的纠葛中创造了“读者成千累万”的办刊奇迹，在“出版界异常困难，法学书刊异常贫乏”的背景下向国人灌输了现代化的法律智识。作为近代中国法学期刊之杰出代表，《法律评论》的编辑出版既超越时代，又依附于时代，堪称反映近代中国法治现代化发展历程的“晴雨表”。

关键词　近代中国；法学期刊；《法律评论》；法治现代化

法学期刊是现代学术体制的重要组成部分，在近现代法学学科的兴创与成长中，发挥了重要的媒介作用。① 在我国，法学期刊的编辑出版史最早可以追溯到1900年创刊的《译

* 本文系国家社科基金后期资助项目“近代中国的司法图景：史料集萃及导读”（项目号：20FFXA002）、南京大学优秀博士研究生创新能力提升计划B资助项目（项目号：202202B006）的研究成果。

** 崔明轩，南京大学法学院博士研究生。

① 裴艳：《〈中华法学杂志〉研究——兼谈民国后期法学民族主义话语》，《中国政法大学学报》2011年第1期。

书汇编》。据统计，1900—1949年间，陆续出版的法学期刊总数达150种。① 在近代灿若繁星的法学期刊中，《法律评论》无论是以办刊质量、办刊时间，还是实际影响力等指标进行观察，都堪称首屈一指，在当时可谓风行一时。② 民国时期，曾有读者刊文，盛赞《法律评论》“读者成千累万”“名闻遐迩，独步法坛”。③ 然而，对于这样一份曾在近代中国产生过重要影响的法学期刊，现有研究却寥若星辰，就笔者的阅读范围而言，明确以《法律评论》为研究对象的仅有侯欣一教授发表的一篇报纸文章。④ 关于《法律评论》的出版历程、办刊宗旨、出版策略及其风行一时的原因等问题，均值得进一步深入探究。基于此，本文拟以《法律评论》期刊为研究对象，在现代化叙事理论的视阈下，⑤ 缕叙近代中国法学期刊与法治现代化发展相互促进、相互纠葛的历史。

一、《法律评论》25载办刊历程（1923—1948年）

《法律评论》是近代中国办刊时间最长的法学期刊，1923年7月1日在北京创刊，创办者是当时国内的法界名流——江庸先生。江庸，字翊云，晚号澹翁，祖籍福建长汀，1878年4月出生于四川璧山（今属重庆）。1901年，江庸受清廷官方选派赴日留学，就读于日本早稻田大学法制经济科。1906年学成归国，先后担任京师法政学堂总教习、大理院推事等职。⑥ 民国成立以后，江庸又继续担任大理院推事、司法总长、修订法律馆总裁等职，并与汪有龄、黄群等集资创办了近代中国著名的法科大学——私立朝阳大学，在民国法学界留下了“南东吴、北朝阳”“无朝（阳）不成（法）院，无朝（阳）不开（法）庭”的佳话。⑦

1923年1月19日，江庸因不满曹锟当局对轰动民国之“罗文干案”的处理，以司法总长程克破坏法令、司法独立无望通电全国，并愤然辞去修订法律馆总裁一职。⑧ 江庸去职后，有感于“法学公共发表言论机关”的匮乏，遂开始谋划兴创《法律评论》期刊的具体事宜。在江庸等人的精心策划下，1923年7月1日，《法律评论》正式创刊，每周出版，社

---

① 崔明轩：《近代中国法律期刊的历史考察——以出版谱系为视角》，《湖南社会科学》2021年第6期。
② 侯欣一：《风行一时的民国〈法律评论〉》，《深圳特区报》2016年6月14日，第B11版。
③ 陈文浩：《评〈法律评论〉》，《读书通讯》1947年第139期。
④ 参见侯欣一：《风行一时的民国〈法律评论〉》，《深圳特区报》2016年6月14日，第B11版。
⑤ 现代化叙事这一概念产生于西方，20世纪80年代初被介绍至中国，现代化叙事的主题是论证一百多年来中国现代化进程的经验和教训，结合传统与现代、制度构建与社会变迁、公共空间和市民社会等议题，将近代中国历史置放于一个与世界紧密联系的视野下来认识。
⑥ 参见中国社会科学院近代史研究所中华民国史研究室：《中华民国史·人物传》，中华书局，2011，第1407页。
⑦ 参见郝铁川：《历经三个时代的法学大家——江庸》，《人民法院报》2017年4月26日，第6版。
⑧ 参见《江庸因罗案辞职》，《申报》1923年1月22日，第4版。

址位于北京銮兴街夹道22号。创刊号《法律评论》刊有梁启超、章宗祥、林祥民、张耀曾等学界领袖和政治巨擘的题辞，期待该刊为“阐发法理”“宣扬法治”做出贡献。从1923年到1937年，江庸主持编辑、出版《法律评论》的时间长达14年之久。1927年国民政府奠都南京，考虑到“本刊乃一种法律周报，关于法界消息，具有时间性，贵乎迅速，宜移于首都发号施令之地出版”，以及“与本社关系最深之夏敬民（夏勤）先生，适任最高法院庭长，而校友胡次威（胡长清）先生，亦在南京任有要职，本社移京，亦殊便利”等原因，遂将社址迁至南京水西门月牙巷。至1933年，因胡长清出任浙江兰溪实验县长，夏勤“乏人匡助，且案牍繁赜，势难独立兼顾”，于是经“反复筹商”，又将社址移还北平朝阳学院内，并同时将南京社址作为法律评论社分社。① 尽管社址几经变迁，但《法律评论》却依然维持连续出版，未曾中断。截至1937年下半年，《法律评论》已连续公开出版14卷，总第727期。

抗战爆发以后，北平、南京等地相继沦陷，朝阳大学亦先后辗转湖北沙市、四川成都、重庆等多地办学。受到抗战之影响，《法律评论》于1937年下半年被迫停办。1945年抗战胜利后，在朝阳校友的要求和努力下，《法律评论》于1947年7月1日在南京复刊，由时任司法院长居正担任法律评论社名誉社长，夏勤任社长。出版周期从周刊改为半月刊，继续出版第15、16两卷后，旋因国内战事吃紧而再次停刊。表1是以比较权威的期刊数据库——全国报刊索引网（http://www.cnbksy.net）收录信息为依据，统计得出的民国时期《法律评论》出版概况。②

表1　民国时期《法律评论》出版概况一览表

卷别	出版时间	出版期数	总第期数	备注
第一卷	1923.7.1—1924.6.22	52	1—52	北京创刊
第二卷	1924.6.29—1925.6.28	52	53—104	—
第三卷	1925.7.5—1926.6.27	52	105—156	—
第四卷	1926.7.4—1927.6.27	52	157—208	出版增刊1册
第五卷	1927.7.3—1928.6	52	209—260	—

① 江庸：《本社移还北平宣言》，《法律评论》1933年第11卷第1期。

② 国民党败退台湾以后，1951年，在国民党元老居正及朝阳大学旅台校友的推动下，《法律评论》又于同年6月1日在台北成功复刊，改为月刊，持续出版至21世纪初。2007年，中国人民大学朝阳法学研究中心从旅台校友手中接办《法律评论》，更定刊名为《朝阳法律评论》，弦歌再续，出版至今。出于选题的考虑，本文仅以民国时期出版的《法律评论》为研究对象。1949年以后，《法律评论》在中国台湾地区的出版实践，以及《朝阳法律评论》的出版活动，不在本文的考察范围之内。

续表

卷别	出版时间	出版期数	总第期数	备注
第六卷	1928.10.14—1929.10.6	52	261—312	移至南京办刊
第七卷	1929.10.13—1930.10.5	52	313—364	—
第八卷	1930.10.12—1931.10.4	52	365—416	—
第九卷	1931.10.11—1932.10.2	52	417—468	—
第十卷	1932.10.9—1933.9.30	52	469—520	—
第十一卷	1933.11.5—1934.10.28	52	521—572	移回北平办刊
第十二卷	1934.11.4—1935.10.27	52	573—624	—
第十三卷	1935.11.3—1936.10.25	52	625—676	—
第十四卷	1936.11.1—1937（下半年）	52	677—727	第 717—727 期未收录
第十五卷	1947.7.1—1947.12.8	12	728—751	双周合刊，第 764—765 期因合刊未收录①
第十六卷	1948.1.14—1948.8.28	15	752—778	

相较于民国时期公开出版的其他重要法学期刊（如《中华法学杂志》《法学季刊》《法令周刊》《法律知识》等），《法律评论》具有以下四个特点：一是办刊时间长。民国时期，《法律评论》历经 25 载，除因抗战停刊外，累计出版时间长达 15 年以上，是近代中国办刊时间最长、出版期数最多的法学期刊，在当时政局动荡、经济困顿的社会环境下，有此成绩实属不易。二是影响范围广。《法律评论》出版一年以后便“销路日行发达”，“京外购阅者，以法官律师为多，而学习法政之学生亦不少”，② 发挥了凝合近代中国法律职业共同体的媒介作用，堪称沟通法界之桥梁。三是内容涵盖多。以创刊号为例，《法律评论》在栏目设置方面不仅有“论说”“判例商榷”等法学期刊的常规栏目，还辟有“裁判小说”“法界消息”“外国法制新闻”等特色栏目，既与法律主旨高度相关，又不失其趣味性。四是文章质量高。《法律评论》创刊后，一直以资料搜集的丰富与正确而闻名。对于刊载文章的质量，有读者评论道：“该刊每期内容有专著四五篇，亦皆篇篇可诵，字字珠玑。或则溯源，或则推理，或则论列，深入浅出，井井有条。”③

---

① 1947 年《法律评论》第十五卷复刊后，法律评论社即发布启事：“本社出版之法律评论，原为周刊，兹因战后国家物力困难，故暂改为双周刊，并将总期数载明两期合刊，俟物价恢复常态，当再刊行周刊。”（见《法律评论》1947 年第 15 卷第 1 期第 32 页“本社启事”）。此外，《法律评论》第 16 卷第 10 期本应为“770、771 双周合刊”，但却误标为“771、772 双周合刊”，漏掉了第 770 期。同时，第 16 卷第 12/13 期应为“775、776 双周合刊”，但却误标为“777、778 双周合刊”。总之，由于双周合刊出版方式的影响，加之总第期数标注的疏误，导致《法律评论》第 15、16 两卷出现总第期数与出版期数对应不上的现象。

② 江庸：《法律评论周岁志感》，《法律评论》1924 年第 2 卷第 1 期。

③ 陈文浩：《评〈法律评论〉》，《读书通讯》1947 年第 139 期。

总体来看，作为近代中国办刊时间最长且“最为权威”① 的法学期刊，《法律评论》办刊之曲折、内容之繁杂、影响之多广，皆为当时法学期刊所罕有，其编辑出版可谓书写了近代中国法学期刊史上浓墨重彩的一笔。

二、理实并重：司法改良以救国的办刊宗旨

梁启超曾把“宗旨定而高”视作报刊编辑的重要原则之一：“所谓宗旨定而高者，何也？凡行一事，著一书，皆不可无宗旨，惟报亦然。”② 对于创办《法律评论》的宗旨，江庸认为其首要目的在于助力司法改良，“思以言论尽其微薄之力，为司法之一助者此也”，在助力司法改良的基础上，进一步实现“根本救亡在于确立法治”的法律救国方略。围绕如何以期刊的媒介力量实现“司法改良以救国”这一话题，江庸领衔的《法律评论》编辑群体坚持学以致用的立场，指出“夫学非所用，则人才可惜，用非所学，则事业必愤”，③ 以“关注现时的司法问题”为理念，在长期的办刊实践中形成了理实并重的办刊风格。

（一）为检察制度存废之争提供学术交流平台

《法律评论》创刊后不久就提出，“关于司法制度之兴废改进有所主张者，不问其意见与本社同人合否，一律登载，期得反映各方之见地，以资法界之借鉴参考，但只胪举事项不具述其主张之理由者，不在此限”，④ 展示了该刊兼容并蓄的办刊气度和学术至上的严谨学风。对于具有争议的学术观点，该刊亦采取客观中立之立场，及时反馈各方意见。

以检察制度存废之争为例，该项制度自清末舶于中国以来，关于其存废问题法学界一直抱有争议。1927 年，南京国民政府以靡费过多、手续过繁、同级两长易生意见为由，⑤ 颁布《裁定检察机关改定法院名称延期实行呈》，改行审检合署制，将各级检察厅废止，检察官设于各级法院内，成为法院之一部分。⑥ 然而，审检合署制的实施并未阻止民国法学界对检察制度存废的争议。面对此种争议，《法律评论》积极作为，既登载“废检”言论，如时任南京国民政府司法行政部长罗文干在接受记者采访时表示：“考检察制度，肇自法国，原法国大革命前，贵族专横，平民阶级，不胜其暴虐，革命后，始采行此制，以抗制

---

① 李启成：《治外法权与中国司法近代化之关系》，《现代法学》2006 年第 4 期。

② 梁启超：《本馆第一百册祝辞并论报馆之责任及本馆之经历》，《清议报》1901 年第 100 期。

③ 江庸：《发刊词》，《法律评论》1923 年第 1 卷第 1 期。

④ 参见《编辑部关于登载来稿之声明》，《法律评论》1923 年第 1 卷第 10 期。

⑤ 参见《要闻十二则：南京法部实行废止检察制度》，《法律评论》1927 年第 5 卷第 21 期。

⑥ 参见张仁善：《司法腐败与社会失控（1928—1949）》，社会科学文献出版社，2005，第 1 页。

贵族之犯法者。顾我国自仿行以来，功效鲜见，弊窦丛生，如遇强有力者之违法案件，每每屈于恶势之下，不能依法检举，提起公诉，作恶者逍遥法外，受害者冤沉海底。似此不能拘束强暴，转增拖累时日贻害弱者之苦，积弊无穷，背失初意，抑何贵乎有此。”① 也登载“存检”主张，在司法行政部罗文干部长发表上述言论后，《法律评论》又在下一期（罗文在第 16 期，此文在第 17 期）登载署名为“云”的读者商榷文章，该读者认为：“检察制度于中国，固不免于‘移淮为枳’之叹，然此不但检察制度为然，即世所谓民主政治者，行之中国，逾二十年，其成绩奚如，举国尽知，然未有主张废除者，足见无论何种制度，必有其制度之真理，绝非‘因噎废食’，所能遽言废除也。”公开反对罗文干的“废检”言论，指出了“检察制度起源于贵族平民斗争，我国既无所谓贵族，即无采用检察制度之必要”这一观点“似是而非”，没有抓住国家追诉主义的本质。对于罗文干提出的检察官不能尽职的问题，作者亦反驳道：“如欲使其尽此职责，不可不崇高其地位，保障其职权之独立。”②

除上述文章以外，《法律评论》登载的相关文章还有：雷彬章《论检察制度之应废》（1924 年第 1 期）；饶重庆《对于改革检察制度之我见》（1924 年第 13 期）；杜鸿藻《检察制度刍议》（1929 年第 18 期）；守新《论检察制度之必不可废及其改善方策》（1930 年第 20 期）；若愚《检察制度之革新策》（1930 年第 37 期）；李太苐《战时德国的检察制度》（1947 年第 2 期）等，检察制度的“存”与“废”两种观点于《法律评论》这一法学言论平台针锋相对、相互切磋，共同为推动近代中国检察制度的改良提供学术启迪。恰如社长江庸所言：“夫讨论学术，本无绝对之是非，本社同人，亦不过贡其刍荛之见，以供当世之研究，即有是丹非素之见，并无契短较长之心。”③

1947 年，南京国民政府举行司法行政检讨会议，会议决议修改《法院组织法》，检察制度再次恢复独立，复刊后的《法律评论》对此亦有报道。④

（二）高度关注撤废列强在华领事裁判权问题

自鸦片战争以降，帝国主义列强与中国签订了数百项不平等条约，并借此攫取了在华领事裁判之特权。20 世纪初，受到日本通过改良法律成功取消领事裁判权之刺激，清廷正

① 罗文干：《罗文干氏之改革司法行政谈》，《法律评论》1932 年第 10 卷第 16 期。
② 云：《检察制度平议》，《法律评论》1932 年第 10 卷第 17 期。
③ 江庸：《法律评论周岁志感》，《法律评论》1924 年第 2 卷第 1 期。
④ 参见《法制新闻：司法行政检讨会议在京举行：检察制度恢复独立县司法处改设法院，县长不兼检察职务，提高司法人员待遇》，《法律评论》1947 年第 15 卷第 11 期。

式宣布启动变法修律，并将撤废列强在华领事裁判权作为变法修律的主要目标。20世纪20年代，随着“五卅惨案”的发生，中国国内的民族主义情绪迅速高涨，撤废列强在华领事裁判权一词已然发展成为妇孺皆知的社会性话语，开始大规模走进公共舆论空间。在此种背景下，创刊于1923年的《法律评论》，自然对撤废列强在华领事裁判权问题保持高度关注。

在《法律评论》的创刊号中，江庸就以《闻各国考察司法委员会缓期来华敬告友邦》一文，阐述了各国考察司法委员会来华考察司法的背景：“吾国之收回领事裁判权，以各国派员先来华考察司法为条件，本华盛顿会议所议决，各国委员去年秋间即当前来，吾国政府以法律及各种规制，须从事翻译，以供委员之参考，恐期迫不能竣事，要请展期，闻已定于今年十一月来华矣，乃日前闻我国政府，接有美国通告，谓：考察司法，尚非时机，各国委员，暂缓来华。”在当时，国人对于如何收回列强在华领事裁判权主要有两种主张：一是主张利用国内的民族主义情绪即时收回，二是主张附以一定年限，俟司法确实改良再行收回。江庸在该文中赞同第二种主张，指出：“如司法之改良，绝无实效，即使侥幸收回领事裁判权，法律徒有具文，而不能运用，审判徒有形式，而不能独立，不惟随时随地为外人诟病，适足为国家之辱。”① 1926年，各国考察司法委员会来华考察结束，发表《调查法权委员会报告书》，该报告书以中国民、刑等法律不完备，司法实践失序以及缺乏一个稳固统一之政府等理由，并未建议立即废除领事裁判权。《法律评论》第4卷第26期（总第182期）附有增刊1册，全文刊载《调查法权委员会报告书》，随刊附送。②

关于撤废列强在华领事裁判权问题，1923年第1卷第13期《法律评论》还登载有修订法律馆法籍顾问宝道著、法学博士梁仁杰翻译之《暹罗收回领事裁判权之步骤》一文。③该文详细阐述了暹罗取消法、英、美等国领事裁判权的步骤和经验，为当时的北洋政府废约修约运动提供了样板参考。1925年第10期《法律评论》又继续发表宝道的另一篇文章《对于领事裁判权之误解》，该文指出当时大多数国人均怀有领事裁判权“为各国在华一致之行动”的误解，认为“此种误解之所由起，起于论断此事者皆以1876年9月13日之中英烟台条约可行于各国人民之所致，遂沿袭成风，为辞以关之，责在我舆论界矣”，并通过对在华无领事裁判权之国家与在华有领事裁判权之国家进行分类，详细阐释各国人民在华所处之法律地位“亦极不一致也”的论断。④

南京国民政府成立后曾于1929年单方面宣布——自1930年1月1日起撤销列强在华领

① 江庸：《闻各国考察司法委员会缓期来华敬告友邦》，《法律评论》1923年第1卷第1期。
② 参见《调查法权委员会报告书》，《法律评论》1926年总第182期增刊。
③ 宝道：《暹罗收回领事裁判权之步骤》，梁仁杰译，《法律评论》1923年第1卷第13期。
④ 宝道：《对于领事裁判权之误解》，《法律评论》1925年第3卷第10期。

事裁判权。然而，由于国力孱弱，在当时信奉弱肉强食、崇尚大国政治的国际环境下，这种宣言也只能是“大言壮语”“欺饰国民”“聊以自慰”而已。① 面对此种现实，1929年第7卷第12期《法律评论》刊出胡长清《领事裁判权之末日》一文，胡长清在该文中无奈言道：“对于领事裁判权，在著者个人原主即时撤废，嗣知即时撤废为不可能，乃主张附期限的撤废”。② 此后，1930年第7卷第14期、1931年第8卷第32期《法律评论》又陆续刊出胡长清《撤废领事裁判权与改善法官之待遇》③《再论撤销领事裁判权与改善司法官之待遇》④ 两篇文章，系统阐述了胡长清“司法权乃五大政权之一，司法当局以为非改善司法官之待遇，不足以增进司法之效率，非增进司法之效率，不足以撤废领事裁判权”的主张。

可惜的是，1943年，在美、英等大国意识到放弃其在华领事裁判权“对重庆政府的心理意义”，表达了放弃领事裁判权的意愿，中国的司法主权基本得以收回之时，⑤《法律评论》正值抗战停办期间，未能就此事件发表评论文章。

（三）坚守“根本救亡在于确立法治”的抗日信念

1931年，日本帝国主义悍然发动九一八事变，并于翌年在中国东北扶植建立傀儡政权——伪满洲国。伪满洲国成立以后，南京国民政府代表施肇基奉令向国际联盟请求干预，要求国联采取行动，制止日本的侵略行径。在中国代表的一再敦促下，1932年1月21日，负责调查九一八事变情况的国联调查团（亦称“李顿调查团”）正式成立，同年9月，国联调查团完成调查报告书。该报告书尽管对九一八事变的经过和伪满洲国成立的事实做出了一些客观公正的叙述，但总体上仍是模糊是非、混淆黑白，充分展现了西方国家对日本帝国主义侵略中国的绥靖政策。对此，1932年第2期《法律评论》登载师连舫《李顿报告书之法律的评价》一文，该文首先对报告书提出的东三省为中国不可分离之一部分、日本军事行动非自卫、满洲伪国非民意等事实进行了肯定，同时也一针见血地指出：“吾人读竟报告书之总感想，深觉调查团对于叙述事实，大部分尚未与其良心相背驰，不过因不敢撄日人锋焰之故，时常有曲折规避不敢直接正面声明日本之责任耳”。⑥

东北沦陷以后，《法律评论》的销量受到很大的影响，“概自去冬九一八事件以远，东北数省不崇朝而失于不抵抗将军之手，坐是本刊东北订户，由数百份减至数十份，由数十

① 参见王芸生：《中国国民党外交之回顾》，《国闻周报》1932年第9卷第1期。
② 胡长清：《领事裁判权之末日》，《法律评论》1929年第7卷第12期。
③ 胡长清：《撤废领事裁判权与改善法官之待遇》，《法律评论》1930年第7卷第14期。
④ 胡长清：《再论撤销领事裁判权与改善司法官之待遇》，《法律评论》1931年第8卷第32期。
⑤ 参见张仁善：《近代中国的主权、法权与社会》，法律出版社，2013，第56页。
⑥ 师连舫：《李顿报告书之法律的评价》，《法律评论》1932年第10卷第2期。

份减至于无”。然而，在极度困难的情况下，法律评论社仍指出：“本刊值此逆境，维持之难则难矣，但本刊同人始终抱一‘根本救亡在于确立法治’之坚决信念，故不惜牺牲精神，牺牲金钱，以全力赴之。”① 九一八事变发生以后，法律评论社社长江庸也立即在报刊上发表文章谴责日本帝国主义的侵略行径，同时，警告其曾经的学生，现在伪满洲国供职的赵欣伯“若凭借外力，为虎作伥，是卖国之行为，为国人所共弃”，指出“望速猛醒”，② 如不悔改，则与其断绝师生关系。③

三、灌输法律智识：兼顾法理与大众的出版策略

20世纪二三十年代，在时局与重大法政运动的影响下，我国出现了法学期刊“创刊热”现象。据统计，1920—1939年二十年间创办的法学期刊总数达92种，占全部近代中国法学期刊的63.3%。④ 然而，在民国时期特殊的社会背景下，法学期刊的出版往往无法持久，出版时间能够超过10年的刊物更是寥寥。⑤ 作为近代中国办刊时间最长、出版期数最多的法学名刊，《法律评论》累计出版时间长达15年以上，这在政局动荡、经济困顿的民国社会实属不易。《法律评论》何以能够取得如此成绩，其所采取的编辑出版策略值得我们进一步深入挖掘。

（一）追求一流的法学学术品位

期刊的学术品位与文章质量是决定一个刊物传播力、影响力的关键所在。对此，江庸及其领衔的编辑群体有着深刻的认识。为了确保期刊的学术水准，法律评论社“延聘编辑数十人，专任撰述，或则服官秋曹，或则执业律师，或则主讲杏坛，或则研学海外”，⑥ 凝聚了强大的编辑阵容（详见表2），其中不乏胡长清、夏勤、李祖荫、戴修瓒、郁嶷等近代

① 平平：《本刊第九卷之回顾》，《法律评论》1932年第10卷第1期。

② 江庸：《江庸警告赵欣伯：卖国行为人所共弃》，《法律评论》1931年第9卷第2期。

③ 江庸作为一个知识分子，面对日本帝国主义的侵略，表现出很高的胆识和气节，受到当时知识界和政治界的普遍尊重。全面抗战爆发前夕，江庸预测到日寇侵占华北后必将诱降其出任伪职，遂未雨绸缪，于1936年举家南迁上海。1936年11月，救国会“七君子事件”爆发，江庸作为律师出庭为受迫害的“七君子”辩护，一时名声大噪。全面抗战爆发以后，上海、南京相继沦陷，日寇多次邀请其参加伪政府组织，都被江庸严词拒绝。中华人民共和国成立之际，江庸受毛主席特邀，参加全国人民政治协商会议和开国大典，被誉为“历经三个时代的法学大家”。

④ 崔明轩：《近代中国法律期刊的历史考察——以出版谱系为视角》，《湖南社会科学》2021年第6期。

⑤ 据笔者粗略考证，民国时期出版时间超过10年的法学期刊还有东吴大学主办之《法学季刊》（1931年更名为《法学杂志》）以及北平研究院（1936年改为中华民国法学会）主办之《中华法学杂志》两种刊物。

⑥ 胡长清：《卷头语》，《法律评论》1927年第5卷第26期。

著名法学大家。总体来看，法律评论社凝聚法界智慧，挖掘学术热点，开拓优质稿源，扩大国际影响，铸就了民国时期一流的法学学术品位。

表 2　朝阳大学附属法律评论社职员表（部分）

职别	姓名	别号	简历
社长、创办人	江庸	翊云	前司法总长，朝阳学院院长
赞助人	汪有龄	子健	前司法部次长，前朝阳学院院长
副社长	夏勤	敬民	最高法院庭长，中央大学教授，朝阳学院副院长
编辑兼经理	胡长清	次威	中央政治学校教授
总编辑	李祖荫	麋寿	—
副编辑	曾志时	予春	—
经理	陶惟能	坚中	—
副经理	黄端庆	希文	—
北平经理主任	萧诏	彤云	朝阳学院图书馆主任
编辑	郁嶷	宪章	朝阳学院教授
编辑	吴振源	晓峰	前河北法商学院教授
编辑	吴学义	仲常	武汉大学教授
编辑	彭时	素夫	北平燕京大学讲师，朝阳学院讲师
编辑	曹杰	士彬	山东高等法院推事
编辑	陈士诚	幻云	最高法院书记官
编辑	戴修瓒	君亮	—
编辑	李登俊	澄儁	国民政府文官处荐任官分发任用
编辑	萧汉澄	翰臣	国民政府内政部荐任官分发任用
编辑	宋文贵	质哉	考取法官
事务员	黄文德	仲仁	南京法政讲习所毕业

资料来源：整理自朝阳学院编：《朝阳学院教职员录》(1932—1936)，“本校附属法律评论社职员”部分。

对于登载文章的质量要求，法律评论社提出：“关于学理上之研究讨论者，本社欢迎有相当见地之文，其论旨空泛肤浅或抄袭陈说者，概不登载，以本刊为专门杂志，内容选择不得不较严也。”① 换言之，能获登载的文章或则理论精微、思辨深刻，或则切中现实、利于司法改良。恰如读者所评价的那样，《法律评论》登载之文章“篇篇可诵，字字珠玑”。②

① 参见《编辑部关于登载来稿之声明》，《法律评论》1923 年第 1 卷第 10 期。

② 陈文浩：《评〈法律评论〉》，《读书通讯》1947 年第 139 期。

（二）在编读互动中不断成长

期刊作为一种特殊的文化商品，最终服务对象是读者。①《法律评论》注重倾听读者意见，在与读者的交流互动中，不断改进和提升自身的办刊水平。《法律评论》曾在刊物扉页发布启事，虚心请求读者批评，“本周刊同仁虽黾勉将事，缺点尚多，应如何改良及应增加何种材料方足餍阅者之意，如承随时指导，无任感祷”。② 根据读者提出的建议，《法律评论》的编辑出版工作得以不断完善。例如，《法律评论》曾根据读者的反馈意见，及时裁减了该刊的英文篇幅。

《法律评论》创刊后，为了反映上海会审公廨的审判情形，提升期刊的国际影响，曾将刊物划分为中英文两个部分：“每号发行十二 pages 中文，八 pages 英文，四 pages 两者内容”，③ 英文部分刊名为 *The Law Weekly Review*。创办英文部分的最初目的在于将“上海会审公廨之情形公诸世界”，为此，《法律评论》杂志社与上海总商会约定由后者供给有关英文材料，④ 但“一年以来未蒙该会如约寄稿，只得译载他项法律新闻以充篇幅”，在此情形下，有读者认为，该刊英文部分没有继续保留的必要，“本刊迭接订阅本刊诸君来函，主张裁减英文篇幅，增加中文材料”。对此，《法律评论》及时做了相应调整，决定“自五十三期起将英文栏暂时停刊，即以原有页数扩充中文篇幅”，⑤ 采纳了读者的改进意见。

（三）制定赠售结合的发行策略

朝阳大学的主要创始人汪有龄曾指出：“观一国之文野，不在其国专门法学之士之众寡，而在其国民众是否具有法律常识。”⑥ 为了增强民众的法律常识，维持杂志社的运转开支，扩大《法律评论》的影响范围，法律评论社确立了赠售结合的发行策略。例如，除朝阳大学以外，法律评论社还向北京大学等名校免费赠阅《法律评论》，⑦ 以供师生阅读学

---

① 徐文娟：《增强读者服务意识，提高学术期刊吸引力》，《中国科技期刊研究》2013 年第 2 期。

② 参见《本社紧要启事》，《法律评论》1923 年第 1 卷第 11 期。

③ 参见《本社紧要启事》，《法律评论》1923 年第 1 卷第 1 期。

④ 北洋时期，上海总商会对全国商业组织有较强的号召力，多次以商界代表的身份参与处理公共事务。五卅惨案发生以后，全国民众要求收回会审公廨的呼声日益高涨，上海总商会则在收回会审公廨运动中扮演了多元利益协调者的角色。参见贺梦楚：《“位势”的迁移：上海总商会与收回会审公廨运动》，《近代中国》2021 年第 2 期。

⑤ 参见《本社紧要启事》，《法律评论》1924 年第 1 卷第 52 期。

⑥ 汪有龄：《对于本刊之希望》，《法律评论》1928 年第 6 卷第 1 期。

⑦ 法律评论社向北京大学赠阅期刊的消息可参见《爱智学会启事：本会近承法律评论社赠法律评论（第四十五期）一份》，《北京大学日刊》1924 年 5 月 6 日，第 3 版。另可参见《鸣谢：图书部启事：朝阳大学法律评论社赠法律评论第八卷第十八至二十五号》，《北京大学日刊》1931 年 4 月 18 日，第 3 版。

习。在发行与销售方面，法律评论社虽然确立了“以学术为主，不以营利为主”的经营原则，但是为了筹措办刊经费，杂志社也积极调整和改进期刊的发行及销售策略。例如，1923年6月20日，《法律评论》创刊号出版前夕，法律评论社即在《晨报》上登载创刊启事和优惠办法，“（法律评论）兹定于七月一日出版，特为优待阅者起见，凡在本年六月三十日以前径向本社订阅半年以上者，照定价九折”。① 期刊正式创刊以后，法律评论社又多次在《晨报》《新中华报》等报刊媒体投放“《法律评论》周刊大减价”②“订半年廿六册二元半，全年五二册五元，邮费每册一分”③ 的促销广告，合理的定价和销售策略促进了期刊的广泛传播。

（四）打造期刊作者群和关系网

民国时期，建立和维系期刊的作者群与关系网是确保一个期刊实现长期生存、发展的第一要务，被当时的报刊编辑群体所普遍重视。《法律评论》依托朝阳大学，在江庸等人的领衔下，逐渐凝聚起强大的作者群和关系网。

在作者群方面，《法律评论》注意团结作者，发展了一批志同道合的同人，如石志泉、郑天锡、陆鸿仪等，均为当时国内法学界一流的学者。他们中的大多数人都与法律评论社以及社长江庸保持了较为良好的私人关系。因此，《法律评论》不仅能优先获得这些人所撰写最新学术作品的发表权，并以此来扩大刊物的学术影响，更难能可贵的是，他们中间许多人还为《法律评论》义务撰稿，不收稿费，这对于坚持独立办刊、仅“以销路维持”的法律评论社而言，无疑节省了一笔不小的稿费开支。④

在关系网方面，《法律评论》作为朝阳大学校刊，特别重视利用朝阳大学的校友资源，以此维系期刊的关系网络。民国时期，朝阳大学的存续时间长达38年，累计培养7000多学生，其中，法科学生占70%，他们中除少数从事教学、研究工作以外，大多数毕业生从事司法实践。⑤ 法律评论社依托朝阳大学，借助朝阳校友的力量与各级司法实务部门保持着良好的合作关系，这一关系网络不仅为杂志社提供了稳定可靠的信息来源，而且在期刊的发行和推广方面，朝阳大学的校友资源优势也发挥了关键作用，“各省高等两长，代本社竭力提倡，故销路日广”。⑥ 与此同时，法律评论社还有偿征集各省法院的重要消息，获披

---

① 参见《法律评论社启事》，《晨报》1923年6月20日，第1版。
② 参见《法律评论周刊大减价》，《晨报》1926年5月15日，第2版。
③ 参见《法律评论已移南京水西门月牙巷》，《新中华报》1928年12月9日，第6版。
④ 侯欣一：《风行一时的民国〈法律评论〉》，《深圳特区报》2016年6月14日，第B11版。
⑤ 于语和、金大宝：《朝阳大学与我国法制近代化论略》，《安徽大学法律评论》2003年第2期。
⑥ 江庸：《法律评论周岁志感》，《法律评论》1924年第2卷第1期。

露的每条消息“酌给薄酬自二角至一元不等”。在朝阳校友的加持下，《法律评论》构筑了强大的关系网，既能及时获得高质量信息来源，也为期刊的发行销售保驾护航，颇令其他同类刊物惭凫企鹤。

（五）关注读者群体的心理特征

《法律评论》编辑出版的成功，很大程度上来源于其对读者心理的准确把握，以及在此基础上对刊物风格的准确定位。《法律评论》的购阅者中，既有学者、法官、律师等法学精英人士，也有法科学生、一般民众等大众阶层。面对多元化的读者群体，《法律评论》针对各方需求，通过设置不同的栏目，实现了大众传媒与法理研讨的兼顾。① 对此，有读者指出，民国时期，其他的法学刊物“都有所偏重，未能各部分普遍的发展，所以有其一面的特点，也有他面的缺点”。例如，《中华法学杂志》“为一学术性刊物……对于研究我国固有法系之制度及思想，以谋建立中国本位的新法系，厥功尤伟，但，实用的法律知识在这里是找不到的”。《法令周刊》“不难窥及某一时期所有法令的全豹，但它最大的宗旨和作用也不外乎此，所以我们如果以比搜集资料更大的热忱去诵读它，结果必感失望”。《法律知识》“经常写稿的只有发行人李宜琛和主编人李朋，大致上编得还不错，干燥中有些趣味，理论外加些实例，但究竟难免有为他们自己的律务作自我宣传之嫌”。但是，《法律评论》则不同于上述法学期刊，其“融合了以上各种刊物的特点，并排除了其短处……司法界和法科学校里的朋友，必为它的新生而拍手称庆”。② 由此可见，注重分析与把握期刊的受众群体及其心理特征，并在此基础上明确刊物的出版宗旨和登载内容，是《法律评论》成功的一个重要秘诀。

总体来看，在民国时期，随着近代报刊、书籍的出版传播，普通民众有了接触近代科学知识的可能，但在彼时，大多数国人获取知识的途径仍然十分有限。面对国人获取知识途径匮乏且智识水平整体偏低的现实，各类出版物纷纷采取贴近大众的出版策略，以平易近人的语言、通俗易懂的内容，发挥了传播知识、启迪民智的历史作用。对于《法律评论》等近代中国法学期刊而言，如何以刊物的媒介作用，达到“灌输法律智识于国人”③ 的目的，既是该刊不可回避的历史使命，也是江庸领衔的《法律评论》编辑群体不得不审慎思考的问题。为了彰显《法律评论》兼顾法理与大众，以现实需求为出版导向的办刊思路，江庸领衔的《法律评论》编辑出版群体对期刊的栏目设置进行了多元优化，既设有“论说”

---

① 张仁善：《近代法学期刊：司法改革的“推手”》，《政法论坛》2012年第1期。

② 陈文浩：《评〈法律评论〉》，《读书通讯》1947年第139期。

③ 夏勤：《对于本刊之感想》，《法律评论》1928年第6卷第1期。

“判例商榷”“投稿”等体现期刊学术性的栏目，也设有“法界消息”“外国法制新闻”“诉讼小说”“质疑”等体现期刊大众性的栏目，通过多样化的栏目设置，《法律评论》展示了兼顾法理与大众的出版特色，明确了以现实需求为导向的出版定位，达到了“养成国民法律精神，发育国民政治能力”① 的效果。

四、法学期刊与法治现代化的互促：《法律评论》出版史再识

作为一本诞生于民国法律转型时期的法学名刊，《法律评论》的编辑出版史可谓是一部法学期刊与法治现代化互促的历史。一方面，包括《法律评论》在内的近代中国法学期刊之创刊出版并非是偶然的历史事件，而是近代以来中国被迫引进西方法治理念与报刊出版系统，进而逐渐产生各种法学期刊这一整体进程的有机组成部分。另一方面，以《法律评论》为代表的近代中国法学期刊，以研讨检察制度存废、列强在华领事裁判权之撤废、法治建设与救亡等重大法政事件为契机，在“出版界异常困难，法学书刊异常贫乏”② 的民国时期，及时地发出法治现代化的中国声音，向渴求法律知识的近代国人灌输了必要的法律智识，为实现法治现代化贡献了期刊的媒介力量。

总之，置身于近代中国法治现代化叙事与报刊媒介相互促进、相互纠葛的历史中，《法律评论》既超越于时代，积极向国人推介舶于西方的各种先进法治理论，又依附于时代，有针对性地提出了适应国情的司法改良以救国的出版宗旨和兼顾法理与大众的出版策略，堪称反映近代中国法治现代化发展历程的“晴雨表”。

---

① 程燎原：《中国近代法政杂志的兴盛与宏旨》，《政法论坛》（中国政法大学学报）2006 年第 4 期。

② 陈文浩：《评〈法律评论〉》，《读书通讯》1947 年第 139 期。

国家—社会视角下基层司法所产生和变迁的逻辑

黄雨翼*

摘　要　司法所是中国司法行政系统的最基层单位，是乡镇党政行政管理机构的重要组成部分，承担指导人民调解、服务基层政府依法行政、提供农村公共法律服务、开展基层法治宣传等职能。作为国家导入基层法权体系的一环，司法所诞生后经历了发展、萎缩、再发展的曲折变迁，这一进程背后的逻辑是国家权力以司法所作为载体深入基层社会的努力，以及基层社会转型产生的“迎法下乡”需求，体现了国家资源配置、乡村社会需求、行政管理机构自身生长的互动。

关键词　司法所；基层；乡村；法治

一、生长逻辑——司法所的兴起与发展

中华人民共和国成立初期，为了组织和管理人民调解工作，全国不少地区建立了基层司法行政组织，设置了司法助理员岗位。“文革”期间，司法助理员制随着“砸烂公检法”

* 黄雨翼，四川大学灾后重建与管理学院博士研究生。

被摧毁。改革开放后，民主法制建设重新提上日程，司法助理员队伍得到加强，① 并逐渐演化为独立机构。笔者整理公开的官方文件、年鉴及学者的研究资料，对司法所的产生及演进历程做出划分：

（一）初出茅庐（1980—1987 年）

20 世纪 80 年代初，乡镇建制恢复后，不少人民公社（乡镇）陆续设立了专职司法助理员，归口司法行政系统管理。② 80 年代后期，随着改革开放的深化和民主法制建设的推进，基层司法行政职能在经济和政治体制改革中得到了强化和延伸，逐渐形成了完整的司法行政组织网络。为适应经济社会发展要求和群众对法律服务的需求，沿海地区开始在乡镇司法助理员基础上，尝试建立专门机构。1980 年，广东省率先做出改革，当年 10 月，广东紫金县蓝塘公社成立了全国第一个公社司法办公室。随后，在顺德、海康、茂名等地也先后成立了公社司法办公室。③ 与此同时，法律服务所也在广东、福建、辽宁等当时的经济发达地区开始建立，与司法办公室功能类似，主要从事一些简单的咨询答疑、法律文书代写、调解民事纠纷等法律服务工作。④ 1982 年，中央发布《关于加强政法工作的指示》，号召各农村地区依区、公社（乡）或集镇为中心逐步建立公安派出所、设置司法助理员。⑤ 由于效果明显，司法办公室和法律服务所的形式很快得到司法部和中央的肯定，要求在经济发达、农村商品经济活跃的地区创造条件发展法律服务机构，为社会主义民主和法制建设服务。在司法部的强力推动下，司法所和法律服务所迅速在全国各地发展起来。在 1987 年召开的全国乡镇法律服务工作会议上，司法部全面总结了乡镇法律服务机构的建设经验，提倡大力发展基层法律服务机构。

（二）遍地开花（1988—1995 年上半年）

在司法部的大力倡导下，基层法律服务机构在各地迅速发展壮大。1988 年，司法部召

---

① 如 1978 年，中共中央批转了《第八次全国人民司法会议纪要》，指出“人民法院对人民公社司法员（或司法助理员）管理调解工作和法制宣传工作，要在业务上给予指导”。1979 年《人民法院组织法》第二十二条规定，基层人民法院要指导人民调解委员会和人民公社司法助理员的工作。1980 年，国务院批转了司法部《关于全国司法行政工作座谈会的报告》，要求“尽快配齐基层司法助理员，城镇街道也要有专人抓这项工作”。

② 按照司法部《司法助理员工作暂行规定》的要求，司法助理员要定期向县（区）司法局（科）汇报工作，遇到重大疑难问题要及时请示报告。

③ 参见黄艳好：《河街司法：中国基层政法逻辑》，北京理工大学博士学位论文，2005，第 121—122 页。

④ 傅郁林：《中国基层法律服务状况的初步考察报告——以农村基层法律服务所为窗口》，《北大法律评论》第 6 卷第 1 辑，北京大学出版社，2005，第 92 页。

⑤ 参见《中共中央关于政法工作的指示》，载中共中央文献研究室编：《三中全会以来重要文献选编（下）》，人民出版社，1982，第 1094—1104 页。

开全国司法厅（局）长会议，“司法所”这一称谓正式被官方提出。同年，国务院印发的司法部“三定”方案明确了司法部指导地方司法行政机关管理基层司法所的职能职责，“司法所”从此成为法定机构。① 在随后几年的全国司法厅局长会议上司法部均对司法所建设提出要求。在此背景下，各地纷纷争取编制经费，以推进法制建设的名义创建司法所，有些地方甚至将司法所建设纳入领导干部法治意识的考核指标，成为地方一项政绩工程。有了这些因素的加持，司法所建设迅速步入快车道。至1994年底，全国已建立司法所近14000个，工作人员约37000人，② 司法所在乡土社会“遍地开花”。但当时的司法所根基并不牢固，大多数地区的司法所都未解决立户列编的问题，且与同为乡镇法律服务机构的法律服务所“暧昧不清”，以“一套人马，两块牌子”的形式运行。更为艰难的是，为了解决基层地方机构臃肿问题，在1989年和1993年的机构改革中，一些乡镇机构和工作人员被撤销，这也对司法所造成了较大影响，司法所的数量有所减少。③

（三）强势生长（1995年下半年—2000年末）

从1995年起，司法部开始大力部署推进司法所建设。在1995年6月召开的“烟台会议”上，时任司法部部长肖杨对加强司法所建设，把县区司法行政职能向乡镇街道延伸提出明确要求，将1997年底划为各地建立司法所的最终时限。④ 在政策依据上，司法部于1995年制发了《关于加强县区司法行政工作的意见》，为地方开展司法所建设做出指导。在此背景下，各地党委政府纷纷发文部署加强司法所建设，一些地方将司法所建设纳入政法机构整体建设发展考虑。到1995年底，全国共建立16094个司法所，占全国乡镇、街道总数的30%。⑤

1996年6月，司法部出台《关于加强司法所建设的意见》，明确了司法所是“县区司法局在乡镇人民政府（街道办事处）的派出机构”的性质，指出司法所主要承担依法治理、行政执法检查、监督；指导管理人民调解和基层法律服务工作，参与重大疑难民间纠纷调解、处理；组织开展普法宣传和法制教育；开展安置帮教；参与社会治安综合治理等七项工作，同时还规定司法所要完成乡镇（街道）交办的其他有关工作。这是关于司法所职能规定的首次官方文件表述。同年9月，司法部还专门召开了全国司法所建设经验交流会。

① 但这一时期，有的地方仍然将司法所称为“司法办公室”或“司法科”。参见谭同学：《乡镇司法所的兴起、运作及其政治社会学解读》，载傅郁林：《农村基层法律服务研究》，中国政法大学出版社，2006，第101—137页。

② 《中国司法行政年鉴》编辑委员会：《中国司法行政年鉴1996》，法律出版社，1997，第20页。

③ 参见黄艳好：《河街司法：中国基层政法逻辑》，北京理工大学博士学位论文，2005，第123页。

④ 《中国司法行政年鉴》编辑委员会：《中国司法行政年鉴1997》，法律出版社，1998，第342页。

⑤ 《中国司法行政年鉴》编辑委员会：《中国司法行政年鉴1996》，法律出版社，1997，第20页。

自1996年起，司法部在全国范围内部署开展了一系列司法所示范创建活动，推进司法所业务规范化，并加强对司法助理员基本素质的教育培训。在司法部的推动下，各地司法所建设迅猛发展，截至1996年9月，全国36%的乡镇（街道）都建立了司法所，司法所的数量增加到了19271个。同时，司法所工作人员队伍发展到了43831人，其中三分之一以上是正式司法行政编制人员，所均人数达到2.3人。①

1999年，国家启动了新一轮县乡机构改革，在裁撤机构的大势下，司法所命运岌岌可危。广东省司法厅就乡镇司法所建制问题向司法部做了请示，司法部随即下发批复，肯定了设置司法所是适应司法行政组织机构发展和职能任务变化的大势所趋，同时明确了司法所实行县区司法局管理为主、基层人民政府管理为辅的体制。司法部在批复中强调，要积极争取各级党委政府特别是基层党委政府的关心和支持，解决司法所人员编制、经费保障、办公条件以及干警福利待遇等问题。在此背景下，基层司法所顶住了县乡机构改革的冲击，实现了机构和人员数量的逆势增长。为了巩固司法所建设的成果，司法部于2000年推出司法行政"基础年"工程，揪住人员、编制、规范化等重点问题，各地加力开展司法所建设，将司法所定位为司法行政抓基层打基础的关键环节。虽然这一时期法律服务所的改制对司法所造成了一定影响，但司法所建设总体向好。截至1999年底，全国已建立乡镇（街道）司法所37318个，② 至2000年底，全国已建立起司法所4万余个，专职司法助理员5.5万余人。③

（四）如虎添翼（2001—2017年）

进入21世纪，一些地区对司法所的管理体制做出改革，尝试打破过去双重管理的模式。如2002年上半年，黑龙江全省1052个乡镇司法所实现了由县级司法行政机关收编直管，并使每个司法所司法助理员的数量由原来的1个增加到2—3个。④ 与此同时，中央对司法所在基层治理，尤其是在社会治安管理方面的作用愈发重视。2003年12月召开的全国政法工作会议对加强公安派出所、人民法庭、司法所（即"两所一庭"）建设做出明确要求。2004年和2005年，司法部连续印发《关于创建规范化司法所工作的意见》和《关于加强司法行政基层建设的意见》，为司法所建设提供指导思想和整体部署。2006年，国务院印发《中西部地区基层派出所、乡镇司法所、人民法庭建设规划》，同时配套安排23.9亿元

① 《中国司法行政年鉴》编辑委员会：《中国司法行政年鉴1997》，法律出版社，1998，第342页。

② 《中国司法行政年鉴》编辑委员会：《中国司法行政年鉴2000》，法律出版社，2001，第26页。

③ 《中国司法行政年鉴》编辑委员会：《中国司法行政年鉴2001》，法律出版社，2002，第16页。

④ 参见程维荣：《当代中国司法行政制度》，学林出版社，2004，第154页。

资金用于解决中西部地区乡镇司法所无房和危房问题。2008 年，国务院将社区矫正确定为司法行政机关的职能。随后，司法部于 2009 年印发《关于加强司法所规范化建设的意见》，将 1996 年规定的司法所八项职能调整为九项，增加了执行社区矫正的职能，并对其他相关职能做了调整，这一职能格局一直沿用至今。同时，各地应司法部要求，开始启动司法所组织机构、干部队伍、业务能力、所务管理和基础设施五大规范化建设，司法所的规模进一步扩大，职能进一步加强。且由于 2009 年的该意见该对司法所人员配备作了要求，① 司法所的人员队伍也逐步壮大。到 2016 年底，全国各地共建成司法所 40371 个，司法所专兼职工作人员达到了 123343 人。②

（五）扩权赋能（2018 年至今）

2018 年，中央开展了新一轮大规模机构改革。此次改革中，司法部与国务院原法制办进行了职能整合，撤销国务院法制办，重新组建司法部。各地也按此模式进行了改革。至此，司法行政职能大规模扩张，国务院原法制办履行的行政立法、行政执法监督、行政复议、备案审查等职能交由新组建的司法部行使。作为最基层一级的司法行政单位，司法所职能职责也随之变化。2018 年 9 月，司法部在四川省成都市召开首次全国司法所工作会议，会上司法部通报全国已建成 40417 个司法所。同年，司法部启动《司法所条例》立法工作，该条例（征求意见稿）将司法所职能调整为十项，增加了“具体承担或协调指导乡镇人民政府（街道办事处）法律顾问工作，指导监督村（社区）法律顾问工作”和“参与面向社会征集立法建议，协助开展人民陪审员选任工作”这两项全新的职能。虽然《司法所条例》目前尚未出台，但据笔者调研情况来看，很多地方的司法所事实上已经在开展相关事务管理。很多乡镇（街道）已将合法性审查这类的“法律顾问”性质的工作交由司法所开展。总体而言，机构改革后司法所的职能职权进一步扩大。

二、政权进退——司法所变迁的国家意志考量

鉴于司法所的层级架构在中国政治体制中处于县、乡、村三级交错，而这三者正是“国家—社会”关系的重要组成元素，因而考察司法所变迁的逻辑必须关照“国家—社会”的政治治理体系。

---

① 《关于加强司法所规范化建设的意见》要求司法所应当配备 3 名以上工作人员，有条件的地方应当配备 5 名以上工作人员。

② 司法部基层工作指导司司法所工作指导处：《2016 年度司法所工作发展报告》，《人民调解》2017 年第 5 期。

（一）政权下乡和乡政村治

在传统中国乡土社会，维持社会秩序中起决定性作用的是非正式制度，是人们所遵从的世代相传的“社会公认的合式规范”。① 国家既不干涉乡村社会治理，也不为乡村社会提供公共服务。家庭是社会的基本单位，世代封闭，彼此熟悉，成为传统农村社会秩序的稳定实体。亲属关系和血缘关系构成了乡土社会人际网络的基础，而宗族和家庭是社会治理的基本行为者。② 中华人民共和国成立后，国家通过合作化运动开始了“政权下乡”，③ 在行政村和合作社建立基层党组织，将离散的乡土社会整合到国家政权体系之中，完成对传统乡村社会治理结构的重塑。以家庭为单位的社会结构开始瓦解，取而代之的是通过人民公社的集体组织对生产资料的集体所有，在村庄经济中实现政党和权力的集中，进而实现对乡村社会秩序的控制。而具有科层性质的人民公社采用了标准化的管理模式达到对乡村社会的命令和控制。④ 在此过程中，人民公社的功能不断扩展，随之而来的是村庄自治的功能逐步消亡，传统社会长久以来“皇权不下县”的国家与乡村关系发生了巨大的变化。⑤ 国家政权在乡村社会的延伸和驻扎，使得传统以地缘、亲缘区分的家族认同被强行割裂，乡村社会成员的身份被打上政治烙印，农民成为集体组织社员的同时，政治权力渗透到每个乡村社会居民家庭，家庭内部关系都被公社规范所制约，国家在乡村形成政社合一的体制。

改革开放后，家庭单位在农业生产中的回归直接导致人民公社的解体，符合市场规律的承包经营制逐渐取代了集体生产方式，政社合一的体制也随之逐渐瓦解。中央逐渐承认了承包经营制的社会主义性质，并赋予家庭承包经营责任制法律地位。⑥ 与此同时，国家

---

① 参见费孝通：《乡土中国 乡土重建》，生活·读书·新知三联书店，2021，第 58 页。

② 参见兰红燕：《我国乡村社会治理法治化研究》，河北师范大学博士学位论文，2019，第 48 页。

③ 徐勇教授曾将现代国家融入农村社会的过程概括为“政权下乡”，认为这是现代国家建构的一项重要任务。参见徐勇：《政权下乡：现代国家对乡土社会的整合》，《贵州社会科学》2007 年第 11 期。

④ 参见徐勇：《政权下乡：现代国家对乡土社会的整合》，《贵州社会科学》2007 年第 11 期。

⑤ 对于传统中国乡村自治问题，学者们持不同观点。瞿同祖认为，乡村自治在历史上从来没有真正出现过，只有当国家政权出现统治危机，无暇也无力保持对乡村的控制时，乡村自治才可能出现。于建嵘也认为，在正常情况下，国家权力总是试图控制士绅，官绅之间的合作更是一种常态，尤其在政府委托的公务上，绅权变成了皇权的延伸。参见瞿同祖：《清代地方政府》（修订译本），范忠信、何鹏、晏锋译，法律出版社，2011，第 319 页；于建嵘：《岳村政治：转型期中国乡村政治结构的变迁》，商务印书馆，2001，第 103 页。但笔者认为，在中国传统乡村社会中历来有所谓“乡党之人治乡党之事”，即乡村自治。对此梁漱溟认为：“许多事情乡村皆有办法；许多问题乡村皆自能解决；如乡约、保甲、社仓、社学之类，时或出于执政者之倡导，固地方人自己去做。”参见梁漱溟：《梁漱溟全集》，山东人民出版社，1990，第 5 卷，第 585 页。

⑥ 1978 年十一届三中全会审议通过了《中共中央关于加快农业发展若干问题的决定（草案）》，我国农村社会开启了全面的改革进程。

开始在法制化进程下加强基层政权组织建设。1979年全国人大颁布《地方各级人民代表大会和地方各级人民政府组织法》，1982年通过的《宪法》对乡镇政府的法律性质和具体职能职权予以明确，此后，乡镇政府正式成为获得法律承认的国家在乡村基层的政权组织。同年，全国人大对《地方各级人民代表大会和地方各级人民政府组织法》做了第一次修正，明确了乡镇对村级组织具有负责和指导责任。1983年，中央下发《关于实行政社分开建立乡政府的通知》，明确提出改变政社合一体制，对乡镇政府的建设作出要求。到1985年底，乡级政府基本完成全部设置，数量达到91385个。①

然而，改革开放之前，国家政权在乡村社会的延伸并没有从根本上改变乡土“熟人社会”的社会性质，反而因集体化完全融入农民生活而得到加强。② 传统“熟人”文化和非正式的伦理规范依然顽强地在乡土社会生长，并持续发挥重要作用，这在一定程度上形成了农村自治的强大基础。1982年《宪法》在明确乡镇政府法律地位的基础上，将村委会确定为“群众自治组织”。至此，乡镇政府＋村委会的乡村社会治理体制以国家根本法的方式得以确立。有学者把这种体制概括为“乡政村治”体制。1987年通过的《村民委员会组织法（试行）》进一步明确了村民自治制度的组织形式和操作规程。但实践初期，村民委员会执行着税费征缴、计划生育和社会治安等与农民切身利益密切相关的工作任务，常常与农民间产生较大的矛盾冲突。为了不影响硬性任务的完成，乡镇政府启用了一些农村“村霸”来帮助控制农民，演变成一种乡村“赢利型经纪”的利益共同体治理模式。③ 1998年，全国人大常委会审议通过了《村民委员会组织法》，总结和修正了《村民委员会组织法（试行）》实际执行过程中的经验教训，此后，全国各地都进行了相关地方性法规的建设。④

党的十六大提出了进一步完善村民自治制度的要求。随后中央印发《关于健全和完善村务公开和民主管理制度的意见》。在村民自治制度实践十余年后，2010年全国人大常委会对《村民委员会组织法》进行了修正。“乡政村治”的治理模式在《宪法》《村民委员会组织法》和大量地方法规、规章，以及村民自治章程、村规民约共同组成规则体系下，得到进一步巩固发展。

（二）悬浮于村治之上的乡政

随着家庭承包责任制的普遍推行，长期被抑制的农村社会生产力得到极大释放，农村

① 张厚安：《乡政村治——中国特色的农村政治模式》，《政策》1996年第8期。

② 刘伟、黄佳琦：《乡村治理现代化中的简约传统及其价值》，《厦门大学学报（哲学社会科学版）》2020年第3期。

③ 参见贺雪峰、谭林丽：《内生性利益密集型农村地区的治理——以东南H镇调查为例》，《政治学研究》2015年第3期。

④ 张金才：《新时期中国农村法制建设的主要成就》，《重庆行政》2011年第1期。

经济得到快速恢复发展。为了管理日益活跃的乡村经济，以及随之增多的农村社会、文化等各方面事务，乡镇政府开始设立“七站八所”。① 司法所就是在这一时期正式登上了历史舞台。与此同时，国家继续通过乡镇向农民征收农业税和“三提五统”，② 以从乡村社会攫取资源。而繁重的农业税费直接造成了农民与乡镇关系的紧张。为缓解这种张力，中央于1986年在全国撤并乡镇、精简机构和人员。到1986年底，全国乡镇数量较上一年减少了19250个，减幅达到21%。③ 进入20世纪90年代，随着财政上“分灶吃饭”和“分税制”的建立，乡镇政府为应对来自上级的目标考核和财政压力，进一步加强了税费征收，乡镇机构和人员也迅速膨胀。于是，中央再次启动新一轮机构改革和人员精简，按照“小机构、大服务”的改革方向，到1993年，乡镇人员精简了42%。④ 然而，我国乡镇总跳不出“精简—膨胀—再精简—再膨胀”的怪圈，1999年，中央再一次开展机构改革，要求撤并乡镇、加强编制管理、精简财政供养人员、大量裁撤事业编制。到2005年底农业税改革完成时，国家基本上已达成了精简乡镇机构及其人员的目标。

机构改革削减了乡镇政府的财、人、事各项权力，而农业税费的历史性终结，使得国家对乡土社会的财政整合进入一个新时代。农民从此“不交公粮”，乡镇政府和村级组织失去了“三提五统”的资金收入，并且中央从2006年起推行“乡财县管”制度，这项改革减轻了农民的负担，缓解了地方政府的财政困难，有利于控制政府债务的增长，但乡镇也几乎丧失了财税自主性。由于乡镇站所的经费来源一部分是财政拨款，一部分是乡镇自筹，因而乡镇的“七站八所”也被整合。原先乡镇机构的设置大多数遵循上下对口的“蜂窝煤”模式，每个上级机构和部门在乡镇基本都有自己的“脚”；财政体制改革后，这些“脚”被砍去了不少，但相应的事权却并没有一并收回，很多社会管理的事务性工作，尤其是对农村的管理工作依然在上级部门的指令下由乡镇完成。然而，没有人事权和财政权，乡镇无法伸展手脚，失去为社会提供地方公共服务的激励，渐渐养成满足于“不出事”的心态。机构精简以后，“七站八所”因机构撤销而无法再承担公共服务职能，乡镇政府转而通过政

---

① “七站八所”主要包括乡镇管辖的广播站、文化站、农机站、防疫站、计划生育服务站、种子站、收益畜牧站，以及县级机关管辖的派出所、土管所、法庭、司法所、邮电所、税务所、粮管所和工商所等。

② 当时乡镇政府向农民征收的农业税费主要是上缴给国家的农业税、“三提五统”[“三提”即“公益金、管理金、公积金”是村级组织的提留，“五统”即用于“乡村教育、乡村道路建设、民兵训练、计划生育、优抚”的统筹费是上交乡（镇）政府的]。“三提五统”虽然是国家允许征收的费用，但是具体征收标准国家并没有统一，而是由各乡村酌情自定并按需要向农户均摊。

③ 仝志辉：《中国乡村治理体系构建研究》，华中科技大学出版社，2022，第105页。

④ 刘守英、熊雪锋：《中国乡村治理的制度与秩序演变——一个国家治理视角的回顾与评论》，《农业经济问题》2018年第9期。

府采购方式提供公共服务。① 乡镇政府无法满足大量乡村社会的公共服务需求，对社会治理的缺位造成"乡政""悬浮"于乡村社会之上，② 直接导致了乡村社会治理成本的上升和治理绩效的下降。最明显的例证就是这一时期对基层群众的维稳问题成为各级政府的核心工作。这说明缺少了乡镇一级的缓冲，国家与乡村社会之间的矛盾就有"硬着陆"的风险。而打工经济兴起之后，农村社会逐渐"空心化"，呈现出"无主体的熟人社会"的面貌。③ 现代价值观和市场经济的逻辑逐渐侵蚀了传统农村社会的价值体系，乡村内生权威受到严重侵蚀，这反过来刺激农民对国家正式权力介入乡村社会秩序调整的渴望。

（三）乡政和村治实践中的法律渗透

与传统乡土社会"皇权不下县"相伴随的是"国法不下乡"，而中华人民共和国成立后随着"政权下乡"，法律也开始"下乡"。新中国初期，国家在农村基层尝试推行了法律治理，比如建立人民调解委员会，让群众参与办案，了解法律知识等。④ 但真正大规模的"法律下乡"还是在改革开放以后。1984 年，乡镇政府恢复设立，乡镇普遍建立了专门负责法律事务的司法所或司法站，有的还设立了人民法庭和公安派出所。值得一提的是，从 1985 年开始的大规模普法运动，更是让农村农民切身感受到了国家法律"扑面而来"。普法对象包括农民在内的全体公民，内容包括宪法、刑法、诉讼法、婚姻法、继承法等与人民群众切身利益相关的法律知识。1997 年党的十五大首次提出"依法治国，建设社会主义法治国家"的重大方略，依法行政成为重要行政原则，乡镇的行政行为日益受到法律的规制。1998 年《村民委员会组织法》正式实施，此后，村民委员会的每一次换届选举都是一次法律在乡村基层的渗透。此外，乡村的法律治理还通过一些专项活动，如严打、普法，以及乡村司法、乡村社会治安整治等逐渐浸润开来。党的十八大以来，中共中央大力实施"精准扶贫""乡村振兴"战略，一大批项目资源持续输入乡村社会，同时，农村地区的"扫黑除恶"等运动式社会治理活动陆续开展，国家规则、价值观念以及政党力量在政治动员中得以持续性下沉。在新时期的乡村治理中，逐渐形成了新的治理模式。一方面，正是因为认识到乡土社会根深叶茂的地方性规则，使得地方治理活动选择将"情感""理性"和"法

---

① 兰红燕：《我国乡村社会治理法治化研究》，河北师范大学博士学位论文，2019，第 53 页。

② 参见周飞舟：《从汲取型政权到"悬浮型"政权——税费改革对国家与农民关系之影响》，《社会学研究》2006 年第 3 期。

③ 吴重庆：《无主体熟人社会》，《开放时代》2002 年第 1 期。

④ 参见唐华彭：《新法律观念在乡村的强力塑造——以 1952 年司法改革运动为例》，《当代世界社会主义问题》2017 年第 2 期。

律”容纳其中，形成正式权力的非正式化行使。[①] 另一方面，宪法和法律在乡村社会的普及教育与实践，以及对农村宗教祭祀、婚丧嫁娶等仪式活动进行管理，制定村规民约进行指导和引领，尤其是对乡村“微权力”反腐的强力推进，也使现代性的规则意识在乡村社会不断生长。

代表官方意志的法律“下乡”，推动了国家权威在乡村社会的重建，促使农民更多认同国家法律。但对于有着几千年制度传统的乡土社会，国家法与民间法的相遇难免会产生“秋菊”和“山杠爷”的困惑，二者并非此消彼长的零和博弈。因此，农村法治化的进程必定是缓慢而曲折的。

三、权威更替——司法所变迁的社会资源考量

司法所的诞生是伴随“政权下乡”中的“法律下乡”而完成的，从其职能演进过程看，其指导人民调解的职能是一贯而确定的，它是“维系村庄秩序的基本方式”,[②] 因为纠纷化解是乡村社会和政治生活的永恒主题，也是实现村庄“善治”的主要焦点。

（一）非正式权威治理的传统

传统中国乡土“熟人社会”是“生于斯、死于斯”和“富于地方性”的,[③] 社会控制的范围维持在相对隔离和独立的空间。“熟人社会”的社会结构是水波纹状的“差序格局”,[④] 其纠纷化解主要依靠宗族调解来完成。由于士绅、乡贤以及族长等精英人士在地方事务和家族事务中通常具有很大的威望和决策权，因而发生各类纠纷时，往往会请这些精英居间调解，而在调解过程中，他们的权威又得到进一步巩固，他们的人格和魅力得以在乡村公共事务中充分展现。这种权威是在村庄活动中树立的，而不是由国家赋予、由法律规制和保障的。对于这些人来说，他们之所以脱颖而出，是因为他们已经在自己的生活中证明了这种表达的有效性。[⑤] 他们可以借由形成的权威来实施教化权力，使得一代代乡民对乡土社会的生活规则越发认同。

---

① 贺东航通过对林改制度研究，发现林改过程中基层林业站的运作过程可以看作是简约治理在现代化社会的传统延续。参见贺东航：《“简约治理”与林改政策在乡村的实践》，《华中师范大学学报（人文社会科学版）》2012 年第 5 期。

② 参见吴毅：《村治变迁中的权威与秩序——20 世纪川东双村的表达》，中国社会科学出版社，2002，第 275 页。

③ 费孝通：《乡土中国 乡土重建》，生活 · 读书 · 新知三联书店，2021，第 10 页。

④ 费孝通：《乡土中国 乡土重建》，生活 · 读书 · 新知三联书店，2021，第 29 页。

⑤ 参见王铭铭：《走在乡土上——历史人类学札记》，中国人民大学出版社，2003，第 86 页。

内生性的社会秩序对于传统乡土社会至关重要，是帮助乡土社会人民适应和渡过社会变化，同时应对来自外部环境挑战的依靠，逐渐成为人们生活甚至于生命本身的一部分。这种内生性的社会秩序主要依靠从教化中养成个人的敬畏之感和人们的自觉、合作与协商。而维系这种内生秩序并使其发挥作用的直接原因就是有共同认可的权威规则，这些规则包括宗族族规、村规民约甚至宗教信仰，它们在村落家族中自然产生，并经过长期积累。① 这些从乡村社会生活内部慢慢形成的社会规范，许多内容都是村民们天然的是非道德观念的凝结，建立在村民共识的基础上，因而容易得到村民的支持和遵守。这些社会规范随着社会变迁始终处于一种缓慢但持续的生长状态，从而使乡土社会的内生秩序在一种变迁、动态的过程中得以实现和保持。

（二）正式权威治理的植入

随着社会变迁和发展，社会凝聚力下降、区域内成员自治能力变弱、内部调节作用降低，非正式权威主导的调解治理已难以应付复杂多元的矛盾纠纷，在解决纠纷方面的功能开始弱化。中华人民共和国成立后，通过开展阶级斗争彻底扭转了旧式乡村精英的权威基础，农村社会接受了翻天覆地的改造。② 在这一过程中，乡村社会开始形成新的权威体系。贫下中农等原本处于社会弱势的群体“翻身”取代了旧有的乡村精英，而村庄层面的党组织和生产队则取代了原来宗族和家庭在乡村社会中的权威地位。随着政权下乡，国家权力开始植入宗族性的民间调解，这就是人民调解制度的推行。乡一级设立了人民调解委员会，对一般民事纠纷和轻微刑事案件进行调解，并通过调解向公众宣传政策和法规。同时，国家也制定了相关的规则，对人民调解委员会的成立、办事程序、遵循原则等提出要求，并做了禁止性规定。在这一全新的权威体系和规则体系下，国家权力借由人民调解在乡村社会建立正式权威，并对乡村社会实施国家化改造。农村社会从“天高皇帝远”的自由领域逐渐被纳入整个民族国家。③ 在当时，人民调解兼具了解决社会纠纷和国家实现社会控制的双重政治使命，这决定了人民调解委员会的性质介于官方与民间之间。④

---

① 参见谭同学：《乡镇机构生长的逻辑——楚镇水利站、司法所政治生态学考察》，华中师范大学硕士学位论文，2004，第80页。

② 参见董磊明：《宋村的调解——巨变时代的权威与秩序》，法律出版社，2008，第173页。

③ 参见［英］安东尼·吉登斯：《民族——国家与暴力》，胡宗泽、赵力涛译，生活·读书·新知三联书店，1998，第145—147页；徐勇：《政权下乡：现代国家对乡土社会的整合》，《贵州社会科学》2007年第11期。

④ 麻鸣：《乡村社会结构的变迁对民间调解功能实现的影响》，《浙江社会科学》2002年第5期。

（三）正式权威治理的式微

改革开放后，国家对社会控制做出调整和松动，开始向社会转移权力和利益。20 世纪 80 年代，国家正式权威逐渐退出了村庄。① 实行“包产到户”的农民以及农民兴办的乡镇企业逐渐成为国家控制的边缘地带。为了解决农村基层组织陷入瘫痪或半瘫痪的问题，国家选择了乡村自治来重建基层社会，维护社会秩序，提供广泛的公共产品。这种方法节省了大量的财政资源，使国家摆脱了官僚化的财政压力。② 更为重要的是，作为村民自治象征的村委会能够协助基层政权完成相应的国家任务，村民自治本身成为一种国家民主政权组织方式合适的试验场。③ 1982 年《宪法》将农村调解委员会设置于村民委员会之下，这实质上是国家有意扶持“自治”组织的一个显著证明。此时的调解委员会虽然也属于群众组织，但其性质已经发生了很大的变化。作为基层自治组织村委会的特别委员会——调解委员会被“去官方化”，其权力依托再不是国家，而是自治的群众组织——村委会。④ 其社会基础已经发生深刻改变。

（四）正式权威治理的回归

改革开放后，受市场经济冲击和国家对人口管制的放松，走出农村的人越来越多，并且农村内部的生活方式也发生了很大变化。从农村对传统节日和红白喜事的气氛中我们可以明显感受，村民之间传统的社会关系逐步解体，村庄不再是村民们紧密联系和强烈融合的共同生活空间，而是一种社会连接程度低的领域。⑤ 贺雪峰曾用“半熟人社会”来概括当今农村社会的基本特征。农村向城市的移民和市场经济对传统文化的侵蚀，导致了正常乡村生活秩序外向性的崩溃。特别是 2003 年新修订的《农村集体土地承包法》明确实行“增人不增地”政策后，农民不再能免费获得村里的土地财产收益，使得农村社会长期赖以化解外部风险的“村社理性”受到严重冲击，农村社会秩序出现新的问题而面临风雨欲来

---

① 参见周飞舟：《政府行为与中国社会发展——社会学的研究发现及范式演变》，《中国社会科学》2019 年第 3 期。

② 任路：《国家化、地方性与乡村治理结构内生性演化》，《华中师范大学学报（人文社会科学版）》2021 年第 1 期。

③ 也有学者认为，中央政府当时倾向于村民自治，并非有意识地要通过农村基层政权建设来完成政治体制改革，也不确定村民自治对中央政府的政治支持作用。参见胡永佳：《村民自治、农村民主与中国政治发展》，载刘亚伟编：《无声的革命：村民直选的历史、现实与未来》，西北大学出版社，2002，第 319 页。但笔者认为，村民自治实践的过程实则与国家推进民主建设的过程高度吻合，很难不让人推断出国家是有意识通过村民自治培育民主土壤的结论。

④ 参见谭同学：《乡镇机构生长的逻辑——楚镇水利站、司法所政治生态学考察》，华中师范大学硕士学位论文，2004，第 83 页。

⑤ 参见贺雪峰：《新乡土中国（修订版）》，北京大学出版社，2013，第 11 页。

的危机。① 正式权威缺位，社会便容易产生对“灰色”权力的需求，给黑恶势力的泛起和滋长留下了空间。农民日益理性化催生了乡村社会对外部权威的需求和渴望。在这种情况下，毫无疑问，国家权力体系是相对可靠的，通过基于国家法律的司法所进行调解是控制社会秩序的有效选择，这是司法所崛起的根本社会根源。② 此后，中国在“依法治国”的战略推动下不断强化国家法制，法律权威在乡土社会逐渐得到强化，作为法治建设一线前沿的司法所也随之发展壮大。

法治化是国家转型和现代国家建设的题中之义，司法所从诞生起就承担了国家在乡村推进法治化的重任。作为国家政权设置在最基层的官僚机构，司法所在行使职能过程中一方面贯彻国家治理意图，另一方面满足乡土社会发展需求，法律得以通过司法所的运作实现对乡村社会生活秩序的重新整合。在经济和社会转型的背景下，司法所的产生和发展壮大的历程体现着国家资源配置、乡村社会需求、行政管理机构自身生长的互动逻辑。

---

① 参见陆学艺、王春光、张其仔：《中国农村现代化道路研究》，广西人民出版社，1998，第145页。

② 谭同学：《乡镇机构生长的逻辑——楚镇水利站、司法所政治生态学考察》，华中师范大学硕士学位论文，2004，第97页。

学术访谈

唐律研究之路

——王立民教授访谈录

王立民[*]　陈宇超[**]

陈宇超（以下简称“陈”）：王教授，您好！很高兴您能接受采访，和我们分享您在唐律研究方面的心得体会。众所周知，您在中国法律史研究方面是权威专家，特别是在唐律研究、古代东方法研究、上海租界法制史研究等方面更是成果卓著，那是什么机缘促使您开始对唐律这一领域的研究？

王立民（以下简称“王”）：我研究唐律始于 1984 年，至今已有近 40 年时间。回忆这段历史，既很感慨也有体会。1982 年，我进入华东政法学院攻读硕士学位，要听一些学位课程，其中就有“中国法制史研究”这门课。我的导师王召棠主讲这门课，其中，多次讲到唐律，而且讲得十分到位，内容比教科书中要详尽很多。我第一次在课堂上听讲唐律，收获大大超过以往的自学。后来才知道，他对唐律很有研究，是《唐律疏议译注》（吉林人民出版社 1989 年版）一书的第一副主编，另外还发表过一些研究唐律的论文。陈鹏生教授在讲课中，也多次讲到唐律，加深了我对唐律的印象，让我对唐律的内容有了进一步的了解。

学习唐律以后，我对其有了一定认识并产生了兴趣。1984 年，我与导师王召棠、陈鹏生两位老师商量硕士学位论文选题，最终决定研究唐律内部的法律协调关系。选这个题目主要有这样三点考虑：第一，导师们熟知唐律，有足够指导论文的能力；第二，我对唐律

* 王立民，华东政法大学功勋教授、博士生导师。

** 陈宇超，上海社会科学院法学研究所助理研究员。

有一定认识，具有研究唐律的潜力；第三，法学界正在讨论中国法律的协调问题，有提供历史借鉴的必要。这三点考虑综合了天时、地利、人和，十分有利于这一论文选题的顺利通过。最后，事如所愿，“论《唐律疏议》的法律协调关系”的选题毫无悬念地通过了。

由于前期准备比较充分，我的硕士学位论文写作比较顺畅。《论〈唐律疏议〉的法律协调关系》一文专门论述了唐律内部的法律协调关系，共有四大部分。第一部分是关于篇目、条文之间的协调；第二部分是关于唐律内律、令、格、式间的协调；第三部分是关于协调关系中的核心；第四部分是关于协调核心的一些问题。全文超过3万字。该文核心部分内容于1986年在我校的《法学》增刊（2）上公开发表。此后，又被《法律史的成长》（上）等转载。

陈：您介绍了与唐律初识的机缘，那么又是什么缘由促使您将唐律作为学术生涯的一个重要组成部分的？

王：将唐律作为我主要研究阵地之一的重要原因是其具有崇高的地位。这一地位可以用两句话来概括，即“一部唐律，半部中国法制史”“唐律是一部世界级的法典”。

首先，“一部唐律，半部中国法制史”。从古、近代两大时期来看，中国法制史虽有漫长的时间与历程，但其内容集中于两个点。中国古代法制史的点是唐律，中国近代法制史的点是六法全书。只要牢牢把握这两个点，中国古、近代法制史的基本状况就易被掌握了。因为，中国古、近代法制史就是围绕这两个点而展开、深化。从这种意义上来讲，一部唐律就是一部中国古代法制史，也就是半部中国法制史了。其次，用世界的眼光去考察，“唐律是一部世界级的法典”。这突出表现在，它是世界五大法系中，中华法系的代表作，是唯一的一部古代世俗法典；同时又是世界中世纪法典的代表作。世界上出现过不少法系，但最为重要的是五大法系，其中包括中华法系。中华法系的代表作是唐律，其是中华法系的标识，中华法系的代名词。不仅如此，在这世界五大法系中，唐律也是唯一的一部古代世俗法典。

唐律在中国、世界法制史上的崇高地位，决定了其是一部会不断被探求、研究的法典，也是我下定决心努力研究唐律，并一步步深化、产出成果的最大缘由。

陈：您的唐律研究学术生涯长达40年，成就斐然，请简要介绍一下相关成果。

王：第一，发表了不少以唐律为主题的论文。据统计，自1986年至2021年，我在中外期刊上发表唐律研究论文的数量达34篇。以今天C刊的范围来统计，有26篇，约占76%，发表在《法学研究》《法学》《政法论坛》《现代法学》《当代法学》《比较法研究》

《政治与法律》《法学杂志》《华东政法大学学报》《西北政法学院学报》《政法论丛》《南京大学法律评论》《社会科学》《浙江学刊》《江海学刊》《华东师范大学学报》等刊物上。

第二，出版了个人学术著作《唐律新探》。1993 年 7 月，我从华东师范大学中国史学研究所毕业，获历史学博士学位，回到华东政法学院任教。同年，上海社会科学院出版社出版了我个人的第一部学术专著《唐律新探》。此著作收录了以往我公开发表的以唐律为主题的论文，共 14 章，17 余万字。此后数十年，该书先后再版 5 次，字数也增加至 59 万字，内容更加丰富。尤其需要指出的是，《唐律新探》(第 6 版) 是我对唐律研究近 40 年的集大成之作，内容涵盖了唐律研究的学术史、唐律的体例、唐律思想、唐律具体内容、唐律与外部关系、唐律的影响、唐律在中国与世界法制史上的地位等。可以说，有关唐律的一些重要方面，在书中都有表达，是一本较为全面、系统、深刻地研究唐律且有厚度、有分量的唐律研究学术专著。

第三，在《法学家茶座》《法制日报》《解放日报》《文汇报》等报刊上发表唐律研究的普及性成果。在报刊上发表的成果字数不多，篇幅也不长，主要是有感而发，与同行的交流。这些成果一事一议，短小精悍，与长篇的论文有所不同，有自己的特色。

陈：如此之多的研究成果，既反映出您在唐律研究领域的卓越成就，也说明您个人的唐律研究方法非常系统和科学，请您分享一下相关的心得。

王：回忆自己研究唐律近 40 年的历史，我形成了个人的研究路数。具体来说便是从研究唐律内容开始，接着对唐律的体例、思想与外部关系、地位与影响、比较研究、学术争鸣等进行研究，最后以唐律研究的学术史结尾。这是始与终的统一，即这既对唐律研究作了总结，又为以后的研究提出了自己的看法，可以作为进一步研究的参考。

第一，以研究唐律内容开始并贯穿始终。研究唐律不能“全面出击”，只能先攻其一点，再逐步扩大成果。这个点便是唐律的内容。首先是唐律中的法律协调关系。作为一个刚跨入唐律研究大门的学者，先从唐律的内容入手，比较容易取得成效。因为唐律的内容范围比较广，涉及具体的制度、政策等很多领域，选取前人研究的空白，加以深入研究，易产生学术研究成果。我的不少研究成果都是关于唐律本身的内容，比如《论唐律的补充条款》《唐律与〈贞观政要〉的吏治——一个以吏治为结合点的视角》《〈唐律疏议〉与犯罪学》《略论中国古代的法律伦理——以〈唐律疏议〉为中心》《中国古代律文解释与近代的刑法法条解释之比较——〈唐律疏议〉与〈中华民国新刑法判解汇编〉为例》《唐律涉外犯罪之研究》《唐律与丝绸之路》《论唐律规定的官吏言论犯罪》等。

第二，是对唐律体例的研究。我对唐律体例研究主要分为两大部分。一部分是研究唐律体例中的篇目、律条结构；另一部分是研究唐律体例中的条标与“疏议”，二者都属于体例中的重要组成部分，也是唐律首创的部分。其中最具代表性的是《〈唐律疏议〉前言“疏议”透视》一文，此文是在《略论〈唐律疏议〉中“疏议”的作用》的基础上，把唐律中的“疏议”分为前言“疏议”与律条“疏议”两类，来自对前言“疏议”进行了研究，体现出其特殊性与独有的价值。此文发表后，很快被《中国社会科学文摘》2017年第10期转载。

第三，对唐律思想的研究是唐律研究中的一个重要组成部分。唐律虽是一部法典，但其中有法律思想。特别是通过解释与补充其中的“疏议”，可更深层次地体悟出其中蕴含的法律思想。对唐律法律思想的研究一方面是对唐律整体思想的研究，这是对唐律中法律思想较为全面的研究，内容涉及立法关系、吏治、立法、司法等领域。另一方面是对唐律中儒家思想的研究，唐律是礼法结合的产物与结晶。儒家思想是其中的主要指导思想，故有必要揭示这一思想，以便对唐律有更深刻地认识。

第四，对唐律与外部关系的研究是我唐律研究中的一个亮点。在研究唐律的过程中，会发现唐律不是孤立存在的，它与外部有着千丝万缕的联系。从法制内部来看，与唐制敕和唐律的实施有关系；以法制外部来看，与经济、政治、宗教等都有关系。通过对唐律与外部关系的研究，更能显示唐律的价值。

第五，对唐律地位与影响的研究是我唐律研究中的另一个亮点。唐律是中国古代最善法典之一，也是中华法系的代表作与世界中世纪的代表性法典，其地位崇高，影响深远。《世界级的唐律与世界性的唐律研究》从唐律是中华法系的代表作与世界中世纪的代表性法典着手，展开论述，凸显其在世界法制史上的地位；从唐律得到世界上许多专家、学者的研究，来反映其在世界上的巨大影响力。《唐律为何堪称封建法典代表作》一文也是如此。

第六，对唐律的比较研究是体现唐律特点的必经之路。唐律的特点需经过比较才能得到真实的体现。从这种意义上来讲，唐律研究中不能没有比较研究。《〈唐律疏议〉与法国民法典》一文，通过中华法系与大陆法系代表作的比较，体现唐律在指导思想、编制体例、具体内容等方面的特点。《中国古代的律文解释与近代的刑法法条解释之比较——以〈唐律疏议〉与〈中华民国新刑法判解汇编〉为例》一文，从唐律与近代新刑法判解相比较的小视角，显示唐律在解释主体、解释结构、解释效力等方面的特点。把握唐律的特点，运用比较方法是一条必经之路，也是科学的研究之路。

第七，唐律研究的学术史既是对以往唐律研究的总结又开启了新的唐律研究征程。任何学科的“学术研究”都会形成自己的历史，即学术史。它既是对以往学术研究成果的总结，又开启新一轮的研究。唐律研究的学术史也是如此。唐律研究的学术史即对唐律研究的总结，不只是对这一研究成果的汇总与梳理，更重要的是要寻求其中的发展道路、研究规律、存在问题与解决途径，为往后的唐律研究指明方向，实实在在地推进这一研究。《中国唐律研究三十年》与《中国唐律研究 70 年的三个重要问题》两文分别对改革开放以后与新中国成立以后两个时间段的唐律研究学术史做了较为全面的论述，为往后的研究提供了一个方面的依据。

陈：请您为学界研究唐律的后进晚辈们分享一些您的研究经验。

王：首先，要做唐律研究的有心人。一旦把唐律作为自己的研究对象以后，就要经常关注与唐律相关的一些动向，进行自己的思考，获得一些新的启示。当思考成熟以后，就可以开始写作，形成自己新的研究成果。记得 10 余年前出席一个上海市政治学会的理论研讨会，主题与政治伦理有关。会上，上海政治学的专家、学者，从各自的立场出发，智者见智，对政治伦理发表了许多有见地的理论与观点。会后，我从政治伦理的角度进行了思考，并联系了法律伦理的方面。那时，人们多在研究中国古代的伦理法律，而非法律伦理，而它们之间有区别，不完全一致。法律伦理强调伦理中隐藏的法律因子，而伦理法律则突出法律中的伦理因素。它们的出发点与观察视角都不相同。经过反复思考，我写就并发表了《略论中国古代的法律伦理——以〈唐律疏议〉为中心》一文。此外，我受在华东师范大学中国史学研究所师兄们研究史学史的影响，联想到唐律的史学史问题，开始对唐律研究的学术史进行考察，发表了相关论文。

其次，要阅读唐律原文。中国唐律研究的成果非常多，除有 20 余部著作以外，还有 600 余篇论文。要深刻理解唐律，认真研究唐律，必须阅读唐律原文。只有在仔细、反复阅读唐律的过程中，才会真正认识唐律，掌握精髓，发现问题，找到研究的突破口，走出自己唐律研究的路子，发现具有创新性的研究成果。

再次，要重视研究方法的运用。研究唐律同样需要研究方法的支撑。只有运用正确、得体的研究方法，才能使这一研究事半功倍。我比较重视研究方法的运用，而且对于不同的研究主题，往往采用不同的研究方法；通过具体的比较研究，探索唐律的个性，最终得出关于唐律特点的结论。这样的结论会科学合理一些，比不做比较的臆断强很多。从整体上看，在唐律研究中，更多运用的是联系、全面、发展的研究方法。运用这些研究方法，比较容易客观深入唐律中的问题，提出的观点与得出的结论都会比较有说服力，也比较容易得到认可。这些方法可以单独使用，也可以结合起来使用。结合起来使用的概率会高一些，因为研究唐律中的某个问题往往会涉及两个或两个以上侧面，而不同的侧面又往往会运用不同的方法。重视研究方法运用的目的在于，使研究唐律的成果具有科学性、原创性、学术性和借鉴性。

复次，要把唐律研究与唐律教学结合起来。唐律研究与唐律教学的关系十分密切：可以把唐律研究的成果转化为唐律教学的内容；在唐律教学中发现的问题可以作为唐律研究的指向，进一步实现唐律的研究与教学相长。在这方面，我深有体会。以个人的研究与教学为例，我长期为研究生讲授唐律研究的课程。有一段时间，我同时为三类不同的研究生开设了三门不同的唐律研究课程。第一门是为刑法专业的硕士研究生开设“唐律研究”，主要是参照中国现行刑法，讲授唐律的内容，目的是让他们学习中国古代刑法史。第二门是为中国法律史专业的硕士研究生开设“唐律精读与研究”，通过逐条讲读唐律，为他们打下学习中国古代法制史的基础，特别是对唐律有个全面了解与认识。第三门是为我们法律史博士研究生开设的“唐律与唐代法制”，主要是以主题研究的形式，向他们讲授我的唐律研究成果，突出唐律研究的深度与学术性，拓宽他们的学术视野。这些课程的授课内容都是我研究唐律的心得和研究成果。由于学生的基础与专业背景不同，考虑的问题也会不完全相同，提出的问题就会多种多样。与学生的交流促使我去思考一些唐律中的新问题。思考成熟以后，有些问题就成了唐律研究的新成果，然后撰成论文公开发表，其中包括唐律中的礼法关系、涉外犯罪的规定、补充条款的设置、官吏言论犯罪等。唐律的教学促进了唐律研究，为唐律研究开辟了新的道路。总之，唐律研究与唐律教学结合起来，有百利而无一害。

最后，要保持唐律研究的连续性。要不断产出唐律研究的成果，形成唐律研究的体系，需要付出艰辛的劳动，保持连续性的研究状态。只有这样，才能探求唐律中的问题并进行深入研究，不退出唐律研究的阵地，始终站在唐律研究的前沿，这就需要内生动力，其中主要包括责任意识与兴趣爱好。责任意识是内生动力之一。作为一位中国法律史学者，有责任投入中国法律史的研究中去，与同行进行交流、切磋，提供自己的学术观点，繁荣唐律研究园地。兴趣爱好也是内生动力之一，会激发自身的激情与努力，主动把唐律作为长期的研究对象，自觉进行唐律研究，没有勉强与敷衍，就是遇到困难也会迎难而上。把这两种内生动力结合起来，研究唐律的力量就会倍增，成果也会接连产生。

陈：在唐律研究方面您提出了诸多与传统观点不同的独到见解，比如，您的《论唐律令格式都是刑法》《唐律内容疏而不漏的质疑》《唐律“化外人相犯”条属于国际私法的质疑——兼论唐律的唐朝刑法典性质》等文从一些新视野对前人的唐律属于综合性法典、唐律的内容疏而不漏、唐律的“化外人相犯”条属于国际私法等一些观点，提出挑战，进行辨证。您甚至还发现了近代著名法学家沈家本在奏折中的疏漏。请您谈谈这方面的经验。

王：及时发现新问题并进行学术争鸣是保持唐律研究生命力的一大支撑。在深入研究唐律的过程中，我逐渐形成了自己的想法，有些想法不会与前人的完全一致，甚至会产生相反的结果。这就为我在唐律研究领域提出自己的观点奠定了基础。通过学界的学术争鸣，进行不同观点的交锋，在说理中深化唐律研究并提升学者学术品味。在唐律研究中，及时发现新问题，得出新观点，挑战前人已有的结论，开展学术争鸣，是不可或缺的。以发现沈家本的疏漏为例，2018 年我在查阅《清史稿·刑法二》时，发现沈家本在光绪三十一年（1905 年）的一个奏折中，引用了唐律关于缘坐的规定，但存在两个疏忽。一是遗漏了唐律中关于“征讨各贼消息”犯罪中，也有缘坐的规定。二是“恶逆”和“不道”两种犯罪的规定，都是有的适用缘坐，有的则不适用缘坐。沈家本在奏折中没有体现。在此研究基础上，我发表了《沈家本的疏忽》一文，对沈家本的疏忽作了修正。

陈：您唐律研究的一大特点就是比较注重为今天的法治建设提供建议，具有古今贯通的研究视野，请您展开谈谈。

王：站在法学的立场去研究唐律，是一种社会科学的研究方法，特别强调问题意识，注重为今天的法治建设提供必要的借鉴。我在研究时，比较注意这种借鉴，把其与今天的法治建设结合在一起，突出唐律研究的当代价值。有的论文就是围绕这种借鉴而作。《论〈唐律疏议〉中的法律协调关系》为当代中国法治的协调发展提供了借鉴；《唐律条标探析》为中国制定法律中设置条标提供了借鉴；《唐律对青少年犯罪及保护青少年的若干规定》为当今有理有节地打击青少年犯罪与保护青少年提供了借鉴；《唐律涉外犯罪之研究》为中国当时涉外犯罪增加并加以管控提供了借鉴等。这些论文都在正面论述了唐律的相关规定后，通过明示或暗示的方式，提供相关借鉴，赋予论文当代意义，实现古为今用。

陈：您的唐律研究成果不仅在国内具有重大影响力，还传播到了海外，请您介绍一下。

王：一是《唐律新探》一书被韩国学者任大熙、全永燮译成韩文在韩国发行，主要用于研究生教育。二是在美国发表了《唐律与唐朝早期社会的发展》，专门对唐律在唐朝早期社会发展的作用问题做了较为全面的论述。这两项成果走到境外，与境外同行进行交流，具有另一种意义。

陈：最后，请您对中国学界未来持续耕耘唐律研究给一些前瞻性的建议。

王：前瞻唐律研究，我有以下三点想法：

第一，要把唐律研究看作是传承中华优秀传统法律文化的重要路径。中华优秀传统法律文化经过数千年的营造与积淀，具有中国特色，在世界上独树一帜，也是中华民族的瑰宝。通过创造性转化与创新性发展，中华优秀传统法律文化还可以赋予当代价值，成为中国法治文化中的一个组成部分，推动法治建设。然而，中华优秀传统法律文化博大精深，不易很快被掌握。唐律可以作为一个捷径，作为学习、探索这一文化的进口。唐律虽只是一部法典，但其中蕴藏着中华优秀传统法律文化的一些基本要素。其中包括“德礼为政教之本，刑罚为政教之用”的礼法并用治国策略；① “禁暴防奸”的护民理念；② “教令人告，事虚应反坐”等的限制告诉、以求无讼的价值追求；③ “矜老小及疾”的恤刑思想；④ “死囚复奏报决”的慎刑制度；⑤ “出入人罪”要求援法断罪的规定；⑥ 等等。这些都是中华优秀传统法律文化基本要素的体现，通过学习唐律就能掌握。学习唐律以后，就会对中华优秀传统法律文化有个初步认识，再从更广泛的思想、制度、技术着手，扩大视线，进行深入研究，中华优秀传统法律就会更有广度、深度地展现在眼前，为进一步创造性转化、创新性发展提供优越条件。

第二，中国学者要在唐律研究领域占据高地。中国学者有责任不断研究本国文化，产生高质量研究成果，占领唐律研究高地，为传承与弘扬中华优秀传统法律文化添砖加瓦。事实上，中国的唐律研究并非一帆风顺，而有一段曲折的历程。

近代中国屡遭列强蹂躏，国破民贫，唐律研究受到重创，鲜见高水平研究成果，于是世界唐律研究的高地转移至日本。自1867年的明治维新以后，日本学界研究中国法制史的力量异军突起，在百余年时间内形成了“前三代”和“后三代”的研究格局，涌现了一批著名学者。⑦ 他们的论文成果都以唐律为主题，仅在1945年就有不少，其中包括《唐律索引稿》《唐律及养老律中名例律研究》《译注唐律疏议》《唐·明·清律比较》《日唐律比较》《传到日本的唐律注释书和其逸文》《滂喜斋本唐律疏议的刊行年代》，等等。⑧

进入当代以后，日本学者仍热情不减，有大量成果问世。仅在1960年代就有不少，其中包括《唐律索引稿》《唐律及养老律的名例律梗概》《唐律令的继承》《唐律和日本律》《唐律疏议的原文》《唐律和日本律的比较研究》《唐和日本律令的比较研究》，等等。⑨ 此时，日本还是稳居世界唐律研究的高地。

---

① 《唐律疏议·名例》前言“疏议”。
② 《唐律疏议·名例》“死刑二”条“疏议”。
③ 《唐律疏议·斗讼》“教令人告事虚”条。
④ 《唐律疏议·名例》“老小及疾有犯”条“疏议”。
⑤ 《唐律疏议·断狱》“死囚复奏报决”条。
⑥ 《唐律疏议·断狱》“官司出入人罪”条。
⑦ 俞荣根等：《中国法律史研究在日本》，重庆出版社，2002，“代前言”，第12页。
⑧ 俞荣根等：《中国法律史研究在日本》，重庆出版社，2002，第307—309页。
⑨ 俞荣根等：《中国法律史研究在日本》，重庆出版社，2002，第307—311页。

改革开放以后，唐律研究的世界局面发生了翻天覆地的变化。中国法学研究的春天到了，唐律研究突飞猛进。国内唐律研究的队伍不断扩大，唐律研究的成果大量涌现，在短短 40 年间，公开出版的唐律研究著作达 20 余部，公开发表的唐律研究论文 600 余篇。唐律研究在中国大地上呈现一派欣欣向荣的景象。此时，日本的唐律研究则失去了以往的繁荣景象，开始走下坡路，中国的专家、学者占据了世界唐律研究的高地。

往后，唐律研究的高地应牢牢把握在中国学者手中，保持唐律研究的良好态势，不断深探唐律，生产更高质量的研究成果。其中，可以在以下一些方面加大力度，即扩大、稳定唐律研究队伍，培育持续研究唐律的人才；拓展、深化唐律研究的领域，全方位填补研究空白；重视研究唐律的方法，使唐律研究的产出更科学、更学术、更富有时代气息。总之，要在研究队伍、研究内容、研究方法等各方面都有所突破，大力推动唐律研究，开创唐律研究的新天地。

第三，中国唐律研究走向世界具有多重意义。这有利于展示中国学者在唐律研究方面取得的成绩，显示中国学者的学术研究实力；有利于与国外学者进行交流，取长补短，扩展自己的学术眼光，促进自己的唐律研究；有利于弘扬中华优秀传统法律文化，使之在世界范围内进行传播，凸显中国的法律文明。总之，唐律研究走向世界十分有必要。

中国的唐律研究要做大做强，少不了要走向世界，这就对相关学者提出了更高的外语能力要求，以方便与世界学者对话。最好是一位学者具有多国语言交流能力，如果无法做到一位学者精通多国语言，那就由一个团队来对接，以便更高效的沟通。可以相信，随着中华优秀传统法律文化的不断发扬光大，唐律研究会成为一种更为广泛的世界性学术研究，中国的法制文明也会展现在更广阔的世界舞台。

唐律研究成果附录

著作：

1. 王立民：《唐律新探》（第 1 版），上海社会科学院出版社，1993。
2. 王立民：《唐律新探》（第 2 版），上海社会科学院出版社，2001。
3. 王立民：《唐律新探》（第 3 版），北京大学出版社，2007。
4. 王立民：《唐律新探》（第 4 版），北京大学出版社，2010。
5. 王立民：《唐律新探》（韩文），任大熙、全永燮译，内部刊印，2010。
6. 王立民：《唐律新探》（第 5 版），北京大学出版社，2016。
7. 王立民：《唐律新探》（第 6 版），北京大学出版社，2022。

论文：

1. 王立民：《略论〈唐律疏议〉中“疏议”的作用》，《西北政法学院学报》1987年第3期。

2. 王立民：《略论唐律在发展唐前期经济中的作用》，《法学》1988年第10期。

3. 王立民：《〈唐律疏议〉与〈法国民法典〉》，《世界法学》1989年第1期。

4. 王立民：《论唐律令格式都是刑法》，《法学研究》1989年第4期。

5. 王立民：《唐律对青少年犯罪及保护青少年的若干规定》，《青少年犯罪问题》1989年第5期。

6. 王立民：《论唐律与专制统治》，《比较法研究》1991年第1期。

7. 王立民：《唐律与佛道教》，《政法论丛》1991年第3期。

8. 王立民：《论唐后对唐律的变革》，《华东师范大学学报》1991年第6期。

9. 王立民：《论唐律与制敕》，《历史教学问题》1993年第2期。

10. 王立民：《论〈论语〉对唐律的影响》，(中国台湾)《孔孟月刊》1993年第11期。

11. 王立民：《〈唐律疏议〉的灵魂——儒家思想》，载华东政法学院法律系编：《法学新问题探论》，上海社会科学院出版社，1997，第185—200页。

12. 王立民：《唐律内容疏而不漏的质疑》，《南京大学法律评论》1998年第2期。

13. 王立民：《唐律条标探析》，载韩延龙主编：《法律史论集》(第2卷)，法律出版社，1999，第121—132页。

14. 王立民：《论唐律的礼法关系》，《浙江学刊》2002年第2期。

15. 王立民：《唐律与唐朝的身份等级关系》，载陈鹏生主编：《走向二十一世纪的中国法文化》，上海社会科学院出版社，2002，第253—265页。

16. 王立民：《〈寄簃文存〉的唐律研究》，《浙江社会科学》2003年第6期。

17. 王立民：《“化外人相犯”与领事裁判权》，载宫本欣主编：《法学家茶座》(第7辑)，山东人民出版社，2005，第131—136页。

18. 王立民：《〈唐律疏议〉——中国古代法律与历史融合的典范》，《浙江工商大学学报》2005年第6期。

19. Wang Limin, The Tang Code and the Early Social Development of the Tang Dynasty, *Us-China law Review*, Vol. 2, No. 7, Jul. 2005.

20. 王立民：《中国古代防范犯罪的一个法定诀窍——以唐律的规定为例》，载张士宝主编：《法学家茶座》(第10辑)，山东人民出版社，2006，第105—108页。

21. 王立民：《唐律的四个问题述论》，载中国法律史学会编：《中国文化与法治》，社会科学文献出版社，2007，第199—209页。

22. 王立民：《〈唐律〉人本思想与“反恐”》，《法制日报》2008年8月31日，第10版。

23. 王立民：《唐律与唐朝的刑事司法制度》，《社会科学》2008年第11期。

24. 王立民：《唐律与中国传统法制论纲》，《华东政法大学学报》2009年第5期。

25. 王立民：《唐朝刑法化的司法制度》，载张士宝主编：《法学家茶座》（第32辑），山东人民出版社，2010，第142—148页。

26. 王立民：《唐律的疑罪与有罪推定原则》，《法制日报》2010年11月17日，第10版。

27. 王立民：《论唐律的补充条款》，《现代法学》2011年第1期。

28. 王立民：《唐律与〈贞观政要〉的吏治——一个以吏治为结合点的视角》，《政法论坛》2011年第3期。

29. 王立民：《论〈唐律疏议〉的法律协调关系》，载华东政法大学法律史研究中心编：《法律史的成长（上）》，法律出版社，2011，第176—184页。

30. 王立民：《〈唐律疏议〉与犯罪学》，《犯罪研究》2012年第3期。

31. 王立民：《中国唐律研究三十年》，《法学研究》2014年第5期。

32. 王立民：《中国古代律文解释与近代的刑法法条解释之比较——〈唐律疏议〉与〈中华民国新刑法判解汇编〉为例》，《现代法学》2014年第5期。

33. 王立民：《略论中国古代的法律伦理——以〈唐律疏议〉为中心》，《法学杂志》2014年第7期。

34. 王立民：《唐律涉外犯罪之研究》，《政治与法律》2016年第3期。

35. 王立民：《〈唐律疏议〉前言“疏议”透视》，《江海学刊》2017年第3期。

36. 王立民：《唐律“化外人相犯”条属于国际私法的质疑——兼论唐律的唐朝刑法典性质》，《法学》2017年第8期。

37. 王立民：《沈家本的疏忽》，《文汇报》2018年6月1日，“文汇学人”第8—9版。

38. 王立民：《唐律与丝绸之路》，《江海学刊》2019年第1期。

39. 王立民：《唐律为何堪称封建法典代表作》，《解放日报》2019年3月19日。

40. 王立民：《中国唐律研究70年的三个重要问题》，《浙江学刊》2020年第1期。

41. 王立民：《世界级的唐律与世界性的唐律研究》，载刘晓林：《唐律立法语言、立法技术及法典体例研究》，商务印书馆，2020，“序二”。

42. 王立民：《论唐律规定的官吏言论犯罪》，《当代法学》2021年第3期。

法史书评

风乍起，吹皱一池春水

——刘昕杰教授《后民法典时代的司法实践》读后

马建红*

从文化传承的强韧特性来看，一脉相承的古人与现代人之间，本不该有陌生感，因为文化之于一个民族，正像基因之于家族一样，在相关因素未发生改变的情况下，是不太可能发生变异的。那些根植于我们生活方式、民情风俗中的传统，即便是遭遇改朝换代的大动荡，一俟社会环境平稳安定，就又会春风吹又生，一如既往地传承下去，历经数千年却变化甚微。而之所以会产生这种陌生感，是因为自清末以来，为应对"数千年未有之变局"，我们不得不引入"先进"的西方文化，而这种几乎完全异质的外来文化，伴随着法律制度的移植与变革，使绵延数千年的生活方式及民情风俗也为之一变。传统文化的变异，自然在古人与现代人之间造成了一种隔膜，几至于要"相见而不相识"了。

其实，自清末满清政府施行新政以来，到北洋政府时期，尽管"西风"劲吹，人们求变心切，但基于固有生活方式而形成的民情风俗却自有其运行的速率，即便有所变革，也是缓慢而渐进的。然而，在刚性的法律制度的加持下，这种变迁竟有了"飞起"的速度。1930 年代开始施行的《中华民国民法》，就在将国人从传统向现代的接引中，充当了重要的角色。当然，我们切不可过分夸大法典在移风易俗中的作用，以为法典施行前后的生活会判然两分。事实上，法律制度及其中蕴含的理念，需要与现实社会中民众的习俗、情感与信仰经过长期的磨合，在得到广泛认可的前提下，才能沉潜内化为人们的一种不自觉的思维与行为模式。正如德国历史法学派的创始人萨维尼所言："一切法律均缘起于行为方式，

* 马建红，山东大学法学院副教授。

在行为方式中……习惯法渐次形成；就是说，法律首先产生于习俗和人们的信仰，其次乃假手于法学——职是之故，法律完全是由沉潜于内、默无言声而孜孜不倦的伟力，而非法律制定者的专断意志所孕就的。”① 因此，《中华民国民法》中那些对传统法文化进行改造的“企图”，在其施行之初，也曾遇到过国人“上有政策，下有对策”的应对，前文所说的现代人之于古人的那种“面目全非”之感，实在是因了近百年司法实践的久久为功才逐渐成就的。由社会科学文献出版社于2022年出版的刘昕杰教授的《后民法典时代的司法实践——民国四川基层诉讼中的法律与习惯（1935—1949）》（后简称《后民法典时代的司法实践》）一书，就为我们展示了这部法典在最初施行时，所遭遇的漠视、规避等尴尬境地。

从文本与学理的角度来看，《中华民国民法》堪称完美，因为它既有对其时通行于文明世界的最先进法理的继受，也有对传统民商事习惯的存留，这种在民法近代化、西方化的前提下，对本土习惯与文化的尊重，反映了立法者将二者进行融合的良苦用心。只是这种设计上的周全，并不能掩盖实际存在的中央法律制度与地方传统社会之间的紧张关系。我们常说，鞋子合不合适，只有脚知道，而评判一部法典的优劣，也要以其与民情风俗、与司法实践是否契合为标准，只将文本作为研究对象的做法，充其量不过是学者对文字的赏析而已。

那么，这部“采德国立法例者十之六七，瑞士立法例者十之三四，而法、日、苏之成规，亦尝携取一二”②“从第一条到一千二百二十五条仔细研究一遍，再和德意志民法和瑞士民法和债法逐条对照一下，倒是百分之九十五是有来历的，不是照帐誊录，便是改头换面”③ 的西化法典，因保留了部分传统民事习惯而呈现出中西法文化交融的民法规范，在地方基层社会中是如何进行实践的？这就需要从司法诉讼档案中寻找答案了。刘昕杰教授的《后民法典时代的司法实践》一书，选取“四川省成都市西北方约20公里的新繁县民国司法档案作为主要的论证材料”，④“辅之以四川其他基层县域档案史料”为研究对象，⑤ 描述和分析了在抗战大后方的四川，民国民法典全面实施后，基层民众、司法官在传统社会文化与外来民法体系中寻求纠纷解决方案的情形，为我们评判这部民法典提供了一个客观的、实践的视角。

---

① ［德］萨维尼：《论立法与法学的当代使命》，许章润译，中国法制出版社，2001，“序言”。

② 梅仲协：《民法要义》，中国政法大学出版社，2004，“序”，第1页。

③ 吴经熊：《新民法与民族主义》，载吴经熊：《法律哲学研究》，上海法学编译社，1933，第27—28页。

④ 刘昕杰：《后民法典时代的司法实践——民国四川基层诉讼中的法律与习惯（1935—1949）》，社会科学文献出版社，2022，第15页。

⑤ 刘昕杰：《后民法典时代的司法实践——民国四川基层诉讼中的法律与习惯（1935—1949）》，社会科学文献出版社，2022，第17页。

从总体上看，民国民法典是一部以大陆法系民法原则为统摄的现代法典，在内容上尽管保留了一些传统的民商事习惯，使其“搭”上了法典之“便车”，但法典对传统的重构或替代也是显而易见的。而那些入了法典的习惯，无论是被独立保留的“典”，还是经过重述的“佃”“债”及“婚姻”等，都在司法实践中有了变通的应用；至于那些被舍弃掉的民事习惯，诸如“宗祧继承”等，却因其具有强固的民情基础，得到了基层司法官的“有条件认可”或“技术性认可”，① 在法典之外得以实质性地存活。该书作者对于想要进入现代民法这一“终点站”的传统民事习惯或制度的“乘客们”的不同境遇，给予了形象的描述：“并非所有乘客都可以顺利地坐上民法典这班列车：有的不符合乘车规定被禁止乘车，只能自行取道民间小路前往，有的乘客在路途上就迷失了，有的乘客走到最后的站台搭上了列车；上车的乘客，则需要取一个合适的西文名，在物权、债权等分割清晰的不同民法车厢里找到属于自己的合适位置，如果没有合适的座位或者座椅本身不牢，在列车行进的过程中也会颠簸不适。还有的可能属于‘搭错车’的情形，如原先搭乘刑法列车的‘坟产’，其中的一部分权能在法律近代化过程中进入物权，改乘了民法列车。”②

通过对司法档案中相关案例的介绍，作者分析了这些“搭上”民法典列车的传统民事习惯运作于司法实践中的具体情形，为读者展示了传统本身的丰富、复杂、细腻与微妙的纹理和脉络，呈现了中西方法文化融通中的无奈与艰辛。

模糊的典：现代法典的传统制度。典权是最典型的传统中国独有的民事制度，其核心权利是可以回赎，即民间常说的“一典千年活”。典卖制度的产生并非是为了促进商品的流通和经济的发展，而是为了解决当事人一时的贫穷困境，“出卖祖产以应急需，虽非不孝之尤，亦属败家之征，自为农业社会人情所不愿”，③ 它所体现的是“我国道德上的济弱观点”。因为外国法中并没有直接与之相对应的权利制度，所以当立法机构强行将其纳入“强调商品经济逻辑的现代物权法律制度”之中后，却由于法典并未将典权的内涵界定清晰，反而给普通百姓的生活和基层司法机构的纠纷解决带来了许多新问题，立法不仅没有能规范人们的生活，反而“搅乱了人们的生活”。

从《后民法典时代的司法实践》中可以看到，其时民间有关典权的纠纷，大多与回赎有关，而是否支持出典人的回赎权则成为法官极为头疼的问题，这是因为传统典权与现代

---

① 刘昕杰：《后民法典时代的司法实践——民国四川基层诉讼中的法律与习惯（1935—1949）》，社会科学文献出版社，2022，第 32—33 页。

② 刘昕杰：《后民法典时代的司法实践——民国四川基层诉讼中的法律与习惯（1935—1949）》，社会科学文献出版社，2022，第 35—36 页。

③ 潘维和：《中国民事法史》，台北汉林出版社，1982，第 400 页。

民法具有不同的伦理价值取向。中国传统社会土地所有者，通常是在“囊中钱空，无以治事”的情况下，“转而谋诸所有之物，以其所有匡其所无”，① 变卖祖产特别是不动产，乃是败家之举，决不能轻易从事。典的特点和优点就在于出典人可以回赎典物，典权“入典”也在法律上肯定了三十年的回赎期限。然而，民国民法典更多的是遵从商品经济逻辑，它以促进财富流转为目的，并着意于破除祖业不可轻易变卖的传统道德观念，所以民国民法典虽然保留了典权，但已将对出典人保障的倾向，转向了对典权人的保护。当纠纷发生时，司法官在裁判中经常要做的，是协调法律文本与老百姓生活中各说各话的典，在传统伦理与商业逻辑之间寻求一种平衡。对于民国时期的基层司法官来说，民事习惯入典带来的困扰实在有甚于没有法典的时代。

游离的佃：传统制度的民法重述。租佃作为传统中国一项重要的土地制度，其核心关系是佃户通过支付对价而从土地所有人处取得土地的使用权。现实生活中的租佃关系极为复杂，在同一块土地上，田面田底分离的“一田两主”情况较为普遍，官府解决相关纠纷的依据，主要是民间习惯。与典权的“纯”中国特色不同，传统社会的“佃”，在西方民法体系中有“永佃权”这样一个对应物。在民国民法典颁行时，法律将原来仅视为一种物权存在的佃，明确分割为两部分：一类是作为物权的佃，即用益物权中的永佃权，佃户作为永佃权人享有和行使物权权能；一类是作为债权的租赁权，即合同法中的租赁契约，佃户只能依据与所有权人签订的租赁契约享有有限的合同权利。②

然而，传统社会的佃毕竟不同于西方的永佃权，也即“此佃非彼佃”，所以立法者虽然将这两种不同制度的“嫁接”在一起，却也因其“貌合神离”而给基层司法工作造成了混乱。譬如，官方确立“佃权与租赁权之区别，以契约内容为断”作为司法标准，且必须是“永久”租佃性质的契约才享有永佃权，但是在民间，双方当事人却只是依照传统习惯笼统地签订一张“租佃契约”，不可能明定其设置的到底是物权还是债权。民国民法典制定后，司法实践中对永佃权的认定很是严苛，对那些未定期限而原本为永佃权的，当作租赁合同对待，将那些传统社会作为物权的永佃关系，转变为债权中的租赁关系，致使民间冲突蜂起，纠纷不断。这种硬性的嫁接，使佃这一颇具中国特色的土地关系，表现出从立法到司法上的“水土不服”，并“通过游离于物权与债权、法律与习惯之间，实践与民国的基层司

① 史尚宽：《物权法论》，台北荣泰印书馆，1957，第391页。

② 刘昕杰：《后民法典时代的司法实践——民国四川基层诉讼中的法律与习惯（1935—1949）》，社会科学文献出版社，2022，第72页。

法之中”。①

约而不婚：婚约解除的女性权利。人身法虽然号称要追求“最适于中国民情之法则”，但却最终成为民事习惯中改造最为剧烈的一个领域。传统的婚约，是一种典型的家族式身份行为，订婚须由男女双方的父母主持决定，婚约对男女本人具有极强的约束力。婚约构成婚姻关系的一部分，订定之后就必须履行，悔婚约即等于毁婚姻。但出现在民国民法典中的婚约，虽也被单列为一节，但在性质及效力上已发生了根本性的改变，它仅“指男女双方预先的约定，是以缔结未来婚姻为目的之意思表示”，是一种结婚的“预约”，不再具有强制履行的效力。②

正是这样一个貌似无足轻重的规定，却在社会上掀起了一定的波澜，它使婚约中的男女尤其是女性得到了“解放”，逐步争取到了婚姻的自主权。这是因为，在有关婚约的案件中，绝大多数是女方在成年后反对年幼时父母包办婚约而造成的，而民国民法典上“婚约，应由男女当事人自行订定”的规定，为女性提供了斗争的“武器”，她们直接诉诸法律，请求按照法律规定解除婚约。比较有意思的是，虽然依民国民法典的规定，只有缔结婚约的男女双方才可以作为婚约之诉中的原被告，但在诉讼过程中，往往会在法定的诉讼主体之外，将男女双方的近亲属，有时甚至是媒人，都牵扯进诉讼中，因为那份要解除的婚约，是按照传统习惯中的“父母之命、媒妁之言”而订定的。按照民国新民法而兴起的婚约解除之诉的参与人，其观念却依然是传统的，且这一观念在基层司法官与百姓心中可谓根深蒂固。

事实上，司法官们依然认可民间习惯中庚帖等这些与婚约有关的形式要件的效力。只不过由于女方当事人作为新型权利的受益人，积极争取，主动配合，使婚约不得请求强迫履行的新规范，在司法实践中得到了较好的贯彻，诉状中女性“现今实行男女平权，彼此情甘意愿始能结婚”③ 的表达，判决书中法官“处此婚姻自主时代不可囿于旧习，强为成婚，徒自苦恼”④ 的判词，都说明了民众与司法官在新式婚姻问题上所达成的共识。而各方对将聘礼退还作为解除婚约的实质标志，则又反证了传统婚约曾经具有的强制履行效力。

婚约作为以西方民法中的定义来重新诠释和规范的传统中国的制度，在法典的重述中之所以能如此平和顺利，原因就在于中西法律概念的共通、权利人的支持及司法官对习惯

① 刘昕杰：《后民法典时代的司法实践——民国四川基层诉讼中的法律与习惯（1935—1949）》，社会科学文献出版社，2022，第 85 页。

② 刘昕杰：《后民法典时代的司法实践——民国四川基层诉讼中的法律与习惯（1935—1949）》，社会科学文献出版社，2022，第 90 页。

③ 《彭范氏、彭树仙诉范子光案》，档案号：4—791，民国新繁县档案。

④ 《邓廷群诉舒成良案》，档案号：6—14—16，民国新繁县档案。

的妥善处理,[①] 这种得天独厚的条件，是其他“入典”的传统民事习惯所不具备的。

离婚自由：制度设计与实践困境。如果说取消婚约的强制性，是使女性避免了将要到来的婚姻可能带来的未知的侵害的话，那么民国民法典对离婚自由的规定，则赋予妇女走出不幸婚姻以追求幸福生活的权利。因为虽然男女皆享有离婚自由，但相对于传统社会专属男子休妻的“七出”特权来说，这项规定则更像是为女性专设的一项权利。从《后民法典时代的司法实践》中披露的四川省新繁县的司法档案看，离婚案件的发起者主要是妻子，其普遍的理由是“不堪同居之虐待”“恶意遗弃”[②] 等法定原因。当然，与传统基层知县审断案件一样，司法官大多会出于对本地民情的考量，充分运用父母官的身份以劝谕当事人，提醒妻子不要出于一时气愤。在维护这项新式权利的庭审中，运用的依然是传统的审断办法，现代法理所要求的程序正义则难得一见。

民国民法典施行后，离婚的决策权逐步趋向于从官府、家长、男性向作为婚姻当事人、居于弱势一方的妇女转移，进而使传统婚姻关系所关注的重点，也从家族利益转向了个人幸福。然而，完美的制度设计，也带来了实践中的困境，那就是过分强调了离婚的权利，却缺乏对离婚后妇女生活的保障，这也成为影响地方秩序的大问题，这一点则是制度设计者始料未及的。

继而不承：从身份到财产的转型。在继承方面，民国民法典回应男女平权及意思自治的要求，明确规定了妇女对财产的继承权，遗嘱自由原则也得到贯彻，与此同时，对传统的宗祧继承制度则予以废除。

然而，尽管民国民法典决绝地将宗祧继承剔除了出去，但民众的日常却不可能轻易地和传统告别。分家承嗣的习惯依然在民间延续，民国民法典上的死后继承并不易为世人所接受，父辈在生前进行分家析产的做法仍很流行。分家承嗣盛行的社会现实与财产继承的法律之间的冲突，使基层司法人员在案件裁决中面临着两难的抉择。从诉讼档案来看，分家承嗣这一强大的习惯在司法活动中得到了普遍的承认与尊重，表现为司法官在判决结案的情形中，依诸子均分的民间习惯做出判决；在和解结案的情形中，则更是直接按照宗祧继承的习惯来定分止争，赋予宗祧继承人直接的财产继承权。当然，如果案件上诉到高院，司法官则态度较为谨慎，他们更倾向于运用现代法理对传统习惯进行必要的解释与矫正，以现代民法的“赠与”来“包装”此前的分家析产行为，并赋予其以法律效力。通过司法

① 刘昕杰：《后民法典时代的司法实践——民国四川基层诉讼中的法律与习惯（1935—1949）》，社会科学文献出版社，2022，第106页。

② 刘昕杰：《后民法典时代的司法实践——民国四川基层诉讼中的法律与习惯（1935—1949）》，社会科学文献出版社，2022，第112页。

官的个人认知和当事人的内心认同，分家承嗣就这样堂而皇之地进入了司法实践中，影响着诉讼的进程。①

兹事体大：由刑转民的坟产纠纷。坟产是一项本土化气息尤为浓厚的特殊事物，它在传统社会中蕴含着宗法、风水与财产等因素，兼有物质性和精神性权益，寄托着民众的精神性诉求。古代国家法与民间规范均对坟产多给予刑事保护，以维护伦理秩序。然而，随着西方法律引入中国，对坟产精神性权益的保护就从近代化后的中国法典中消失了。民国民法典将坟产权益归入债权与物权编，以共有的形式予以规制，彻底删除了传统律例对坟产等的特殊规定，逐渐实现了坟产“去精神化”的转变。

不过，由于坟茔风水的认知深入人心，以至于民众会将后世的生老病死与其联系，故在民国时期的坟产案件中，精神性诉求仍为该类案件的主要部分。从司法档案来看，法律去精神化的立法保护，与基层社会仍存有精神诉求之间的疏离，使司法官的裁决难以实现定分止争的目的。在有关坟产的刑事案件中，原告的重刑化期待难以满足，法官多以轻刑判决或其他方式结讼；在民事案件中，则是司法官的高调解期待与当事人的低调解意愿形成强烈反差。② 毕竟，法律对坟产保护的弱化并不能在一夕之间带动社会观念的转变。

毋庸讳言，从清末开始的“西化”，引发了社会的巨变，投射在法律的层面，就是以通过移植的方式“模范列强”，期冀“务期中外通行”而跻身世界之林。所以立法上的西化是不言而喻的。只是在“与国际接轨”的途程上，却又不能不顾及延续数千年的社情民意，因此对传统的继承也成为其时立法上的一个重要特征。然而，真正面对基层百姓生活、参与地方社会关系，将蕴含着改造社会理想的立法适用于日常生活的则是地方司法官。而体现了不同理念的法律是否或者能否得到严格适用，却值得怀疑。且不说那些纯属外来的制度，单单是那些被保留或重述的传统习惯，在运用于司法实践中时就呈现出诸多面向。从《后民法典时代的司法实践》来看，司法官们并不是机械地适用法律，而是在尚维持着传统关系的地方社会环境中，艰难地从事着定分止争的工作，诉讼档案中司法官对诸如典、佃等概念误用的默认、对旧有习惯的尊重、对不符合法律但得到地方社会认同的行为的放任，无不体现出一种“实用型”司法的特征，也是中国法律人在长期的解纷实践中凝练而成的一种智慧。

从该书所引用的案件及其裁判中，我们不能无视其时立法与司法之间“说一套”与

---

① 刘昕杰：《后民法典时代的司法实践——民国四川基层诉讼中的法律与习惯（1935－1949）》，社会科学文献出版社，2022，第 147 页。

② 刘昕杰：《后民法典时代的司法实践——民国四川基层诉讼中的法律与习惯（1935－1949）》，社会科学文献出版社，2022，第 166 页。

“做一套”的现实，也不得不正视传统习惯的强韧。同时，我们也应该注意到，本书所研究的，毕竟只是从1935年到1949年短短十几年时间里的档案材料，还难以看到民法典在施行后给民众生活带来的深刻变化，我们还应放宽观察的视界，关注那些貌似坚不可摧的传统，在经历岁月的淘洗之后，能剩下几多。曾经异常活跃的典与佃早已彻底地走进了历史；婚约更是变得可有可无，在婚姻关系中仅具形式的意义；由女方提出离婚之事已经司空见惯；遗产继承中也更注重财产的分割而鲜少顾及宗祧的因素。可以看出，制度在移风易俗方面，确乎有着“风乍起，吹皱一池春水”的意义，尽管在短期内难见端倪，但当我们在历史的纵深中进行观察时，其变化则是显而易见的，那种润物细无声的功力，柔韧而绵长。

古人和现代人相遇时，会不会问一句：你是谁？

在地方档案中发现历史

——评吴佩林等著《清代地方档案中的政治、法律与社会》

万海荞*

随着“眼光向下”的史学研究新取向，包括地方档案在内的地方文献因提供了大量传世文献未载的地方历史信息而获得学者的青睐。一批地方文献得到整理出版，如《徽州文书》《清水江文书》《西樵历史文化文献丛书》等，学界在地域社会研究方面也取得了一些重要成果。与此同时，一些学者也质疑“研究地方文献、地方档案有什么用”。吴佩林教授长期致力于清代地方档案整理与研究，他联合日本学者小野达哉、泷野正二郎及美国学者Tristan G. Brown（张仲思）等新著《清代地方档案中的政治、法律与社会》① 一书，对地方政府与基层社会治理，官、吏、绅、民等群体的互动方式及下层民众生活状况等重要问题均有深入探讨。

该书利用地方档案从政治、法律与社会三个视角来构建一个地域社会实态，共分12章，分别涉及地方档案特性、地方官任职、书吏与州县行政、局所体制、官媒、生员诉讼、风水诉讼、场市设置、官民祈雨、割骨疗亲以及官制婚书等论题。这些论题立足于坚实的地方档案，与利用传世文献的相关研究进行对比分析，并在州县群体与地方行政、官绅民关系、下层民众日常生活等一系列问题上展开富有深度的精细研究，新见迭出，是研究地方档案的一部力作。

---

* 万海荞，南京大学博士后，曲阜师范大学历史文化学院讲师。

① 吴佩林等：《清代地方档案中的政治、法律与社会》，中华书局，2021。

一、何为档案及档案价值

关于档案的内涵和外延，学界并没有清晰的认识，因而已出版的《徽州文书》《清水江文书》《鄱阳湖区文书》等文书中一部分来源于地方档案馆藏，对文书与档案的区别也没有合理的解释。《中华人民共和国档案法》的权威解释为"指过去和现在的国家机构、社会组织以及个人从事政治、军事、经济、科学、技术、文化、宗教等活动直接形成的对国家和社会有保存价值的各种文字、图表、声像等不同形式的历史记录"。这种定义无助于理清"何为档案"这个问题，赵世瑜教授认为区分档案的一个重要标志是看其是否是官府制造的原始底册。① 吴佩林教授从"档案"一词的词源进行分析，他认为判断档案的基本要素有二：一是官文书，包括诏令文书、上奏文书、官府往来文书，老百姓向衙门呈递的状、禀及作为官文书附件的婚书、田契也算；二是文书工作者需定期立卷归档，没有立卷归档不能称为档案。

清代地方档案的保存是研究的基础，吴佩林教授梳理各地方档案样态，他认为《孔府档案》保存起止时间最长，在州县衙门档案中历时最长的是甘肃《循化厅档案》，而不是之前学界认为的《南部档案》。在地方档案的价值和运用方面，他认为地方档案提供较为系统、可信的新史料，可从档案保存流转与整理、档案文书学及专题研究等三种路径进行研究。档案如何保存、流转及何人用什么方法整理都是一个时代的反映，对这些问题的讨论可以管窥不同时代的观念流变。地方档案记录一地衙门体制与各房职掌、刑民诉讼、礼俗教化、经济管理等多方面情况，与重要典籍相参照，不仅能回应制度史的重大问题，还能构建区域社会的发展演变历程。档案文书学是档案研究的另一主题，传统典章政书重文字描述，而地方档案是地方行政的重要文件，里面保留有文书制造、行移的"物质形态"，对档案文书的研究也是认识政务运作实态的一个重要方向。②

关于多种材料记载价值的对比，该书第一章即以南部县知县任期为个案进行分析。地方志关于知县任期的记载过于简略，有的没有确切时间，有的只有年份，有的只有月份。该书经过多种史料对比，详细考证南部县知县任期，晚清大部分知县的任期能精确到日。一般认为州县官任期为3年，该书认为这种说法针对的只是实授知县。通常而言，知县类型可分为实授、署任和代理三种，南部县实授知县有52任，署理80任，代理13任，署理

---

① 赵世瑜：《何为档案与档案何为》，华东师范大学第三届地方文史研修班"何为档案与档案何为"讲座纪要。

② 吴佩林等：《清代地方档案中的政治、法律与社会》，中华书局，2021，第13页。

知县的数量比实授知县还多。至于任期，实授知县的平均任期为 2.4 年，署任知县的平均任期为 0.9 年，代理知县的平均任期为 1.5 个月。《缙绅录》是清代规模最大、连续性最长的官名录，通过《南部档案》与《缙绅录》记载的比对，该书认为《缙绅录》的部分记载不准确，知县到任时间、离任时间及知县类型不全面，①《缙绅录》在载述官员任职问题上更注重吏部的指令下达时间，未能考虑到官员的实际任职还受到吏部具体程序、路程、官员自身实际情况及官员任职制度紊乱的限制，其记载与知县任职颇有差距。

二、县衙群体与州县行政

书吏、衙役、幕友及长随为州县官施政的重要辅助人员，书吏负责文书的起草、抄写、保存及记录土地信息、管理土地买卖，等等。李荣忠、李雯、周保明等学者对书吏制度及其舞弊进行了精彩分析，然而正如白德瑞所言，“要超越那些将书吏和差役们简单的视为反面人物的描述，从而更好地理解他们在县衙当中所扮演的角色，并思考他们的活动是如何可能影响清代的国家与地方社区之关系”，② 因此，该书第二章以文书控制视角展现书吏的活动。

“刑名”“钱谷”为州县行政两大重要事务。在“刑名”方面，该书分上呈与审理两个阶段描述书吏对衙门的控制，在上呈环节，状纸由书吏收取，由书吏检查状纸是否合格，并由承发吏根据案件性质将状纸分发至相应各房。案件审理前，由书吏负责清点涉案人证、文书及安排审理时间。案件审理过程中，书吏负责整理证据、口供及案卷。在赋税征收方面，赋税册籍由书吏负责编制与保管，除减少征收成本外，书吏的控制是导致赋税由书吏包征包解的重要原因。与其他的研究论述书吏舞弊的行为相比，该书将这些“负面”记录“正读”，理清了其通过文书控制县衙的过程，并肯定了书吏在衙门运作中的重要作用。正如赵世瑜所言，这种控制“本身就不见得是一种弊害”，③ 是清代州县制度设计与实际运行共同作用的结果。

书吏工食银是涉及清代治理模式与清代财政体制的重要问题，也是理解县衙运作的一把钥匙。岩井茂树讨论清代财政的“原额主义”，他指出正额财政之外又广泛存在着各种附加性或追加性征收项目。④ 岁有生提出“二元财政”的概念，由于官吏俸薪的低位、地方

① 吴佩林等：《清代地方档案中的政治、法律与社会》，中华书局，2021，第 32 页。
② ［美］白德瑞：《爪牙：清代县衙的书吏与差役》，尤陈俊、赖骏楠译，广西师范大学出版社，2021，第 7 页。
③ 赵世瑜：《吏与中国传统社会》，浙江人民出版社，1994，第 213 页。
④ ［日］岩井茂树：《中国近代财政史研究》，社会科学文献出版社，2011，第 1 页。

公费的缺乏，清代出现一种由州县官主导、不为中央所左右的隐性独立财政。[①] 在此背景下，该书第三章探讨书吏薪金问题。梳理全国范围内地方志的记载后，该书认为清初州县书吏的工食银经过顺治、康熙两朝最终被全裁，但各州县在实际执行过程中，并非按照制度规定而一以贯之，部分州县因实际状况的不同而有所变通。裁书吏薪金与清初财政经费不足、“原额主义”的财政理念及书吏的地位低下有关。1681 年以后，衙役的薪金有所恢复，而书吏的薪金依旧被裁革，该书分析出现这一状况的原因有二：第一是与衙役相比，书吏除工食银外，还有交代册费等收入，而衙役的收入只有工食银，裁撤衙役工食银迫使其向百姓需索；第二是书吏有一定的晋升空间，衙役本人及三代子孙无出仕做官的机会，裁汰他们的工食银后无法有效监控其苛索百姓。而书吏五年期满可保结参加考职，而这一“保结”在裁汰工食银的情况下能约束书吏的行为。[②]

瞿同祖、缪全吉、魏光奇及周保明等学者对清代胥吏组织有精彩的研究，然而囿于史料，学界对具体的“房”及胥吏个体鲜有论及。该书第四章，日本大阪经济法科大学亚洲研究所小野达哉以巴县胥吏谭敏政的活动轨迹为个案，解读县衙胥吏阶层的行为模式。黄仁宇指出传统中国是以无形的、软约束的、不凭借技术手段的、不能量化的道德来整合国家与社会，[③] 魏光奇则认为清代州县具有前现代的“模糊治理”特征。[④] 白德瑞《爪牙：清代县衙的书吏与差役》一书指出胥吏人选及工作分配存在“不成文规则”，[⑤] 而该书中小野达哉通过谭敏政的借贷活动指出典吏有业务承包制及负有填补亏空公款责任的“潜规则”，而“潜规则”的不稳定性不能消除业务承包的风险，反而成为纠纷发生的根源。谭敏政辞去典吏后，通过政治实力与经济实力成为乡绅，表明变为乡绅是众多胥吏的一种出路。

近代中国社会治理结构发生了显著变化，局所取代“六房”成为现代性制度变迁的主要内容。魏光奇指出直隶“四局”是独立于行政体系之外的地方公益机关，[⑥] 该书第五章以南部档案为基础史料，认为晚清南部县局所与直隶不同，是官绅合作的一种模式。该书认为局所的兴起在于补州县政府体制之不足，有官办、官督绅办、绅办三种模式。尽管局所不属于州县行政体制，但在经费使用、人员设置及职能等方面与州县政府存在千丝万缕的联系。局所体制冲击了州县“六房”体制，清政府一方面将部分局所融入房科体制，实行分科治事，促进了政府体制的近代转型；另一方面设州县佐治员统领局所，改变了“一

① 岁有生：《清代州县经费研究》，大象出版社，2013，第 219 页。
② 吴佩林等：《清代地方档案中的政治、法律与社会》，中华书局，2021，第 63 页。
③ 黄仁宇：《万历十五年》，中华书局，1982，第 262、265、266、269 页。
④ 魏光奇：《有法与无法：清代的州县制度及其运作》，商务印书馆，2010，第 416 页。
⑤ [美] 白德瑞：《爪牙：清代县衙的书吏与差役》，尤陈俊、赖骏楠译，广西师范大学出版社，2021，第 206 页。
⑥ 魏光奇：《地方自治与直隶“四局”》，《历史研究》1998 年第 2 期。

人政府”的局面。在此过程中，地方士绅权力也逐步制度化，局绅也呈职业化趋势。

三、诉讼与地方秩序

官媒为清代州县的常设衙役，学界对官媒的研究涉及其演变、功能、流弊及革除，吴著利用《南部档案》《巴县档案》及其他文献对官媒的设置、职能及废除进行重新探讨。他认为官媒并非仅有女性，不少男性也任官媒，官媒的承充与辞退都有相应的程序和要求。官媒的司法职能包括管押涉讼妇女、承办涉讼妇女的婚姻择配、检验涉讼妇女的身体、伴送押解女犯及充当人口买卖中介等，如同“六房”被房科体制代替、差役被警察代替一样，清末官媒的废除并非完全是自身运作过程中的弊端，而是清末大变局下中外碰撞与内部改革的一个结果。

生员群体是明清社会一种重要的社会结构，学界认为他们享受种种身份特权，既有法定的礼仪、司法、经济上的特权，又有利用自己的身份而攫取的非法却又习以为常的特权。① 吴著爬梳《南部档案》中的生员诉讼档案，从中窥见生员在州县诉讼中的角色及其在社会秩序中的作用。在诉讼程序上，生员不同于百姓，本书梳理生员诉讼程序包括加盖儒学戳记、衙门门簿登记等，他们在收状、问讯及审断方面享有一些优待。与此同时，法律又严格限制生员凭借特权包揽词讼，包括限定生员告呈资格范围、五生互结、州县官约束稽查、教官举报教诲等方式。作者统计《南部档案》中生员“干己事”案件共有 716 件，大多是与生活息息相关的钱债及田土案件。从州县官的审断来看，处理方式包括不准、调解、候讯、结案及移交五种情况，与百姓相比有一定的优待。制度表达与实践存在背离，尽管法律对生员涉讼有严格限制，但士绅是四民之首，绅士阶层集教化、治安、司法、田赋、税收、礼仪诸功能于一身，② 他们在地方社会中有一定威望，或主动或被动的参与基层邻里“不干己”的案件中。道咸之际，原有的官役制逐渐弱化，形成了以“绅董自主、官为督察”的地方社会治理模式，③ 士绅涉案也日渐增多。在处理此类案件时，州县官会依据案件事实及生员涉案动机做出合理的裁断。

在该书第八章，美国麻省理工学院助理教授张仲思通过南部县的风水诉讼考察风水知识在法律层面的问题。他将风水案件分为阳宅风水案件、阴宅风水案件和工商风水案件三种类型。“风水”是对土地进行吉凶甄别的一套体系，风水知识的传播影响住宅建造，针对

---

① 陈宝良：《明代儒学生员与地方社会》，中国社会科学出版社，2005，第 2 页。

② 王先明：《近代绅士：一个封建阶层的历史命运》，天津人民出版社，1997，第 61 页。

③ 王先明：《绅董与晚清基层社会治理机制的历史变动》，《中国社会科学》2019 年第 6 期。

发生的风水纠纷，知县往往要求工书绘制风水舆图进行论证，而风水知识也是知县审断的重要依据。在涉及坟墓的案件中，坟墓不能判别真假，契约也不能辨明真伪，官方的土地登记簿也缺少相关信息，知县会根据土地的情境化解读来解决纠纷。在工商风水案件中，作者主要展示当地人对资源开发、景观变迁背后的思想观。通过这些案例考察，张仲思认为在明清产权制度运行中，风水覆盖契约性领域的所有方面，要充分理解契约内容还需要理解背后的文化知识和地方风俗。①

四、习俗与地域社会

场市研究是学术界的重要议题之一，部分学者侧重政府设机构管理，其主要史料为府志、县志，这些史料能明确场市的地点、时间及管理，但对具体运作实态记载不多，日本山口大学人文学部泷野正二郎副教授利用南部档案论述行政权力如何利用场市渗入乡村社会。南部县任命场头、客总管理场市，一些人认为明清场市设立的申请主体是士绅，泷野正二郎认为这一论断不符合南部县实情，南部县士绅缺乏，其主体是乡约、保正、甲长及单纯的地主，和场市的管理者场头、客长与保甲长相同。与以前认为县衙户房管理场市相比，泷野正二郎认为清代南部县由礼房主管场市，县衙更看重场市风纪、治安问题及稳定地承担差务，而非经济问题。场市选址要考虑交通便利及与相邻场市的距离，集期一般为十日三次，且与邻近场市错开。场市的收入包括房店土地租金及物品买卖时征收的行用，由于清代没有足够的地方事务经费，场市行用的征收用于支付地方经费，即“以公济公”。通过县衙权力介入场市，泷野正二郎认为场市在经济与社会层面加强了县衙和民众的联系，是乡村社会经济和行政命令的融合点。

《南部档案》祈雨文献蕴含丰富的地域社会史资料，在该书第十章，吴佩林教授对这些文献进行了解读。与其他祈雨文献相比，这批文献包括人与人的交流、人与神的交流两类，同一类型文献虽然记载时间不同，但其发出接收及所办内容一致，因而相似性高、程式化明显。祈雨歌谣祈求的对象有传说人物及佛道人物，对象多样，而《南部档案》祈雨文献紧扣县衙，反映知县与民众、神灵的交流沟通。南部县农作物以水稻为主，因而县衙祈雨时间集中在三四月或七八月。知县在祈雨中上传神意，下达民情，并且亲自参与活动。鸦片战争以来，西方科学知识逐步传入，一些知识分子对祈雨的意义产生怀疑，而吴教授从知县的视角审视祈雨的意义，他认为知县对祈雨的许可或禁止取决于其能否有效控制地方

---

① 吴佩林等：《清代地方档案中的政治、法律与社会》，中华书局，2021，第185页。

社会，尽管对祈雨这种求雨效果有怀疑，但其仪式的政治功能有助于统治。

割股疗亲指割取自己身上的肉来医疗亲属疾病，对于其功效及意义说法不一，吴佩林利用传统典章政书及《南部档案》探析其反映的象征意义及观念信仰。隋唐以前，割股与疗亲关联甚少。至隋唐时期，割股有疗亲、祭祀之用。宋以降，割股事例在文献记载中逐渐增多。割取范围也有所扩展，除了割取臂肉之外，还有割乳、割肝、抉目、剖心、断指以疗亲，吴教授认为佛教的影响、他人的效仿及官方主流意识是割股疗亲的重要推手。关于割股疗亲的功效不好分析，而且文献对“股肉”的多少记载互歧，吴教授认为其反映“股”只是一种话语建构，是一种孝行象征，股肉是一种药引，对于其大小、轻重、部位没有特别要求。割股疗亲也展示了儒家伦理的自我矛盾，这种方式行孝备受争议。通过研究官方大量旌表的史实，吴教授认为儒家行孝观念重于身体观。

清末新政是中国由传统向现代转型的一次重要改革，审视其改革成效有重要意义。在该书最后一章，吴佩林以清末四川官制婚书的推行检视清末新政的经验教训。他首先分析官制婚书推行的原因及推行效果，悔婚、赖婚现象的发生是官方推行官制婚书的直接原因，深层原因是清末新政和赔款需要大量经费，需要售卖婚书筹款。然后婚书的推行遇到阻力，销售困难。他认为婚书的推行方法过于简单，传统婚俗根深蒂固，加之法律新规形同虚设，导致官制婚书以失败而告终，展现了国家行政与民间习俗之间复杂的关系。

“一时代之学术必有新材料与新问题”，清代地方档案因其记载的连续性、系统性、地方性而能补典章政书记载之不足。阅读这些档案可以产生问题意识，同时，学者也往往带着自己关注的问题来查找档案资料，在阅读资料的过程中不断完善自己的问题意识，通过资料去论证问题、解决问题。本书的研究紧紧围绕地方档案的特性，探析国家与地方社会的互动。在史料价值方面，传统典章政书及方志对某些方面记载不足，而地方档案可以弥补这些缺陷。第一章探讨清代知县任期这个题目，典章政书有任期制度记载，地方志记载知县任期年月，而《南部档案》里面晚清知县的任期能精确到某天，该书梳理知县的任期，结合典章政书等资料分析“任期”这个老问题，发现《缙绅录》在记载任职上的问题。近些年胥吏研究取得了重要成果，例如白德瑞依据巴县档案对胥吏不成文规则进行了精彩论述，① 但对胥吏个案的研究并不多，比较有名的为利用《历年记》研究姚廷遴。② 该书第四章小野达哉梳理巴县档案中胥吏谭敏政的资料，解读谭敏政的行为及其背后县衙的运作。第八章关于政府与场市的管理，利用地方志能明确场市的地点、集期及机构，但无法描述

① ［美］白德瑞：《爪牙：清代县衙的书吏与差役》，尤陈俊、赖骏楠译，广西师范大学出版社，2021 年。
② ［日］岸本美绪：『明清交替と江南社会——17 世紀中国の秩序問題』，东京大学出版会，1999，第 252 页。

具体的运作，泷野正二郎通过南部县场市设立的具体案例讲述场市运行及其与公权力的互动。第十章关于祈雨文献，本书重点研究《南部档案》祈雨文献的特点，包括文书种类、文书内容结构及其反映的知县与民众、神灵之间的交流。与此同时，本书试图从地方档案出发来回应经典命题。道咸之际，传统的官役制日趋弱化，逐步形成以绅董为核心的地方管理模式，该书第五章以南部县局所为个案，探析局所取代"六房"的过程，从而反映社会治理变迁这一问题。士绅是明清社会的特权阶级，该书第七章选取生员诉讼这一课题，收集大量地方档案中的相关诉讼资料，分析生员诉讼的特点及其在乡村社会的具体实践。

以往研究地方档案的著作多偏重法律史，该书以政治、法律和社会三个维度分析官、吏、绅、民群体的互动及地方社会的治理变迁，展示地域社会的历史细节，更富有立体感。

从研究视野来看，近些年史学界多有"碎片化"之感叹，不少人也将运用地域性文献进行的研究斥之为"碎片化"，该书的研究地域虽重在四川，但选题无不是以全国普遍性问题为参照，一些研究从地域史材料印证普遍性问题，一些是从普遍性问题寻找地域社会的特征，展示出利用地方档案解决问题的特色与优势，从这一点而言，该书的出版对后来者无疑具有重要的借鉴意义。

婚姻纠纷解决中的规则、机构、妇女

——读《妇女、家庭与法律实践：清代以来的法律社会史》

汪仁可*

一、引言

关于传统中国婚姻纠纷解决的法律史、社会史研究已有不少，比较有代表性的作品如瞿同祖的《中国法律与中国社会》、滋贺秀三的《中国家族法原理》、黄宗智的《清代的法律、社会与文化：民法的表达与实践》、白凯的《中国的妇女与财产：960－1949年》、苏成捷的《中华帝国晚期的性、法律与社会》，等等，但将视野从清代贯穿到当下的作品却不多见。《妇女、家庭与法律实践：清代以来的法律社会史》①（以下简称《妇女、家庭与法律实践》）一书"出人意料"地打破了传统研究的时空藩篱，通过清代、民国、改革开放前、改革开放后的丰富案例，运用法律社会史的方法，穿梭于理论与经验之间。

妇女作为婚姻纠纷中的行动者，在既定法律与社会规则笼罩下，在纠纷解决机构的运作中，如何对待自己的命运，一直是研究者们关注的话题。《妇女、家庭与法律实践》长视距的分段研究为类型化观察不同时期中国婚姻纠纷解决中妇女的行动策略，进一步挖掘中国婚姻纠纷解决的底层逻辑，尤其是妇女面临何种结构性难题，提供了新的思路。

---

* 汪仁可，四川大学法学院博士研究生。

① 赵刘洋：《妇女、家庭与法律实践：清代以来的法律社会史》，广西师范大学出版社，2021。

二、清代的妇女离婚

在清代，关于婚姻的法律主要延续了前代的法律，对于离异的规定主要分布于“户律·婚姻”和“刑律·犯奸”之中，其核心在于“礼义”。对于不合“礼义”的婚姻，国家可以强制夫妻离异。对于何为“礼义”，清代法律从正反两方面进行了规定。正的方面，比如条文规定，男女订婚之初，必须将是否存在残疾、老幼、庶出、过房、乞养等情形如实告知对方，不能有所隐瞒，并写立婚书，依礼聘嫁。再如条文规定，如果祖父母、父母都不在人世，主婚人可以由余亲担任。① 也就是说，婚姻必须遵守这样的规定，才能合乎“礼义”的要求。反的方面，就更多了。比如条文规定，如果要是出嫁的女子有残疾，但在男女见面时先让其姐妹冒充自己，待正式成婚时由该女子成婚，那么主婚人就会面临杖八十、追还财礼的惩罚。要是男方出现该情形，则罪加一等。即使因妄冒而成婚，也应离异。再如法律禁止府、州、县亲民官任内娶部民妇女为妻妾，即使成婚也会被官府离异，财礼入官。又如对于存在“义绝”情形的婚姻，男女双方是必须离异的，否则会受到惩罚。②

因违背“礼义”而诉诸官府要求离异的案件中，控告一方往往是男性，可能是妇女的丈夫，也可能是妇女的父亲，这说明无论是在夫家，还是在娘家，妇女本身作为婚姻关系当事人的自主性还难以实现。在婚姻纠纷中，官府首先考虑的还是法律规定以及“礼义”要求。违背“礼义”的情形有很多，如“因夫长期未归”“妇女与翁、姑矛盾”“夫妻失合”“妇女通奸”“丈夫逼奸”等。③ 但并不是在所有案件中，官府都一律判决离异。围绕个案的家庭、家族、社会因素的考量仍然制约着官府的裁判，但这样的考量中妇女个人因素的分量在《妇女、家庭与法律实践》一书所援引的案例中难以体现。

尽管清代法律将“礼义”作为婚姻制度的核心要义，看上去对妇女还有些许的保护，然而社会现实却要复杂得多。在清代，典卖妻子的情形并不罕见，但被典卖的妇女以律法和“礼义”作为保护自身武器的情况却十分少见。残酷的生存环境，让男人意识到，自己除了妻子，并没有什么值钱的物品可典卖了。而对于妇女而言，除了典卖自己，也没有什么其他更好的生存之道。在生存压力面前，律法和“礼义”并不是一般妇女的首要之选。妇女选择典雇与人，仍会选择由媒人见证，订立典契，约定身价银和典期，妇女暂时与夫

---

① 参见赵刘洋：《妇女、家庭与法律实践：清代以来的法律社会史》，广西师范大学出版社，2021，第76—77页。
② 参见赵刘洋：《妇女、家庭与法律实践：清代以来的法律社会史》，广西师范大学出版社，2021，第77—81页。
③ 参见赵刘洋：《妇女、家庭与法律实践：清代以来的法律社会史》，广西师范大学出版社，2021，第124—133页。

家结束关系，嫁到典主家，出典者获得一笔钱财用于养活自己或者子女。① 而卖休则是由媒人联系到买主，议定身价银，并由媒人作中人，交付银两且写立卖契或休书后，由买主娶回。② 官府受理的案件，很多直接起因往往并非婚姻违背“礼义”，多因前夫与后夫因典卖妇女的身价银发生争执引发命案，因命案而带出其中的典卖内情。在压抑的社会环境中，妇女能够做出的选择极为有限。若报官府，可想而知，夫家不能待，娘家也难回，独立生存机会渺茫，能够做的几乎只有寻死。

三、民国的妇女离婚

清末变法中制定的《大清民律草案》，“依照权利（或权）与义务来制定一切。它规定法律赋予一个人能做什么的权利，完全没有提及清代法典中采用的禁与罚”。③ 民国民法沿袭了《大清民律草案》，“民国肇始，平衡离婚法中的夫妻权利成为立法者力求中国法律近代化的重要举措”。④ 传统婚姻制度中建立在夫权、父权基础上的“礼义”逐渐向建立在平等人格基础上的“权利”过渡。民国民法对于离婚情形的规定包括：重婚；与人通奸；夫妻之一方，受他方不堪同居之虐待；夫妻之一方，以恶意遗弃他方在继续状态中；夫妻之一方，意图杀害他方；有不治之恶疾；有重大不治之精神病；生死不明已逾三年；被处三年以上之徒刑，或因犯不名誉之罪被处徒刑等。这改变了前代主要要求妇女遵守婚姻道德之规定，以法律的形式将男女视为平等主体，要求双方均须遵守婚姻道德，扩展了妇女在家庭纠纷中的选择权。⑤ “拥有了离婚权力的女性，对于行使该项权力一度有较高的热情。当时日益兴盛的女权运动和人们趋新的社会时尚无疑在影响当时女性的婚姻观上扮演了一个重要的角色。”⑥

民国法律规定了“一夫一妻”制度，但现实中男子“纳妾”的现象较为普遍。如果法院坚定地站在妇女一方，维护“一夫一妻”制度，或可重塑社会风向。然而，“妾”在司法实践中并不等同于“妻”，“纳妾”并不等同于“重婚”，对于妇女以男子“纳妾”为由提出

① 赵刘洋：《妇女、家庭与法律实践：清代以来的法律社会史》，广西师范大学出版社，2021，第 104 页。
② 赵刘洋：《妇女、家庭与法律实践：清代以来的法律社会史》，广西师范大学出版社，2021，第 109 页。
③ ［美］黄宗智：《法典、习俗与司法实践：清代与民国的比较》，上海书店出版社，2007，第 46 页。
④ 刘昕杰：《民法典如何实现：民国新繁县司法实践中的权利与习惯（1935—1949）》，中国政法大学出版社，2011，第 64—65 页。
⑤ 参见赵刘洋：《妇女、家庭与法律实践：清代以来的法律社会史》，广西师范大学出版社，2021，第 142 页。
⑥ 艾晶：《离婚的权力与离婚的难局：民国女性离婚状况的探究》，《新疆社会科学》2006 年第 6 期。

的离婚请求，往往被法院认为“缺乏法定理由”而驳回。① 相关研究也认为，“民国的律例在离婚案中亦有树立男性特权、限制女性离婚自由的倾向”。② 相反地，妇女若想走出家门，接受教育或参加社会活动，男子可以“同居义务”为由寻求司法施加限制。③ 妇女即使鼓起勇气起诉离婚，也常常遭遇举证困难。当时的妇女文化程度普遍不高，难以知晓法律规定，更谈不上什么证据保存意识，导致很多有利证据灭失。即便可以雇请律师、侦探协助，但费用也很可能让妇女难以承担。在自身无力诉讼又缺乏外部力量支持的情况下，法律规定的举证责任对于主张离婚的妇女而言就是一道道难以跨过的障碍，法院便“依法”判决驳回离婚诉请。④

尽管民国民法扩大了妇女在家庭纠纷处理中的选择权，但妇女的现实选择却受到很大的约束。最首要的约束就是妇女面临的经济状况，贫穷对于妇女的离婚行为有着直接的限制。⑤ 一是诉讼本身所需花费，二是通过诉讼能够争取到返还嫁奁、生活费存在很大的不确定性。尤其是生活费，“无论男方经济条件如何，一旦被判给付生活费，都会百般拖欠，反复告争。大比例的执行困难，才是生活费条款没有能够为女性提供支持的现实原因”。⑥ 三是离婚后能够得到的提供独立经济来源的渠道十分狭窄，“当时的就业机会少之又少，这些女性一无文化，二无技能，三无体力，想要独立谋生可谓困难重重”。⑦ 对于妇女而言，“过分强调离婚的权利而缺乏对离婚之后妇女生活的保障是当时司法实践中乃至影响地方秩序的大问题”。⑧ 其次是落后的社会观念让妇女离婚顾虑重重。在当时，离婚被视为违背礼教的行为，人们对于离婚的妇女有着明显的偏见，经常对离婚妇女进行道德上的非难。离婚后的妇女首先考虑的选择之一就是再嫁，但男性在大多数情况下还很难接受再嫁女子。“传统观念和经济地位像两根又粗又长的绳索紧紧地捆住人们，使人们不得不苟且地过着那种痛苦的婚姻家庭生活。”⑨

---

① 参见赵刘洋：《妇女、家庭与法律实践：清代以来的法律社会史》，广西师范大学出版社，2021，第 155 页。
② 艾晶：《离婚的权力与离婚的难局：民国女性离婚状况的探究》，《新疆社会科学》2006 年第 6 期。
③ 参见赵刘洋：《妇女、家庭与法律实践：清代以来的法律社会史》，广西师范大学出版社，2021，第 161 页。
④ 参见艾晶：《离婚的权力与离婚的难局：民国女性离婚状况的探究》，《新疆社会科学》2006 年第 6 期。
⑤ 参见赵刘洋：《妇女、家庭与法律实践：清代以来的法律社会史》，广西师范大学出版社，2021，第 144 页。
⑥ 刘楷悦：《生活费纠纷中的性别与法律——基于民国荣县档案的考察》，《法律和社会科学》2018 年第 17 卷第 1 辑。
⑦ 张蓓蓓：《反抗虐待还是另寻生计？——20 世纪 40 年代初北平女性“受虐”离婚案探析》，《暨南学报（哲学社会科学版）》2016 年第 4 期。
⑧ 刘昕杰：《民法典如何实现：民国新繁县司法实践中的权利与习惯（1935－1949）》，中国政法大学出版社，2011，第 77 页。
⑨ 艾晶：《离婚的权力与离婚的难局：民国女性离婚状况的探究》，《新疆社会科学》2006 年第 6 期。

四、改革开放前的妇女离婚

1950 年婚姻法于 1950 年 5 月 1 日起施行，除允许在少数民族聚居地区采取某些变通或补充规定外，在全国范围内均应得到遵守和适用。婚姻法宣布废除包办强迫、男尊女卑的封建主义婚姻制度，强调男女双方基于性别平等原则塑造新的家庭美德，给予男女双方尤其是妇女婚姻自主权，打破家长在婚姻中的支配权。同时，婚姻法还废除了纳妾制度和童养媳，保护妇女的正当利益，努力提高妇女在家庭生活中的地位。① 为了使新型婚姻关系、家庭关系的观念深入人心，让人民群众了解婚姻法、用好婚姻法，各级政府成立了“贯彻婚姻法运动委员会”，全国在 1953 年开展了轰轰烈烈的贯彻婚姻法运动月活动。宣传月活动“揭发和批判了人们在婚姻问题上的封建思想和习俗，砸碎了几千年来套在广大妇女头上的封建婚姻枷锁，使男女平等、婚姻自由得到逐步落实，买卖婚姻、强迫婚姻、童养媳、重婚纳妾等封建婚姻陋习被废除，旧式婚姻基本解体，婚姻自主基本实现，一夫一妻制的婚姻制度基本建立”。②

婚姻法宣示了性别平等和婚姻自主的基本原则，但缺乏对“离婚标准”的明确规定，导致法院对于如何恰当把握离婚标准较为困难。在各级法院审理离婚案件时，原因是否恰当，与当时形势更为相关。如在婚姻法颁布初期，法院在离婚标准的把握上更为宽松，积极支持妇女挣脱旧的婚姻束缚，只要存在法定的“封建婚姻”情形，都属于离婚的正当原因，法院一般都会判决离婚。1954 年以后，旧的婚姻制度被打破，由于社会形势变化，法院对于判决离婚更加审慎，逐渐采取严格审查立场，尽量维护家庭关系的稳定。20 世纪 60 年代初期，面临生存压力的冲击，买卖婚姻和妇女再婚情形增多，法院对于判决离婚又显示出宽松的倾向。③ 总体而言，“《婚姻法》的制定和执行都是个复杂的社会变革过程……一些人侧重于如何坚持妇女解放的激进立场，另一些则侧重于更为有效地在社会底层执行法律，尤其是让一个高度理想性的法律在全国范围内能够统一有效地执行”。④ 离婚案件的处理一直都面临婚姻自主与家庭社会稳定的双重考验，离婚判决的依据从强调婚姻作为国

---

① 参见赵刘洋：《妇女、家庭与法律实践：清代以来的法律社会史》，广西师范大学出版社，2021，第 166 页。

② 李洪河、王颖颖：《新中国成立初期的婚姻家庭冲突和妇女权益保障》，《河北师范大学学报（哲学社会科学版）》2011 年第 3 期。

③ 参见赵刘洋：《妇女、家庭与法律实践：清代以来的法律社会史》，广西师范大学出版社，2021，第 168 页。

④ ［美］丛小平：《自主：中国革命中的婚姻、法律与女性身份：1940—1960》，社会科学文献出版社，2022，第 367 页。

家建设内容的离婚“原因正当”，向更加尊重夫妻相处事实的“感情破裂”转变。① 对于那些没有明确正当离婚原因的案件，法院一般会调解和好或判决不离。法官通过深入当地了解当事人的生活、为人、邻里关系、家庭关系、矛盾起因等情况，指出双方存在的问题，再提出调解方案，促使双方调解。②

婚姻法的颁行，打破了父权制对妇女权利的限制，大大提高了妇女地位，妇女的婚姻自主权得到了有力保障，随之而来是妇女主动要求离婚的案件急剧增加。不过，妇女离婚的动机比单纯的反抗压迫要复杂，“新的法律的确有助于改变诸多妇女生活境遇，但妇女主动要求离婚并非就意味着皆是为了摆脱被压迫的处境”。③ 在婚姻法由上而下的推行过程中，由于留给基层干部理解、消化、调整的时间不足，法律条文与当时农民的经济状况、传统习俗、法律意识产生了严重的冲突，导致婚姻法被误解为“离婚法”和“妇女法”，最严重的后果是造成了自杀与被杀现象的频繁发生。④

五、改革开放后的妇女离婚

现行婚姻法在承继1950年婚姻法的基础上，总结吸收了之前的民事法律实践经验。现行婚姻法中包含了两个部分，一部分是关于道德原则的规定，展示国家倡导的道德立场，构建起理想家庭关系形象，夫妻之间相互理解和尊重，相互忠诚守信；另一部分是关于实用规则的规定，将离婚作为一个特定事实，设计纠纷解决的具体程序、实体标准。⑤ 为了不断适应社会生活的发展，最高人民法院不断出台新的司法解释，“本身就显示了道德与实用相结合的思维方式，从实践中总结、概括抽象经验，形成法律条文。法律条文在具体应用中出现各种疑难问题再进行反馈，如此反复，以使法律条文适应不断变化的社会实际”。⑥ 司法解释对法律条文中的模糊部分进行释义，并对法律空白根据社会实际进行填补，能够起到推动法律发展、保护个体权利、保护少数人利益的作用。⑦《婚姻法司法解释一》主要内容为如何理解和适用新婚姻法中增加的制度，《婚姻法司法解释二》着重解决离

---

① 参见赵刘洋：《妇女、家庭与法律实践：清代以来的法律社会史》，广西师范大学出版社，2021，第181页。
② 参见赵刘洋：《妇女、家庭与法律实践：清代以来的法律社会史》，广西师范大学出版社，2021，第194—198页。
③ 参见赵刘洋：《妇女、家庭与法律实践：清代以来的法律社会史》，广西师范大学出版社，2021，第172页。
④ 参见汤水清：《“离婚法”与“妇女法”：20世纪50年代初期乡村民众对婚姻法的误读》，《复旦学报（社会科学版）》2011年第6期。
⑤ 参见赵刘洋：《妇女、家庭与法律实践：清代以来的法律社会史》，广西师范大学出版社，2021，第207—208页。
⑥ 赵刘洋：《妇女、家庭与法律实践：清代以来的法律社会史》，广西师范大学出版社，2021，第208页。
⑦ 参见王保民、祁琦媛：《最高人民法院的法律续造：问题与对策》，《理论探索》2018年第2期。

婚财产分割问题，《婚姻法司法解释三》则进一步调整家庭财产的认定和分配。可以看出，新的经济社会背景下，个人自由程度大大增加，与婚姻关系紧密勾连的财产关系也变得动荡不安。

对于离婚案件，法院一般都会进行调解。对于调解不成的案件，法官会进行判决。对于何为“感情确已破裂”，现行婚姻法列举了几种情形，也设置了兜底条款，这为法官在判断夫妻双方是否“感情确已破裂”提供了灵活处理的空间，使法官可以根据案件的具体情况，做出更恰当的判决。当然，对于双方均无过错，一方初次提出离婚的案件，法院一般情况下会判决不离，并没有赋予原告任意的离婚权利。“法院的此类判决具有‘调解和好’的性质，其依据的仍然是实质性的道德观念，不同于只强调个人权利的‘无过错’离婚制度。法院在判决说理中注重运用道德劝诫，考虑到夫妻之间的感情基础以及有无和好的可能。”① 对于离婚时的财产处置，法院一般会尊重当事人之间的分割约定，同时会考虑当事人一方对于离婚是否存在过错、是否处于弱势地位以及是否父母出资买房等情形。② 对于子女抚养权利的裁决，法院既会劝诫男女双方多为子女考虑，也会根据子女的性别、年龄、照顾需求及男女双方的具体情况判决抚养权归属和抚养费的具体数额。③

无论是国家法律，还是社会风气，当下妇女在离婚问题上的自主性较之以往有着天壤之别，可以利用的“感情确已破裂”的理由也变得多种多样，但妇女选择权的扩展并不意味着她们在社会实际生活中的权益就能得到保障。在离婚诉讼中，妇女通过强调对方存在缺点或过错，以期获得法院支持其离婚诉求，并争取能够在财产分割上面照顾自己，但如此主张的证明责任必须由妇女一方来承担。因此，简单的道德哭诉并不能左右法院的判决结果。④ 而且，部分妇女由于在工作领域中处于弱势地位，实际权利受到诸多限制，不得不在离婚时的财产分配（尤其是房产分配）方面提出更高的要求，表现出更加坚定不移的态度。⑤

六、妇女“自主性”VS中国婚姻的“私人领域化”

20 世纪 20 年代，陈东原出版了《中国妇女生活史》，自序中便表明：“三千年的妇女生

① 赵刘洋：《妇女、家庭与法律实践：清代以来的法律社会史》，广西师范大学出版社，2021，第 218 页。

② 参见赵刘洋：《妇女、家庭与法律实践：清代以来的法律社会史》，广西师范大学出版社，2021，第 222—226、262—266 页。

③ 参见赵刘洋：《妇女、家庭与法律实践：清代以来的法律社会史》，广西师范大学出版社，2021，第 228 页。

④ 参见赵刘洋：《妇女、家庭与法律实践：清代以来的法律社会史》，广西师范大学出版社，2021，第 251 页。

⑤ 参见赵刘洋：《妇女、家庭与法律实践：清代以来的法律社会史》，广西师范大学出版社，2021，第 232 页

活，早被宗法的组织排挤到社会以外了。妇女总是畸零者！妇女总是被忘却的人！除非有时要利用她们，有时要玩弄她们之外，三千年来，妇女简直没有什么重要。”① 但高彦颐对此并不认同。她在其《闺塾师：明末清初江南的才女文化》一书中将陈东原所发出的感叹概括为“五四”史观，并认为“封建的、父权的、压迫的‘中国传统’是一项非历史的发明，它是三种意识形态和政治传统罕见合流的结果，这三种意识形态和政治传统是‘五四’新文化运动、共产主义革命和西方女权主义学说”，② 还针锋相对地提出，“本书希望改写‘五四’史观，这一史观将女性受压迫看成是中国封建父权过去最突出之处。这一公式渗透于各个角落，它不仅曲解了妇女的历史，也曲解了19世纪前中国社会的本质”。③ 由此，引发了关于传统中国妇女“自主性”的讨论。《妇女、家庭与法律实践》在第二章小结时，带入了关于妇女“自主性”的话题，并认为清代底层妇女的生活实际与所谓的“自主性”画卷相去甚远，妇女作为丈夫的附庸，在家庭生活中处于无法自主的地位。④

尽管《妇女、家庭与法律实践》处处体现了作者对于妇女自主性的理论关注，但并未就此深入展开。相反，该书在第五章对阎云翔的“中国社会个体化”及戴慧思的中国婚姻“私人领域化”理论进行了较为深入的讨论。所谓“个体化”，有三个方面的表现：一是个体从传统的交往关系中逐渐抽离出来，不再认为他们应该为了维护传统而做出行动；二是个体个性不仅受到自我意识和自我重视，而且得到个体所属群体内其他成员的认可和尊重；三是个体的重要性逐渐增加，相对于群体利益，个体权利得到承认、得以张扬。⑤ 而中国婚姻“私人领域化”，则表现为国家逐渐从私人领域退出，婚姻愈加成为私人生活的重要内容，妇女权利得到扩展。⑥ 相较而言，“自主性”作为中性概念，并不展示某种趋势，既可用以描述作为群体的妇女在婚姻关系中选择的主动性和自愿性，亦可用以描述作为个体妇女的选择。而“个体化”或“私人领域化”本身已经暗含特定的价值判断，用于解释一个时期内的变化趋势。

《妇女、家庭与法律实践》梳理了清代以来妇女离婚所面临的规则体系及司法实践，展示了一幅“家庭主义”与“个体主义”冲突与妥协的动态画面。通过大量的案例分析，《妇女、家庭与法律实践》指出，当代中国婚姻法律在愈加尊重当事人离婚诉求的同时，仍然

---

① 陈东原：《中国妇女生活史》，商务印书馆，2015，“自序”。

② ［美］高彦颐：《闺塾师：明末清初江南的才女文化》，李志生译，江苏人民出版社，2004，第3页。

③ ［美］高彦颐：《闺塾师：明末清初江南的才女文化》，李志生译，江苏人民出版社，2004，第8页。

④ 参见赵刘洋：《妇女、家庭与法律实践：清代以来的法律社会史》，广西师范大学出版社，2021，第135页。

⑤ 参见赵爽：《中国社会个体化的产生及其条件——个体化相关理论述评》，《长安大学学报（社会科学版）》2011年第2期。

⑥ 参见赵刘洋：《妇女、家庭与法律实践：清代以来的法律社会史》，广西师范大学出版社，2021，第202页。

呈现出与西方法律极端个人权利的不同特征，中国婚姻法律并未接受这样一套排除实质道德理念而适用于所有案件的形式化原则。① 婚姻“私人领域化”命题并不能完全适用中国现实，而更加接近西方社会的现实状况。正如丛小平所言，“自主”一词的本土性根源保存了下来，因此得以在社会实践中转型，保持了语言和语义的连续性、主体性和行动力。② 因此，围绕“自主性”展开的历史对话和理论探究能够更加准确地体现中国妇女在婚姻问题上面临的结构性难题及其在个案中的行为策略，彰显新时代妇女的主体性。

七、结语

《妇女、家庭与法律实践》不仅有大量的经验研究，通过近距离地观察探寻法律、司法实践与当事人决策之间的复杂关系，还对诸多经典理论给予了充分的关照，同马克斯·韦伯、瞿同祖、黄宗智、滋贺秀三等大家的理论展开对话，具有相当高的理论自觉。《妇女、家庭与法律实践》揭示了尽管中国妇女在进入新时代后，在婚姻领域的自主性得到了前所未有的加强，传统家长制的限制进一步式微，但并不意味着妇女在婚姻关系中已处于完全平等的地位，法律实践应根据具体情形，恰当结合道德原则，才能真正有效地保护妇女权益。

---

① 赵刘洋：《妇女、家庭与法律实践：清代以来的法律社会史》，广西师范大学出版社，2021，第 235 页。

② ［美］丛小平：《自主：中国革命中的婚姻、法律与女性身份：1940—1960》，社会科学文献出版社，2022，第 22 页。

综述

传统法律与近代变革

——第十六届全国法律文化博士论坛会议综述

张昊鹏*

2022年11月5日，由中国法律史学会主办，四川大学法学院承办，《法律史评论》编辑部协办的第十六届全国法律文化博士论坛成功召开。受疫情影响，本届论坛临时改以线上会议方式进行。

论坛主题为"中国传统法律的近代变革"，下设六个主题单元，其中两个单元关注优秀传统法律文化，四个单元重点讨论传统法律的近代变革。为保障会议质量，论坛充分发挥线上会议的优势，设立主会场与两个分会场，邀请34位硕博士研究生宣读论文，19名研究领域相近的专家学者参与主持、评议，并单独设立"自由讨论"环节供主讲人和评议人直接对话，共吸引来自中国社会科学院、北京大学、中国人民大学、清华大学、中国政法大学、华东政法大学、南京大学、厦门大学、吉林大学、上海交通大学、浙江大学、中山大学、西北政法大学、四川大学等近30所国内知名高校和科研机构的150余名师生在线互动交流。

论坛自上午9时开幕，开幕环节由四川大学法学院刘昕杰教授主持，四川大学法学院里赞教授代表承办方对所有参加论坛的专家、老师和同学表示热烈欢迎，并介绍了四川大学法律史学科的基本情况和发展历程。随后中国社会科学院法学研究所研究员张生教授、中国人民大学法学院赵晓耕教授分别致辞。

张生教授指出，十八大以来，中国法律史学步入了新的发展阶段，各位博士生要发奋

* 张昊鹏，四川大学法学院博士研究生。

努力，走出人生的“三个境界”。首先，在读博士生要按照学术要求顺利毕业，找到稳定的教职工作；其次，要不断提升自我，力争成为法律史学术脉络的支撑点；第三，要融会贯通，不仅能做好学问，而且也能胜任法律实务工作。赵晓耕教授指出，十六年来法律文化博士论坛不断发展壮大，培养了一代代法史骨干力量。法律史研究具有现实意义，博士生同学要深入研究革命根据地法治文化，回应时代需要。最后，张生教授和赵晓耕教授预祝第十六届法律文化博士论坛圆满成功。

经过七个小时的学术交流，论坛于当日18时顺利闭幕。论坛研讨充分，与会师生进行了卓有成效的讨论与交流，研讨论文包含传统至近代的法律制度、法律文化、法律审判、法政人物等主题。此外，论坛还特别设立圆桌讨论环节，讨论法律史学科博士生的毕业与就业问题。部分环节经由“法律史评论”公众号整理发布。为全面展现论坛过程，本文将论坛中论文宣读、专家评议、师生讨论等核心内容重新整理，结合与会师生相关研究著述，综述于下。

一、优秀传统法律文化主题研讨

（一）主题：传统中华法律的思想与制度

“传统中华法律的思想与制度”单元由四川大学法学院刘昕杰教授主持。该单元论文集中于先秦至唐宋时期的法律探讨，由曾志才等五位发言人作论文报告，华东政法大学王沛教授、吉林大学刘晓林教授进行评议。

中国政法大学博士生曾志才作《清华简（伍）〈汤在啻门〉的法思想解读》的报告。作者通过对《汤在啻门》篇的考察，认为该篇对君主的认识表明君主行为不再具有天然合法性，简文转而以民心导向和自然秩序作为重新构建君主行为合法性的依据。王沛教授指出“清华简”对法律史研究具有重要价值。文章对“清华简《汤在啻门》篇”的研究言之有据，体现出作者坚实的学术功底。但在文献解读上，《汤在啻门》篇与黄老学经典文献之间仍有较大差异，同时作者要明晰君主的“神圣性”与“合法性”间的关系。

清华大学博士生王一义作《“远德观”与武帝前汉廷的民族边疆政制》的报告。文章以“远德”观念与边疆民族实际形势的互动为线索，考察西汉边疆政策的变化过程。王沛教授认为，两篇文章对“德”的关注有共通之处，报告人对于“远德”的阐释具有启发性，后续作者可以就《尚书大传》材料展开深入研究。

华东政法大学博士生朱群杰作《貌合神离：东汉立秋案验的立法变革和司法适用》的

报告。文章首先明确了东汉秋冬行刑的立法概念，通过对长沙五一广场东汉简牍的研究，进一步分析秋冬行刑的立法思潮下县域司法职官的构建，还原地方基层司法行为中秋冬行刑的实态。王沛教授认为，文章根据五一广场简提供的材料，对秋冬行刑提出了新的看法，但在文章论述、行文结构方面仍有待斟酌之处。

厦门大学博士生王舒作《由“因事”的变迁看唐明律坐赃致罪的变化》的报告。[①] 文章认为由于立法技术的转变，唐明律坐赃致罪的性质呈现从赃罪正名、量刑比附标准之一，到论罪之法、自身能够容纳诸“坐赃论”规定的兜底条款的演变趋势。

云南大学博士生王鹤作《宋代省记与法律构建》的报告。报告人认为，省记作为一种法律制定手段和法律成果形式在中国古代立法史尤其是宋代立法活动中上具有特殊地位，尤其在宋廷南渡的一段时间里，成为法制重建的重要途径与来源。

刘晓林教授指出，两篇文章立意高远，学术视野开阔，文字论证清晰，具有鲜明的理论追求。从选题看，“因事”和“省记”在传统法律体系中具有重要研究价值。从写作风格看，两篇文章均以术语、词汇切入立法体系进行研究，体现了“以小见大”的特点。

就第一篇文章，评议认为“因事”的变迁不仅关系到“坐赃”问题，而且对整个赃罪体系的变化和构造亦具有重要作用。在文章结构上，要注意交代出秦汉至唐代赃罪体系理论建构的过程。对于王鹤的文章，则建议文章对“省记作为立法手段”这一判断进行阐释说明，同时加强史料的梳理和分类，着重展现出特定时期下省记的具体内涵。

（二）主题：明清时期的立法与司法

“明清时期的立法与司法”单元由西北政法大学汪世荣教授主持。该单元集中探讨明清时期的法律制度与司法审判，由庞蕾等五位发言人作论文报告，云南大学胡兴东教授、四川大学李冰逆副教授点评。

南开大学博士生庞蕾作《明清时期孔氏家法族规制度述论》的报告。文章梳理了《孔府档案》中的家法祖训族规，考察了孔氏家法族规制度所包含的体系结构与运行模式，并提炼出其中蕴含的现代价值。李冰逆副教授建议参照既有研究，[②] 完善文章综述部分；突出问题意识，加强正文与结论之间的联系。

中山大学硕士生蒋习轶作《皇权下的牺牲者：从伪奏稿案讨论清代替罪现象及其成因》

---

① 王舒：《由“因事”的变迁看唐明律坐赃致罪的变化》，《法律史评论》第 21 卷，巴蜀书社，2023。

② 参见袁兆春、张洁：《我国大陆近三十年有关家法族规研究文献综述》，《中国法律史学会成立 30 周年纪念大学暨 2009 年会论文集》，2009，第 732—738 页。

的报告。文章从乾隆年间伪奏稿案出发，对替罪现象的司法实践进行考证，分析了“替罪者”的特征及替罪现象的生成机制。李冰逆副教授认为文章结构巧妙，分析严密，但存在观念先行的问题，史料运用需进一步加强。

南开大学博士生何丽琼作《眼见不一定为实：明清寡妇守节的官方塑造与民间运作》的报告。文章从寡妇这一特殊群体切入，揭示了明清寡妇生活的现实情况，进而展示了官方与民间在大传统上的一致性与小传统的差异性。李冰逆副教授认为该文的结论部分较有启发性，综述部分需继续加强。整体上可以借鉴《矢志不渝：明清时期的贞女现象》等著作，[①] 突出文章问题意识。

辽宁大学博士生万文杰作《〈牧民政要〉“四慎”研究》的报告。[②] 文章探讨“四慎”具有的体系性与可操作性兼具、合法性与灵活性交融、传承性与局限性并存的三大特点，并提出“四慎”的核心思想与宗旨。胡兴东教授指出，文章的考据和讨论极具前沿性，对问题的阐释深入有力。但以学术论文的标准看，结构较为松散。作者应注意三个问题：其一，应阐释《牧民政要》将“捕、打、监、罚”提炼为“四慎”的原因；其二，《牧民政要》写作或与官员的自保倾向有关；其三，《牧民政要》相对于常见的官箴书有较大区别，可以继续挖掘其中的内涵。

北京大学博士生陈腾作《游幕与读律：汪辉祖批注〈大清律集解附例〉研究》的报告。文章研究了汪辉祖阅读《大清律集解附例》的内容、评论和技巧，并从中管窥乾隆中叶的司法实践情况。胡兴东教授认为，本文选题精专、讨论深入，阐释了清代幕友群体学习法律的过程，对理解传统中国法政人员法律素养的养成有重要意义。但文章的结构更像“读书札记”，结论上并未回答作者提出的核心问题。应从两个方面继续思考：其一，汪辉祖的读律方式是否构成清人读律的基本模式；其二，汪辉祖的读律技巧或与时人阅读经学的方法有关。希望作者进一步挖掘探索，从事实层面的梳理转向理论层面的考察。

胡兴东教授指出，目前博士生对法律史学的史料运用正朝着精细化不断发展，上述两篇文章展现出法律史学实证化研究的发展趋势。

---

① 参见［美］卢苇菁：《矢志不渝：明清时期的贞女现象》，江苏人民出版社，2022。

② 万文杰：《〈牧民政要〉“四慎”研究》，沈阳师范大学硕士学位论文，2022。

二、转型时期的法律变革

（一）主题：清末民初的法律变革

“清末民初的法律变革”单元由西北政法大学汪世荣教授主持。本单元重点关注清末民初时期的法律转型，由芮骏宇等六位发言人作论文报告，河南大学杨松涛副教授、四川大学景风华副教授点评。

中山大学博士生芮骏宇作《清末广东的法政教育与政治变革的关系——广东法政学堂的建立及法政教育的开展》的报告。文章探究了广东法政学堂设立的外在条件，以及开展法政教育的过程，进而讨论法政学科及其教育的开展与清末民初政治、社会变革的关系。杨松涛副教授认为，文章主要内容与题目中“法政教育”不完全匹配；报告人需注意题目中“政治变革”与正文“修律”部分的对应关系。

北京外国语大学博士后刘舟祺作《论清末司法行政机关监督权的形成与构成》的报告。文章深入研究了清末司法行政机关监督权的制度设计及其运行情况，作者认为清末官制改革所构建的“审判权及其监督权”二元格局，对近代以来的司法体制产生了深远的影响。杨松涛副教授认为，从题目看，将“清末”改为“清末民国”更加妥当；从结构看，文章开头略显简略，需要进一步充实；同时建议作者深入挖掘各国形成“司法行政机关监督权”模式差异背后的理论问题。

浙江大学博士生刘沫寒作《清代田房诉讼中的道德话语与自利理性——以四川南部县“余业承买”案件为中心》的报告。① 报告人考察19世纪南部县诉讼实践后认为，“余业承买”习俗在司法实践中更多体现交易双方的物质自利理性，而非道德关怀。杨松涛副教授指出文章摘要部分可略作精简，进一步突出论文主题。

复旦大学博士生吴飞作《晚清上海法租界会审公廨实践的多维透视——基于博弈观与治理观的再反思》的报告。报告人通过考察法租界会审公廨的诉讼案件，总结出司法实践中三对博弈关系。文章认为，总体上三对博弈关系均呈现出法强华弱的态势。

四川大学博士生闵晓梅作《晚清内地华洋诉讼中的“华强洋弱”现象——以巴县档案

---

① 刘沫寒、赖骏楠：《清代田房诉讼中的道德话语与自利理性——以四川南部县“余业承买”案件为中心》，《中国经济史研究》2022年第6期。

为对象的考察》的报告。① 文章考察了巴县华洋诉讼的司法实践，报告人认为不同于租借模式下“洋强华弱”的特点，巴县诉讼案件呈现出地方衙门理案模式下的“华强洋弱”现象。

景风华副教授指出，两篇论文就“华洋诉讼”问题的研究形成了学术对话。吴飞的论文重视理论分析，但缺乏对“会审公廨”案件的史料论证，存在文章权利话语分析比重过大等问题。闵晓梅利用巴县档案对“华洋诉讼”进行的研究具有新意，建议围绕巴县华洋诉讼案件中的独特现象进行阐释说明。

郑州大学博士后牛鹏作《民初汉口地方审判厅与商务总会的冲突及其影响》的报告。② 文章从“张碧泉与潘汉城施工合同纠纷案”入手，研究了民初汉口地方审判厅与商务总会之间的冲突。景风华副教授建议将地方审判厅和商会的冲突分析融入“张碧泉案”的论述分析当中，可以使文章结构更加流畅。

（二）主题：民国时期的立法与司法

“民国时期的立法与司法”单元由南京大学法学院张仁善教授主持。该单元集中讨论民国时期的法律制度与司法审判，由邸莹等五位发言人作论文报告，福州大学段晓彦教授和西南民族大学李文军教授点评，南京师范大学吴欢副教授参与讨论。

故宫博物院博士后邸莹作《习惯在中国近代民法体系中地位的变迁及原因探析》的报告。报告人从习惯在近代民法体系中的体现出发，具体分析了习惯于裁判中适用的条件与功能的变化及习惯规则分布的变化，并探究了产生此种变化的历史原因，为现今民法典施行过程中如何适用习惯提供了历史借鉴。

李文军教授指出，“民法法源”是民法史研究上的重要问题，苏永钦教授和张生教授等对“民法第一条”的研究均为经典之作。③ 本文从法条变迁的视角，对“习惯”在近代民法体系中的地位进行了卓有成效的探索，但作者对“习惯”问题的理解可结合立法和法理层面的研究，从法条梳理转向规范分析。就结论而言，应具体分析“习惯”在近代法律体系中的作用和价值。

华东政法大学博士生徐琨捷作《〈大清现行刑律〉在民初效力确立过程的辨正——以民

---

① 闵晓梅、里赞：《晚清内地华洋诉讼中的“华强洋弱”现象——以巴县档案为对象的考察》，《四川师范大学学报（社会科学版）》2023年第2期。

② 牛鹏：《民初汉口地方审判厅与商务总会的冲突及其影响》，《中西法律传统》2023年第1期。

③ 参见苏永钦：《“民法”第一条的规范意义——从比较法、立法史与方法论角度解析》，载氏著：《私法自治中的经济理性》，中国人民大学出版社，2004，第2—29页；张生：《〈中华民国民法〉“第一条”的源流与功能》，《政法论坛》2022年第3期。

初大理院和司法部的效力争议为视角》的报告。报告人以《大清现行刑律》在民初适用存在的效力争议为研究对象，从大理院和司法部两方观点出发，分析了争议产生的原因，梳理了《大清现行刑律》效力确立的过程。

段晓彦教授指出，徐琨捷善于发现新材料，研究新问题。文章从两个层面对既有学术研究有所推进：其一，文章“《大清现行刑律》在民国刑事领域继续有效”的研究结论属于学界尚未注意的学术空白；其二，文章的新史料对于解释清朝旧刑律在民初民事领域继续适用的过程起到补正和补强作用。段晓彦教授建议文章可以适当调整结构，进一步突出问题意识，着重分析第一个层面的问题。同时建议考证性质文章的写作要注意对学界既有研究的理解和引用，在结合史料和逻辑的基础上加以论证。吴欢副教授则提醒徐琨捷可以进一步关注《袁记约法》和《平政院裁决书》等史料对于本文的研究价值。

华东政法大学硕士生姚浩亮作《论“条理”在大理院民事裁判中的适用——以婚约判解为例证》的报告。报告人认为大理院对“条理”的适用面临内容无法明定、“现行律民事有效部分”适用顺序尚在“条理”之前两大难题。文章通过对婚约判解的研究，分析了“条理”在大理院民事裁判中的适用缘由、适用方式和适用影响。评议人段晓彦教授表示正在进行相关主题的研究，与姚浩亮有着共通的研究旨趣。① 文章的题目和切入点具有研究价值，同时对文章提及的“条理”适用之难题提出了自己的观点。

清华大学博士生何思萌作《民国时期的变更判例制度及其实践》的报告。② 报告人表示该文的研究源于对《成文法背景下的判例实践——近代中国最高审判机构判例汇编与实效》③ 一文的思考，本文旨在探究变更判例制度在民国时期的实践情况如何。作者认为民国时期虽鲜有“变更判例”制度之实践，但最高司法机关通过“以立替改”等方式作为替代方案，实质上起到了变更判例之效果。总体而言，民国时期的变更判例之实践在正当性、拘束力和溯及力上，缺乏明确的定义。李文军教授对“判例制度”提出了不同的观点，提醒作者应首先厘清“判例制度”在近代中国的定义和性质。

中国人民大学博士生阮致远作《南京国民政府时期行政诉愿的审理机制——以“源顺木行诉愿案”为例》的报告。诉愿制度是民国时期解决行政争议的重要方式，报告人从个案出发，以“源顺木行诉愿案”为例，对南京国民政府时期的行政诉愿制度进行了考察。

---

① 参见段晓彦：《民初大理院民事裁判中的“条理”》，《法律科学（西北政法大学学报）》2022 年第 6 期；段晓彦：《〈大清现行刑律〉与民初民事法源——大理院对“现行律民事有效部分”的适用》，《法学研究》2013 年第 5 期。

② 何思萌：《民国时期的变更判例制度及其实践》，《交大法学》2023 年第 4 期。

③ 参见刘昕杰：《成文法背景下的判例实践——近代中国最高审判机构判例汇编与实效》，《法学研究》2021 年第 5 期。

段晓彦教授指出，文章应对引用案例的典型性进行必要说明，并进一步加强文章结论的分析与提炼。

上海交通大学博士生曹鲁晓作《“BC级”审判？——国民政府对日战犯审判的属性问题再检讨》的报告。报告人认为，学界既有研究中，将对日战犯审判分为A级审判与BC级审判。依此标准，国民政府对日战犯审判便即属于BC级审判。但从管辖权规定、审判实践等因素考量，“BC级审判”之称不符合国民政府审判的实质。李文军教授指出，国民政府的审判属性或与东京审判的属性密切相关，论文应该强化立论基础，注意分类标准的统一。评议人张仁善教授和吴欢副教授表示学界关于“战犯审判”的学术研究有进一步拓展的空间，应当继续挖掘研究相关内容。

（三）主题：民国时期的法律与社会

“民国时期的法律与社会”单元由南京大学法学院张仁善教授主持。该单元集于民国时期的法律社会史研究，由刘子璇等六位博士生作论文报告，南京审计大学李相森副教授、南京师范大学吴欢副教授点评。

四川大学博士生刘子璇作《“舌人”“仲伊”到法院“通译”：近代西康司法翻译人员职业化研究》的报告。① 论文在以少数民族语言翻译群体为研究视角，探究了西康翻译人员职业化转型对于西康司法近代化改革的影响。

中山大学博士生陈薇羽作《法律话语与文化权力：民国女律师的社会塑造》的报告。论文引入电影、戏剧、小说等史料，通过社会大众和法律职业群体自身差异话语的分析，呈现出民国女律师矛盾且复杂的职业形象。

四川大学博士生毛春雨作《民国时期家产制度的变迁与司法实践——基于荣县档案的考察》的报告。论文首先梳理了民国时期家产规范的变迁，并通过对荣县档案的考察，展现了晚清民国时期基层社会家产制度在表达与实践层面的差异。

李相森副教授首先总结出上述三篇文章的三点共性。在研究主题上，三篇文章均关注到在近代新旧变革的背景下，传统与现代法制的纠葛与冲突，研究主题新颖，具有较强的问题意识。其中，两篇论文分别关注“西康”与“荣县”的法制状况，体现出区域史研究的色彩。在研究范式上，三篇文章综合运用法学、历史学和社会科学的理论和研究方法，既重视历史事实的考证和还原，又强调历史规律的把握和总结。在史料运用上，三篇文章

① 刘子璇：《从“舌人”“仲伊”到法院“通译”：近代西康司法翻译人员职业化研究》，《法律史评论》第22卷，巴蜀书社，2023。

史料多元丰富、论证扎实，通过对荣县档案、雅江县档案、历史图像等文献史料的运用增强了文章的论证力度。

其次，李相森副教授建议刘子璇的论文题目可以修改为《从“舌人”“仲伊”到法院“通译”：近代西康司法翻译人员职业化研究》。文章结构应适当调整，更突显“职业化”主题。吴欢副教授认为题目可以更加简洁，如改为《从“舌人”到“通译”：近代西康司法翻译人员职业化研究》，并希望作者进一步延展问题意识，将“西康法制建设”与“近代统一多民族国家建构”相结合展开研究。

李相森副教授建议陈薇羽文章标题中的“法律话语”等概念尚待斟酌，同时建议作者可以继续思考“女律师群体自身如何看待性别塑造”的问题。吴欢副教授则认为标题中的“社会塑造”可以斟酌调整。对于毛春雨的论文，李相森副教授认为题目修为《民国时期家产制度的变迁及其司法实践——基于荣县档案的考察》更加妥帖，从学术论文的角度说，文章体例应重新调整。同时建议作者对比古今，继续研究当下涉及家产的法律问题。吴欢副教授则建议从文章整体结构来看，副标题可以考虑删去。

接下来分别由南京大学博士生张亦斌作《民国优生论战的制度反射——以助产法律为中心》的报告，北京大学博士生朵悦作《制造领袖：中华革命党时期孙中山建党方略的虚空与真实》的报告，南京大学博士生崔明轩作《法学期刊与法治现代化的互促——以近代中国法学名刊〈法律评论〉为例》① 的报告。吴欢副教授指出，如果说前三篇文章选题经典，那么后三篇论文则构思巧妙，三位作者分别关涉了“法律创制与社会舆论”“法政人物与党国体制”“法学期刊与知识生产”三大议题，研究主题具有新颖性。

博士生张亦斌以控制生育思想为研究对象，就节制生育思想在中国社会的传播、论战和政府的政策演变进行了研究。吴欢副教授表示，文章整体结构清晰，论证充分。文章主题在本质上属于对“国家干预生育的问题”② 的探究，体现出作者的现实关怀。同时，他指出文章标题与内容的联系有待加强，可以修改为《从节育论到助产法——民国优生论战及其制度反射》。问题意识上，建议文章应着重提炼论战议点，描述论战时避免作者观念先行。最后吴欢副教授提出数篇相关主题的文献，希望作者继续参考完善。③

博士生朵悦在“党—国”模式的前史中考察中华革命党时期党内权力的动态演变，解

① 崔明轩：《法学期刊与法治现代化的互促——以近代中国法学名刊〈法律评论〉为例》，《法律史评论》第22卷，巴蜀书社，2023。

② 相关研究参见吴欢：《国家干预生育的历史、法理与限度》，《学习与探索》2016年第3期。

③ 参见俞莲实：《民国时期关于“生育节制”的四大论战》，《史林》2008年第5期；刘波儿：《中国知识精英对民族复兴的理论设想——以民国时期的优生学思潮为中心》，《自然辩证法研究》2012年第2期。

释了孙中山在中华革命党时期自我造神运动失败的过程。吴欢副教授表示论文的选题精炼巧妙，学术视野宏阔，对史料的运用既能“入乎其内”又能“出乎其外”，问题论证层层深入，对话意识较强。同时建议建议作者进一步思考“虚空与真实”的概念运用，明晰论文摘要。

博士生崔明轩以《法律评论》为研究对象，在现代化叙事理论的视域下，缕叙近代中国法学期刊与法治现代化发展相互促进、相互纠葛的历史。吴欢副教授指出，文章选题视角较为独特，史料论证扎实。同时建议作者深化结语内容，进一步参照张仁善、刘馨等人的文章，[①] 完善文献综述。张仁善教授则建议文章名称可以考虑将“现代化”修改为“近代化”。

（四）主题：从传统到近代的法政人物

“从传统到近代的法政人物”单元由中国社会科学院法学研究所张生教授主持，喻平等五位发言人分别作了关于苏轼、王仁铎、王文豹、康有为、赵尔巽五位法政人物的主题报告，四川大学王有粮副教授、中央民族大学范依畴副教授点评。

华东政法大学博士后喻平作《遵法与从权：法学家苏轼的司法实践与审判风格》的报告。报告从法律人的角度考察苏轼的司法实践与审判风格，通过考察苏轼亲决的四个案件，总结出苏轼的审判呈现出“遵法与从权”相结合的特点。范依畴副教授认为论文题目以“法学家”来称呼苏轼或有“今词古用”之嫌。文章所言“从权”的深层原因更多体现为“从情”，将“从权”改为“从情”更加妥帖。论证援引的四个案件略显单薄，应补充材料加强论证。

华东政法大学博士生胡晓作《王仁铎与中国刑事附带民事诉讼之发端》的报告。报告通过详细考证，认为近代中国刑事附带民事诉讼制度之发端于王仁铎起草的《天津府属试办审判厅章程》。范依畴副教授认为文章内容丰富，论述风格娓娓道来，有以小见大的特色，反映出近代法政人物推动法制变革的艰辛历程。同时建议文章增加制度实践分析，通过案例研究进一步丰满文章内容。

湖北大学讲师刘之杨作《新旧之间：近代狱政要员王文豹的事业、交游与文化观》的报告。报告考察了近代狱政要员王文豹的事业、交游与文化观念，认为身处新旧之间的王文豹为认识近代监狱官吏提供了一个窗口。王有粮副教授认为，文章主题新颖，论述娓娓道来，“以诗证史”，史料运用多元丰富，但在结构上略显松散。

---

① 参见张仁善：《近代法学期刊：司法改革的“推手”》，《政法论坛》2012年第1期；刘馨：《民国时期高等院校学术期刊的出版与法学研究》，《比较法研究》2005年第3期。

浙江大学博士后栾兆星作《孔子制宪：康有为儒学普遍主义下的立宪观》的报告。① 报告从儒学普遍主义的视角，对康有为的立宪观进行了研究。王有粮指出，文章写作难度较大，题目中“儒学普遍主义”的概念可以适当斟酌，“儒学普遍主义”与“康有为立宪观”之间的关系有待阐明。论文对康有为“孔子制宪说”的评判非常出彩，建议作者继续深化相关内容。

湖南师范大学博士生陈兵作《从“自新所”到“自新习艺所”——赵尔巽的狱政改革研究》的报告。报告着重研究了赵尔巽早年的狱政改革实践，并从整体上还原了赵尔巽的狱政改革历程。王有粮副教授指出，文章对“赵尔巽”的研究定位准确，史料运用多元，但需要注意引注规范问题。

三、圆桌论坛：法律史博士生的毕业、就业与职业

为进一步推动法律文化博士间的经验交流，本届论坛特别设立了圆桌讨论环节，共同探讨“法律史博士生的毕业、就业与职业”。本环节由四川大学法学院博士后、助理研究员冯雷主持，湖北大学法学院讲师刘之扬、浙江大学光华法学院博士后栾兆星、郑州大学法学院博士后牛鹏、华东政法大学博士后喻平、北京外国语大学法学院博士后刘舟祺分享了各自在学术训练、职业选择与工作教学中的心得体会。②

尔后，华东政法大学王沛教授、吉林大学刘晓林教授、西南民族大学李文军教授从中年法史教师的角度分享了自己在职业选择当中的经验。王沛教授为青年教师们遇到的教学问题出谋划策，分享了自己申请课题时的酸甜苦辣，鼓励大家从论文评审意见中吸取经验，积极试错。刘晓林教授认为，打铁还需自身硬，青年博士生不必过分焦虑于未来的就业市场，应首先做好眼下的事情。李文军教授指出就业的心理落差是难以避免的，勉励各位博士生不要自我设限，在职业生涯中重视人生体验。

发言人和与谈人的交流引发了与会法史学人的强烈共鸣。南开大学博士生何丽琼分享了高年级博士生的职业选择焦虑。张仁善教授表示博士生要先练好内功，在博士期间认真打磨、发表论文对职业选择有重要作用。汪世荣教授表示博士生可以在读书期间适当关注工作、招聘条件，但无需太早担心职业选择问题。

---

① 栾兆星：《孔子制宪：康有为儒学普遍主义下的立宪观》，《南大法学》2023 年第 3 期。

② 本环节五位青年法史教师发言，经本人修订补充后发布于“法律史评论”公众号，本文不再赘述。参见《法律史博士生的毕业、就业与职业》，“法律史评论”公众号“圆桌讨论”，https://mp.weixin.qq.com/s/zhxKjkAmp0eyiFdjUs2zQg，2023 年 3 月 3 日。

四、会议总结

论坛闭幕环节由四川大学刘昕杰教授主持，西北政法大学汪世荣教授、南京大学张仁善教授作总结发言。

汪世荣教授就本届论坛提出了三点总结。首先，他指出“法律文化博士论坛”在特殊时期为青年法史学人搭建了一个研讨交流的学术平台。尽管受疫情影响，与会师生未能线下相见，但各位发言人仍在云端进行了充分的讨论交流。总体而言，本届论坛的举办非常成功。其次，参与点评的教师认真负责，建议中肯，希望年轻的法律学博士能够认真对待老师提出的修改意见，希望中青年法史学者能够继续真诚地开展学术批评，共同促进学术发展与进步。就“圆桌论坛”环节，汪世荣教授特别提出，论坛对法律职业问题的探讨，是一次别有意义的创新，期待年轻的后学们努力专研学问，同时积极参与所在学院、学校的工作和管理。

张仁善教授进一步对论坛讨论作总结，他指出本届论坛既包括在读博士、博士后，亦包括青年教师，还有优秀硕士研究生参加，本届论坛参与人员多元、范围广泛。主题单元讨论和谐，老师们对论文的点评以善意的指导和鼓励为主，又能独到地指出问题所在。就论文报告的内容而言，参会论文大多擅长“以小见大”“小题大作”，注重对法律源头、制度流变、社会互动等问题的研究。张仁善教授由此向青年博士生提出四点学术建议。首先，学术研究“说有易，说无难”，论文写作中要注意处理史料的“特殊性”与“独一性”之间的关系；其次，研究法政人物时，要看人物个体与其后群体之间的联系；再次，做个案研究时，要注重个案的典型性与问题的普遍性之间的连接；最后，研究法律问题要“由点及面”，重视点、线、面之间的关系。

最后，刘昕杰教授代表承办方感谢中国法律史学会的信任，感谢兄弟院校和专家学者对四川大学法律史学科的支持，感谢与会者积极参与一整天密集而充实的学术交流。第十六届全国法律文化博士论坛至此圆满结束。

图书在版编目（CIP）数据

法律史评论．第22卷 / 里赞，刘昕杰主编．— 成都：巴蜀书社，2023.12

ISBN 978-7-5531-2110-9

Ⅰ．①法… Ⅱ．①里… ②刘… Ⅲ．①法制史—中国—文集 Ⅳ．①D929—53

中国国家版本馆CIP数据核字（2023）第220063号

法律史评论（第22卷）

Falüshi Pinglun (Di 22 Juan)

里 赞 刘昕杰 主编

责任编辑	王 莹 徐雨田
封面设计	冀帅吉
出 版	巴蜀书社 成都市锦江区三色路238号新华之星A座36层 邮编：610023 总编室电话：(028) 86361843
网 址	www.bsbook.com.cn
发 行	巴蜀书社 发行科电话：(028) 86361852
经 销	新华书店
印 刷	成都蜀通印务有限责任公司 (028) 64715762
版 次	2023年12月第1版
印 次	2023年12月第1次印刷
成品尺寸	185mm×260mm
印 张	25
字 数	485千
书 号	ISBN 978-7-5531-2110-9
定 价	138.00元